세계사의 거장들
선생님이 들려주는 세계사, 15~16세기 유럽편

국립중앙도서관 출판예정도서목록(CIP)

세계사의 거장들 : 선생님이 들려주는 세계사 : 15~16세기.
유럽편 / 지은이: 박인숙. -- 서울 : 간디서원, 2018
    p. ;   cm

ISBN 978-89-97533-26-8 03920 : ₩25000

유럽 역사[--歷史]
세계사[世界史]

920-KDC6
940-DDC23   CIP2018039777

세계사의 거장들
선생님이 들려주는 세계사, 15~16세기 유럽편

박인숙 지음

간디서원

세계사의 거장들
선생님이 들려주는 세계사, 15~16세기 유럽편

초판인쇄일 | 2018년 12월 15일
초판발행일 | 2018년 12월 30일
지은이 | 박인숙
펴낸곳 | 간디서원
펴낸이 | 김강욱
주　소 | (06996) 서울 동작구 동작대로 33길56(사당동)
전　화 | 02)3477-7008
팩　스 | 02)3477-7066
등　록 | 제382-2010-000006호
E_mail | gandhib@naver.com
ISBN | 978-89-97533-26-8 (03920)

※잘못된 책은 바꾸어 드립니다.

서문

필자는 역사를 전공했습니다. 대학에 입학해서 오늘에 이르기까지 역사를 공부하고 있고, 또 역사를 가르쳐 밥을 먹고사는, 역사 선생입니다. 20년이 넘게 미국현대사 연구자이자 시간강사로서 여러 대학에서 학생들에게 강의를 해왔고, 2010년부터는 부산에 있는 카이스트 부설 한국과학영재학교에서 세계사를 가르치고 있습니다.

이 책은 영재학교에서 학생들과 함께해왔던 지난 9년간 수업의 결과물입니다. 학생들이 숙제를 해 제출하는 것처럼, 저도 교사로서 수업 중 시간이 없어 상세히 하지 못했던 이야기들을 어떤 형식으로든 정리해보고 싶다는 마음이 이 책을 쓴 가장 큰 동기라 하겠습니다.

돌이켜보면 한국과학영재학교 세계사 교사로서의 저의 삶은 시행착오의 연속이었습니다. 대학에서 전공과목을 주로 가르치던 제가, 영재학교에서 미성년 학생들, 특히 인문학보다는 과학 분야에 관심이 훨씬 큰 특수한 대상을 상대로, 통사를 가르쳐야 한다는 것은 큰 도전이었습니다.

1주일에 3시간이라는 제한된 시간 속에서 무슨 내용을 어떻게 가르쳐야하나, 그리고 이 아이들에게 필요한 인문학은 어떤 것일까, 특히 과학적 재능을 가진 청소년들에게 세계사 과목은 어떤 의미를 가져야 하는 것일까 등등 많은 고민이 뒤따랐지만, 첫해 수업은 참담했습니다. 대학에서 해온 대로 제 나름대로 중요한 의미를 지닌다고 생각해온 역사적 사실들을 전달하려 하자, 역사 따위에는 관심도 없다는 듯, 그 공부 잘한다는 아이들이 졸기 시작했습니다. 대학에서 우수강의상도 받으며, 나름 내 강의가 괜찮다는 어줍지 않은 생각을 해 온 저로서는 자존심이 크게 상했습니다. 그래서 저는 그동안 제가 가지고 있던 자신감과 나름대로의 자부심을 모두 내려놓고, 아이들을 관찰하기 시작했고 새로운 수업방식을 도입하기로 마음먹었습니다.

그 과정에서 제가 발견한 것은 첫째, 아이들은 누군가의 지식 전달보다는 스스로 탐구하여 알기를 원한다는 것, 둘째, 과학도이지만 의외로 객관적 사실보다는 사람에 대한 이야기에 관심이 많다는 것, 셋째, 스토리로 전달할 때 훨씬 더 몰입을 한다는 것, 그리고 타인과의 관계나 의사소통과정에서 상처를 받고 어려움을 호소하는 학생들이 많다는 것 등이었습니다.

이때 주목한 것이 '인물사'입니다. 역사적 사건을 특정 인물과 관련하여 전달하거나 학생들에게 스스로 인물을 탐구해 발표하도록 하는 방법을 도입하면서, 저는 역사수업에 대한 학생들의 흥미를 이끌어낼 수 있었습니다. 또 이런 접근이 과학도들에게 부족하기 쉬운 공감능력과 의사소통능력을 향상시키는데 도움이 된다는 것도 알게 되었습니다. 그 판단을 기초로 지난 수년간 수업의 초점을 인물 중심으로 역사적 사건을 파악하는 데 맞추었습니다. 돌이켜보니 이런 인물사 중심 수업을 통해 제가 목표한 것은, 학생들이 조금이라도 더 타인을 이해하고, 그것을 통해 세계를 이해하는 것, 그리고 종국에는 무엇보다 자신을 더 잘 알고 또 더 잘 알아가려는 태도를 키우면 좋겠다는 것 그 이상, 그 이하도 아니었던 것 같습니다. 이 책의 목적도 이런 목적과 다르지 않습니다.

이 책은 수업에서 많이 다루었던 인물들 중에서, 특히 15세기 후반부터 16세기 전반, 르네상스와 종교개혁의 시대를 살아갔던 다섯 명의 유럽인들을 주인공으로 하고 있습니다. 이들 중에는 우리가 천재라고 부르는 인물도, 당대 최고위직에 오른 고관대작도 있습니다. 하지만 이들 모두에게 공통적인 것은 그 누구도 평탄하고 쉬운 인생을 살지 않았다는 점일 것입니다. 이 책을 읽는 독자들께서는 그들의 인생 하나하나를 따라가면서 그 인생들이 어떤 역사를 만들어내는지 보시고, 아울러 시대와 상황은 다르지만 21세기를 살고 있는 나의 인생, 우리의 인생을 비춰보실 수 있습니다. 제가 가르치는 고등학생들의 눈높이를 맞추느라 가능하면 쉬운 말로 이야기하듯이 써보려 했지만, 꼭 청소년들이 아니더라도 이 시대 역사에 관심이 있는 분들이라면 누구나 읽어도 무방할 것이라고 생각됩니다. 이 책이 독자 여러분에게 자신의 삶을 반추할 잠깐의 기회라도 제공하게 된다면 더없는 영광이겠습니다.

책이 구상되고 출간되기까지 많은 분들의 도움을 받았습니다. 먼저 이 책의 첫 번째 독자이자 비평자가 되어준, 김현숙, 김채운, 안현주 선생께 고마움을 전하고 싶습니다. 스무 살에 처음 만나 역사교사로서 같은 길을 걸으며, 평생의 벗이 된 친구들의 격려는 큰 힘이 되었습니다. 또 협력보다는 경쟁이 우선시되는 학교 시스템 속에서, 지난 수년간 서로를 지지해주면서 좋은 교사, 좋은 사람이 되는 길을 함께 고민해온, 한국과학영재학교의 김호숙, 최현정, 최은영, 박주영 선생님께도 감사를 드립니다. 루터 편을 감수해주시고 공간까지 내어주신 평화교회 한성국 목사님, 별로 대단치 않은 책에 흔쾌히 추천사를 써주신 윤용출 교수님, 상업적이지 않은 책의 출판을 맡아주신 간디서원에도 마음 깊은 감사를 전합니다. 무엇보다 매학기 놀라운 열정과 노력으로 저를 감동시키고 성장시켜준, 한국과학영재학교 08~18학번 모든 학생들에게, 수업 중에 하지 못했던 고맙다는 말, 사랑한다는 말을 꼭 하고 싶습니다. 겸손하게 인간을 이해하려고 애쓰는 모든 이들에게 이 책을 바칩니다.

박인숙

차례

서문 5

제1부 이탈리아, 르네상스 휴머니즘의 시작

제1장 시대를 앞선 위대한 상상력
　　　레오나르도 다빈치(Leonardo da Vinci) 13
　1. 외로운 어린 시절 16
　2. 피렌체 19
　3. 밀라노에서 28
　4. 귀향: 다시 피렌체에서 38
　5. 연구의 열정 48
　6. 다시 밀라노 55
　7. 노년 58
　8. 인간 레오나르도 64
　9. 연결 68

제2장 차갑고도 뜨거운 현실주의자
　　　니콜로 마키아벨리(Niccolo Machiavelli) 71
　1. 폭력과 전쟁: 어린 시절 74
　2. 약소국 피렌체와 정치적 격변 82
　3. 공직자가 되다 87
　4. 모든 것을 잃은 후 108
　5. 복귀, 그리고 마지막 125
　6. 인간 마키아벨리 134
　7. 한바탕의 짧은 꿈 137

제2부 기독교 인문주의의 부상과 종교개혁

제3장 모두가 행복한 사회를 꿈꾸다
　　　토마스 모어(Thomas More)　143
　1. 성장: 청년 인문주의자, 수도사를 꿈꾸다　146
　2. 세속에서: 출사와 결혼　152
　3. '유토피아': 모두가 행복한 사회　155
　4. 가정, 인간 토마스 모어　171
　5. 종교개혁에 반대하다　176
　6. 먹구름　181
　7. 죽음으로　191
　8. "사람에게도 격이 있다"　197

제4장 어디에도 속하지 않은 자
　　　에라스무스(Desiderius Erasmus Roterodamus)　201
　1. 저지대: '새로운 경건' 운동의 요람　205
　2. 수도원　208
　3. 파리 유학　210
　4. 전환점: 영국　214
　5. 가난과 싸우며 공부하고 쓰다　216
　6. 이탈리아에서　221
　7. 우신예찬(Moriae Encominium): 세상의 어리석음을 예찬하다　225
　8. 명성을 얻다　232
　9. 소용돌이 속으로　239
　10. 양편 사이에서　244

11. 개혁의 돌풍 속에서　253
12. 인간 에라스무스　260

제5장 개혁의 망치를 들다
　　마르틴 루터(Martin Luther)　265
1. 자수성가한 광산업자의 아들　268
2. 전환과 고뇌　271
3. 깨달음　277
4. 저항　280
5. 개혁과 정치　305
6. 루터교의 확립　322
7. 분열　334
8. 노년, 그리고 죽음　344
9. 루터라는 사람　351

참고문헌　357

제1부
이탈리아, 르네상스 휴머니즘의 시작

　이 책은 15세기 중반부터 16세기 중반까지 같은 시대를 살았던 유럽 사람들 다섯 명의 인생을 다룬 책입니다. 500년 전, 이들은 각기 자신의 자리에서 자기에게 주어진 인생을 살았고, 그들의 인생과 활동이 당대와 후대에 큰 영향을 줌으로써 역사에 이름을 남기게 됩니다. 굳이 이들의 직업을 말하자면, 두 사람은 정치인이자 공무원이었고, 두 사람은 종교인이자 작가였으며, 한 사람은 예술가이자 과학자라고 할 수 있습니다. 태어나고 활동했던 지역은 겹치기도 하고 다르기도 하며, 이들 중 일부는 직접 만나 서로 교류하기도 했습니다.

　이들이 살았던 15~16세기는 지금만큼이나 격변의 시기였습니다. 흔히 우리가 '르네상스와 종교개혁의 시대'라고 부르는 바로 그 시기였던 것입니다. 돌아보면 이들은 모두 역사의 패러다임이 변하던 그 거대한 흐름의 한 복판에서 태어나고 살다가 죽었습니다. 무엇보다도 그 변화들 중 가장 중요하고도 근본적인 변화는 사람들의 사고방식이 변화하고 있었다는 것입니다. 오랜 기간 중세를 지배했던 기독교적 세계관이 붕괴하고 있었습니다.

　중세 기독교적 세계관에서 볼 때, 인간은 죄로 물든 타락한 존재였습니다. 가톨릭교회는 세속적 욕구를 억제하고 경건한 생활로 끊임없이 구원을 갈구하는 것이 죄인인 인간들이 해야 할 일이라고 가르쳤습니다. 그러나 교회의 힘이 약화되고 사회가 변화하면서 이러한 세계관을 받아들이지 않는 일군의 학자들과 예술가들이 등장했습니다. 그들은 인간적 가치들을 부정했던 중세 가톨릭교회의 세계관을 점차 거부하고, 현실에서의 인간의 세속적 욕구와 희로애락을 긍정의 눈으로 바라보기 시작했습니다. 이제 인간은 죄로 물든 나약한 존재가 아니라, 이성을 활용해 세상을 변화시킬 수 있는, 능력 있는 존재들로 인식되기 시작했던 것입니다.

이러한 새로운 사고방식에 모범이 된 것은, 바로 고대 그리스, 로마의 옛 문화였습니다. 사실 기독교가 등장하기 이전에, 고대 지중해지역에서는 기독교 문화와는 상당히 다른 종류의 문화가 크게 발전했었습니다. 이 문화는 인간의 감정을 존중하고, 이성의 힘을 믿는 인본주의적 성격을 가지고 있었습니다. 그리고 이런 사실이 고대 문헌 연구를 통해 널리 알려지게 되자, 사람들은 고대 문헌들을 더 깊이 연구하기 시작했습니다. 그리하여 자신들이 혐오하던 중세 문화에 대한 대안으로, 그러한 고대의 문화적, 학문적 경향을 부활, 재생시키고자 하였던 것입니다.

익숙한 단어인 프랑스어 '르네상스(Renaissance)'란, 바로 이것, 고대 문화의 부활과 재생을 꾀하는 문화적 운동을 총칭하는 말이었습니다. 그 부활되고 재생된 새로운 문화의 본질은 '휴머니즘(Humanism)'이란 단어로 표현되었는데, 당대에 '휴머니즘'은 두 가지 뜻을 가지고 있었습니다. 즉 고전고대 문헌을 연구하고 거기서 교훈을 얻어내려는 지적 학풍(인문주의), 그리고 인간을 긍정적 시선을 바라보는 새로운 경향(인본주의)이라는 두 가지 뜻 모두를 가지고 있던 말이었습니다.

이러한 새로운 문화운동이 가장 먼저 시작된 곳은 이탈리아였습니다. 당시 이탈리아에서는 지중해 무역을 통해 부를 획득한 도시 국가들이 여럿 부상하면서 세속적 분위기가 크게 성장하고 있었습니다. 또 옛 로마제국의 터전이어서 유럽 어느 곳보다 고대적 유산에 대한 친밀감이 강했던 곳이기도 했었습니다.

바로 이 시기 이탈리아에서 태어나고 살았던, 그리하여 이러한 새로운 흐름을 온 몸으로 받아들이고 표현했던 두 명의 인물에서부터 이 이야기를 시작하려 합니다. 이 사람들은 거의 동시대에 태어나 이탈리아가 처한 상황 속에서 각자 자신의 인생을 개척해 나갔고, 동시대는 물론 그 이후 유럽 전체 및 전 세계에 엄청난 영향을 끼치게 될 문제적 인물이 되었습니다.

제1장

시대를 앞선 위대한 상상력
레오나르도 다빈치(Leonardo da Vinci)

〈레오나르도 다 빈치의 초상〉, 프란체스코 멜치(Francesco Melzi)

기억하실런지 모르겠지만, 2017년을 정말 '핫(hot)'하게 달군 그림 작품 한 점이 있었습니다. 푸른 색 상의를 입고 정면을 보고 있는 한 남자가 왼손에 투명구를 들고 있는 그림으로, 제목은 〈살바도르 문디(Salvador Mundi)〉입니다. '세상을 구원하는 이', 즉 '구세주'라는 뜻의 이 그림은 목판에 그린 유화로, 바로 예수님을 그린 초상화였습니다.

이 그림이 이렇게 뜨거운 이슈가 되었던 것은 이유가 있습니다. 2017년 11월 뉴욕의 크리스티경매에서 4억 5000만 달러에 낙찰되어 미술품 경매 사상 최고가를 경신했기 때문입니다. 2015년 5월 파블로 피카소(Pablo R. Picasso,

1-1 〈살바도르 문디(Salvador Mundi)〉, 레오나르도 다빈치, 약 1500년경

1881~1973)의 그림이 세운 기록, 1억 7940만 달러를 훌쩍 넘어섰던 것이지요.

천문학적 그림 값도 그림 값이지만, 이 그림이 사람들의 주목을 끌고 이런 고가에 팔릴 수 있었던 것은, 한 유명한 화가의 작품이라는 사실이 밝혀졌기 때문이었습니다. 이 화가의 작품이라고 알려지지 않았던 1958년에 이 그림은 영국 소더비 경매에서 겨우 45파운드에 팔렸으니까요. 뉴욕타임스 등 외신이 진품이 아니라는 주장들을 실으면서 곧 진위논란에 휩싸이기도 했지만, 도대체 약 7만 원짜리 그림을 60년 만에 5000억 원이 되게 할 수 있는 작가는 누구일까요?

이미 눈치 채셨겠지만, 그 사람은 바로 우리가 너무나 잘 알고 있는 〈모나리자〉를 그린 화가, 레오나르도 다빈치(Leonardo da Vinci)입니다.

화가로 가장 유명하긴 하지만 사실 레오나르도 다빈치의 직업을 묻는다면 한 가지로 말할 수는 없습니다. 화가이자 조각가, 음악가, 수학자였으며, 엔지니어, 발명가, 해부학자이기도 했던 그는 '르네상스의 만능인(Renaissance Man)'이라는 칭호에 가장 가까운 인물이었습니다. 그래서 그는 르네상스의 시대정신에 지대한 공헌을 한, 진정한 '천재'로 평가되곤 합니다.

이렇게 우리 모두가 아는 유명한 인물이기 때문에, 여러분은 다빈치가 보통 사람들과는 다른, 매우 화려하고 안락한 삶을 살았을 것으로 생각하실 지도 모르겠습니다. 그러나 후대의 이러한 찬사와는 달리, 실제 그가 살았던 인생은 화려하거나 편안함과는 거리가 멀었습니다. 오히려 보통사람들과 똑같은, 아니 어쩌면 그보다 더 많은 멸시와 남모를 고통을 겪었다면 어떠신가요? 이제 우리는 15~16세기 유럽으로 들어가, 한 '위대한 상상력'의 소유자가 살다 간 그 고단한 여정을 따라가 볼 것입니다. 준비되셨나요?

1. 외로운 어린 시절

레오나르도 다빈치는 1452년 4월 15일 토요일, 이탈리아 피렌체 근교의 '빈치(Vinci)'라는 곳에서 약 2~3킬로 떨어진 작은 시골 마을에서 태어났습니다. 우리가 흔히 그를 부를 때 쓰는 '다빈치'라는 명칭은 바로 그가 태어난 지역 이름, 빈치 출신이라는 것을 나타내는 것입니다. 아버지 피에로(Pierro Fruosino di Antonio da Vinci)는 법률가였고, 그의 어머니는 카테리나(Caterina)라고 불리는 평범한 농촌 처녀였던 것으로 알려져 있습니다. 불행히도 그는 정식 혼인관계에서 태어난 아이가 아니었습니다. 그가 태어난 해에, 25세이던 그의 아버지가 다른 여성과 결혼해 버렸기 때문에, 레오나르도에게는 사생아라는 딱지가 붙여졌던 것입니다.

그의 어머니도 곧 다른 남자와 결혼하긴 하였지만, 출생 후 몇 년간 어린 레오나르도는 어머니와 함께 살았습니다. 하지만 곧 그는 어머니와 이별해 친가로 들어갔는데, 그것이 정확히 언제인지는 알 수 없습니다. 1457년 할아버지 안토니오(Antonio da Vinci)가 신고한 세금신고서에 레오나르도의 이름이 적혀 있는 것으로 보아, 적어도 다섯 살이었던 1457년에는 이미 아버지 집으로 들어가 조부모, 삼촌과 함께 살고 있었던 것입니다.[1]

생모와 이별을 하고 갑자기 친가로 옮겨지게 된 것은 어린 아이에게는 아마도 큰 충격과 혼란을 주었을 것입니다. 학자들은 이 어릴 때의 경험이 레오나르도의 정신세계에 큰 영향을 주었을 것으로 추측하기도 합니다. 비록 사생아이긴 했지만 그는 다빈치 가문에서 소외된 아이로 키워지지는 않았습니다. 당시 80대의 할아버지 안토니오가 손자의 출생을 자신의 낡은 노트에 꼼꼼히 기록해 두었고, 레오나르도의 세례식에도 비교적 많은 사람들이 참석했다는 것을 알려주는 증거가 있기 때문입니다.[2] 그의 아버지 피에로는 두 번의 결혼에도 정식 아들을 갖지 못했고, 한참 뒤에야 아들을 가지기 때문에, 그는 비록 서자이긴 해도 오랫동안 아버지의 외동아들로서의 지위를 유지했던 것으로 보입니다.

---

1 Sherwin B. Nuland, *Leonardo da Vinci*(NY: Penguin Books, 2000), p. 14.

2 Nuland, *Leonardo da Vinci*, p. 12.

다빈치 집안은 귀족은 아니었지만 대대로 내려오는 피렌체의 공증인 집안으로, 지역적 기반이 탄탄하고 꽤 명망을 가진 편이었습니다. 하지만 할아버지 안토니오는 집안의 가업인 법률가의 길을 걷지 않았습니다. 법이나 도시, 명예 같은 것에 관심이 없었던 그는, 피렌체의 도시 생활을 버리고 시골로 와 농장주의 단순한 삶을 살았던 것입니다.

그러나 안토니오의 큰 아들, 그러니까 레오나르도의 아버지 피에로는 세속적 야심이 있는 사람이었습니다. 그는 안토니오와는 달리, 어린 나이에 다시 가문의 대를 이어 공증인이 되었고, 피렌체로 진출하였습니다. 아들 레오나르도를 낳기 몇 전부터 이미 그는 피사와 피렌체에서 공증인 일을 하고 있었습니다.

아버지 피에로와 그의 부인은 거의 피렌체에서 살다시피 했기 때문에, 어린 레오나르도를 주로 돌본 사람은 할아버지와 할머니 루치아(Lucia da Vinci), 그리고 삼촌 프란체스코(Francesco da Vinci)였습니다. 특히 16살 위의 삼촌 프란체스코는 레오나르도와 가장 가까운 인물이었습니다. 프란체스코는 나이 많은 아버지 안토니오 대신 농장 일을 돌보면서, 어린 조카와 남달리 깊은 교류를 나누었습니다. 1507년 프란체스코가 자식 없이 죽었을 때, 그가 재산을 남겨준 사람이 레오나르도였던 것으로 보아 두 사람 사이의 관계는 각별했던 것으로 보입니다.

어린 레오나르도는 시골소년이었습니다. 할아버지 집에서 보낸 유년시절 동안 레오나르도는 이탈리아 농촌 생활과 농부들의 문화를 일찍부터 경험할 수 있었습니다. 삼촌은 여러 가지 풀이나 꽃의 이름, 동물들의 습성을 어린 조카에게 알려주었을 것이고, 어린 소년은 토스카나 지방의 대표적 상품이었던 올리브를 따고 올리브유를 가공하는 일, 또 도자기를 굽는 일 등을 일상으로 보았을 것입니다. 그리고 그 소년은 짬이 나면 높은 곳에 올라가 토스카나 언덕에서 알프스로 이어지는 대자연의 풍경을 자주 바라보았습니다.

특히 어릴 때부터 레오나르도는 동물들을 몹시도 사랑하였다고 합니다. 그는 개와 고양이는 물론 말을 특히 좋아하였습니다. 후일 그가 그린 수많은 동물스케치는 그의 동물에 대한 애정을 보여줍니다.

정상적인 가정에서 태어나지 못한 마음의 상처, 어머니와의 이별이 가져다 준 고통, 바쁘고 냉정한 아버지, 이런 것들로 외롭고 힘들었을 레오나르도였지만, 시골 마을이 주는 평화로움과 자연의 아름다운 풍경, 동물들의 순수함은 어린 소년을 위로해 주었습니다. 그리고 그것은 큰 자양분이 되어 소년을 성장시켰을 것입니다.

2. 피렌체

이 시기 이탈리아는 여러 나라로 분열되어 있었습니다. 남쪽에는 나폴리왕국(Kingdom of Naples)과 시칠리아 왕국이, 중부에는 교황령이, 북서쪽으로는 밀라노 공국(Duchy of Milan)과 북동쪽에는 베네치아 공화국(Republic of Venice)이 버티고 있었습니다. 피렌체는 이탈리아의 중북부 토스카나(Toscana) 지방에 자리 잡은 도시국가로, 1460년대 약 5만 명의 인구가 살고 있었습니다. 당시 피렌체는 단테(Alighieri Dante,

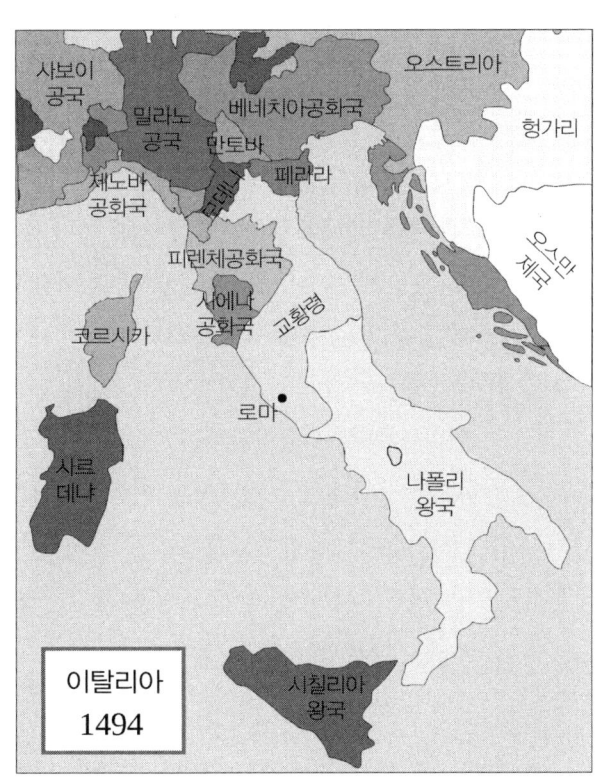

1-2 15세기 말경 이탈리아 여러 국가들

1265~1321)와 페트라르카(Francesco Pertarch, 1304~1374), 보카치오(Giovanni Boccaccio, 1313~1375) 등, 대표적 휴머니스트들의 고향이자 활동무대였고, 새로운 인간중심적 문화운동, 르네상스의 요람이었습니다.

정확한 것은 알 수 없지만 1462년에서 1466년 사이 10대 소년 레오나르도는 빈치를 떠나 피렌체로 간 것으로 보입니다. 학교를 다니기 위해서는 아니었습니다. 사실 이 시기까지 레오나르도가 받은 교육에 대해서는 알려진 것이 거의 없습니다. 개인교사가 있었는지는 몰라도 정식교육을 받지는 않은 것 같습니다. 그는 후일 자신을 '문맹(unlettered)'으로 묘사했는데, 이 말은 읽고 쓸 수 없다는 말이 아니라 당시 학문적 언어인 라틴어를 습득하지 못했다는 의미에서 한 말입니다.

그가 정규교육을 받지 못했던 것은 아마도 사생아라는 그의 신분 때문이었을 것으로 보입니다. 당시 이탈리아는 다른 나라들에 비해 사생아에게 호의적이긴 하였지만, 사회적 편견은 분명히 존재했습니다. 사생아는 의사나 약사 같은 직업을 가질 수 없었고, 대학에도 갈 수 없었습니다. 그리고 당연히 서자인 그가 아버지처럼 공증인 같은 전문직으로 나서는 것은 불가능했습니다.[3]

어쨌든 피렌체로의 이사는 그의 인생에 결정적 전환의 기회를 제공합니다. 아버지 피에로가 레오나르도를 안드레아 베로키오(Andrea del Verrocchio, 1453~1488)의 '공방(bottega)'에 견습생으로 들여보내었던 것입니다. 당시 30대의 베로키오는 탁월한 조각가이자 장인으로, 피렌체에서 가장 훌륭하다고 평가받는 '공방'을 운영하고 있었습니다. 정확히 언제 그가 베로키오의 도제(apprentice) 생활을 시작했는지에 대해서는 논란이 있지만, 학자들은 대체로 1466년경 즈음, 그의 나이 14살경이었을 것으로 봅니다.[4]

전기 작가 바사리(Giorgio Vasari, 1511~1574)에 의하면 아버지 피에로는 레오나

---

3 세르주 브람리(Serge Bramly), 염명순 역, 『레오나르도 다빈치』, 1권(한길아트, 1998), 119쪽.

4 Walter Isaacson, *Leonardo da Vinci*(NY: Simon & Schuster, 2017), p. 33; 찰스 니콜(Charles Nicholl), 안기순 역, 『레오나르도 다빈치 평전』(고즈윈, 2007), 76쪽.

르도가 그린 그림을 몇 점을 베로키오에게 보여주었고, 베로키오는 그 소년의 재능에 깜짝 놀라 견습생으로 받아들였다고 합니다.[5] 이것은 그의 인생에 있어 결정적 전환점이었습니다.

베로키오의 공방

당시의 '공방'은 회화, 조각뿐 아니라 건축이나 일상적인 가구제작에 이르기까지, 다양한 기술을 제공하는 장인들의 작업장이라고 할 수 있습니다. 즉 이 시기 화가나 조각가는 하나의 독자적 분야의 예술가(artist)라기보다는 일종의 기술자(artisan)에 가까웠던 것입니다. 특히 베로키오의 공방은 귀족들을 위해 그림과 조각, 식기류, 장식품들을 만들고 있었는데, 바로 이 공방에서 레오나르도는 페루지노(Pietro Perugino, 1450~1523), 기를란다요(Domenico Ghirlandaio, 1449~1494), 보티첼리(Sandro Botticelli, 1445~1510) 등, 촉망받는 동료들과 함께 성실하게 수련을 받았던 것입니다.

당시 많은 수공업 공장에서 견습생들이 그랬듯이, 처음 레오나르도에게 주어진 일은 마루를 쓸거나 염료를 섞고 대리석을 닦는 것 같은 허드레 일이었습니다. 견습생들은 처음에 선배나 스승이 하는 일을 관찰하며 기초적인 기술을 습득하고, 그 후 시간이 갈수록 보조자로서 작업에 점점 더 깊숙이 참여하게 되는 것이 관례였습니다. 이런 과정을 거쳐 그들은 '직공(journeyman)'이 되었고, 개인의 솜씨에 따라 작품 전체를 감당할 수 있는 능력을 가지게 되면, 마지막에 시험을 거쳐 독립적인 기술자, '장인(master)'이 될 수 있었습니다.

그래서 당시 미술 작품은 공방 내의 많은 사람들의 공동작업의 산물일 경우가 많았습니다. 어린 레오나르도는 베로키오의 공방에서, 크든 작든 모든 공동 작업에 참여했고, 그 모든 과정을 통해 데생, 조소, 석고 및 물감 제작 등 여러 가지 기술들을 습득해갔습니다.

---

[5] 지오르지오 바사리(Georgio Vasari), 이근배 역, 『르네상스의 미술가 평전』(한명, 2000), 317~318쪽.

특히 베로키오 공방은 1471년에 매우 어려운 일거리를 맡았는데, 그것은 피렌체 두오모 성당 꼭대기에 거대한 청동구를 얹는 작업이었습니다. 이 지붕 공사는 107미터 높이에 어마어마한 무게의 덩어리를 끌어올려 고정시켜야 하는, 매우 어려운 난공사였습니다. 이 힘든 작업을 위해 베로키오 공방의 모든 인력이 동원된 것으로 보입니다. 그때 그 구를 얹기 위한 기중기를 설계한 사람이 19세의 레오나르도였습니다. 기하학과 수학, 물리학, 역학 등이 동원된 이 작업을 통해, 레오나르도는 그가 이론적으로 배우지 못한 과학적 개념을 스스로 경험적으로 터득해 가고 있었습니다.

또 공방에서 레오나르도는 정확하고 세밀한 묘사를 위한 여러 가지 수련을 거쳤습니다. 베로키오의 공방은 어림잡아 대충하는 데생을 허용하지 않았고, 모든 것을 있는 그대로 정확하고 사실적으로 묘사하고 재현하려는 풍조가 매우 강했습니다. 이런 면에서 레오나르도의 천재성은 타고난 것만은 아니었다 하겠습니다.

1472년 20살이 되면서 그는 견습 생활을 끝내고 '성 루크(St. Luke) 길드'에 정식 등록된 '장인'으로서의 자격을 취득하게 됩니다. 하지만 견습 생활이 끝났음에도 그는 상당 기간 동안 베로키오의 공방을 떠나지 않고 동료들과 함께 일을 거들고 있었습니다.

이 해에 그는 스승인 베로키오와 함께 〈그리스도의

1–3 〈그리스도의 세례(The Baptism of Christ)〉, 안드레아 델 베로키오 & 레오나르도 다 빈치, 1472~1475년경, 목판에 유채와 템페라, 피렌체, 우피치미술관

1-4 〈수태고지(The Annunciation)〉, 레오나르도 다빈치, 1472~1475년경, 목판 위에 유채와 템페라, 78×219cm, 피렌체 우피치미술관

세례(The Baptism of Christ)〉라는 그림을 그리기 시작합니다. 이 작품에서 레오나르도는 왼쪽 아래 부분, 즉 예수의 옷을 붙들고 있는 어린 천사들을 그렸습니다. 바사리는 이 그림과 관련해 매우 재미있는 이야기를 들려줍니다. 이 그림에서 제자의 출중한 솜씨를 확인한 스승 베로키오는, 붓을 꺾고 이후 다시는 그림을 그리지 않았다는 것입니다.[6] 사실이 아닐지도 모르지만, 실제로 이 그림 이후 베로키오가 남긴 그림이 거의 없기 때문에 가능성이 없는 이야기는 아니라 하겠습니다.

아마 이즈음에 레오나르도는 또 한 점의 그림을 그리고 있었던 것 같습니다. 이번에는 온전히 혼자서 그린 그림으로, 1472년에서 1475년경에 그려졌을 것으로 추정되는 〈수태고지(The Annunciation)〉라는 작품입니다. '수태고지'란 동정녀 마리아에게 천사 가브리엘이 나타나 곧 아이를 잉태할 것임을 알리는 것을 말합니다. 이는 당대 많은 화가들 사이에서 유행하던 인기 있는 주제였습니다. 과학적인 선원근법과 극적인 명암효과를 사용한 이 그림에서 레오나르도는 이전의 같은 주제의 그림들보다 매우 자연스러운 메시지를 전달하고 있습니다.

20대 중반으로 가면서 레오나르도는 한편으로 여전히 베로키오의 공방 일

---

6 바사리, 『르네상스의 미술가 평전』, 319쪽.

을 하면서도 동시에 독자적인 작가로서의 길을 모색하고 있었습니다. 하지만 피렌체 예술 시장에 발을 내딛은 사회 초년병 레오나르도에게 세상은 그리 호락호락하지 않았습니다.

특히 24살이던 1476년은 그로서는 여러모로 힘든 시기였습니다. 먼저 이 해 초에 레오나르도는 매우 치욕적인 경험을 하게 됩니다. 3명의 다른 젊은이들과 함께 어떤 남자 모델에게 음란한 제안을 했다는 죄로 고발당했기 때문입니다. 특히 그와 함께 고발당한 젊은이 중에는 피렌체를 다스리고 있던 메디치가의 친척이 있었기 때문에, 이 사건은 좁은 피렌체 사회에 널리 퍼진 스캔들이 되었습니다. 다행히 재판에서 무죄로 석방되긴 했지만, 이 사건은 사생아로 태어난 그에게는 또 하나의 매우 수치스러운 경험이었음에 틀림없을 것입니다. 사실이든 아니든, 그에게 평생 따라다니는 동성애자였다는 의심은 이미 이 시기부터 존재했던 것입니다.[7]

1476년 그를 괴롭게 한 또 하나의 사건은 세 번째 결혼을 한 아버지 피에로가 드디어 아들을 얻었다는 사실이었습니다. 안토니오라는 이름을 얻은 이 아이의 출생은 아버지로서는 첫 번째 합법적 아들의 탄생을 의미했습니다. 그러나 이 일은 레오나르도에게는 전혀 다른 의미를 가졌습니다. 레오나르도의 사생아로서의 위치가 확실히 확인되었던 것입니다.

1477년경 레오나르도는 공방을 나와 피렌체에 자신만의 작업실을 마련한 것으로 보입니다. 독립적인 작가의 길로 들어선 것입니다. 하지만 사생아에다

---

[7] 레오나르도의 성적 성향에 대해서는 여러 가지 주장들이 있지만 확실한 증거는 부족합니다. 당대의 전기 작가인 바사리는 이 문제에 대해 아무런 언급도 하고 있지 않았지만, 오늘날 그가 동성애자였을 가능성을 제기하는 학자들은 매우 많습니다. 1910년 정신분석학자 프로이트는 한 논문에서 레오나르도 자신의 유년기 기억을 분석해, 어머니의 사랑을 제대로 받지 못한 그가 동성애적 성향을 가지고 있었지만 실제로 행동으로 옮기지는 않았다고 보았습니다. 하지만 다른 학자들은, 그가 평생 결혼하지 않았고 여성과의 관련성이 극히 적었으며, 미소년을 제자로 평생 데리고 다녔다는 점 등을 들어 실제적인 동성애자였다고 주장하기도 합니다. 지그문트 프로이트(Sigmund Freud), 이광일 역, 『레오나르도 다빈치: 예술에 대한 정신분석학적 비평』, 여름언덕, 2012.

동성애자라는 딱지까지 붙은 신참 작가의 삶은 쉽지 않았습니다. 몇 편의 그림을 그리고 있긴 했지만, 그 탁월한 그림솜씨는 발휘할 기회가 적었고, 특별한 작품주문을 받지 못했기 때문에 경제적으로도 힘들었습니다.

무엇보다 20대 중후반 청년 레오나르도를 가장 좌절하게 만든 것은 그가 보티첼리 같은 당대의 다른 피렌체 예술가들과는 달리, 군주인 메디치(Medici)의 인정과 후원을 그다지 받지 못했다는 점일 것입니다.

아시다시피 당시 피렌체는 명목상 공화국이었지만 메디치 가문의 지배하에 있었습니다. 오랫동안 은행업으로 성장해 피렌체의 정권을 장악한 이 가문은 코시모 데 메디치(Cosimo de' Medici, 1389~1464)를 거쳐 그의 손자 로렌초 데 메디치(Lorenzo de' Medici, 1449~1492)에 오면 문화예술의 후원자로 명성을 떨치고 있었습니다.

그러나 적도 많았던 이 피렌체의 군주는 1478년 4월 큰 위험에 처합니다. 대낮에 성당에서 자신을 암살하려던 자객들의 공격을 받은 것입니다. 그는 다행히 목숨을 건졌지만, 대신 동생 줄리아노(Giuliano de' Medici, 1453~1478)가 희생되었습니다. 이 '파치(Pazzi)가의 음모'[8] 사건을 겪은 후, 로렌초는 잔인하게 피의 보복을 감행했습니다. 수 십 명의 공모자들이 줄줄이 교수형을 당했고 시체는 길거리에 내걸렸습니다.

이때 로렌초는 이 처형식을 그릴 화가가 필요했습니다. 확실히 그림으로 남겨 자신에게 도전하는 세력을 허용하지 않을 것임을 분명히 할 필요가 있었던 것입니다. 피렌체의 많은 화가들은 피렌체의 군주가 의뢰인인 이 작업에 뽑히기를 원했을 것이고, 신인 작가 레오나르도도 내심 자신이 선택되기를 원했던 것 같습니다. 그러나 레오나르도의 의사와 상관없이, 이 일은 그에게 주어지지 않았습니다. 메디치가의 총애를 한 몸에 받고 있던 보티첼리에게 돌아갔던 것입니다.[9]

---

8   이 사건에 대해서는 이 책의 2장을 참고하세요.
9   암살자 가운데 한사람인 베르나르도 반디노가 탈출했다가 잡혀와 잔혹한 고문에 시달리다 처형당했을 때, 레오나르도는 이 처형이 집행된 장소에서 반디노의 교수형을 보

1480년에 즈음해 정신적, 경제적 궁핍 속에서 레오나르도는 몇 가지 작품에 착수하고 있었습니다. 그 중 한 가지는 1479년에 피렌체의 한 수도원으로부터 의뢰받은 제단화 제작이었습니다. 이 일은 공방에서 독립한 후 처음으로 주문받은 대작이었습니다. 아버지 피에로가 그 수도원의 공증인이었다는 것으로 보아 어쩌면 부친의 주선이 있었을 지도 모릅니다.

실제로 작품 제작에 대한 계약은 1481년 3월에 이루어졌는데 조건은 좋지 못했습니다. 최종 금액은 150플로린으로 나쁘지 않은 편이었지만, 선금으로는 한 푼도 받지 못했고 물감이나 재료 등 제작비용 모두를 자신이 떠맡는다는 단서가 붙어 있었기 때문입니다. 이 제안을 받아들인 것으로 보아, 이 시기 그는 경제적으로 매우 절박한 상태였던 것 같습니다. 제단화 외에도 그는 수도원 시계를 장식하는 허드레 일까지 하면서 생계를 꾸려갔는데, 이 일로 그가 받은 사례는 고작 나뭇단 한 짐, 밀 13리터정도, 포도주 한 통 등에 불과했습니다.[10]

어쨌든 이 제단화 작업은 후일 〈동방박사의 경배(Adoration of the Magi)〉로 알려진 그림이 될 것으로, 레오나르도가 그린 그림 중에서는 꽤 큰 크기의 작품에 해당됩니다. 그러나 이 작품은 완성되지 못합니다. 궁핍에 시달리던 그가 1482년 피렌체를 떠나 밀라노로 가기 때문입니다. 그는 떠나기 전까지 투시도와 밑그림을 마련해 놓았는데, 오늘날 피렌체의 우피치 미술관에 있는 갈색조의 작품은 그의 밑그림 위에 다른 사람이 채색을 입힌 것으로 추정됩니다.

하지만 이미 언급했듯이, 정작 피렌체를 떠날 결심을 할 만큼 레오나르도에게 결정적 좌절감을 안겨준 것은, 경제적 어려움만은 아니었습니다.

1481년, 나빠진 피렌체와의 관계 개선에 힘쓰던 로마교황청은, 시스티나 예배당 장식을 맡을 예술가들을 추천해줄 것을 피렌체 정부에 요청합니다. 이 요청에 따라 로렌초 데 메디치는 로마로 파견할 피렌체 예술가들의 명단을 작

고 있었던 것 같습니다. 매달린 시신을 묘사한 밑그림과 그 복장의 세세한 부분까지 꼼꼼히 기록해놓은 메모가 남아 있습니다.
10 김상근, 『천재들의 도시, 피렌체』(21세기북스, 2010), 185쪽.

1-5 〈동방박사의 경배(Adoration of the Magi)〉, 레오나르도 다빈치, 1481~1482년경, 목판에 유채, 243×246cm, 피렌체, 우피치미술관

성하게 되었습니다. 이 일이 알려지자, 피렌체의 여러 공방들은 성지 로마로 간다는 기대로 한껏 들떴습니다. 레오나르도도 당연히 그랬을 것입니다. 그러나 놀랍게도 보티첼리, 기를란다요, 페루지노 같은 그의 동료들이 대부분 들어간 소위 '로마 명단'에 다빈치의 이름은 빠져 있었습니다.

메디치 가문의 베로키오 공방에 대한 지속적 지원을 고려해보면, 다빈치가 그 로마 명단에서 빠진 것은 매우 이례적인 일이었습니다. 그가 동성애자로 알려져서 그랬다는 설도 있고, 학식이 부족해 로렌초 메디치가 그의 이름을 뺐다는 이야기도 있지만, 정확한 이유는 알 수 없습니다. 이유가 무엇이든, 스승을 능가하는 그림 솜씨를 가진 그가, 동료들이 대부분 들어간 그 프로젝트에서 탈락된 것은 분명 그에게는 큰 상처가 될 일이었습니다.

동료들이 로마로 떠나는 것을 담담히 지켜보아야했던 그의 심정은 어떠했을까요? 그가 남긴 메모 중에는 이 시기 그의 심경이었을 것 같은 구절이 있습니다.

"날 업신여기지 마오, 난 가난하지 않으니까. 욕망이 많은 자는 가난하나니. 난 어디로 가야하나. 너는 곧 그것을 알게 될 텐데…"[11]

20대의 레오나르도에게 피렌체에서의 삶은 굴욕과 가난을 의미했습니다. 결국 그는 인정받지 못한 피렌체를 떠납니다.

3. 밀라노에서

1482년 서른이 다 된 레오나르도는 새로운 인생을 시작합니다. 피렌체를 떠나 밀라노로 향했던 것입니다.

피렌체가 금융과 문화의 중심지였다면 밀라노는 외형적으로 견고하게 요새화되어 있던 봉건적 도시국가에 가까운 곳이었습니다. 하지만 이곳은 한창 성장하고 있던 선진적인 도시였고, 높은 수준의 무기제작과 도시건설 기술자들을 보유한 곳으로 정평이 나 있었습니다.[12] 1450년 이래 이 지역은 용병 대장 출신의 스포르차(Sforza)가문이 다스려왔는데, 레오나르도가 도착했을 때, 당시 지배자는 루드비코 스포르차(Ludvico Maria Sforza, 1451~1508) 공작이었습니다. 형 갈레아초(Galeazzo)의 죽음 이후 어린 조카까지 급사하면서 정식으로 밀라노

---

11 브람리, 『레오나르도 다빈치』, 1권, 344쪽; 김상근, 『천재들의 도시, 피렌체』, 184쪽.
12 매튜 랜드러스(Matthew Landrus), 정신아 역, 『다빈치의 세계』(청아출판사, 2006), 18쪽.

1-6 루드비코 스포르차(Ludvico Maria Sforza, 1451~1508)

공이 된 그는 흔히 '일 모로(Il Moro)'[13]라는 별명으로 불리어지고 있었습니다.

레오나르도가 구체적으로 어떤 경로로 밀라노로 간 것인지는 정확히 알 수 없습니다. 공식적으로 '일 모로'의 초대를 받은 것인지, 아니면 로렌초 데 메디치가 파견한 것인지, 혹은 그냥 자발적으로 떠난 것인지 분명치 않은 것입니다. 로렌초의 추천을 받아 악기 연주자로 음악을 좋아하는 스포르차에게 파견되었다고도 합니다. 당시 레오나르도와 동행한 인물이 음악가였다는 점에서 가능성 없는 이야기는 아닐 듯합니다.

출발할 즈음, 레오나르도는 자신이 제작하고 있던 작품목록을 작성해 소지하고 있었습니다. 또 후일 학자들에게서 매우 자주 인용되는 그 유명한 편지, 밀라노 대공 스포르차에게 전달할 자기소개서도 이때쯤 작성했었던 것 같습

---

13 '일 모로'라는 별명은 '무어인(the Moor)'란 뜻으로 그의 검은 피부색 때문에 붙여졌다고 합니다.

니다.

이 자기소개서에는 레오나르도가 얼마나 새로운 일자리와 후원자를 원하고 있었는지가 잘 나타나 있습니다. 그는 어떤 일이든 성심을 다해 봉사하겠다면서, 자신이 할 수 있는 여러 가지 기술들을 자세히 설명하고 있습니다.[14] 옆의 자기소개서를 한번 읽어볼까요?

여러분은 이 편지에서 그가 제안한 10가지 기술 중 9가지가 무기 제조와 관련되었다는 것을 발견하실 수 있을 겁니다. 요컨대 그는 화가나 조각가가 아니라, 다양한 종류의 공격용, 수비용 기계를 제작할 수 있는 무기기술자로서 자신을 채용해달라고 강조하고 있는 것입니다.

재미있게도 전쟁과 관련된 모든 기술적 능력은 이렇게 강조하면서도, 그는 자신이 조각을 하거나 그림을 그릴 수도 있다는 것은 편지의 끝에 매우 간단히 언급할 뿐입니다. 그리고 마지막에 그는 당시 루드비코가 자신의 아버지를 기리기 위해 추진 중에 있던 청동기마상도 만들 수 있다고 덧붙였습니다.

이 편지를 통해 우리가 유추할 수 있는 것은, 그가 어떻게 하면 스포르차 공작의 마음에 들 수 있을 지를 무척 고민한 것 같다는 점입니다. 밀라노가 13세기부터 무기제조업으로 번창했고, 그것으로 명성을 얻어왔다는 사실을 레오나르도는 분명히 인지하고 있었을 것입니다. 그리고 언제나 전쟁의 위험에 노출되어 있던 이탈리아 상황과, 공작의 집안이 용병대장 출신이라는 점을 고려할 때, 예술적 능력보다는 전쟁과 관련된 기술이 더 공작의 눈길을 끌 수 있다고 생각했을 것입니다. 인정받지 못해 밀라노로 왔던 레오나르도로서는 무슨 일이든 일거리를 얻어야 했습니다. 그 편지는 그런 그의 절박함을 담고 있었습니다.

---

14 스포르차에게 보낸 이 서한은 장 폴 리히터(Jean-Paul Richter) 편, 『레오나르도 다빈치 노트북』(루비박스, 2006), 566~568쪽; 브로노프스키(J. Bronowski)·매즐리시(B. Mazlish), 『서양의 지적전통: 다빈치에서 헤겔까지』(학연사, 2009), 27~28쪽; 브람리, 『레오나르도 다빈치』 1권, 374~376쪽을 참조해서 정리해 보았습니다.

스포르차에게 보낸 자기소개서

친애하는 각하

저는 무기제작의 대가라고 하는 사람들의 발명품들을 많이 보고 조사해왔습니다. 그러나 그들의 발명은 일반적으로 사용되는 것들과 조금도 다르지 않았습니다. 아무 때나 각하께서 편하신 시간에 제가 가진 기술을 보여드리고, 제가 알고 있는 비밀을 알려드릴 기회가 있었으면 좋겠습니다. 이 모든 물건을 효과적으로 시범 보이는 기쁨을 누리고 싶다고 감히 제안합니다.

1. 적을 추격하거나 적의 추적을 벗어날 때, 유용하게 쓸 수 있는, 극히 가볍고 튼튼하며 쉽게 파괴되지 않는, 견고한 휴대용 다리를 보유하고 있습니다.
2. 적진을 포위하는 공격이 진행 중일 때, 참호에서 물을 빼내고, 다양한 다리들을 만들고, 길을 은폐하며, 사다리를 놓는 등 다양한 장치들을 제작할 수 있습니다.
3. 적의 장소가 지리적 위치나 둑의 높이 때문에 포격하기 어려운 경우, 어떤 성채나 보루라도 파괴할 수 있는 방법을 알고 있습니다.
4. 지극히 편리하고 운반하기 매우 쉬운 대포를 가지고 있습니다. 이 대포는 마치 우박을 쏟아내는 폭풍처럼 작은 돌을 뿜어내어… 적에게 막대한 손실과 혼란을 안겨줄 것입니다.
5. 지하터널과 비밀통로를 소음 없이 구축할 수 있습니다.
6. 완전히 난공불락의 장갑차를 만들려 합니다.
7. 필요한 경우, 지금 사용되고 있는 것들과는 매우 다르게, 대포와 박격포, 가벼운 포들을 아름답고 유용하게 제작할 것입니다.
8. 화살 사출기, 투석기, 물 붓는 장치 등 놀라운 공격효과를 가지는 기계를 제작할 것입니다.
9. 전투가 해상에서 일어나는 경우, 지극히 효과적인 각종 기계들을 가지고 있습니다.
10. 평화시에는 건축 및 건물들의 설계와 물의 흐름을 바꾸는 것 등의 일을 통해 완벽한 만족을 드릴 수 있습니다.

〈암굴의 성모〉

어쨌든, 밀라노로 온 다빈치는 스포르차공작이 연 연회에서 직접 만든 은으로 된 리라를 연주하였다고 합니다. 공작은 레오나르도의 연주에 큰 찬사를 보내고 그가 밀라노에 머무는 것을 허락하였습니다. 이제 그는 인생의 가장 황금기를 밀라노에서 보내게 됩니다.

밀라노는 기후도, 풍경도, 삶의 방식도, 피렌체와는 다른 외국이었습니다. 피렌체를 떠나 왔지만 밀라노에서 그는 '피렌체사람'으로 불리었습니다. 스포르차공작이 그에게 일거리를 맡길 때까지 무작정 기다릴 수는 없었기 때문에 그는 일을 찾아서 해야 했습니다.

레오나르도가 밀라노에서 처음 친밀한 관계를 유지한 사람들은 '프레디스(Predis)'라는 이름의 예술가 형제들이었습니다. 이 형제들은 각기 여러 가지 기술에 능한 사람들로, 그들의 공방은 밀라노 궁정 일을 많이 하고 있었습니다. 숙소와 작업이 필요했던 레오나르도는, 한동안 이 집에 살면서 그 형제들과 작업을 같이했던 것으로 보입니다.

1483년경 레오나르도는 프레디스가의 두 형제들과 함께 한 가지 작품의뢰를 받습니다. 성 프란체스코 그란데(St. Francesco Grande) 성당의 제단 뒤쪽 벽을 장식할 그림을 제작하는 일이었습니다. 푸른 색 옷을 입은 성모 마리아가 작은 바위 동굴 앞에서 어린 예수와 역시 어린 세례 요한, 천사와 함께 있는 모습을 그린 것으로, 〈암굴의 성모(The Virgin of the Rocks)〉라고 불리어지는 작품입니다.

그 계약은 공증인이 입회한 가운데 1483년 4월 25일에 체결되었는데, 계약서에 따르면 이 작품의 최종 인도일은 그해 12월 8일로 되어 있었습니다. 그러나 레오나르도의 많은 작품들이 그렇듯이, 이 작품은 제 날짜에 의뢰인 측에 인계되지 않았습니다. 제작자와 의뢰인 사이에 그림의 내용 및 지불대금과 관련해 분쟁이 발생하였고, 타협이 이루어지지 않아 결국 장기간의 소송으로 이어지게 되었기 때문입니다.

이 소송은 얼마 뒤 해결되지만, 오늘날 우리를 혼란스럽게 만드는 것은, 이 분란 과정에서 레오나르도의 친필 서명이 각각 들어가 있는 두 개의 판본이 존재하게 되었다는 점입니다. 현재, 하나는 파리의 루브르 박물관에, 다른 하나는 런던의 내셔널 갤러리에 있습니다. 루브르 판과는 달리 런던 판에서는 각 인물 위의 머리 위에 둥근 후광이 있고 요한에게 십자가 모양의 지팡이가 있는 것이 다릅니다.

학자들은 루브르 판을 먼저 그려진 것으로 봅니다. 이 첫 번째 그림을 그린 이후에 의뢰자가 만족하지 않자, 이것을 다른 미술애호가에게 팔았고, 이 그림 대신 의뢰인 측의 요구를 수용하기 위해 다시 하나를 더 그린 것이라는 해설이 유력합니다.

두 개의 그림은 유사하면서도 분명히 구별되는 특징을 가지고 있어 이 그림들이 그려진 정확한 시기, 그리고 그 관계에 대해서는 아직도 논란이 이어지

1-7 〈암굴의 성모(The Virgin of the Rocks)〉,
레오나르도 다빈치,
1483~1486년경, 목판에 유채,
199×122cm, 파리 루브르박물관

1-8 〈암굴의 성모(The Virgin of the Rocks)〉,
레오나르도 다빈치, 1493~1495년경과
1506~1508년, 목판에 유채,
195.5×120cm, 런던 내셔널갤러리

제1장 시대를 앞선 위대한 상상력: 레오나르도 다빈치(Leonardo da Vinci) 33

고 있습니다. 혹시 루브르와 내셔널 갤러리에 가보실 기회가 있으시면 한번 보고 비교해 보시면 좋을 듯합니다.

〈청동기마상〉

레오나르도가 밀라노에서 어떤 일로 생계를 꾸려갔는지는 분명하지 않습니다. 하지만 그가 여러 가지 다양한 일들에 힘쓰고 있었던 것은 분명합니다. 앞에서 언급한 「자기소개서」에 쓴 것처럼, 다방면의 지식을 실천에 옮기고 있었던 것입니다.

먼저 1485년 밀라노에 페스트가 유행하자, 그는 전염병을 막기 위한 위생적인 도시구획과 도로 설계를 구상하였습니다. 또 각종 무기들을 고안하였고, 스포르차 성의 돔을 디자인하는 등, 도시설계자, 건축가로서도 기량을 발휘하였습니다. 심지어 스포르차 공작을 위해 화려한 궁정무대와 이벤트 행사, 연극 장치 등을 고안하기도 하였습니다.

그러나 무엇보다 그가 밀라노에서 힘을 쏟은 것은 루드비코의 아버지 프란체스코 스포르차(Francesco Sforza, 1401~1466)의 거대한 청동기마상을 건립하는 일이었습니다. 이것은 공작의 오랜 숙원사업이었습니다.

이미 그가 피렌체에 있을 때부터 스승 베로키오에게 이 기마상 의뢰가 들어올 것이라는 소문이 파다했었기에 레오나르도는 이를 잘 알고 있었습니다. 「자기소개서」에 기마상을 언급했던 것도 그 때문이었습니다.

공식적인 의뢰가 정확히 언제 이루어졌는지를 알기는 어렵습니다. 1480년대 중반부터 레오나르도는 이 기마상에 쓸 말에 대한 예비드로잉을 엄청나게 많이 그려대고 있었는데, 이때 의뢰를 받았을 수도 있지만, 공작이 다른 조각가를 찾지 않도록 미리 준비를 하고자 했던 것일 수도 있습니다.

1489년 7월에 밀라노 주재 피렌체 대사가 로렌초 데 메디치에게 보낸 한 편지는, 당시 기마상과 레오나르도에 대해 흥미로운 이야기를 들려줍니다. 이 편지에는 스포르차 공작이 레오나르도가 이 일을 끝낼 수 있을지 의심스러워한다면서, 피렌체에 있는 다른 조각가를 찾아달라고 요청하는 내용이 나옵니다. 이로 미루어보건대, 적어도 1489년 7월 이전에 레오나르도는 기마상 건립 의뢰를 받았고, 그의 특유의 늦은 작업태도로 인해 공작이 불만을 가졌다는 것을 짐작할 수 있는 것입니다.

그러나 어쨌든 기마상을 의뢰받았기 때문에 밀라노 궁정에서 그의 대우가 좋아진 것은 분명한 것 같습니다. 그는 '코르테 베키아'라는 옛 궁전에 널따란 새 숙소와 작업장을 제공받았습니다. 베로키오의 공방에서 그랬던 것처럼, 그는 이 작업장에서 제자와 조수들을 가르치면서 함께 일을 했습니다. 자신의 이름을 내건 공방의 대표가 되었던 것입니다.

실물의 3~4배나 되는 거대한 기마상을 만들기 위해 그는 먼저 모형을 만들었습니다. 작업이 너무 더디게 진행되었고 그래서 해고될 뻔하기도 하였지만, 레오나르도는 이 모형 제작을 완료해 1493년에 공개하였습니다. 스포르차의 조카딸인 비앙카 마리아 스포르차(Bianca Maria Sforza)와 신성로마제국 황제 막시밀리앙 1세(Maximillian I, 1449~1519, 재위: 1493~1519)의 결혼을 축하하는 연회에서였습니다. 밀랍과 진흙으로 빚은 7.2미터나 되는 이 모형이 공개되자, 궁정 시인들은 놀라움에 시를 헌사하였다고 합니다. 이 거대한 모형에 대한 소문은 곧 이탈리아 전역으로 퍼졌습니다.

하지만 불운하게도 레오나르도의 많은 작품들처럼 이 기마상은 완성되지 못했습니다. 1494년에 이 기마상을 위해 마련되었던 청동이 프랑스의 침공을 막기 위한 포탄을 제작하기 위해 페라라(Ferrara)로 보내졌기 때문입니다. 결국 레오나르도가 심혈을 기울여 노력하였지만 청동기마상의 제작은 재료 부족으로 중단되고 말았던 것입니다.[15]

기마상은 완성되지 못했지만, 기마상 작업을 하던 즈음인 1480년대 말에 이르면 레오나르도는 밀라노에서 상당히 인정받는 작가로서의 입지를 굳혀가고 있었습니다. 그는 공작 부인의 정원 '별관'을 리모델링하는 작업을 수행하고

---

15 이 미완성을 두고 미켈란젤로는 다빈치는 무엇이든 완성할 수 없는 사람이라고 조롱하였습니다.

있었고, 루드비코의 정부인 체칠리아 갈레라니(Cecilia Gallerani)의 초상화를 비롯해 여러 고위 궁정인들의 초상화를 의뢰받고 있었습니다.

30대 후반에 이른 레오나르도에게 피렌체에서는 볼 수 없었던 성공과 명예의 빛이 밀라노에서 서서히 비치고 있었습니다.

〈최후의 만찬〉

1495년 레오나르도는 스포르차 공작으로부터 또 하나의 작품을 의뢰받습니다. 그것은 밀라노의 산타마리아 델라 그라치에(Santa Maria delle Grazie) 성당을 장식할 벽화 한 점을 그려달라는 것이었습니다. 그에게 명성을 가져다준 이 벽화 그림이 바로 그 유명한 〈최후의 만찬(The Last Supper)〉입니다.

현재 성당 부속 도미니코 수도원의 식당 북쪽 벽 윗부분을 차지하고 있는 이 그림은 12명의 사도들과 마지막 식사를 하면서 예수가 "너희 중에 하나가 나를 팔 것"이라고 말하는 광경을 묘사하고 있습니다.

이 그림의 탁월성은 무엇보다 빈틈없는 원근법과 심리묘사에 있습니다. 그는 먼저 예수를 정 중앙 소실점 위치에 배치시키고 제자들을 셋씩 짝 지워 비례를 맞추었습니다. 그리고 예수의 이 말이 제자들에게 끼치는 심리적 영향을 놀랍도록 생생하게 그리고 있습니다. 다혈질의 베드로는 눈을 부릅뜨고 배신자를 찾고, 요한은 슬픔으로 고개를 숙이고, 배신자인 유다는 돈주머니를 움켜쥐며 눈치를 살핍니다. 스승의 예기치 않은 말에 놀라 어쩔 줄 모르고 당황해 허둥대고 있는 제자들 가운데 자신의 죽음을 알고 있는 예수는 쓸쓸하고 처연한 표정으로 앉아 있습니다.

그 표정들 하나하나를 보고 있으면, 이 작품은 같은 주제를 그린 다른 작품들과 굳이 비교를 해보지 않아도 정말 걸작이라 하지 않을 수 없을 것입니다. 이 걸작은 레오나르도의 다른 미완성 작품들과는 달리 2, 3년 안에 완전히 완성되었습니다. 그러나 안타깝게도 이 그림은 얼마 지나지 않아 훼손되기 시작했습니다.

문제는 기법에 있었습니다. 이 벽화는 축축한 회반죽이 마르기 전에 색칠을

1-9 〈최후의 만찬(The Last Supper)〉, 레오나르도 다빈치, 1495~1498년경, 회벽에 유채와 템페라, 460×880cm, 밀라노, 산타 마리아 델레 그라치에

해 그려내는 전통적인 프레스코화가 아니었습니다. 달걀을 안료에 섞어 쓰는 '템페라(Tempera) 기법'을 썼던 것입니다. 천천히 작업하고 덧칠도 할 수 있다는 장점 때문에 레오나르도는 이 기법을 사용했던 것으로 보입니다. 하지만 이 기법은 치명적인 단점이 드러났습니다. 보존성이 약해 심한 훼손을 피할 수 없었던 것입니다.

수백 년이 지나는 동안 여러 차례 덧칠과 복원을 위한 노력들이 있었지만, 효과가 없거나 오히려 더 악화되었던 것 같습니다. 그래도 지난 1999년, 막대한 비용이 든 복원사업이 추진되어, 오늘날의 희미하지만 옛 그림에 가까운 형태로나마 남게 되었습니다.

그가 이 그림을 그리고 있던 시기에 그 성당 부속 수도원의 수련 수도승이었던 마테오 반델로(Matteo Bandello)라는 인물은 〈최후의 만찬〉을 그리는 레오나르도를 직접 지켜볼 수 있었다고 합니다. 이 수도승은 수십 년이 지난 후 그때를 회상하며 이렇게 적었습니다.

"그는 일찍 도착해서, 발판 위에 올라가 작업을 시작하곤 했다. 때로는 새벽부터 해가 저물 때까지 머물렀고, 한 번도 붓을 놓는 일 없이 마시거나 먹는 것도 잊어버린 채, 쉬지 않고 그림만 그렸다. 어떨 때는 이틀, 사흘 혹은 나흘 동안 붓은 건드리지도 않았고 하루에 몇 시간씩 팔짱을 낀 채 작품 앞에 서서 작품 속 인물을 관찰하고 흠을 찾았다."[16]

4. 귀향: 다시 피렌체에서

1498년은 레오나르도로서는 평온하고 행복했던 해였습니다. 맡은 일을 제대로 완성하지 못하고 시간만 질질 끈다는 비판들은 〈최후의 만찬〉의 완성과 뒤이은 찬사에 가려지고 있었습니다. 또 스포르차 공작의 거실 장식도 완성시켜 포도농장까지 포상으로 받았으니까요. 그러나 그러한 평화는 오래 가지 않았습니다.

1499년 8월 샤를 8세(Charles VIII, 1470~1498, 재위: 1483~1498)의 뒤를 이어 프랑스 왕이 된 루이 12세(Louis XII, 1462~1515, 재위: 1498~1515)가 밀라노를 침공하였던 것입니다. 레오나르도가 운동과 중량에 대한 실험에 매달리면서 한 귀족부인의 욕실 배관 공사를 담당하고 있었던 시점이었습니다. 프랑스군은 삽시간에 주요 거점을 점령했고, 밀라노는 한 방의 대포도 쏘지 못하고 9월 14일 항복해야 했습니다. 신하들은 도망을 갔고, '일 모로'는 포로로 잡혀 프랑스로 끌려갔습니다. 레오나르도는 후원자를 잃고 말았습니다. 밀라노에서의 평화로운 생활이 끝이 나고 있었습니다.

프랑스가 밀라노를 점령한 이후에도 잠시 동안 밀라노에 머물던 레오나르도는 1499년 말에 결국 밀라노를 떠납니다. 밀라노에서 만나 그의 조수이자 제자가 된 살라이(Salai),[17] 그리고 친구인 수학자 루카 파치올리(Luca Pacioli,

---

16 니콜, 『레오나르도 다빈치 평전』, 284~285쪽.
17 제자 살라이에 대해서는 브람리, 『레오나르도 다빈치』, 2권, 55~61쪽 참조.

1445?~1510?) 등과 함께였습니다. 재산을 정리한 돈은 피렌체의 은행에 보내 놓은 상태였습니다.

밀라노를 떠난 후 그는 잠깐 동안 만토바(Mantova)를 거쳐 베네치아로 갔고 거기서 군사건축가와 엔지니어로 고용되어 잠시 머무르기도 하였지만, 결국 1500년 4월 고향 피렌체로 돌아옵니다.

48세가 되어 18년 만에 고향으로 돌아왔을 때, 피렌체는 그가 떠나던 시기의 옛 피렌체와는 상황이 많이 달라져 있었습니다. 메디치 가문은 쫓겨나 공화정이 수립되어 있었고, 레오나르도의 위상도 상당히 변해 있었습니다. 〈청동기마상〉과 〈최후의 만찬〉에 대한 소문은 피렌체에도 널리 퍼져 그는 유명인사가 되어 있었던 것입니다.

1500년 돌아온 그가 처음으로 맡은 일은 한 수도원의 제단화 작업이었습니다. 그와 조수들의 숙식을 보장해주었기에 레오나르도는 이 수도원에 거처를 잡았습니다.

이 그림은 어린 양과 함께 있는 예수와 마리아, 그리고 마리아의 어머니였던 성 안나(Saint Anne)를 그린 것으로 당시에 많은 화가들이 채택하여 많이 그리곤 하던 주제였습니다.

그러나 이번에도 레오나르도 특유의 시간 끌기가 계속되었습니다. 수도원 측은 조바심을 내며 레오나르도를 재촉하였지만, 레오나르도는 열의를 내지 않았습니다. 그는 당시 파치올리와 함께 수학과 기하학을 연구하는 데 심취해 있었던 것입니다.

어쨌든 재촉에 못이긴 그는 일단 밑그림을 완성했는데, 밑그림이 공개되자 이것을 보기 위해 사람들이 이틀간 줄을 설 정도로 큰 반향을 얻기도 했습니다. 바사리의 표현에 따르면 모든 사람이 "이 그림의 완벽함에 넋을 잃었다"고 합니다.[18]

이 밑그림은 역시 완성을 보지 못하고 유실되어, 현재 볼 수는 없습니다. 하

---

18 브람리, 『레오나르도 다빈치』, 2권, 217쪽.

지만 후일 레오나르도가 같은 주제의 작품들을 그렸기 때문에 당시 그림의 분위기는 유추할 수 있을 것입니다. 루브르에 있는 같은 주제의 〈성 안나와 성 모자 (The Virgin and Child with St. Anne)〉라는 그림은 이 시기보다 한참 뒤에 완성된 것으로 보입니다.

어쨌든 밑그림 하나만으로도 '대가'로 찬사를 받았으니, 그는 이제 더 이상 인정받지 못하던 가난한 청년 레오나르도가 아니었습니다.

1-10 〈성 안나와 성 모자(Virgin and Child with St. Anne)〉, 레오나르도 다빈치, 1502~1516년 경, 목판에 유채, 168×130cm, 파리 루브르박물관

〈체사레 보르자〉

한편, 이 시기에 레오나르도는 이탈리아 르네상스를 상징하는 또 한 사람의 '문제적' 인간과 조우합니다. 그는 교황 알렉산드르 6세의 아들로, 교황군을 통솔해 중부 이탈리아를 수중에 넣고 있던 로마냐의 '체사레 보르자(Cesare Borgia, 1475~1507)'였습니다. 다음 장에서 다룰 마키아벨리(Niccolo Machiavelli, 1469~1527)가 그의 책 『군주론(Il Principe)』에서, 잔혹하지만 냉철한 리더십의 대가로 보았던, 바로 그 인물입니다.

1502년에 레오나르도는 체사레의 휘하에 들어가 군사기술자로서 일하기 시작합니다. 그가 어떻게 체사레에게 고용되었는지는 알 수 없습니다. 이 시기 피렌체는 체사레의 위협을 받고 있었기 때문에, 그의 환심을 얻기 위해 피렌체 공화정 정치가들이 레오나르도를 천거했을 것이라는 설이 있지만, 확실하지는 않습니다. 레오나르도가 다음 장의 주인공 마키아벨리와 서로 알고 지냈

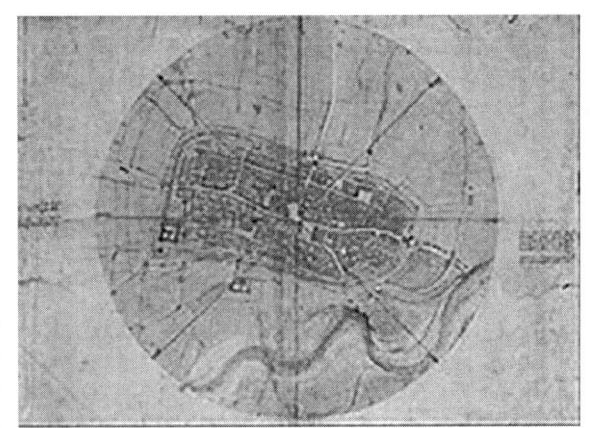

1-11 〈이몰라 지역을 그린 지도(map of Imola)〉, 레오나르도 다빈치, 1502~1503.

으며 함께 일했던 것은 분명하지만, 알았다면 언제 어떤 경로로 또 어느 정도의 교분을 나눈 것인지 역시 정확히 알기는 어렵습니다.

우리가 확인할 수 있는 사실은, 체사레가 레오나르도를 매우 우대했다는 것입니다. 1502년 8월에 쓴 매우 화려한 문서에 보면, 체사레는 레오나르도에게 자신이 점령한 영토를 마음대로 여행할 수 있는 전권을 부여하고 있습니다. 이 문서에서 그는 레오나르도와 수행인의 여행비용을 모두 지불한다는 보증을 하면서, 그가 필요한 것은 무엇이든 도우라고 명령하고 있습니다.[19]

체사레의 전폭적 지지를 기초로, 레오나르도는 체사레가 점령한 마을과 도시들을 다니면서, 측량을 하고 조류를 기록하고, 성채를 조사하며 다리를 만드는 등, 기술적 작업에 전념했던 것으로 보입니다. 특히 그는 이때 체사레 보르자를 위해 '이몰라(Imola)' 지방에 대한 상당히 정확한 지도를 제작하기도 했습니다.

그러나 레오나르도의 천성을 고려해보면, 그가 체사레의 총애 받는 군사기술자로서의 자신의 삶을 좋아했을지는 의문입니다. "전쟁을 가장 잔인한 광기"라고 보았던 그가 체사레가 행하는 전쟁을 옆에서 보면서 그 광기의 조력자로서의 역할을 오래 지속하기는 어려웠을 것입니다. 체사레와의 협력은 그

---

19 브람리, 『레오나르도 다빈치』, 2권, 230쪽.

리 오래가지 않았습니다. 왜, 그리고 어떻게 그가 그만두었는지 그 과정은 시작만큼이나 알 수 없지만, 그는 1503년 봄이 되면 피렌체로 돌아옵니다.

〈모나리자〉

1503년 봄 체사레 보르자와의 일을 끝내고 피렌체로 돌아온 후, 레오나르도는 피렌체 정부의 '피사(Pisa)' 정복 사업을 도왔습니다. 당시 피렌체 공화정부는 피렌체에 복속되어 있던 피사가 독립하자 이를 다시 탈환하고자 노력했는데, 바로 이 일에 레오나르도가 관여하였던 것입니다.

그는 강의 물길을 바꿈으로써 피사를 고립시켜 항복을 받아내는 평화적 방식을 제안하였습니다. 레오나르도는 이 계획이 피렌체와 피사 양측 군인의 인명살상을 막고 두 도시를 연결함으로써, 산업과 경제적 발전도 가져올 수 있다고 보았습니다. 그래서 그는 "누구든 아르노 강의 방향을 처음부터 끝까지 바꾸려 한다면, 온 땅에서 보물을 발견하게 될 것이다"라고 기록하기도 했습니다.[20]

당시 피렌체 공화정의 제2서기장이던 마키아벨리는, 인명 살상을 막고 지역 사람들의 생활수준을 향상시킬 수 있는 이 안을 적극 지지하였습니다. 지금 생각해보면 충분히 실현가능한 일이었지만, 당시 많은 사람들은 자연을 이렇게 바꾸는 것은 신의 영역을 침범하는 일이라고 믿어 꺼려하였습니다. 게다가 당시로서는 너무 많은 비용이 드는 일이라 피렌체 공화정부는 레오나르도의 방식을 채택하지 않았습니다. 그의 창의성은 시대를 너무 앞서 있었던 것입니다.

이즈음에 레오나르도는 한 직물 상인 부인의 초상화 제작을 의뢰받습니다. 그 상인의 이름은 조콘도(Giocondo)였는데 이 초상화가 바로 '세상에서 가장 유명한 그림'이라는 그 〈모나리자(Mona Lisa)〉가 됩니다.

〈모나리자〉에서 '모나(Mona)'는 부인을 의미하고 '리자(Lisa)'는 엘리자베타를 줄인 말로 리자 부인, 바로 상인 조콘도의 부인을 가리키는 말입니다. 이 작품

---

[20] 마이클 화이트(Michael White), 김우열 역, 『평전 마키아벨리』(이룸, 2004), 147쪽.

은 특이하게도 귀족이 아닌 중산층을 그린 그림으로, 여인의 표정이 자연스러우면서도 신비롭게 묘사되어 있어, 걸작으로 평가됩니다.

특히 이 그림은 레오나르도가 창안한 '스푸마토(Sfumato)' 기법이 사용된 대표적 사례였습니다. '스푸마토'란 한 형태와 다른 형태 사이의 경계선을 희미하게 하고 색채를 부드럽게 하는 기법을 말합니다. 레오나르도는 이 기법을 사용해 윤곽선이 너무 뚜렷하면 생기 없고 딱딱해 보이는 문제를 해결하였고, 명료한 선을 바탕으로 한 피렌체의 전통적 회화기법에서 벗어나 자신만의 독자적인 작품세계를 보여주었던 것입니다.

이 그림에서 가장 논쟁이 되는 것은 모나리자의 눈썹이 없다는 것입니다. 중세 말부터 넓은 이마가 유행해 눈썹을 밀어서 그렇다는 설, 미완성 작품이라 눈썹을 그리지 못했다는 설, 잦은 복원과정을 거치면서 지워져서 그렇다는 설 등이 있지만 정확하지는 않습니다.

어쨌든, 웃고 있는 것도 같고, 슬퍼 보이기도 하고, 어떤 때는 비웃는 것도 같은 모나리자의 얼굴이 참 신비롭다는 것은, 그림을 본 대부분의 사람들이 동의하는 것 같습니다. 미술사가 바사리는 다음과 같은 말로 다빈치의 이 걸작을 평하고 있습니다.

"부드럽고 알맞게 열린 장밋빛 입술의 묘사와 더불어 붉은 색이 감도는 얼굴은 그린 것이 아니라 살 그 자체이다. 그녀의 목덜미를 주의 깊게 보면 맥박이 뛰는 듯하다."[21]

그러나 정작 이 그림은 당시 의뢰인에게 인계되지 않았습니다. 작가 본인이 오랫동안 이 그림을 가지고 다니면서 수정을 계속했기 때문입니다. 1508년 피렌체를 떠날 때에도 가지고 갔고, 이후 작업실을 옮길 때마다 〈모나리자〉는 레오나르도와 함께였습니다. 그는 생애 마지막까지도 이 그림을 가지고 다

---

21 바사리, 『르네상스의 미술가 평전』, 326쪽; 브람리, 『레오나르도 다빈치』, 2권, 303쪽.

1-12 〈모나리자(Mona Lisa)〉, 레오나르도 다빈치, 1503~?, 나무판에 유채, 77×53cm, 파리 루브르박물관

니면서 명상하고 손질하는 일을 반복하고 있었던 것으로 보입니다. 그런 점에서 이 그림 〈모나리자〉가 주는 신비감은 어쩌면 레오나르도와 함께한 그 오랜 시간의 흐름과 작가의 깊은 명상이 녹아있기 때문이 아닐까 하는 생각도 듭니다.

1-13 〈앙기아리 전투(Battle of Anghiari)〉, 루벤스(Peter Paul Rubens)의 모작, 1605, 백안료를 입힌 종이에 검정초크, 펜과 잉크, 452×637cm, 파리 루브르박물관

레오나르도 사후 이 그림은 그의 제자를 거쳐 프랑스 왕 프랑수아 1세(Francois I, 1494~1547, 재위: 1515~1547)에게 넘겨졌다고 합니다. 그리하여 200년 동안 퐁텐블로(Fontainebleau) 궁전에 보존되어 있던 이 그림은 1700년대 후반 베르사유(Versailles)로 옮겨졌고, 혁명기에 나폴레옹의 침실을 거쳐 파리 루브르 박물관으로 최종 귀착되었습니다.[22]

〈앙기아리(Anghiari) 전투(1503~1505)〉

〈모나리자〉를 그리기 시작한 지 얼마 후인 1503년 10월, 그는 피렌체 공화정부로부터 애국적 그림의 제작을 의뢰받습니다. 그것은 시의회의 만찬장 벽면에, 1440년 피렌체가 밀라노와 싸워서 이긴 무용담을 주제로 그림을 그려달라는 것이었습니다.

---

22 1911년에 이 그림 〈모나리자〉는 한 이탈리아 인에 의해 도둑맞았다가 다시 제자리로 돌아오는 해프닝을 겪기도 했습니다.

다음 해 피렌체 정부는 당시 29세의 미켈란젤로 부오나로티(Michaelangelo Buonarroti, 1475~1564)에게 그림의 맞은 편 벽면에 똑같이 전투장면을 주제로 한 그림을 의뢰합니다. 두 거장의 경합을 기획했던 것입니다. 알려진 대로 레오나르도는 앙기아리(Anghiari) 전투[23]를, 미켈란젤로는 카시나(Cascina) 전투 장면을 계획했으나 두 작품 모두 완성되지 못합니다.

레오나르도의 벽화는 길이 20미터에 폭은 8미터에 달하는 엄청나게 큰 그림으로, 이 작업을 위해 그는 세 마리의 말 위에 탄 군인들의 전투 장면을 구상하였습니다. 이 그림을 통해 그는 전쟁의 잔혹성과 공포를 직접적으로 묘사하려 했습니다.

하지만 밑그림에만 몇 해를 끌다가 기술적 문제로 채색 작업에 실패하고 맙니다. 1506년 그가 이 그림을 완성하지 못한 채로 피렌체를 떠나기 때문에 벽화작업은 그대로 중단되고 말았습니다. 그래서 이 〈앙기아리 전투〉는 후일 루벤스의 모사작을 통해서만 그 윤곽을 짐작할 수 있게 된 것입니다. 미켈란젤로 역시 자신이 구상한 벽화를 완성시키지 못했는데, 교황 율리우스 2세의 소환으로 로마로 가야 했기 때문이었습니다.

미켈란젤로

결국 르네상스를 대표하는 이 두 거장의 대결은 불발로 그쳤지만, 두 사람은 너무나 대조적인 성향을 띠었기 때문에 여러 가지 이야깃거리를 만들어 내었습니다. 사실 비교해보면 두 사람은 신기할 정도로 너무나 다른 면을 가지고 있었습니다.

레오나르도는 외모에서부터 수려하고 아름다운 미남자이자, 다소 여성스러울 만큼 온화한 멋쟁이였습니다. 하지만 미켈란젤로는 "보잘것없고 단정하지 못한 외모에 등이 굽었지만 몸은 딱 바라지고 말이나 행동은 날카롭고 격렬"[24]

---

23 1440년 6월 29일에 밀라노의 사주를 받고 피렌체로 진격한 용병대장 니콜로 피치니노(Piccinino)의 군대를 물리친 피렌체군의 전투.
24 브람리, 『레오나르도 다빈치』, 2권, 262쪽.

1-14 미켈란젤로 부오나르티
(Michaelangelo Buonarroti, 1475~1564)

했으며, 동료 조각가와 싸우다가 코뼈가 부러질 만큼 너그럽지 못하고 격한 성격의 싸움꾼으로 알려져 있습니다.

또 레오나르도가 서자로 태어나 보잘것없는 출신에 정규교육을 거의 받지 못했던 반면, 미켈란젤로는 귀족 가문 출신으로 고등교육을 받았고, 일종의 귀족적 자부심도 가진 인물이었습니다. 레오나르도가 회화를 선호하였다면, 미켈란젤로는 조각가로 불리기를 원했으며, 레오나르도가 과학적이면서 낙천적이었다면, 미켈란젤로는 강박적이기까지 한 완벽주의자였다고 하겠습니다.

20년 이상 나이 차이가 났지만, 이렇게 너무도 다른 두 거장의 사이는 좋지 않았습니다. 두 사람 사이의 불편함을 보여주는 잘 알려진 사례만 해도 두 가지를 들 수 있습니다.

첫 번째 사건은 1504년 미켈란젤로의 조각상 〈다비드(David)〉의 설치장소를 결정하는 위원회에 레오나르도가 위원의 한 사람으로 위촉되면서 발생하였습니다.

열띤 토론 속에서 레오나르도는 다른 위원들과 함께 〈다비드〉 상을 실내 쪽

제1장 시대를 앞선 위대한 상상력: 레오나르도 다빈치(Leonardo da Vinci) **47**

에 세우는 것을 추천했다고 합니다. 하지만 정작 작가 본인은 이것에 반대하고 있었습니다. 레오나르도가 실내 쪽을 지지하는 발언을 할 때, 미켈란젤로가 들어와서 자신의 작품을 정청사의 입구에 놓을 것을 강력히 주장하였고, 그래서 감정적 대립이 발생하였다는 것이지요. 결국 미켈란젤로의 주장대로 결정은 되었지만, 이 일로 인해 미켈란젤로가 레오나르도에 반감을 품게 되었다는 것입니다.[25]

또 하나 많이 알려진 이야기는 산타 트리니타(Santa Trinita) 광장에서의 일입니다. 레오나르도가 동료 화가 한 사람과 함께 그 광장을 지날 때, 어떤 사람이 다빈치에게 피렌체의 시인 단테(Dante)의 시구와 관련된 질문을 했습니다. 이때 미켈란젤로가 광장에 이르는 걸 본 레오나르도는, "저기 미켈란젤로가 오니 그에게 물어보라. 그가 설명해줄 것"이라고 말했다고 합니다. 그러자 자신을 놀린다고 화가 난 미켈란젤로는, 레오나르도에게 "당신이 설명하시오. 당신은 기마상을 모형으로만 제작했지 청동으로 주조할 능력도 못되지 않느냐," "밀라노 인간들이 당신을 신용하기는 했느냐"고 모욕했다는 것입니다.[26]

달라도 너무 다른 두 사람, 숙명의 라이벌 간의 대립은 상상을 해보는 것만으로도 흥미롭습니다.

5. 연구의 열정

관찰과 기록

지금까지 우리는 레오나르도의 위대한 작품들 몇 가지를 중심으로 그의 인

---

25 브람리, 『레오나르도 다빈치』, 2권, 261쪽.
26 이 사건은 아노니모(무명씨: 이름을 알 수 없다는 뜻) 가디아노라는 사람이 쓴 레오나르도 전기에 기록된 것으로 사건 당시 레오나르도와 동행했던 가빈이라는 사람이 직접 증언하였다고 적혀있습니다. 이 사건에 대한 언급은 니콜, 『레오나르도 다빈치 평전』, 356~358쪽; 브람리, 『레오나르도 다빈치』, 2권, 265~267쪽.

생을 살펴봤습니다. 그러나 그의 작품들이 그가 어떤 인물이었는지를 다 말해주지는 못합니다.

사실 그를 단순히 훌륭한 화가나 예술가로만 한정 지을 수 없는 확실한 증거는 넘칩니다. 그는 자신의 아이디어와 관찰, 연구과정을 담은 방대한 양의 기록물을 남겨 놓았기 때문입니다. 레오나르도가 다양한 크기의 종이에 직접 쓰고 그린 이 노트와 드로잉들은 사후 제자인 멜치(Francesco Melzi)에게 넘겨졌다가, 멜치 사망 후에는 일부 수집가들에게 팔려나가고. 또 일부는 분실되어 현재에는 약 7000페이지 정도가 남아 있습니다. 이 남은 원고들을 주제별로 묶은 책을 『코덱스(codex)』라고 하는데, 현재 10개의 코덱스 중 개인 소유의 하나를 제외하고는, 모두 전 세계의 박물관이나 도서관에 보관되어 있습니다.

이런 메모는 대체로 다빈치 자신의 개인적 필요에 의해 시작된 것으로 보입니다. 그의 기록들은 대부분 정리되어 있지 않고, 그 유명한 '거울문자'체로 왼쪽에서 오른쪽으로 급히 써내려간 것들이 많아서, 쉽게 알아보기 힘듭니다. 이 원고는 연습용 습작과 기초 연구에 대한 메모, 각종 아이디어들에 대한 기록들로 채워져 있습니다. 레오나르도는 이런 노트 옆 빈 공간에 떠오르는 자신의 생각이나 일어난 일, 심지어는 지출내역 같은 사소한 메모까지 해놓았기 때문에 그의 일상적인 삶의 흔적들도 엿볼 수 있습니다.

그러나 무엇보다 이 노트들을 통해 우리가 알 수 있는 분명한 사실은, 그가 몹시도 과학적인 마인드를 가진 사람이었다는 점일 것입니다. 그는 자연과 사물, 현상을 철저히 관찰하고, 그것을 극도로 상세하고 사실적으로 묘사하려 했습니다. 그가 특이하게 생긴 외모를 가진 사람들을 따라가서 관찰하다 두들겨 맞기도 했다는 이야기는, 그가 얼마나 관찰을 중요하게 생각했는지 알 수 있게 합니다. 이 노트들에는 회화에 필수적이었던 빛과 그림자, 원근법에 대한 치밀한 연구는 물론이고, 인체의 비례와 움직임에 대한 수많은 스케치와 메모들이 들어 있습니다. 이런 면에서 그의 그림은 천재의 영감에 의해 그려진 것이라기보다는 철저한 과학적 접근의 산물이었던 것입니다.

또 하나 그의 노트에서 발견되는 것은 그의 관심과 연구의 범위가 놀라울 정

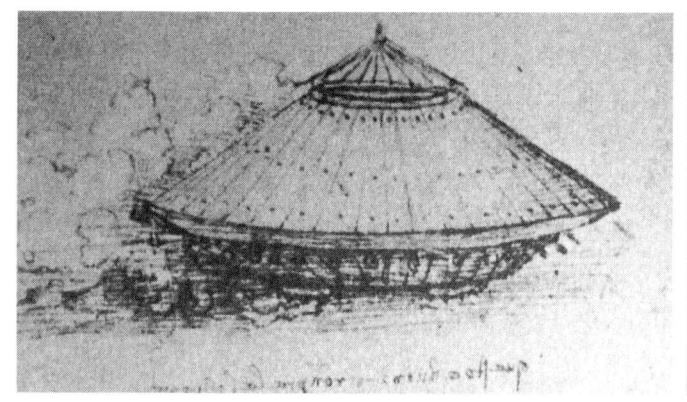

1-15 레오나르도가 설계한 장갑차 스케치   1-16 대형 석궁에 대한 스케치

도로 다양하고 폭넓었다는 사실입니다. 그림에 쓰일 대상들에 대한 스케치나 연구뿐 아니라 그의 노트에는 각종 발명품들에 대한 그림과 메모가 가득합니다. 그의 머릿속은 언제나 갖가지 아이디어들로 가득 차 있었고, 그는 항상 크고 작은 실용적인 기계나 장치들을 고안하고 실험하였던 것입니다.

그는 피렌체에서 이미 젊은 시절에 무거운 물건을 끌어올리는 기중기를 설계하였고, 물을 끌어올리고 수로를 파는 일 등을 통해 기술자로서의 재능을 보였습니다. 또 밀라노에 와서도 앞에서 언급한 스포르차 공작에게 보낸 편지에 쓴 것처럼 각종 무기들을 연구하고 있었습니다. 석궁이나 대포, 장갑차 같은 것들에 대한 스케치와 메모들이 이를 증명해줍니다. 또 그 외에도 많은 실용적인 발명품을 고안하였습니다. 방직기나, 바늘 만드는 기계, 압연기, 자가 추진식 손수레 등이 그것이었습니다.

이런 그의 호기심과 연구 욕구는 실용적인 발명을 넘어 자연의 원리와 근원을 연구하는 데에까지 이릅니다. 그는 어릴 때부터 물에 깊은 관심을 가지고 있어 물의 운동과 성질을 연구했습니다. 그는 물이 자연의 원동력이며 생명력의 근원이라고 여겼습니다. 특히 밀라노에서 친구인 수학자 파치올리를 통해 수학의 세계를 깊이 맛본 후에, 그는 수학적 접근이야말로 자연의 법칙을 이해하는데 궁극적 열쇠가 될 수 있다고 생각했습니다. 나아가 기하학에도 깊은 관심을 보였는데, 기하학적 공식이나 산술적 법칙이 생명과 자연의 모습이며 형태라는 것을 깨달았던 것입니다.

한마디로, 그가 남긴 방대한 기록들은 예술가로서의 업적에 못지않게 그가 근대 과학과 무한한 연관성을 가진 기술자이자 과학자였다는 사실을 여실히 보여주고 있었던 것입니다.[27]

해부

많은 연구들 중에서 특히 해부학은 그가 달성한 심오한 업적 중 하나였습니다. 사실 당시 인체 해부는 의사들에게만 허용된 것이었습니다. 하지만 화가들이 그림을 그리기 위한 기초과정으로 암암리에 참여하는 관행이 이루어지고 있었던 것도 사실이었습니다. 때문에 그가 해부를 했다는 것은 그리 놀라운 일은 아닙니다. 레오나르도 역시 해부에 대한 공식적 훈련은 다른 화가들처럼 베로키오 공방의 도제 시절부터 시작되었습니다.

그러나 그의 해부는 그의 동료들이 행한 '예술적 해부', 그림을 그리기 위한 도구로서의 해부와는 매우 달랐습니다. 무엇보다 그의 해부는 평생에 걸쳐 지속적으로 이루어졌습니다.

처음에는 피렌체의 산타 마리아 누오바(Santa Maria Nuova) 병원에서, 그리고 후일에는 밀라노와 로마의 병원들에서 시체 해부 허가를 받아 지속적으로 많은 해부를 수행했던 것입니다. 생애 말년 레오나르도 자신의 발언에 따르면, 그는 평생에 걸쳐 30구 이상의 시체를 해부했다고 합니다. 특히 50대에 이른 시점인 1510~1511년에 그는 젊은 의사, '마르칸토니오 델라 토라(Marcantonio della Torre)'와 공동 연구를 하기도 했습니다.

사실 지금도 그렇지만, 해부는 쉬운 일이 아니었습니다. 해부할 인간의 시체를 얻는 과정도 힘들지만, 당시 해부는 시체가 냉동되지 않은 상태에서 이루

---

[27] 장 폴 리히터가 편집한 그의 연구노트는 한국에서도 번역되어 출판되었습니다. 『레오나르도 다빈치 노트북』(루비박스, 2006).

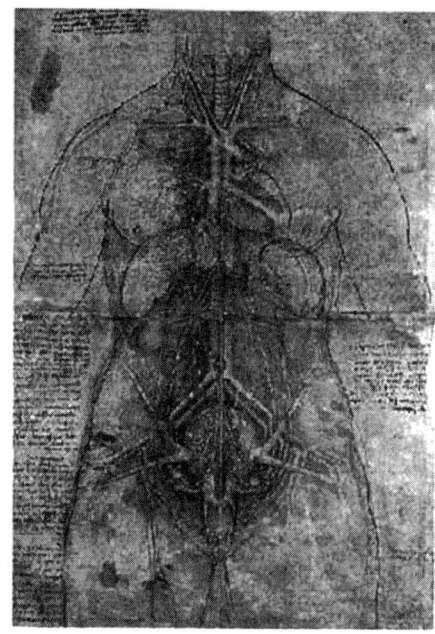 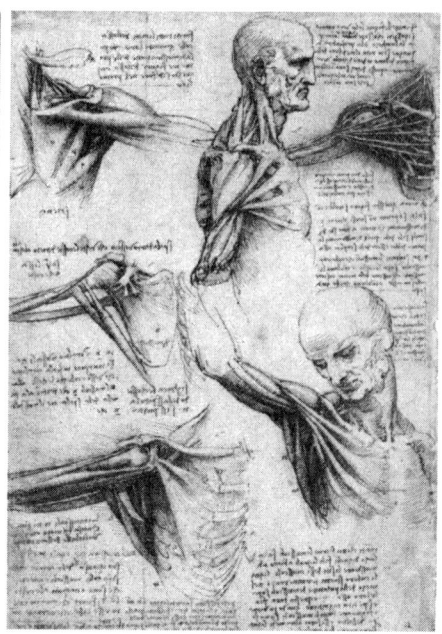

1-17 여성의 해부도, 1513　　　**1-18** 어깨와 목의 해부, 1508~1510

어지는 힘들고 역겨운 작업이었습니다. 또 가톨릭 교리를 거스르는 행위였기에 비난의 대상이 되기 십상이었습니다.[28]

도대체 그로 하여금 시대적 편견을 무시하게 만들고, 식욕장애를 겪을 정도로 힘든 이 작업을, 나이 들어서까지 지속적으로 하게 만든 원동력은 무엇이었을까요? 인체의 살갗을 벗겨내고, 뼈와 두개골을 자르고 신경과 근육의 작용을 알아내기 위해 갈가리 찢긴 시체 조각들을 데생하면서, 밤을 새우는 레오나르도의 모습을 상상해보십시오.

그를 열중하게 만든 것은 단순히 좋은 그림을 그리기 위한 기초 작업의 필요성만은 아니었을 것입니다. 거기에는 세밀한 관찰을 통해 자연의 비밀, 인체의 거대한 신비를 간파하고자 갈망하는 과학자의 근원적 문제의식과 도전 정

28　50여 년 후 벨기에의 해부학자 안드레아스 베살리우스(Andreas Vesalius)는 감형되긴 하였지만, 종교재판소에서 시체절도와 해부라는 죄목으로 사형을 언도받았습니다.

신이 보입니다. 그는 타인의 해석이 아니라 보편적 자연에 대한 본인의 '직접적' 해석을 원했고, 그것을 시도하였습니다. 그리고 그 시도 뒤에는, 인간의 힘으로 자연의 거대한 구조와 메커니즘을 발견할 수 있을 것이라는 과학적 마인드가 있었던 것입니다. 그는 자신의 노트 한 귀퉁이에 이렇게 적었습니다.

"자연은 경험이 절대로 보여주지 못한 무한한 원인으로 가득 차 있다."[29]

이런 면에서 다빈치는 과학적 이론이라는 것을 전혀 발견하지 않았음에도 근대 과학자로서의 면모를 누구보다도 보여주고 있다 할 것입니다. 다시 말해, 좋은 그림을 그리기 위해 과학적 접근법을 사용했던 훌륭한 예술가였다기보다는, 누구보다도 근원과 원리를 알고자하는 과학자적 자질을 가진 사람이었다는 점, 그리고 그런 과학적 사고가 여러 분야에서의 탁월한 업적으로 연결되었다고 해야 더 올바른 설명이 아닐까 합니다.[30]

하늘을 날고 싶다

그의 일생을 통해 이루어진 많은 관심과 연구 주제들이 있었지만, 그 중 가장 그를 사로잡은 것은 비행 기계에 대한 것이었습니다.

사실 그는 청소년기부터 하늘을 나는 문제에 깊은 관심을 보였습니다. 이러한 그의 생각은 시간이 갈수록 점점 강해져 갔습니다. 1482년 그의 노트에는 인간이 커다란 새처럼 공중을 날 수 있다고 쓴 부분이 있습니다. 그 이후, 특히 1490년대 초부터는 새를 관찰하는 일이 부쩍 잦아지면서 그는 다양한 비행기구의 도면들을 그렸습니다. 그는 메모에 이렇게 써서 비행기계를 만들 수 있다는 그의 확신을 드러내었습니다.

---

29 브라리, 『레오나르도 다빈치』, 2권, 320쪽.
30 브라리는 레오나르도 이전에 그 누구도 이런 일을 한 사람은 없었고, 18세기 말 이전까지 필적할 만한 이는 없다고 평가하고 있습니다. 브라리, 『레오나르도 다빈치』, 2권, 318쪽.

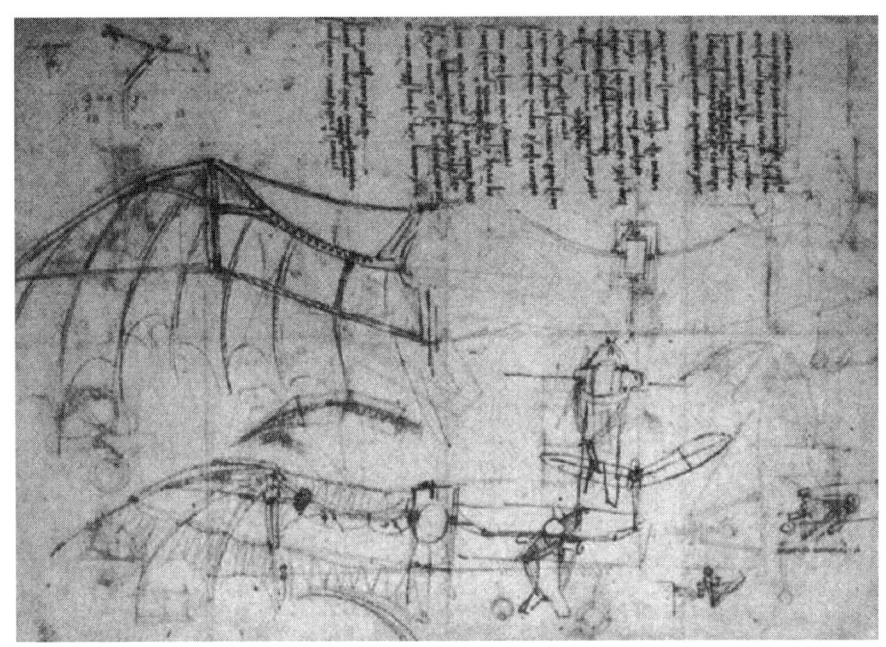

1-19 박쥐 날개에 기초한 비행기계 디자인

"새는 수학의 법칙에 따라 움직이는 하나의 기구이다. 이 기계의 모든 동작을 훨씬 힘을 덜 들이고 다시 만들어내는 것은 인간의 능력으로 가능하다."[31]

특히 1505년에 그는 새의 비행법을 상세하게 관찰해 한 권으로 정리된 수기를 남기기도 했습니다. 그가 남긴 기록으로 보아, 그는 이 시기 피렌체의 북쪽에 위치한 체체리(Ceceri) 산 정상에서 기계를 시험할 계획을 세우기도 했던 것 같은데, 실제로 그 실험이 이루어졌는지는 알 수 없습니다. 어쨌든 스스로 비행 연구를 하라는 운명을 타고났다고까지 주장할 정도로, 이 시기 그의 비행에 대한 관심과 집착은 대단했던 것 같습니다.[32]

1550년 지롤라모 카르다노(Girolamo Cardano)라는 사람이 쓴 책에는 레오나르

---

31 니콜, 『레오나르도 다빈치 평전』, 366쪽.
32 니콜, 『레오나르도 다빈치 평전』, 367쪽.

도에 대해 하늘을 날기 위해 애를 썼지만 실패한, 특이한 인물이라고 묘사하는 내용이 나옵니다. 미루어보건대 아마도 레오나르도의 남다른 비행에 대한 관심과 노력은 당시 주변에도 꽤 알려져 있었던 것 같습니다.

물론 수많은 구상과 실험에도 그의 비행에 대한 연구는 큰 성과를 보지 못하고 실패했습니다. 하지만 15~16세기에 하늘을 날겠다는 욕구, 그것이 가능하다는 신념을 가지고 지속적으로 노력한 배짱은 그가 얼마나 시대를 뛰어넘은 앞선 상상력의 소유자인지를 알려줍니다.

6. 다시 밀라노

1505년 레오나르도는 〈앙기아리 전투〉의 채색작업을 하고 있었지만, 소재와 방법 때문에 실패하고 맙니다. 레오나르도 특유의 더딘 작업 속도에 조바심을 내던 피렌체 정부는 그림이 완성될 기미가 없자 레오나르도에게 압박을 가합니다. 레오나르도는 들은 체 만 체했지만, 내심 괴로웠을 것입니다. 게다가 심혈을 기울이고 있던 하늘을 나는 꿈도 계속 실현되지 못했기 때문에, 레오나르도는 이 시기 완전히 의기소침해진 상태였습니다.

계속되는 실패와 피렌체에서의 삶에 싫증을 느낄 무렵, 레오나르도는 침체와 압박으로부터 벗어날 기회를 얻습니다. 프랑스의 지배하에 있던 밀라노에서 그를 초청하였던 것입니다. 밀라노, 그의 젊은 시절이 고스란히 녹아있던 그곳, 스포르차 공작의 보호 속에서 수많은 연구과 작업을 열정적으로 하던 그곳으로 갈 기회가 다시 온 것입니다.

이미 오십대 중반에 이르렀지만, 레오나르도는 청년기에 그가 피렌체를 떠났을 때처럼, 다시 한 번 밀라노로 가 새로운 삶을 찾기로 합니다.

당연히 피렌체 공화정부는 작업을 다 마치지도 않고 밀라노로 가려는 레오나르도에게 몹시 불편한 내색을 보였습니다. 그러나 밀라노의 총독 샤를 당부아즈(Charles II d'Amboise)의 간곡한 부탁에 어쩔 수 없이 3개월이라는 기간을 한

정하여 어렵게 그의 밀라노 행을 허락하였습니다.

　이후에도 피렌체 정부는 계속 레오나르도에게 돌아와 벽화를 완성할 것을 종용했지만, 레오나르도는 돌아가지 않았습니다. 샤를 당부아즈가 레오나르도의 체류 기간을 연장해줄 것을 의뢰하는 편지를 여러 차례 보내었고, 프랑스 왕 루이 12세까지 나서서 그의 밀라노 체류를 요청했기 때문에, 피렌체 정부는 어쩔 수 없이 물러서야 했던 것입니다. 외교 분쟁의 대상이 된 덕택에, 레오나르도는 1513년까지 밀라노에 머물 수 있었습니다.

　밀라노에서 두 번째 삶은 그에게 다시 평안함과 기쁨을 주었습니다. 33세의 젊은 프랑스인 총독 샤를은 레오나르도를 매우 환대해 주었고, 이전에 그의 소유였던 포도밭까지 돌려주었습니다. 밀라노에서 레오나르도는 총독의 손님이자, 누구나 그의 그림을 소장하고 싶어 하는, 대가로 대우받았습니다. 게다가 그는 프랑스 궁정에 속한 화가이자 기술자로 공적 지위를 부여받았기 때문

1-20 〈레다(Leda)〉, 레오나르도 다빈치

에 정기적 급여까지 받을 수 있었습니다.

두 번째 밀라노 체류 기간 중 레오나르도는 두드러진 작품 활동을 보여주지는 못했습니다. 정기적인 수입이 보장되어 굳이 다른 의뢰를 받을 필요가 없었기 때문인지, 이 기간에 나온 그림은 많지 않습니다. 앞에서 언급한 〈성 안나와 성모자(Virgin and Child with St. Anne)〉, 그리고 〈레다(Leda)〉 정도가 이 시기에 그려지고 있었던 것으로 보입니다. 오히려 그는 그림보다는 다른 일에 더 재능을 쓰고 있었습니다. 예전에 스포르차 공작을 위해 했던 것처럼 축제나 연극을 감독하였고, 당부아즈 총독의 별장 건설 프로젝트에 관여했습니다.

사실 이 두 번째 밀라노 체류 기간 동안 레오나르도는 잡다한 의무들로부터 벗어나 자신의 연구에 매진할 여유를 가질 수 있었습니다. 그는 이 시기 평생 매달린 해부학이나 다른 연구들, 출판을 위해 그동안 써두었던 원고를 정리하는 등의 작업에 몰두하고 있었습니다.

이즈음에 그는 그의 후반부 인생에 매우 중요한 역할을 하게 될 인물 한 사람을 만나게 됩니다. '프란체스코 멜치'라는 귀족 가문의 청년으로, 그는 레오나르도의 유능한 비서이자 제자가 되었습니다. 이미 첫 번째 밀라노 체류시절에서부터 레오나르도는 살라이(Salai)를 비롯한 제자들을 데리고 있었지만, 멜치는 살라이와는 매우 다른 유형의 청년이었습니다. 성실하고 신중하며 헌신적인 성품을 가지고 있었던 그는, 레오나르도의 방대한 원고 정리를 도왔고, 곧 레오나르도에게는 없어서는 안 될 중요한 존재가 되었던 것입니다. 레오나르도의 사후에 그가 쓴 많은 수기들과 생애 동안 모은 책들을 상속받은 것도 멜치였습니다.

한편, 이 시기 레오나르도는 집안 일로 마음고생을 해야 했습니다. 어릴 때 그를 돌보아주었던 프란체스코 삼촌이 자식 없이 죽으면서 조카 레오나르도에게 전 재산을 물려주었습니다. 하지만 이복형제들이 이 유언을 인정하지 않아 분쟁이 발생하였던 것입니다. 그는 이 송사로 인해 1507년에 피렌체에 잠시 돌아가기까지 하였습니다.

그러나 이렇게 골치 아픈 상황에서도 레오나르도의 연구 열정은 식지 않습니다. 그의 메모가 보여주는 것처럼, 피렌체에 잠시 머무르던 몇 달 동안에도 레오나르도는 노인과 아이의 시체를 해부했습니다. 또 그는 1508년 9월부터 10월까지 6주 정도의 기간 동안에 192페이지짜리 노트를 썼는데, 거기에는 물에 대한 관심을 보여주는 글과, 박쥐를 해부해 보고 그 결과에 기초해 비행기계를 만든다는 내용의 메모도 들어 있었습니다.

또 1510년에 쓴 그의 메모 중에는 "올해 봄에 해부학에 관한 모든 작업을 완성하려 한다"라는 문구가 있습니다. 이 시기는 그가 몇 달 동안 파비아(Pavia)에 머물면서 의사이자 해부학자였던 마르칸토니오 델라 토레와 공동연구를 하고 있던 시기였습니다. 이 공동 연구를 통해 레오나르도는 해부학 논문을 출판하려 했던 것 같습니다. 그러나 이러한 협력은 1511년 델라 토레가 전염병에 감염되어 사망함으로써 결실을 보지 못합니다.

7. 노년

로마로

델라 토레의 죽음으로 공동연구가 중단된 다음 해인 1512년에는, 정치적 환경도 그를 몹시 곤혹스럽게 하고 있었습니다. 프랑스가 1512년 말에 밀라노에 대한 지배권을 상실했던 것입니다. 옛 루드비코의 아들들이 밀라노로 입성하면서 밀라노는 다시 스포르차 가문의 손으로 들어갔습니다.

레오나르도는 위험을 느꼈었는지, 이 정변기에 밀라노에서 약간 떨어진 전원지역에 있던 제자 멜치의 집에 한동안 칩거했습니다. 옛 후원자 루드비코의 아들이 지금은 적국 프랑스를 위해 일하는 늙은 피렌체 출신 화가를 어떻게 볼지는 알 수 없는 일이었습니다.

그렇게 잠시 은둔한 레오나르도는 1513년 밀라노를 다시 떠나 로마로 갑니다. 대 로렌초의 아들, 조반니 데 메디치(Giovanni de' Medici)가 새 교황 레오 10세(Leo X, 1475~1521)로 추대되자, 친분이 있던 교황의 동생, 줄리아노 데 메디치(Giuliano di Lorenzo de' Medici, 1479~1516)[33]가 그를 로마로 초대했기 때문입니다. 다시 메디치가와의 인연이 시작된 것입니다.

1513년 10월 말 로마에 도착한 그는 1516년까지 약 3년을 로마에서 보내게 됩니다. 벨베데레(belvedere)에 집과 작업실을 마련했지만 성지 로마는 노년의 레오나르도에게 결코 행복하지 않은 곳이었습니다.

당시 로마는 38살의 미켈란젤로와 29살의 라파엘로(Rafaello Sanzio, 1483~1520)라는 두 거장이 모두 활동하고 있던 곳이었습니다. 레오나르도는 그들에 비해 이제 나이든 노인이었고, 그의 명성은 일거리가 넘쳐 죽을 지경인 젊은 동료들에게 가려 빛이 바래지고 있었습니다. 교황으로부터 자신의 능력을 보여줄 대작을 주문받고 싶었을 테지만, 실제로 그에게 주어진 주문은 거의 없었습니다. 그래서 레오나르도가 당시 받았던 월 수입은 라파엘로나 미켈란젤로는 물론, 주변의 시인이나 음악가들과 비교해보아도 모욕에 가까운 것이었습니다.[34] 게다가 로마 교황청에서의 공식 언어는 라틴어였으니, 라틴어를 쓸 줄 모르는 그로서는 바티칸이 편할 리 없었습니다.[35] 그래서인지 그는 이 시기 자신의 고난을 "메디치가는 나를 창조했고 나를 파괴했다"라는 말로 표현하고 있습니다.[36]

설상가상으로 그는 1515년 여름, 건강이 악화되었던 것 같습니다. 이 시기 그의 메모에는 "밤에는 몸을 잘 덮어야 한다"는 등 건강과 관련된 규칙을 나열하고 있는 구절들이 많이 나옵니다. 그리고 다른 사람의 필체로, 한 로마 의사의 이름과 주소가 적힌 페이지도 있고, 의사들이 오히려 사람들을 쇠약하게 만드는 처방을 하고 있다고 비난하는 글귀도 발견됩니다. 이때 그가 눈 때문에 고통을 겪었다거나 마비증상이 있었다는 설도 있지만 확실치는 않습니다.

---

33 이 줄리아노는 파치가의 음모에서 희생당한 줄리아노와 동명이인입니다. 그의 조카로 대 로렌초의 아들입니다.
34 브람리, 『레오나르도 다빈치』, 2권, 334쪽.
35 Nuland, *Leonardo da Vinci*, p. 92.
36 브람리, 『레오나르도 다빈치』, 2권, 334~335쪽.

1-21 〈대홍수 연구〉,
레오나르도 다빈치,
1515년경

그러나 이러한 신체적 쇠약과는 별개로, 로마에서도 그의 연구는 여전히 계속되고 있었습니다. 그는 자신의 거처에서 운동과 충돌, 중력, 공기, 기하학, 수학, 식물학, 해부학 연구를 계속하였습니다. 폐와 목소리에 대한 연구도 하였으며, 놀랍게도 태양열 발전을 계획하기도 하였습니다. 이러한 활동과 더불어 레오나르도는 산토 스피리토(Santo Spirito)에 있는 병원에서 그의 생애 마지막 해부를 수행하기도 했습니다.

어쨌든 말년에 그의 마음은 그리 평화롭지는 않았던 것 같습니다. 그의 노트에는 폭풍, 홍수, 구름, 물 소용돌이 등 빙빙 도는 도형으로 가득 차 있었습니다. 특히 이 시기 그는 성서에서 언급된 대홍수가 일어날 것이라는 종말론적 생각에 빠져 있기도 했습니다. 1515~1516년에 그려진 대홍수에 대한 데생들은 혼란스러운 그의 생각을 보여주고 있습니다.

프랑스

유럽의 복잡한 정치상황은 다시 한 번 레오나르도의 인생에 영향을 끼칩니다. 1515년 초 프랑스 왕 루이 12세가 사망하고 그를 이어 왕위에 오른 새 프랑스왕은 밀라노를 침공해 스포르차가를 다시 몰아냅니다. 프랑스가 밀라노를 다시 장악하자 노년에 로마생활을 힘겨워하던 레오나르도에게 마지막 기회가 찾아옵니다.

1-22 프랑스 왕 프랑수아 1세
(Francois I, 1494~1547,
재위 1515~1547)

　1515년 12월 교황 레오 10세는 프랑스 국왕과의 화친을 위해 볼로냐로 떠났는데, 레오나르도는 이 교황의 볼로냐 행차에 수행원으로 참여하였습니다. 바로 이 화친 회의에서 레오나르도는 자신의 마지막이자 가장 헌신적인 후원자를 처음 만나게 되었던 것이니, 그가 바로 21세의 젊은 프랑스 군주 프랑수아 1세였던 것입니다.

　볼로냐 회의 이후 레오나르도를 로마로 부른 줄리아노 데 메디치가 폐결핵으로 사망하자, 다빈치는 1516년 여름 로마 생활을 청산하고 프랑스로 향합니다. 다시는 돌아오지 않을 것을 예감했는지, 그는 모든 짐을 가지고 프랑스로 떠났습니다.

　3개월 만에 프랑스에 도착한 그는 국왕의 수석화가이자 기술자로 임명되었습니다. 레오나르도를 진심으로 존경했고 그의 작품에 매료되었던 젊은 프랑스 왕은, 레오나르도에게 앙부아즈성 근처 클로 뤼세(Clos Luce)에 있는 한 저택에 살게 해 주었습니다. 또 왕은 레오나르도에게 상당한 연금을 지불하였으며 그의 가솔들에게도 높은 급료를 보장해 주는 등, 파격적인 환대를 해 주었습니다.

왕은 레오나르도에게 작품은 아무것도 요구하지 않았고, 단지 자주 레오나르도를 찾아와 대화하는 것을 몹시 즐겼다고 합니다. 그래서 레오나르도는 마치 '존경받는 명예교수' 같은 대우를 받으며 자신의 마지막 2년 반 동안의 시간을 프랑스에서 보낼 수 있었습니다.[37] 어쩌면 그로서는 말년에야 아무것도 요구하지 않는 진정한 후원자를 만났다고 할 수 있을 것입니다. 같이 프랑스 왕을 섬겼던 피렌체의 조각가인 첼리니(Benvenuto Cellini)의 회상에 따르면, 왕은 레오나르도에 대해 조각가, 화가, 건축가일 뿐만 아니라 진정으로 위대한 철학자라면서 그만큼 많은 것을 알고 있는 사람은 없다고 칭송하였다고 합니다.[38]

그의 노년의 삶을 짐작하게 해주는 사료 중에는 1517년 10월 아라곤의 루이기(Luigi) 추기경이 레오나르도를 방문했을 때, 추기경의 비서인 안토니오 베아티스(Antonio de Beatis)가 쓴 기록이 있습니다.

이 기록에 따르면 레오나르도는 손님들에게 '피렌체 여인의 초상화(모나리자)'를 포함한 세 점의 그림을 보여주었다고 합니다. 당시 그는 오른 손에 마비가 와 있었고, 더 이상 걸작을 기대할 수는 없었지만, 데생을 하거나 다른 사람들을 가르칠 수는 있는 상태였다고 베아티스는 기록하고 있습니다. 또 베아티스에 따르면, 레오나르도는 추기경에게 자신이 전 연령층에 거쳐 30구 이상의 시체를 해부했으며, 물의 성질과 여러 기계에 대해 엄청난 양의 글을 썼다는 말을 했다고 합니다.[39]

이런 증언으로 미루어 보건대, 프랑스에서 그는 자신의 원고와 데생을 정리하고 제자들을 가르치면서 더 이상 그림을 그리지는 않았던 것 같습니다. 그러나 여전히 그는 왕의 성을 건축하거나 운하를 만드는 일 등에 계속 관여하

---

37 Nuland, *Leonardo da Vinci*, p. 95.
38 Nuland, *Leonardo da Vinci*, p. 96; 니콜,『레오나르도 다빈치 평전』, 453쪽.
39 Nuland, *Leonardo da Vinci*, pp. 97~98.

고 있었고, 죽기 전까지 쉬지 않고 여러 가지 일들을 하고 있었습니다. 각종 무도회와 파티, 세례식, 결혼식 등의 무대감독으로 활동했었을 뿐 아니라, 여전히 기하학 연구에도 몰두하고 있었습니다. 죽기 1년 전인 1518년 6월 19일 클로 뤼세에서 그는 프랑수아 1세를 위한 축제를 열었는데, 이것이 그가 주도한 마지막 행사였습니다.

병세가 깊어가자, 부활절 전날이던 1519년 4월 23일 토요일, 레오나르도는 왕궁의 공증인과 7명의 증인 앞에서 유언장을 작성했습니다. 그는 자신을 앙부아즈의 생 플로랑탱(St. Florentin) 교회에 매장해 줄 것을 요청하고, 제자 멜치에게는 자신의 글과 그림, 도구를 포함한 모든 지적 유산을 남겨 줍니다. 살라이에게는 밀라노 소유지의 반과 그 곳에 있는 집을 주었으며, 가정부와 피렌체의 이복형제들에게도 재산을 남겼습니다.

이 유언장이 작성된 지 9일 후인 1519년 5월 2일, 레오나르도는 67세의 나이로 숨을 거둡니다. 프랑수아 1세가 마지막 성사 후에 나타났기 때문에 레오나르도가 왕의 품에서 죽었다고 알려져 있지만, 왕이 실제로 참석하지 못했다는 설도 있습니다. 제자 멜치는 피렌체에 있는 레오나르도의 이복형제들에게 부고를 알리면서 다음과 같이 썼습니다.

"그는 제게 가장 훌륭한 아버지와 같은 분이셨습니다. 그의 죽음으로 제가 겪는 고통은 너무 커 표현할 수가 없습니다. 제가 살아 있는 한 저는 영원히 불행할 것입니다. 그는 제게 뜨겁고도 열렬한 애정을 늘 보여주셨습니다. 자연이 다시 창조할 수도 없는 뛰어난 인물을 잃게 되어 모두가 슬퍼하고 있습니다."[40]

레오나르도는 그의 유언대로 앙부아즈의 생 플로랑탱 교회에 매장되었습니다. 그러나 이후 그 교회는 프랑스혁명 때 파괴되었고, 그 과정에서 그의 유해

---

40 니콜, 『레오나르도 다빈치 평전』, 463쪽; 브람리, 『레오나르도 다빈치』, 2권, 378~379쪽.

도 사라졌습니다. 1863년 플로랑탱 교회의 터에서 레오나르도의 묘비명 파편과 '놀랄만한 크기의 두개골'이 발견되었고, 그것이 레오나르도의 유골이라는 주장이 나오기도 하였지만 확실치는 않습니다.

8. 인간 레오나르도

외모와 성격

알려진 것처럼 레오나르도는 잘 생긴 미남자였습니다. 레오나르도의 외모가 훌륭했다는 점은 전기 작가들 사이에서 이견이 없습니다. 가디아노(Anonimo Gaddiano)라는 당시 사람의 증언에 따르면 "그는 매우 매력적인 사람으로, 균형 잡힌 몸매에 우아하면서 출중한 외모의 소유자"였습니다.[41] 바사리 역시 "그는 사람의 이목을 끄는 눈부신 외모의 소유자였다. 그가 모습을 드러내기만 해도 몹시 괴로운 영혼에게 위안을 줄 정도였다"라고 극찬을 하고 있습니다.[42]

또 그는 외모를 치장하기를 즐겼습니다. 신사답게 멋지게 옷을 입을 줄 알았고, 머리카락을 섬세하게 다듬어 다녔다고 합니다. 또 "신선한 장미꽃물로 손을 촉촉하게 만든 다음, 라벤더 꽃을 양손으로 비비면 좋다"는 기록을 남길 정도로 여성스럽기까지 한, 섬세한 기호를 가지고 있었습니다.[43]

레오나르도의 성격을 말하자면, 그는 수줍은 성격에 예의바르고 겸손한 사람이었다고 알려져 있습니다. 레오나르도와 개인적 안면이 있던 파올로 조비오(Paolo Giovio)라는 인물은 그를 "천성적으로 매우 예의바르고 세련되고 관대한 사람"이었다고 기억했습니다.[44] 한참 어린 미켈란젤로의 모욕적인 언사에도 대꾸도 못한 채, 우두커니 서 있었던 레오나르도를 상상해보면, 그는 결코

---

41 니콜, 『레오나르도 다빈치 평전』, 140쪽.
42 바사리의 말, 니콜, 『레오나르도 다빈치 평전』, 140쪽에서 재인용.
43 니콜, 『레오나르도 다빈치 평전』, 139~141쪽.
44 니콜, 『레오나르도 다빈치 평전』, 139쪽.

공격적일 수 없는 부드러운 성품의 소유자였던 것으로 보입니다. 그의 대가답지 않게 겸손하고 온화한 이런 태도를 비천한 출생에 대한 자격지심이나 동성애자로서의 소외감에 기인한 것이라고 보는 사람들도 있습니다. 하지만 사실 그가 동성애자였다는 분명한 증거는 없습니다.

제자와 가족

레오나르도가 동성애자였다는 주장은 주로 그가 청년

1-23 〈세례자 요한(John, the Baptist)〉, 레오나르도 다빈치

기에 겪은 추문과 자식처럼 기른 제자 살라이(Salai)와의 관계 때문이었습니다.

살라이는 레오나르도가 밀라노에 있을 때인 1490년, 레오나르도의 집에 일종의 하인으로 들어왔던 것으로 보입니다. 그는 숱 많은 곱슬머리에 우아하고 아름다운 얼굴을 가진 소년이었습니다. 그러나 레오나르도가 기록한 것처럼, 이 10살짜리 남자아이는 끊임없이 여러 차례의 비행을 저질렀고 이 때문에 레오나르도는 매우 곤혹스러워했습니다.

그러나 그는 살라이를 내쫓거나 벌하기는커녕, 애지중지하고 호사스러운 옷을 입히며 굉장한 애착을 보였습니다. 그는 숱 많은 곱슬머리의 젊은이를 여러 번에 걸쳐 그렸는데, 아마도 살라이를 모델로 그린 것 같습니다. 레오나르도가 노년에 그렸던 그림 〈세례자 요한(John, the Baptist)〉의 모델이 살라이였다는 설도 있습니다.

살라이와 레오나르도의 관계가 "난 너를 자식처럼 우유로 키웠다"라는 그

의 메모처럼 부자지간 같은 관계였는지, 아니면 혹자들의 추측처럼 동성애적 관계였는지 알 수는 없습니다. 그러나 살라이가 그의 집에 온 이후, 로마, 피렌체 그리고 프랑스에까지 데리고 다녔다는 점, 프랑스에서는 유산상속인 명단에 넣었다는 점 등으로 볼 때, 레오나르도에게 살라이는 가족이나 다름없는 존재였습니다. 그와 만난 지 18년이 지난 1508년, 물건을 사고 적은 물품 목록 밑에 레오나르도는 "살라이, 난 너와 싸우고 싶은 것이 아니라 화해하고 싶다. 내가 네게 항복할 테니 다시는 싸우지 말자"라고 적었습니다. 어떤 방식으로든, 그가 살라이를 몹시 사랑했던 것만은 틀림없었던 것입니다.[45]

또 하나 그의 인간적 면모를 보여주는 것은 가족들과의 관계였습니다. 앞에서 언급했듯이 레오나르도는 서출이었고 어린 시절 어머니와 헤어졌습니다. 적법한 자식이 아니라는 사실과 어머니의 부재는 그를 오랫동안 힘들게 만들었을 것입니다. 그와 그의 아버지, 어머니와의 관계는 상세히 알 수는 없으나, 결코 친밀한 관계는 아니었던 것 같습니다. 1504년 아버지가 사망했을 당시 레오나르도는 아버지의 죽음에 대한 메모를 남겨놓았습니다. 레오나르도는 그의 아버지가 자신을 포함해 "10명의 아들과 2명의 딸을 남겼다"라고 기록하고 있는데, 여기서 그는 아버지의 사망 요일과 나이를 잘못 기록하고 있습니다. 어머니에 대해서는 더 잘 알 수 없습니다. 1493년 밀라노에 있을 때 쓴 기록에는 "1493년 7월 16일에 카타리나가 오다"라는 구절이 있는데, 확증을 할 수는 없지만, 이 카타리나라는 여성이 레오나르도의 어머니였을 가능성이 있습니다. 그는 그녀와 2년을 함께 살았고, 그녀가 사망했을 때 그 장례식비용을 모두 지불했습니다.

그러나 가족과 관련해 그를 가장 괴롭혔던 일은 이복형제들과의 갈등이었습니다. 앞에서 언급했듯이, 그의 아버지는 여러 차례 결혼을 했기 때문에 그에게는 많은 이복형제들이 있었습니다. 그의 의붓 가족들은 서자인 그를 이방

---

[45] 살라이와의 관계에 대해서는 브람리, 『레오나르도 다빈치』, 2권, 55~61쪽; 니콜, 『레오나르도 다빈치 평전』, 271~279쪽.

인으로 취급했고, 아버지는 그에게 아무런 유산도 남겨주지 않았습니다. 어린 시절 그를 돌보아주었던 삼촌 프란체스코가 이런 부당함을 보상하려는 듯, 조카인 레오나르도에게 전 재산을 남겨주고 죽었지만, 이복형제들은 이를 인정하지 않았고, 결국 그는 그들과의 송사에 휘말려야 했습니다. 아버지의 재산에 대해서는 아무런 이의를 제기하지 않았던 그였지만, 레오나르도는 이 문제에는 몹시 분노했습니다. 프랑스 왕을 비롯한 후견인들을 총동원해, 이 문제를 결국 자신의 뜻대로 해결하였으니까요. 하지만 그는 후일 자신을 이토록 괴롭혔던 이복형제들을 용서하고 그들에게 유산을 남겨주기도 했습니다.

동물애호가, 평화주의자

레오나르도는 어릴 때부터 동물을 몹시도 좋아한 동물애호가였고, 채식주의자였으며, 평화주의자였습니다. 바사리에 따르면 레오나르도는 온갖 동물을 보며 기쁨을 느꼈고, 사랑과 인내로 동물을 대했습니다. 심지어 길을 가다가 새장에 갇힌 새를 사서 풀어주기도 했습니다. 외롭게 자라난 아이들이 동물에게 강한 애착을 보이는 것은 그리 특이한 일은 아니겠지만, 그는 언제나 말과 개, 고양이를 키웠고, 동물들을 그린 많은 스케치를 남겼습니다. 그의 평전을 쓴 찰스 니콜(Charles Nicholl)은 그가 채식주의자였던 것이 동물에 대한 애정과 관련 있을 것으로 보았습니다. 레오나르도가 쓴 노트에는 다음과 같은 글이 적혀 있습니다.

"인간은 위대한 힘을 소유했지만, 인간이 하는 말이란 대개 헛되고 그릇될 뿐이다. 반면에 동물은 말하는 힘을 거의 가지고 있지 않지만, 그 하는 말은 유용하고 진실 되다."[46]

이런 그의 성품으로 볼 때, 그는 천성적으로 평화주의자였습니다. 비록 스포

---

[46] 니콜, 『레오나르도 다빈치 평전』, 53~54쪽.

르차나 체사레 보르자 같은 사람들에게 고용되어, 살상용 무기를 연구하고 군사기술자로서 복무하기도 했지만, 그는 건축 고문 역할이나 운하나 수로건설 같은 평화적인 일에 주로 참여했지, 공격적인 일에는 가능한 한 참여하지 않았습니다.

특히 그가 "수면 아래에 머물러" 함선을 침몰시키는, 오늘날의 잠수함에 해당되는 기구를 발명했을 때, 그는 자신의 발명이 가져올 파괴적 결과를 예견하고 그것을 알리지 않으려 했습니다. 그래서 그는 "사람들의 사악한 천성 때문에 나는 이 방법을 누설도 공표도 하지 않겠다"라고 썼던 것입니다. 그는 과학기술 발전이 가져올 윤리적 문제를 잘 알고 있었고 이를 고민하고 있었던 것입니다.[47]

9. 연결

지금까지 여러분은 1452년에서 1517년까지 살다간 이탈리아의 한 '문제적' 인물의 인생을 따라가 보았습니다. 여러분은 그의 인생에서 무엇을 느끼셨습니까? 그리고 레오나르도의 어떤 모습이 가장 마음에 와 닿으십니까?

흔히 사람들은 그의 천재적 능력과 아름다운 그림들을 보고 감탄하곤 합니다. 하지만 그가 살다간 67년의 인생 전체를 살펴보고 나서, 그도 참 힘든 인생을 살았겠구나 하는 생각이 드시지는 않으신지요? 거의 500년 전, 우리가 살고 있는 이 시대상황과는 사뭇 다른 시간적, 공간적 상황에 있었던 사람이지만, 그 역시 우리와 다를 바 없는 한 사람의 인간이었고, 장점과 단점을 지닌 유한한 생명체였다는 것, 게다가 결코 좋은 환경에서 태어나지 못한 '흙수저'였다는 사실을 기억하시면 좋겠습니다.

무엇보다 그는 출생부터 인생의 양지에 서 있지는 못했던 사람입니다. 서출

---

47 브람리, 『레오나르도 다빈치』, 2권, 257쪽.

이라는 그의 태생은 어린 나이에 어머니와의 이별을 강요했고, 아버지는 그를 자식으로서 제대로 인정해주지 않았습니다. 아무리 이 시대가 걸출한 서자들이 많았던 시절이라고 해도, 그는 언제나 신분적 제약이 주는 당대 시선에서 자유롭지 못했을 것입니다.

또 그의 직업은 당대 많은 예술가들처럼 끊임없이 후원자를 찾아다니게 만들었습니다. 그는 먹고 살기 위해 이것저것 닥치는 대로 자신의 재능을 팔아야했지만, 동시에 싫은 일은 결코 하고 싶지 않아 하던 자유로운 영혼이었으며, 새장에 갇힌 새를 돈을 주고 사서라도 날려 보내주었던 자유의 갈구자이기도 했습니다.

빨리 무언가를 완성해내라는 주위의 강요에도 아랑곳하지 않고 자신의 연구에 빠져들기도 했고, 자신이 만족하지 않으면 의뢰받은 작품을 내놓기를 거절하는 사람이었습니다. 그러나 푼돈이나 받는 화가가 아니라는 자부심과는 별개로, 그는 당대의 다른 예술가들처럼 의뢰인이나 후원자의 요구에 묶여야 하는 현실 때문에 고통을 경험해야 했습니다.

그의 왕성한 호기심과 자유로운 탐구정신은 너무 많은 분야에 관심을 가지게 만들었고, 그래서 변덕이 심하고 아무것도 완성시키지 못하는 사람이라는 평가를 받게 만들었을 것입니다.

명성을 누렸지만 치고 올라오는 젊은 경쟁자들 때문에 힘든 노년을 보내었고, 자연과 인간의 본질에 끊임없이 매달렸던 천상 연구자이면서도, 막상 노년이 되자 완성한 것이 없다는 현실적 강박에 괴로워했던 인간이었습니다.

죽음의 순간에는 자신을 그토록 괴롭혔던 이복형제들을 용서하고 유산을 남겨주었으며, 자신에게 음식을 해주던 가정부에 대한 배려도 잊지 않았던 따뜻한 인품의 소유자였습니다. 여러분은 레오나르도 다빈치의 어떤 모습이 가장 마음에 와 닿습니까? 천재라는 이름 뒤에 있는 인간 레오나르도 다빈치의 여러 가지 모습에서 여러분과 연결되는 고리를 발견하시기 바랍니다.

제2장

차갑고도 뜨거운 현실주의자
니콜로 마키아벨리(Niccolo Machiavelli)

〈니콜로 마키아벨리〉, 산티 디 티토(Santi di Tito)

"목적이 수단을 정당화한다"라는 말을 한 번쯤은 들어보셨을 것입니다. 이 말을 들으면 어떤 생각이 드십니까? "목적이 옳고 좋은 것이라면 수단은 좀 나빠도 괜찮다"라고 누군가 대놓고 말한다면, 고개를 끄덕일 사람은 그리 많지 않을 것 같습니다. 오히려 그 사람을 비도덕적이라고 비난하기 쉬울 테지요.

이 장에서 우리가 다룰 인물은 바로 이 말, "목적이 수단을 정당화한다"는 주장을 했다고 알려진 사람입니다. 그래서 누구보다도 오랫동안 많은 비난과 오해를 받아온 인물이기도 합니다.

이 사람도 앞 장의 주인공 레오나르도 다빈치처럼 이탈리아 피렌체 출신입니다. 그는 다빈치가 베로키오의 공방에 도제로 들어가 열심히 수련하고 있을 무렵인 1469년에 태어났습니다. 레오나르도가 1452년생이니 17살의 나이 차이가 있다고 하겠습니다. 이 인물은 서출도 아니었고, 29세의 젊은 나이에 피렌체 공화국의 제2서기장이 되어 외교와 군사문제를 관장하게 되니, 오늘날로 치자면 일찍 출세한 고위 공무원이었습니다. 확실히 다빈치보다는 나은 출발점에서 시작했다고 할 수 있지만, 그의 인생도 다빈치의 인생만큼이나 안락함이나 평안함과는 거리가 멀었습니다.

무엇보다 이 사람에 대한 평가는 당대에도 또 후대에도 매우 부정적입니다. 레오나르도가 후일 천재적 화가이자 근대 과학의 선구자로 높이 숭상되는 것과는 달리, 사람들은 이 사람을 부도덕과 사악함을 옹호하는 인물로 규정하였고, 그의 이름을 부정적인 의미로 쓰고 있는 것이 사실입니다.

1972년 정치적 '현실주의자(realist)'로 알려진 미국 국무장관 헨리 키신저(Henry Kissinger, 1923~)는, 국가안보보좌관 시절에 한 잡지와의 인터뷰에서 이 인물의 사상에 영향을 받지 않았느냐는 질문을 받았습니다. 이때 키신저는 극구 이 사람과의 관련성을 강력히 부인해 오히려 화제가 되었습니다.[1]

사람들이 자기와 상관없다고 강력히 주장하고 싶어 하는 이 사람, 우리에게

---

[1] Quentin Skinner, *Machiavelli: A Very Short Introduction*(Oxford University Press, 2000), p. 1.

는 근대적 정치사상가로, 혹은 권모술수를 권장한 현실정치 이론가로 더 많이 알려져 있는 인물, 그의 이름은 바로 니콜로 마키아벨리(Niccolo Machiavelli)입니다.

1. 폭력과 전쟁: 어린 시절

1469년 5월 3일 니콜로 마키아벨리는 법률가였던 베르나르도(Bernardo di Niccolo Machiavelli)와 그의 아내 바르톨레미아(Bartolomea di Stefano Nelli) 사이에서 세 번째 자식이자 장남으로 태어났습니다.

마키아벨리 가문은 이탈리아 중부 토스카나(Toscana) 지방의 비교적 명성이 있는 가문이었습니다. 귀족은 아니었지만, 12명의 공직자와 피렌체 대학의 법학 교수를 두 명이나 배출할 정도로 부유하고 학식 있는, 중간계급에 속한 집안이었습니다.

그의 아버지 베르나르도 마키아벨리는 법학 학위를 받았고, 직업은 법률가라고 알려져 있습니다. 하지만 구체적으로 무슨 일을 하고 있었는지는 분명하지 않습니다. 시내의 주거지 외에 시골에 작은 농장을 소유하고 있었고, 공증 같은 법률적 일들을 간간히 하면서 수입을 얻었을 것으로 추측되지만 확실하지는 않습니다.

마키아벨리의 어린 시절에 집안의 경제 사정은 좋지 않았습니다. 그래서인지 마키아벨리는 후일 자신의 어린 시절에 대해 "나는 가난하게 태어나서 즐기기보다는 절제하는 법을 먼저 알게 되었다"[2]고 썼습니다. 일부 학자들은 이 표현이 다소 과장된 것이라고 보기도 하지만, 당시 베르나르도의 이름이 시정부의 공식문서에 '납세채무자(specchio)'로 올라 있었던 것을 보면, 근거 없는 이

---

2 Miles J. Unger, *Machiavelli A Biography*(Simon & Schuster, 2011), p. 13; 로베르토 리돌피(Roberto Ridolfi), 곽차섭 옮김, 『마키아벨리평전』(아카넷, 2000), 22쪽; 김상근, 『세상에서 가장 위험한 현자, 마키아벨리』(21세기북스, 2012), 25쪽.

야기는 아닌 듯합니다.[3]

어머니 바르톨로메아는 베르나르도와 결혼하기 전에 한 번 결혼했던 경험이 있었다고 하는데, 신앙심이 깊은 사람이었습니다. 그래서 그녀는 아들이 장래 성직자가 되기를 원했습니다. 실제로 니콜로의 동생 토토(Toto Machiavelli)가 성직자가 되기 때문에 어머니의 바람은 이루어진 셈입니다. 또 그녀는 시를 좋아하여 직접 쓰기도 하는 등, 마키아벨리에게 문학적 소양을 물려주었습니다.

경제적으로 빈궁하긴 했지만, 마키아벨리의 아버지 베르나르도는 매우 지적인 인물이었습니다. 그는 나름대로 자기 가문에 대한 긍지를 가지고 있었고, 고전 문헌 읽기를 매우 좋아해서, 없는 집안 형편에도 아리스토텔레스(Aristotle, BC.384~BC.322)나 키케로(Marcus Tullius Cicero, BC.106~BC.43), 프톨레마이우스(Ptolemaeus, 100?~170?)의 책 같은, 수준 높은 인문학 서적들을 소장하고 있었습니다. 특히 베르나르도가 소장하고 있던 책 중에서 그의 아들에게 큰 영향을 주었던 책은, 고대 로마의 역사가 리비우스(Titus Livius, BC.59?~AD.17)[4]가 쓴 『로마사(*Ab Urbe Condjta Libri*)』였습니다. 이 책은 아버지 베르나르도가 색인을 만들어주고, 어렵사리 그 대가로 인쇄업자로부터 한 권 얻어낸 것이었습니다.

당연히 이런 지적 경향 덕분에 아버지 베르나르도는 피렌체의 명망 있는 인문주의자들과도 밀접한 관련을 맺고 있었습니다. 탁월한 인문주의자이자 피렌체의 제1서기장을 맡았던 바르톨로메오 스칼라(Bartolomeo Scala)는 베르나르도와 매우 친밀한 관계에 있던 인물이었습니다. 스칼라는 자신의 책에서 베르나르도를 '나의 절친한 친구'라고 묘사하고 있습니다. 요컨대, 베르나르도는 스칼라처럼 출사하지는 못했지만, 당시 이탈리아를 휩쓸고 있던 새로운 지적 경향, 인문주의에 심취한 인물이었고, 인문주의자 서클의 일원이었던 것입니다.

---

3   마이클 화이트((Michael White), 김우열 역, 『평전 마키아벨리』(이룸, 2004), 24쪽.
4   살루스티우스, 타키투스와 함께 로마의 3대 역사가로 손꼽히는 인물.

마키아벨리의 어린 시절에 관한 기록은 그다지 많지 않습니다. 그의 아버지는 다른 유력 가문의 가장들처럼 일종의 일기나 회고록에 해당되는 글을 남겼습니다. 이 베르나르도의 일기가 1954년 세상에 알려져 마키아벨리의 어린 시절을 추측할 수 있게 해 줍니다. 이 문건 외에는 피렌체 역사기록물 중 마키아벨리 가(家)에 대한 언급으로 알 수 있는 정도가 전부입니다.

베르나르도의 일기에 따르면, 어린 니콜로의 정규 교육은 1476년, 그가 7살이었던 시기에 시작된 것으로 보입니다. 아버지는 아들을 마테오(Maestro Mateo)라는 신부에게 보내 초급 라틴어를 배우게 했다고 기록해두었던 것입니다. 어린 니콜로는 다음 해에는 포피(Batista da Poppi)라는 선생으로부터 문법을 배웠고, 몇 년 후에는 명망 있는 인문학 선생이었던 론치글리오네(Pagolo Sasso da Ronciglione)에게서 인문학 교육을 받았습니다.

세금을 못내는 집안 형편에 아이에게 교육을 시킨 것을 보면, 아버지의 교육열은 높았던 것 같습니다. 하지만, 니콜로가 대학 교육을 받았는지는 확실하지 않습니다. 어떤 학자들은 그가 피렌체 대학의 전신인 스투디오 피오렌티노(Studio Fiorentino)에서 공부했다고 보기도 하지만[5] 다른 사람들은 그가 대학에 갔다는 내용이 그의 아버지의 일기에 전혀 없는 것으로 보아 대학교육을 받지 못했다고 보기도 합니다. 지적 열정이 강한 집안 분위기에도 불구하고, 또 당시 이탈리아에 많은 명문대학들이 있었음에도, 아들을 대학을 보내지 못했다면 그것은 아무래도 어려운 경제 형편 때문이었을 것입니다.

어쨌든 라틴어를 읽고 쓸 수 있게 된 그의 아들은, 인문주의에 심취한 아버지의 영향으로 어린 시절에 이미 리비우스의 『로마사』를 비롯한 여러 고전들을 접하고 있었습니다. 나중에 살펴보겠지만, 이 시기에 읽은 그리스, 로마의 고전들은 후일 마키아벨리의 정치사상에 큰 영향을 주게 됩니다. 인문학과 고전에 남다른 열정을 가졌던 아버지는 아들에게 경제적 부를 남겨 주지는 못했

---

[5] 화이트, 『평전 마키아벨리』, 32쪽.

지만, 엄청난 지적 유산을 물려주었던 셈입니다.[6]

이탈리아, 피렌체

마키아벨리의 인생과 사상을 이해하려면, 당시 그가 살던 피렌체와 이탈리아가 처한 상황을 먼저 이해해야 합니다. 그의 유년기에 이탈리아는 어느 때보다 정치적으로 매우 혼란스러운 시대를 맞고 있었습니다.

1장 다빈치 편에서 언급한 것처럼, 당시 이탈리아는 여러 개의 국가들로 분열되어 있었습니다. 사실 어쩌면 오늘날 우리가 이탈리아라고 알고 부르는 나라는 존재하지 않았다고 말하는 편이 더 정확할지도 모르겠습니다.

아시다시피 십자군 원정 이후 동방 물산에 대한 수요가 늘어나고 원격지 무역이 성장하면서 지리적으로 동방과 가까운 이탈리아는 그 무역의 중심지가 됩니다. 고대 로마의 옛 도시가 많았던 이 지역은 이러한 상업적 성장으로 인해, 알프스 이북 국가들이 나아간 역사적 발전경로를 따라가지 않았습니다. 중앙집권화와 통합된 왕국의 발전이 아니라 지역적 자치와 분립적 성장으로 나아갔던 것입니다.

그리하여 15세기에 이탈리아 지도는 여러 가지 색으로 구별되는 알록달록한 모습을 지니고 있었습니다. 이미 앞 장에서 말씀드렸다시피, 남쪽에는 나폴리 왕국이, 반도의 북서쪽에는 밀라노공국이, 북동부에는 베네치아가 강건한 도시국가를 건설하고 있었습니다. 이탈리아의 중심인 로마지역에서는 교황이 강력한 힘을 구축하고 있었고, 로마의 북쪽인 토스카나 지방에서는 피렌체가 점진적으로 주변지역에 영향력을 행사하고 있었습니다. 그리고 이상의 영향력 있는 영역 국가 외에도 루카(Lucca), 만토바(Mantova), 페라라(Ferrara)같이 어떤 지역에도 전적으로 포함되지 않는 수많은 작은 소국들이 존재하고 있었습니다.[7]

---

6 어린 시절에 대해서는 리돌피, 『마키아벨리평전』, 17~23쪽; 김상근, 『세상에서 가장 위험한 현자, 마키아벨리』, 24~31, 35쪽 참조.
7 9쪽의 〈그림 1-2〉 이탈리아 지도를 참고하세요.

이렇게 이탈리아 반도에서 여러 국가들이 분립하고 상호 견제하면서 지중해 무역을 통해 부를 축적하고 있었던 것과는 대조적으로, 알프스 이북의 각 나라들은 중앙집권화에 박차를 가하면서 절대왕정을 구축해가고 있었습니다. 이탈리아 반도의 왼편에는 프랑스가 막강한 영향력을 미치고 있었고, 오른편에는 신성로마제국이 버티고 있었습니다. 또 바다로 쉽게 나갈 수 있는 곳에 있던 스페인은 재빨리 중앙집권화에 성공하면서, 가톨릭국가로서 이웃 이탈리아에 영향력을 행사할 수 있는 위치에 있었습니다.

이탈리아 도시국가들의 축적된 부와 정치적 분열은 알프스 이북 국가들의 정복 욕구를 자극했습니다. 그리하여 이 지역에 대한 영향력과 통제권을 놓고 프랑스, 스페인, 신성로마제국 등 외세가 지속적으로 개입해오면서 15~16세기 이탈리아는 잦은 전쟁에 시달리게 되었던 것입니다.

사실 당시 대부분의 이탈리아 도시 국가들은 무역을 통해 많은 부를 축적하였음에도 불구하고, 스스로를 방어할 만한 군사력을 갖추지 못하였습니다. 상업적 이익에 집착하던 도시국가들은 자국군을 키우는 것을 낭비라고 생각했던 것입니다. 그래서 그들은 강대국과 동맹을 맺거나, 필요할 때 용병을 고용해 안전을 확보하려고 했습니다. 그러나 국가들 간의 정치군사적 동맹관계란 상황에 따라 얼마든지 변할 수 있는 것이었고, 돈에 따라 움직이는 용병 대장들은 예고도 없이 편을 바꾸기 일쑤였습니다. 따라서 군사력을 갖추지 못했던 이탈리아 도시국가들은 군사강국의 공격에 속수무책으로 당하거나 외교술과 돈으로 위협을 무마하기에 급급해야 했습니다. 한마디로 빈번한 전쟁과 정변, 잔혹하고 냉정한 살육과 기만이 판치던 곳, 그것이 15~16세기 유럽과 이탈리아의 국제정치판이었던 것입니다.

이런 정치적 분위기에서 교황도 예외는 아니었습니다. 15, 16세기에 등장한 세속 교황들은 오늘날의 교황과는 매우 다른 존재였습니다. 그들은 단순한 종교적 최고지도자가 아니라 군사력을 동원해 지배영토를 확장하고 있었던 세속 군주와 다를 바 없는 존재였습니다. 이 교황들은 영토를 확장하기 위해 이탈리아 도시 국가들의 내정에 간섭하고 음모를 꾸미고 전쟁을 감행하고 있었습니다.

유서 깊은 '꽃의 도시' 피렌체는 지리적으로 위, 아래의 막강한 세력들 중간에 끼여 있었습니다. 아시다시피 당시 이 지역은 명목상 공화국이었지만 메디치(Medici) 가문[8]이 지배하고 있었습니다. 코시모 데 메디치(Cosimo de' Medici, 1389~1464) 시대에 피렌체의 통치권을 장악한 이 집안은, 무역업과 금융업, 제조업을 통해 막대한 부를 축적하였습니다. 그리고 그 경제력을 기초로 예술가들을 후원하고 도시를 아름답게 꾸며 자신들을 과시하고 있었습니다.

하지만 "누구도 이 도시보다 빛나고 영광스러운 곳을 발견할 수 없을 것"[9]이라는 칭송에도 불구하고, 피렌체는 강대국이라고 부를 수 없는 작은 도시국가였습니다. 경제적으로는 번성해 교황청을 비롯한 많은 군주들의 금고 역할을 했고, 수많은 작가와 예술가를 배출한 탁월한 문화의 중심지였지만, 군사적으로는 자국군대도 가지지 못한 약소국이었습니다. 그래서 이 나라는 이탈리아 내 국가들 간의 경쟁과 국제정치의 역학관계 속에서, 크고 작은 정치적 소용돌이에 시달려야 했습니다. 마키아벨리는 그런 정치적 혼란을 보고 경험하며 자랐습니다.

음모와 전쟁

어린 마키아벨리가 처음 만난 정변은 '파치(Pazzi)가의 음모'였습니다. '파치가의 음모'란 레오나르도 편에서 잠깐 언급했던, 피렌체의 최고지도자 로렌초 데 메디치(Lorenzo de' Medici, 1449~1492)에 대한 암살 음모 사건을 말합니다.

로렌초 데 메디치는 코시모 데 메디치의 손자로, 마키아벨리가 태어난 1469년 피렌체의 실질적 권력자가 됩니다. 그는 유능한 사업가이자 정치인이었을 뿐 아니라 할아버지 코시모처럼 적극적인 문화예술의 후원자였습니다. 그래서 피렌체 사람들은 그를 '대 로렌초(Lorenzo Il Magnifico)'라는 이름으로 부르면

---

[8] 메디치 가문의 상세한 역사에 대해서는 성제환 저, 『피렌체의 빛나는 순간―르네상스를 만든 상인들』(문학동네, 2013) 참조.
[9] 레오나르도 브루니(Leonardo Bruni), 임병철 역, 『피렌체 찬가』(책세상, 2002), 13쪽.

서 숭상하였습니다. 하지만 이탈리아의 정치적 분열과 경쟁은 '적'을 만들어내기에 충분했습니다.

그 '적'은 교황이었습니다. 1471년 식스투스 4세(Sixtus IV, 1414~1484, 재위: 1471~1484)가 교황에 오르면서, 그는 곧 로렌초와 충돌하기 시작하였습니다. 이 교황은 전형적인 세속 교황으로, 교황에 오르자 영토 확장에 힘을 쏟았습니다. 그는 이탈리아 북동 지역의 영토를 사거나 무력으로 장악하여 조카 지롤라모 리아리오(Girolamo Riario)에게 대리 통치시키려는 야심찬 계획을 마련하고 있었습니다. 당연히 이 계획에는 돈이 필요했습니다. 그래서 교황은 로렌초에게 4만 두카토의 돈을 빌려줄 것을 요청하였던 것입니다.

하지만 로렌초는 교황의 계획이 이탈리아의 정치적 안정을 해치고, 피렌체에게 위협이 될 것으로 판단하여 이 요구를 거절합니다. 이 일은 교황을 분노

2-1 로렌초 데 메디치
(Lorenao de' Medici,
1449~1492)

80 세계사의 거장들

하게 만들었고, 결국 이후 피렌체와 로마 사이에는 냉랭한 적대감이 형성되었던 것입니다.

교황의 적대감은 로렌초를 타도해 피렌체 정권을 바꾸겠다는 결심으로까지 발전합니다. 그 결심이 1478년 로렌초 암살사건으로 귀결되었던 것입니다. 이 음모는 외형상 메디치의 경쟁가문인 '파치' 가가 일으킨 것이지만, 어디까지나 교황청의 사주를 받아 이루어진 것이었습니다. 4명의 자객이 교황의 조카 지롤라모 리아리오에게 고용되었고, 피사의 대주교 프란체스코 살비아티(Francesco Salviati) 등 교황의 심복들이 관련되어 있었습니다.

하지만 이 암살 시도는 매우 어설펐습니다. 파치 가에서 아침 식사시간에 대 로렌초와 그의 동생 줄리아노(Giuliano de Medici, 1453~1478)를 모두 제거하기로 계획했었지만, 조찬에 줄리아노가 불참하는 바람에 일이 꼬였던 것입니다. 암살자들은 급히 계획을 수정하여, 우리가 '두오모'라고 흔히 부르는 '산타 마리아 델 피오레(Santa Maria del Piore)' 성당으로 장소를 바꿉니다. 부활절 미사에 참여하는 로렌초와 줄리아노를 공격하기로 한 것입니다. 성당에서 사람을 죽이는 일을 꺼림칙하게 생각한 일원 몇몇이 가담을 거부하는 해프닝이 있긴 했지만, 계획대로 공격이 이루어졌고, 암살자들의 칼을 맞은 줄리아노는 그 자리에서 죽고 맙니다. 그러나 대 로렌초의 목을 찌른 단검은 빗나가, 다행히 그는 가까스로 죽음을 피할 수 있었습니다.

살아남은 로렌초는 음모에 가담한 사람들에게 무자비한 보복을 가합니다. 20대 청년 레오나르도 다빈치가 암살가담자의 처형장면을 스케치하고 있었을 때, 마키아벨리는 9살이었습니다. 매일 뛰어다니던 광장에서, 줄줄이 목에 밧줄이 감겨 내걸린 가담자들의 시신을 쳐다보며, 소년 마키아벨리는 어떤 생각을 했을까요? 그가 무슨 생각을 했건, 이 피비린내 나는 폭력은 어린 마키아벨리에게 뚜렷이 각인될 만한 충격적인 사건이었음은 분명할 것입니다.

'파치가의 음모' 사건은 그 보복으로 마무리되지 않았습니다. 음모가 실패한 다음 해인 1479년에 소년 마키아벨리는 그보다 더 큰 혼란을 경험하게 됩니다. 나폴리 왕국의 군대가 피렌체를 침공했던 것입니다. 메디치 살해 음모를 사주했던 교황과 나폴리 국왕이 이제는 아예 피렌체와의 전쟁을 선포했던 것입니다. 이때 아버지 베르나르도가 남긴 기록에는 1479년 9월 7일에 나폴리 군대가 피렌체 외곽 지역에 도착했고, 마키아벨리가의 산장이 있던 산탄드레아(Sant'Andrea)에서 전투가 벌어졌다고 쓰여 있습니다. 이 전투에서 피렌체 군이 패배하자, 아버지는 가족들을 급히 피신시켰습니다. 10세의 소년 마키아벨리는 전쟁의 공포 속에서 외국군을 피해 급히 이동하는 가족들 속에 있었습니다.

2. 약소국 피렌체와 정치적 격변

프랑스의 침공

이후 마키아벨리가 성년이 되어 공직에 나갈 때까지 그가 어떤 생활을 했는지는 잘 알 수 없습니다. 베키오(Vecchio) 다리[10] 근처의 집에서 살다가 1481~1482년 흑사병 때문에 '무젤로(Mugello)'라는 곳으로 이주했다고도 하지만, 상세한 것은 알려져 있지 않습니다.

성년이 된 그에게 전쟁은 또 찾아왔습니다. 이번에는 훨씬 더 무시무시한 규모였습니다. 1494년 프랑스 샤를 8세(Charles VIII, 1470~1498, 재위: 1483~1498)가 나폴리의 왕위 계승권을 주장하면서, 이탈리아를 침공하였던 것입니다. 프랑스의 이탈리아 침공은 이탈리아 도시국가들에게는 매우 충격적인 사건이었습니다. 이 침공은 지역별 자치에 익숙해 있던 이탈리아인들에게는 거대한 영토를 한 사람이 다스리는 절대왕정 국가의 힘을 알리는 것이었습니다.[11] 9만의 프랑스 군대는 8월에 알프스를 넘어 9월에는 이탈리아 북부의 토리노(Torino)에 입성하였고, 이후 신속하게 이탈리아 도시국가들을 공략하였습니다. 그리

---

10 이탈리아의 저명 시인 단테가 연인 베아테리체를 만난 것으로 유명한 피렌체의 이 다리는 지금은 관광명소로 귀금속 상점이 즐비합니다.
11 곽준혁, 『마키아벨리 다시 읽기: 비지배를 꿈꾸는 현실주의자』(민음사, 2014), 50~51쪽.

2-2 피렌체의 베키오 다리

하여 몇 개월도 안 되어 프랑스군은 나폴리까지 입성하게 됩니다. 이탈리아의 모든 도시국가들과 로마 교황이 프랑스의 왕 앞에, 그리고 그 엄청난 물리적 무력 앞에, 무릎 꿇는 모습을 목도하면서 25세의 피렌체 청년은 어떤 생각을 했을까요?

프랑스 군대가 로마로 진격하면서, 중간 지점에 있던 피렌체에 들어온 것은 10월이었습니다. 프랑스군은 무자비한 용병들로 구성되어 있었고, 특히 그 당시까지 이탈리아가 쓰던 돌로 된 포탄에 비해, 그들이 쓰던 철제 포탄은 무시무시한 파괴력을 자랑하고 있었습니다. 자국군도 가지지 못한 약소국 피렌체는, 그야말로 바람 앞의 등불 같은 가련한 존재가 되었던 것입니다.

하필이면 몇 달 전 대 로렌초가 사망하였고, 권력은 그의 아들 '피에로 데 메디치(Piero di Lorenzo de' Medici, 1471~1503)'에게 넘어가 있었습니다. 심약했던 피에로는 프랑스의 엄청난 무력에 겁을 먹고 항복을 선언합니다. 1494년 10월 31일에 열린 프랑스와의 회담에서 그는 아무런 문제제기도 없이 프랑스 측 요구를 모두 수용하는 굴욕적 협정을 맺고 피렌체로 돌아옵니다. 피렌체 시민들은 분개하였고, 반메디치 폭동이 일어나 피에로와 메디치 가문을 추방하였습니다. 피렌체에는 새로운 시대가 도래하고 있었던 것입니다.

사보나롤라의 부상과 몰락(1494~1498년)

이제 지도자도 없이 프랑스의 침략에 대처하게 된 피렌체 귀족들은, 피사(Pisa)에 머물고 있던 프랑스 왕 샤를 8세에게 사절단을 보내 피렌체를 공격하지 말아 줄 것을 간청합니다. 이 상황은 우리가 상상하기 그리 어렵지 않을 것 같습니다. 얼마 전에 개봉한 영화 〈남한산성〉에 나오는 조선의 상황과 매우 유사하기 때문입니다. 눈으로 덮인 혹한의 남한산성에서 약소국의 군주 인조가 최명길을 보내 화친을 요청하는 그 암울한 장면과 똑같은 상황이. 15세기에 유럽의 약소국 피렌체에서도 발생하고 있었던 것이지요.

그 사절단 중에는 도미니쿠스회 수도사 지롤라모 사보나롤라(Girolamo Savonarola, 1452~1498)라는 사람이 있었습니다. 레오나르도 다빈치와 같은 해에 태어난 사보나롤라는 저명한 인문주의자 미란돌라(Pico della Mirandola, 1463~1494)의 추천으로 메디치 가문과 연결되어, 1490년부터 산마르코(San Marco) 수도원의 원장으로 봉직하던 성직자였습니다.

재미있는 것은 당시 사보나롤라가, 종교적 타락과 사람들의 부패를 신랄하게 비판하면서, 곧 하나님의 천벌이 내려질 것이라는 주장을 하고 있었다는 점입니다. 특유의 과격적이고 직설적인 설교는 그에게 명성을 가져다주었고, 때맞춰 이루어진 프랑스의 침공은 그의 주장에 신뢰성을 더해주었습니다. 피렌체 사람들에게 프랑스의 침공은 하나님의 벌처럼 보였던 것입니다.

약소국의 협상가로서 프랑스 국왕 앞에 나아간 사보나롤라는, 프랑스 왕에게 피렌체를 치는 것이 아니라 보호하는 것이 하나님의 뜻이라는 감동적인 설교를 합니다. 마치 거란이 서희장군의 말에 강동육주(江東六州)를 내주었던 것처럼, 이 설교에 마음이 움직인 샤를 8세는 피렌체를 치지 않기로 합니다. 덕분에 풍전등화의 처지에 있던 피렌체가 프랑스의 약탈을 피하게 되었던 것입니다.

사보나롤라는 곧 피렌체를 구한 영웅으로 떠올랐습니다. 이제 피렌체 시민들은 사보나롤라를 칭송하면서 하나님의 계시를 받는 예언자로 숭배하기 시작합니다. 힘을 얻은 사보나롤라와 그 추종자들은 메디치 가문이 사라진 정치적 공백상태에서 평민 중심의 평의회를 만들어 공화 정부를 수립합니다. 1494년부터 1498년까지 피렌체는 사보나롤라의 영향력하에 완전히 새로운 분위기의 신정정치(神政政治) 시대를 맞이하게 되었던 것입니다.

2-3 지롤라모 사보나롤라(Girolamo Savonarola, 1452~1498)

공화 정부를 막후에서 움직이는 권력자가 된 사보나롤라는, 하나님의 경건함을 잃어버리고 방탕과 부패에 물들어 있었다고 메디치 시대의 피렌체를 비판하였습니다. 그래서 그는 피렌체 시민들에게 새로운 삶의 방식을 따를 것을 요구합니다. 더 나아가 그는 당시 교황 알렉산드르 6세(Alexander VI, 1431~1503, 재위: 1498~1503)의 부패와 부정을 맹렬히 비난하면서 종교개혁자의 면모까지 보여주었습니다.

새로운 분위기에 압도된 피렌체 시민들은, 눈물을 흘리며 그들의 세속적 삶을 회개하였습니다. 메디치가의 총애를 받았던 보티첼리(Sandro Boticelli)를 비롯하여 피렌체를 대표하던 많은 예술가들까지 나서, 그들의 작업이 허영과 사치의 산물임을 고백하고 회개했던 것은 바로 이 시기였습니다. 1497년에 사치품과 도박도구들, 이교적인 회화, 조각 작품들을 모아 태워버렸던 소위 '허영의 화형식'은 바로 이런 분위기에서 시행되었던 것입니다.

그러나 사보나롤라의 신정정치는 그리 오래 가지 못했습니다. 분노한 교황은 사보나롤라를 파문에 처하고 강력히 압박하였습니다. 피렌체 인들은 처음에는 교황의 파문을 받아들이지 않았지만, 시간이 가면서 차츰 사보나롤라의 과격한 가르침에 대해 불만을 나타내기 시작합니다. 특히 1498년 교황의 칙령은 사보나롤라에 대한 열광적 지지를 약화시키는 데 크게 기여하였습니다. 교황은 이단자인 사보나롤라를 로마로 보내지 않는다면, 피렌체 시민들의 재산에 큰 타격을 입힐 것이라고 협박하였던 것입니다.

이 칙령은 돈에 민감한 피렌체 인들을 크게 동요시켰습니다. 쉽게 끓은 냄비는 쉽게 식는 법이지요. 피렌체는 곧 사보나롤라를 지지하는 편과 반대하는 편으로 분열되었습니다. 그리고 사보나롤라가 진짜 예언자가 아니라는 주장이 나오기 시작합니다. 나아가, 만일 그가 진짜 예언자라면 불의 심판을 해도 살아남을 것이라는 주장들까지 제기됩니다. 결국 피렌체 사람들은 사보나롤라에게 불의 심판을 요구하기에 이릅니다. 사보나롤라가 그것을 거부하는 것으로 보이자, 대중은 돌아섭니다. 그는 감옥에 갇혔고, 1498년 5월 23일 화형에 처해졌습니다.

1494년에 피렌체의 위기 상황에서 갑자기 영웅으로 떠오른 한 인물이, 4년 만에 결국 사기꾼이 되어 화형당한 이 사건은, 소위 '정치적 인기'와 '권력'의 헛됨을 보여주는, 어찌 보면 매우 황당하기까지 한 사건이었습니다. 사보나롤라 집권기에 20대 후반을 보내고 있던 청년 마키아벨리는 어떤 생각을 했을까요?

후일 마키아벨리는 그의 역작 『군주론』과 『로마사 논고』에서 사보나롤라의 부상과 몰락의 이유를 진지하게 탐구하고 분석했습니다.[12] 이 사건을 통해 그가 내린 결론은 "무장을 한 예언자는 성공하지만 말뿐인 예언자는 실패한다"는 것이었습니다.[13] 현실적 수단을 갖추지 못한 정치적 이상주의가 얼마나 보잘것없이 몰락하는 지를 그는 사보나롤라를 통해 깨달았던 것입니다.

---

12 군주론에 대한 번역본은 여러 종류가 나와 있습니다. 여기서 사용한 것은 니콜로 마키아벨리(Niccolo Machiavelli) 저, 강정인·문지영 역, 『군주론』(까치, 2003)입니다. 로마사 논고는 니콜로 마키아벨리(Niccolo Machiavelli) 저, 강정인·안선재 역, 『로마사논고』(한길사, 2003).

13 강정인·문지영 역, 『군주론』, 42쪽; 김상근, 『세상에서 가장 위험한 현자, 마키아벨리』, 85~86쪽.

또 이 사건을 통해 마키아벨리는 대중의 모습도 깊이 관찰할 수 있었습니다. 그는 메디치 가문의 집권기에는 메디치가를 찬양했지만, 외적이 침입하고 상황이 나빠지자, 메디치가를 헌신짝처럼 버린 피렌체 사람들의 모습을 보았을 것입니다. 사보나롤라가 '하나님의 심판'을 들고 나오자 하나님의 예언자라고 따르며 열광하던 그들이, 4년 뒤 그 예언자를 태워 죽이는 광경 역시 목도했습니다. 그가 후일 대중이란 줏대가 없고 작은 이익에 따라 왔다 갔다 하며, 겁을 주면 따를 수밖에 없는 나약한 존재라고 혹평했던 것은 이 사건과 무관하지 않을 것입니다.

3. 공직자가 되다

사보나롤라의 화형은 마키아벨리 개인에게도 큰 변화를 가져왔습니다. 그 화형식이 있은 지 5일 후에, 29세의 청년 마키아벨리는 새로 구성된 피렌체 공화정의 제2서기장으로 선출되었습니다. 당시 이 직책은 피렌체 공화국의 국회에 해당되는 대 평의회에서 투표로 결정하는, 상당히 높은 직책이었습니다.

관직 경쟁에 뛰어들었던 그에게는 쟁쟁한 경쟁자들이 있었습니다. 교수, 변호사, 공증인이던 그들을 제치고 무직인 29세의 청년이 어떻게 이 자리를 얻을 수 있었는지에 대해서는 여러 가지 설명이 있습니다.

그 한 가지가 정치상황의 변화, 즉 사보나롤라의 실각이었던 것은 분명한 것 같습니다. 제2서기장을 결정하는 투표는 화형 직후에 이루어졌고, 사보나롤라파에 속한 경쟁자들이 힘을 상실하면서 마키아벨리에게 사보나롤라의 몰락은 호재로 작용했던 것입니다.

또 학자들은 마키아벨리 주변 인문주의자들의 영향력을 주목하기도 합니다. 앞에서 설명했듯이 아버지 베르나르도는 이미 오랫동안 피렌체의 저명한 인문주의자들이자 공직자인 사람들과 연결고리를 가지고 있었습니다. 따라서 그런 인물들이 마키아벨리의 공직 진출에 영향력을 행사했을 것이라는 추측이 가능한 것입니다.

좀 더 구체적인 설명으로는 마키아벨리의 스승이었다고 알려진 제1서기장 마르첼로 아드리아니(Marcello Adriani)의 추천이 있었다는 설이 있습니다. 이 아드리아니라는 인물은 여러 해 동안 대학에서 교수로 재직한 인문주의자로, 마키아벨리를 가르쳤으며, 마키아벨리의 인문학적 식견을 높이 사서, 새 정부의 요직을 맡겼다는 것입니다.[14]

어떤 경로를 통해서이건 마키아벨리는 경쟁을 뚫고 당선되었고, 이제 그는 피렌체 공화국 제2서기장으로서 파란만장한 공직생활을 막 시작하고 있었습니다. 당시 피렌체 공화국 행정부는 대외 관계 및 외교 문서를 담당하는 제1서기국과 국내 관계 및 전쟁 업무를 관장하는 제2서기국으로 구성되어 있었습니다. 그러나 이 두 서기국의 업무는 그리 완벽히 구분되지 않았습니다. 당시에 외교와 전쟁은 구분될 수 있는 일이 아니었고, 문장력이 좋았던 그는 공문서 작성에 자주 투입되었으니까요. 이제 신임 제2서기장은 조국 피렌체 공화국의 당면한 여러 가지 외교적 문제를 풀기 위해, 이리저리 말을 달리고 수많은 사람을 만나게 될 것이었습니다.

피사와 용병문제

마키아벨리는 제2서기장이 되자마자 군사문제를 전담하는 '10인 위원회'의 서기장도 겸직하게 되었는데 당시 피렌체가 직면한 가장 큰 현안은 '피사(Pisa)' 문제였습니다.

'피사의 사탑'으로 유명한 피사는 작은 도시국가로, 당시 토스카나 지방을 지배하던 피렌체의 지배를 받고 있었습니다. 이 지역은 바다를 접하고 있었기 때문에, 항구와 바다가 없는 피렌체로서는 무역을 위해 꼭 필요한 지역이었습니다.[15]

14　마르첼로 아드리아니의 영향력에 대해서는 Skinner, *Machiavelli: A Very Short Introduction*, pp. 6~7; 리돌피, 『마키아벨리평전』, 42~43쪽.
15　전통적으로 피사인들은 피렌체인들을 매우 싫어했습니다. 12~13세기 유럽을 분열시

문제는 1494년 샤를 8세의 이탈리아 침공을 틈타, 피사 사람들이 반란을 일으켰고, 결국 피렌체의 지배로부터 벗어났다는 것입니다. 프랑스가 이 반란을 지지해 주었기 때문에, 피렌체는 피사에 대한 지배권을 상실하였던 것입니다. 그래서 피사의 탈환은 1498년 새로운 피렌체 공화정부는 물론 피렌체 사람들의 주요 관심사였습니다.

이 문제를 해결하기 위해 피렌체가 선택한 방법은, 용병을 고용해 피사를 치는 것이었습니다. 피렌체 공화정부는 유명한 용병 대장이었던 파올로 비텔리(Paolo Vitelli)를 고용하고, 밀라노의 스포르차(Ludvico Sforza, 1451~1508)에게도 지지를 요청합니다. 앞에서 언급했지만 당시 이탈리아 여러 소국들은 군대를 유지하는 것은 낭비라고 생각해, 자국 군을 양성하지 않았고, 용병을 고용하는 것이 상례였습니다.[16] 마키아벨리가 제2서기장으로서 제일 먼저 맡은 임무도 피옴피노(Piombino)의 영주인 용병대장 야코포 다피아노(Jacopo d'Appiano)와 용병 사용료를 협상하는 것이었으니, 용병 고용이 얼마나 만연해 있었는지 알 수 있습니다.

1499년 피사를 치기 위해 피렌체가 고용한 용병들은 승리를 목전에 앞두고 막바지 공격을 준비하고 있었습니다. 그러나 겁에 질린 피사 사람들이 막 항복할 채비를 하고 있었던 그 시점에, 황당한 일이 발생합니다. 용병대장 파올로 비텔리(Paolo Vitelli)가 갑자기 군대를 철수해 버렸던 것입니다. 당연히 이 틈을 타 피사는 다시 전열을 재정비할 수 있었습니다.

화가 난 피렌체 정부는 공격을 재촉하였지만, 비텔리는 사태를 관망만 하였습니다. 결국 코앞에서 다잡은 물고기를 놓쳤다고 생각한 피렌체 사람들은, 비텔리의 배신을 의심하기 시작했고, 마침내 비텔리를 잡아 처형하기에 이릅니다. 이것이 소위 '비텔리 사건'의 전모입니다. 용병 고용을 위해 이리저리 뛰

킨 기벨린당(황제파)과 구엘프당(교황파)과의 갈등에서 피사는 피렌체(구엘프)의 입장과 반대에 섰던 지역이었기 때문입니다.

16 이탈리아 사람들은 용병이 부족하면 알프스 이북 나라들에서 용병을 추가 고용하여 해결하곤 하였습니다.

고 있었던 마키아벨리에게 이 사건은 어떤 의미로 다가왔을까요?

프랑스에 가다(1500~1501)

피렌체가 피사 탈환에 실패해 실망에 빠져있을 때인 1499년 9월, 이탈리아는 또 다시 외세의 개입에 시달립니다. 샤를 8세의 뒤를 이은 새 프랑스 왕 루이 12세(Louis XII, 1462~1515, 재위: 1498~1515)가 베네치아의 요청을 받아들여, 밀라노를 무력 점령하는 사건이 발행하였기 때문입니다. 레오나르도 다빈치가 장문의 자기소개서를 보내었던 그 인물, 레오나르도에게 청동기마상을 만들도록 했던 루드비코 스포르차가 무너진, 바로 그때였습니다.

이탈리아 북부의 강력한 도시국가 밀라노가 프랑스 손에 들어가자, 피렌체는 다시 깜짝 놀라 급히 친선 사절을 보냅니다. 그리고 피렌체 정부는 이번에는 강력한 프랑스군을 이용해 피사를 탈환하기로 합니다. 피사를 점령해 주는 대가로 5만 두카토라는 거액을 주기로 프랑스와 용병 계약을 체결한 것입니다.

그러나 비텔리가 그랬던 것처럼, 피렌체의 애를 태우기는 프랑스군도 마찬가지였습니다. 그들은 바로 피사로 가지 않고, 주변 도시를 뱅뱅 돌면서 무력시위만 하고 있었습니다. 마음이 급해진 피렌체 정부는, 프랑스 용병 부대의 피사 공격을 독려할 2명의 군사고문을 파견하기로 합니다. 이때 이 군사고문들을 보좌해 함께 간 공무원이 제2서기장 마키아벨리였습니다.

이런 독려에도 불구하고 1500년 7월 프랑스 용병 부대는 승리를 코앞에 두고 밀라노로 철수해버렸고, 설상가상으로 프랑스 국왕 루이12세는 이미 약속된 돈을 다 받고도 추가비용을 더 지불하지 않으면 피렌체와 외교 단절을 하겠다는 통보까지 해옵니다. 마키아벨리 서기장은 몹시 분노했습니다. 그가 피렌체 정부에 보낸 보고서에는 프랑스에 대한 거의 욕설에 가까운 비난이 적혀 있었다고 합니다.[17]

---

[17] 김상근, 『세상에서 가장 위험한 현자, 마키아벨리』, 130쪽.

그러나 약소국인 피렌체 정부가 할 수 있는 일은, 프랑스를 설득하는 것 이외에는 없었습니다. 피렌체는 다시 프랑스에 특사를 파견하기로 했고, 마키아벨리가 다시 이 임무를 맡습니다. 전권 대사인 프란체스코 델라 카사(Francesco della Casa)를 수행하는 부대사로 1500년 7월부터 1501년 1월까지 프랑스로 파견되었던 것입니다.

강대국 프랑스는 약소국의 외교사절들을 환대하지 않았습니다. 당시 프랑스 왕은 흑사병을 피해 도시를 순회 통치하고 있어서 마키아벨리 일행도 왕의 이동 경로를 따라 계속 이동해야 했습니다. 오랜 기다림 끝에 겨우 왕을 만났지만, 왕은 자신의 이익만 챙기며 피렌체 인들을 비난할 뿐 사절들의 이야기를 들어주지 않았습니다.

전혀 일이 진척되지 않자, 화가 난 프란체스코 델라 카사는, 9월 14일 대사직을 사퇴하고 돌아가 버렸고, 마키아벨리는 홀로 남아 프랑스인들을 상대해야 했습니다. 결국 프랑스가 용병료 1만 두카토만 받고 나머지는 분할해 받는다는 것을 골자로 한 협정이 체결됨으로써 마키아벨리는 자신의 업무를 마치고 귀환할 수 있었습니다.

마키아벨리가 프랑스에 머문 6개월 동안, 피렌체 공화정부는 체류비용도 안 되는 형편없는 출장비를 지불했기 때문에, 그는 사비를 털어야 했습니다. 게다가 프랑스에서 누나 프리마베라의 사망 소식까지 들어야 했기 때문에 경제적으로뿐만 아니라 심적으로도 몹시 힘든 상태였습니다. 그러나 이 와중에도 그는 프랑스 궁정과 정치인들을 세밀히 관찰하고 있었습니다. 그는 어떤 생각을 했을까요? 프랑스인들이 분열된 이탈리아를 얕잡아보고 피렌체 사람들을 돈이나 밝히는 상인집단들이라고 폄하하는 것을 보면서, 그는 어떤 기분이 들었을까요? 후일 그가 용병과 원군의 문제점을 지적하며 자국군의 필요성을 여러 차례 강조하였던 것은, 이런 경험과 무관하지 않을 것입니다.

체사레 보르자(Cesare Borgia)
프랑스 궁정에서의 경험은 확실히, 외교관 마키아벨리의 안목과 식견을 넓

혀주었습니다. 그는 강대국들이 이탈리아를 어떻게 보고 있는지를 알게 되었고, 프랑스가 취하는 전략의 장단점도 파악하게 되었습니다. 무엇보다 그는 자신의 조국 피렌체가 얼마나 약한 나라인지를 뼈저리게 느낄 수 있었습니다.

프랑스에서 돌아오자 마키아벨리는 결혼을 합니다. 그가 서기장이 되기 전인 1496년에 어머니가, 그리고 피사 문제로 정신없이 일할 때인 1500년에 아버지가 돌아가셨고, 이제 누나까지 잃었기 때문에 외로웠는지도 모릅니다. 상대는 평범한 집안의 딸이었던 마리에타 코르시니(Marietta Corsini)라는 여성이었습니다. 마키아벨리와 마리에타는 6명의 자녀를 낳았습니다. 뒤에 좀 더 언급하겠지만, 사실 마키아벨리는 여성 관계가 몹시 복잡했던 것으로 유명합니다. 하지만 마리에타는 남편의 잦은 외도에도 결혼생활을 유지하였고, 마키아벨리보다 25년 정도 더 살았습니다.

결혼했을 무렵 마키아벨리는 피렌체 정부의 가장 유능한 외교관으로 신임받고 있었습니다. 그는 함께 일했던 제2서기국 사람들로부터 상당한 신뢰를 받았고, 그들과 매우 친밀한 관계를 유지했습니다. 잦은 외국출장으로 아이들이 태어나는 것도 보지 못했지만, 자신의 외교적 노력으로 조국의 평화가 지켜지고 있다는데 자부심을 느꼈을 것입니다.

하지만 이 시기 피렌체를 위협하는 또 다른 세력이 등장하고 있었습니다. 바로 교황 알렉산드르 6세의 아들이 아버지의 명을 받고 이탈리아 중부지방에 대한 무력 정벌을 시작하였기 때문입니다.

성직자인 교황이 아들을 가지다니 지금으로서는 이해하기 어려우시겠지만, 이 시기 많은 교황들은 거의 세속 군주와 다를 바 없었습니다. 교황들은 스스럼없이 어머니가 다른 여러 아들들을 가지고 있었고, 다른 나라를 공격해 전쟁을 일으키는 데 앞장섰습니다. 그리고 그들은 여느 군주들처럼 화려한 예술품들을 수집해 자신의 거처를 장식하는데 힘을 쏟고 있었습니다. 이 책에서 우리가 다룰 또 한 명의 문제적 인간, 마르틴 루터(Martin Luther)를 분노하게 만들고 종교개혁의 기치를 들게 한 요인 중 하나도 바로 이러한 성직자들의 타락과 부패였습니다.

1492년 교황이 된 알렉산드르 6세는 그런 세속교황의 가장 전형적인 인물이었습니다. 그는 뇌물과 조작을 통해 교황의 자리에 올랐고, 수십 명의 고급 매춘부를 두고 즐긴 타락과 방종의 상징적 인물이었습니다. 그의 아들이 발렌티노 공작(Duke of Valentinois), 체사레 보르자(Cesare Borgia)였습니다. 후일 『군주론』에서 마키아벨리가 이상적 군주로 칭송했다는, 또 레오나르도 다빈치를 불러 이몰라의 지도를 만들게 한, 냉혹한 카리스마를

2-4 체사레 보르자
(Cesare Borgia, 1475~1507)

가졌다는 바로 그 인물 말입니다. 그를 이해하기 위해서는 체사레가 어떻게 이탈리아의 권력자로 부상하는지를 잠깐 살펴볼 필요가 있습니다.

교황이 되기 전부터 아들의 경력을 관리했던 아버지 덕택에, 체사레는 어릴 때부터 교황청 내의 여러 직책을 맡았고, 아버지가 교황이 되자 18세의 나이로 추기경에 오릅니다. 청년이 된 그는 자신의 이름처럼 '카이사르', 즉 로마 황제가 되고 싶다는 야심을 품습니다. 그리고 자신의 뜻에 어긋나는 사람들에게 잔혹한 행위를 스스럼없이 저지르면서, 이탈리아 전역에서 두려움의 대상이 되어갔습니다.

이탈리아를 좌지우지하며 진정한 세속권력을 휘두르고 싶어 했던 교황 알렉산드르 6세는, 자신의 권력 유지와 세력 확장을 위해 잔혹한 성품의 아들을 동원합니다. 이탈리아에서 프랑스 세력이 부상하자, 교황 부자(父子)가 가장 먼저 한 일은 우선 프랑스와 동맹을 맺는 것이었습니다. 그리고 1499년 프랑스가 밀라노를 치자, 교황청은 프랑스의 개입을 재빨리 승인해 루이 12세의 환심을 샀습니다. 이를 계기로 체사레는 루이 12세에 의해 발렌티노 공작으로

봉해지고 프랑스 군 일부를 지원받게 되었던 것입니다.

나아가 지원받은 프랑스군만으로 공격력이 부족하다고 느낀 체사레는, 군사력을 보강하기 위해 로마의 명문가문인 오르시니(Orsini) 가문과 비텔로초(Vitellozzo) 장군의 군대를 영입하여 이탈리아 군을 만듭니다. 그는 바로 이 '프랑스-이탈리아 연합군'을 거느리고 이탈리아 중부 정벌에 나서게 되는 것입니다. 그는 1501년 파엔차(Faenza), 피옴비노(Piombino)를 손에 넣었고, 그 이듬해에는 몬테펠트로(Montefeltro) 가문이 다스리던 유서 깊은 공작령 우르비노(Urbino)까지 차지합니다. 순식간에 이탈리아 중부가 그의 손에 들어갔던 것입니다.

체사레가 이탈리아 중부지역을 차례로 점령해가자 피렌체에는 위기감이 감돕니다. 우호적인 관계에 있던 프랑스가 자신들을 보호해줄 것이라는 기대가 있긴 했지만, 국제정세는 얼마든지 바뀔 수 있는 것으로, 100% 안전이 보장된 것은 아니었습니다. 불안해진 피렌체 정부는 1502년 6월 사절단을 급히 체사레가 머물고 있던 우르비노로 파견해, 그와 긴급 면담을 시도합니다. 이때 사절단의 대사가 대주교인 프란체스코 소데리니(Francesco Soderini, 1453~1524)[18]였고, 그를 보좌한 부대사가 마키아벨리였습니다.

급히 말을 달려 우르비노로 간 마키아벨리 일행은, 우르비노 성의 지하 접견실로 안내되었습니다. 거기서 33세의 피렌체 제2서기장은 27세의 카리스마 넘치는 교황의 아들을 처음 만났습니다. 이 만남에서 체사레는 피렌체 대사들에게, 피렌체 정부의 정통성을 문제 삼으며 메디치 가문의 복권을 요구하였습니다. 그리고 자기가 강력한 용병대장이 되어 피렌체를 보호해 줄 터이니 엄청난 돈을 내놓으라고 말합니다.

협박에 가까운 이런 요구들에, 피렌체 대사들은 피렌체 뒤에 강대국 프랑스가 서 있다는 점을 강조하면서, 피렌체 사람들은 현 정부에 만족하고 있고, 다른 동맹 국가들도 역시 그러하다고 응대하였습니다.

---

18 후일 피렌체 공화정부의 수반이 되는 소데리니의 동생.

그러나 이 첫 만남에서 마키아벨리는 체사레에게 매료되었던 같습니다. 그 만남 이후 마키아벨리가 쓴 적장에 대한 보고서는 다음과 같습니다.

"이 군주는 … 지극히 강력하고 위대할 뿐 아니라 군대를 지휘하는 솜씨도 뛰어납니다. 영광을 차지하고 영토를 확장하기를 결코 중단하지 않고, 어떠한 노력이나 위험도 두려워하지 않습니다. 한 곳에서 출발했다는 사실이 알려지기도 전에 다른 곳에 이미 도착해 있습니다. 그는 병사들 사이에서 인기가 높고, 그가 모은 병사들 또한 이탈리아에서 최고의 전투력을 가지고 있습니다. 이 모든 이유 때문에 그는 승승장구하는 강력한 인물이 되었지만, 여기에 하나를 덧붙이자면 언제나 행운이 따른다는 점입니다."[19]

체사레와의 협상은 결실을 맺지 못했지만, 피렌체는 체사레의 공격을 피할 수 있었습니다. 피렌체 정부는 금화를 들고 가 프랑스에 도움을 요청했고, 프랑스가 체사레에게 압력을 넣어 피렌체 공격 중단을 명하였기 때문입니다.

그러나 제2서기장과 체사레의 인연은 이것으로 끝나지 않았습니다. 몇 개월 뒤인 1502년 10월에 마키아벨리는 이몰라에서 체사레를 다시 만나게 됩니다. 피렌체에 가한 위협 때문에 프랑스와의 사이에 문제가 생기자, 체사레는 회유적인 자세로 돌아서서 사절을 보내달라고 피렌체에 요청했기 때문입니다.

피렌체 정부로서는 프랑스의 지지를 여전히 받고 있던 이 강력한 위협 인물과의 연결 끈을 유지할 필요가 있었습니다. 그래서 체사레 곁에서 정세를 파악해 알려줄 인물을 파견해, 정보를 캐내기로 한 것입니다. 이 임무에 파견된 사람이 우리의 서기장 마키아벨리였습니다. 그리하여 1502년 10월 6일부터 다음해 1월 23일까지 마키아벨리는 4개월 동안 체사레를 곁에서 관찰하면서 돌아가는 정세를 피렌체정부에 알리는 일을 하게 되었던 것입니다.

이 임무는 피렌체는 물론 마키아벨리 개인에게도 매우 중요한 의미를 가지

---

19 화이트, 『평전, 마키아벨리』, 110쪽.

는 것이었습니다. 그가 『군주론』에서 서술한 많은 부분은 체사레를 가까이서 관찰한, 이 1502~1503년의 경험에서 나온 것이기 때문입니다. 이 기간 동안 마키아벨리는 이 군주가 예사 인물이 아님을 알려주는 두 가지 사건들을 가까이서 보게 됩니다.

먼저 체사레의 진면모를 보여준 사건 하나는, 소위 '세니갈리아(Senigallia)사건'이었습니다. 앞에서 언급했지만 체사레는 처음부터 자기 군대를 가지고 있지 못했고, 프랑스라는 외국군의 힘을 동원했습니다. 그러나 그는 차츰 이탈리아 용병 대장들과의 협력을 통해 강력한 이탈리아 주력군을 만들어냅니다. 그런데 마키아벨리가 체사레를 두 번째 만나던 시기에 잘 나가던 이탈리아군에 문제가 생깁니다. 이 용병들이 집단적으로 반란을 일으켰던 것입니다.

놀라운 것은 체사레가 이 반란을 진압하는 과정이었습니다. 처음에 체사레는 반란의 싹이 트는 것을 알고 있으면서도 짐짓 모르는 척 행동했습니다. 그리고 반란이 실제로 일어나자, 은밀히 자신의 군사력을 계속 확대하면서 용병 대장들에게 화해의 제스처를 보내 시간을 법니다. 최강대국 프랑스가 체사레에 계속 지지를 보내자, 용병 대장들이 반란에서 하나둘씩 이탈하기 시작했고 반란은 실패합니다. 놀랍게도 체사레는 반란에 실패한 용병 대장들을 처벌하지 않고 사면해주었고, 그들은 체사레의 관대함에 감격합니다. 1502년 12월 31일 체사레는 세니갈리아에서 관계 회복을 축하하는 연회를 열어 용병 대장들을 초청합니다.

그러나 이 모든 것이 체사레의 계략이었습니다. 그는 이 연회에서 초청된 사람들을 체포하고 반기를 든 용병 대장들을 모두 죽였던 것입니다.[20] 이 잔혹하고 충격적인 반란 진압과정을 보면서 마키아벨리는 무슨 생각을 했을까요?

또 하나 체사레의 능력을 보여준 사건은, 그가 자신의 부하장수 레미로 데

---

20 1502년 12월 31일에 비텔로보 비텔리(Vitellezzo Vitelli)와 올리베로토 유프레두치(Eufreducci)를 세니갈리아에서 살해했고, 1503년 1월 18일에는 파올로 오르시니(Paolo Orsini)와 그라비나 오르시니(Gravina Orsini) 공작을 Castel della Pieve에서 살해합니다. 강정인·문지영 역, 『군주론』, 51쪽.

오르코(Remiro de Orco)를 제거한 일이었습니다. 로마냐를 점령한 체사레는 능력은 있지만 잔인한 인물로 악명이 높았던 레미로 데 오르코를 중부 이탈리아 지역 로마냐의 총독으로 임명했습니다. 체사레의 후광 아래서 레미로는 폭정을 시행했고, 로마냐 사람들의 원성을 샀습니다. 그러자 체사레는 그 폭정의 책임을 물어 레미로를 처형하라는 명령을 내립니다. 세니갈리아 사건이 있기 불과 몇 일 전의 일이었습니다. 그리하여 체사레는 "두 토막이 난 레미로의 시체를, 형을 집행한 나무토막 및 피 묻은 칼과 함께 체세나 광장에 전시"[21]하였습니다.

후일 마키아벨리는 『군주론』에서 이 사건에 대해 자세히 묘사했습니다. 마키아벨리에 따르면, 체사레가 이렇게 잔인하게 자신의 부하를 처형한 것은 인민들의 반감을 무마시키고 그때까지 행해진 폭정은 그가 시킨 일이 아니라 모두 대리인의 잔혹함에서 나온 것이라는 점을 보여주기 위해서였습니다. 사람들은 폭군을 제거한 체사레를 칭송하였고, 모든 폭정의 책임은 레미로에게 돌아갔던 것입니다. 이 두 가지 사건은 모두 12월 말 불과 며칠의 간격을 두고 벌어졌고, 그 잔혹성은 많은 이탈리아인들에게 충격을 주기 충분했습니다.

여전히 형편없는 출장비를 받으면서, 4개월 동안 이 잔인하고 범상치 않은 인물을 상대하는 것은 그리 쉬운 일이 아니었습니다. 고생스럽게 타지생활을 하던 그는 앓아눕기까지 하였습니다. 게다가 체사레가 로마냐 지방의 작은 도시국가들을 계속 정복해갔기 때문에 마키아벨리도 그를 따라 계속 이동해야 했습니다. 신혼의 아내는 신랑의 장기간 출장에 불평을 터뜨렸습니다. 그는 정부에 귀환을 요청하였고, 결국 새 대사가 임명됨으로써 1503년 1월 23일 피렌체로 돌아올 수 있었습니다.

---

21 강정인·문지영 역, 『군주론』, 52쪽.

체사레의 몰락

1502년 말에 있었던 이 두 사건은 마키아벨리에게 상당히 깊은 인상을 남겼습니다. 그러나 인간사는 알 수 없는 것인지, 마키아벨리는 1503년부터 새롭게 발생한 사건들 속에서 이 승승장구하던 영웅의 운세가 급변하는 것을 보게 됩니다. 체사레가 몰락하기 시작한 것은 1503년 8월 18일 교황 알렉산드르 6세가 열병에 걸려 급사하면서 부터였습니다.

알렉산드르 6세가 죽은 후 열린 콘클라베[22]에서 '피우스 3세(Pius III)'가 새 교황으로 선출되었습니다. 하지만 이미 노약했던 그는 불과 26일 만에 사망하고 맙니다. 로마 교황 자리는 4주도 못되어 또 다시 공석이 되었던 것입니다.

이 소식이 전해지자 마키아벨리는 급히 로마로 떠납니다. 새 교황이 선출되는 과정에서 피렌체의 국익을 대변할 외교관으로 파견된 것입니다. 거기서 그는 체사레의 몰락 과정을 가까이서 목도할 수 있었습니다.

사실 아버지 알렉산드르 6세의 죽음 이후 체사레가 보여준 행동들은 전혀 그답지 못한 것이었습니다. 죽은 교황의 아들이자 추기경이며 프랑스 궁정에 상당한 영향력을 갖고 있던 체사레는, 당시 로마는 물론 이탈리아 정치의 한복판에 서 있던 중심인물이었습니다. 그리고 그는 이 선거 결과가 이탈리아의 정치상황을 바꿀 것이라는 것을 잘 알고 있었습니다. 그러나 이때 체사레는 자신의 운명에 치명적인 해를 입힐 잘못된 선택을 합니다.

체사레에게 접근한 인물은 새 교황자리를 놓고 각축 중이던 줄리아노 델라 로베레(Giuliano della Rovere) 추기경이었습니다. 체사레의 지지가 필요했던 로베레는, 교황 선거에서 자신을 밀어주면, 로마냐 전체의 통치권을 주겠다고 체사레에게 약속했습니다. 체사레는 그 약속을 믿고 그를 지지했고, 로베레는 교황으로 선출됩니다. 이 신임교황이 '율리우스 2세(Julius II, 1443~1513, 재위: 1503~1513)'입니다.

그러나 신임교황은 취임 후 그 약속을 어기고, 체사레를 반역 혐의로 체포해

---

22 교황을 선출하는 회의.

로마의 감옥에 가두어 버립니다. 사실 로베레는 체사레의 아버지 알렉산드르 6세 치하에서 10년이나 유배생활을 했던 인물이었습니다. 그는 결코 그 굴욕을 잊지 않고 있다가 체사레에게 되갚았던 것입니다.[23]

이 반전 드라마를 지켜본 마키아벨리는, 후일 『군주론』 26장에서 다음과 같은 글로 체사레의 몰락을 설명했습니다.

"최근에는 한 줄기 빛이 한 인물을 통해서 나타나기도 했으며, 사람들은 그가 이탈리아의 속죄와 구원을 성취하기 위해서 신이 임명한 인물이 아닌가 하고 생각했다. 하지만 그는 그의 생애 절정에서 운명에 의해 일격을 당하고 쓰러져 버렸다."[24]

율리우스 2세

피렌체로 돌아온 마키아벨리는 1504년과 1505년을 분주하게 보내고 있었습니다. 앞장에서 언급한 레오나르도 다빈치의 계획, 아르노 강의 흐름을 바꾸어 피사를 치는 사업에 관여하고 있었고, 베네치아의 사주로 피렌체에 위협을 가하던 용병들을 처리하는 문제로 바빴습니다.

체사레의 몰락 후 이제 마키아벨리의 관심은 새 교황 율리우스 2세를 향합니다. 앞선 교황들처럼 율리우스 2세는 탐욕스럽고 자기밖에 모르는 인물이었습니다. 무엇보다 그는 '전사교황'이라는 칭호를 얻을 만큼 호전적인 인물이었습니다. 교황에 오르자 그는 체사레에게 했던 것처럼, 로마냐 도시들을 옛 군주들에게 돌려주기로 한 약속을 헌신짝처럼 버렸습니다. 오히려 그는 체사레의 몰락이 가져온 공백을 이용해 그 지역에 대한 지배권을 강화하고, 이탈리아 전역을 자신의 수중에 넣으려고 하였습니다. 그리하여 그는 이탈리아 전국토의 세속군주를 겸하겠다고 선언하면서 군사정벌에 나서게 됩니다.

23　1504년 스페인으로 추방당한 체사레는 갇혀 있던 성을 탈출해 처남이 있는 나바라 왕국으로 도주하였으나, 1507년 사망합니다.
24　강정인·문지영 역, 『군주론』, 77쪽.

2-5 율리우스 2세(Julius II, 1443~1513, 재위: 1503~1513)

피렌체는 다시 화들짝 놀라 마키아벨리를 급히 파견합니다. 1505년 8월 27일 마키아벨리는 장군의 갑옷을 입은 율리우스 2세를 알현한 이후, 이탈리아 정벌에 나선 교황을 따라다니면서 새로운 영웅을 관찰하기 시작합니다.

교황은 틈날 때마다 마키아벨리를 윽박질러대며, 피렌체 정부는 자신의 전쟁에 협조하고 전쟁 비용을 대야한다고 주장했습니다. 하지만 제2서기장은 특유의 시간끌기로 교황의 성화에 대처했습니다. 그러는 동안 마키아벨리는 겨우 총 병력 400명의 교황 군이 페루자(Perugia)를 정복하고 볼로냐(Bologna)도 함락시키는 놀라운 과정을 지켜볼 수 있었습니다.

후일 그는 전사교황이 주는 교훈을 『군주론』에서 정리했습니다. 진정한 군주는 인색하고 권력을 독점하는 냉혈한이라는 비난을 두려워하지 않아야 한다는 것입니다. 『군주론』 15장에서 그는 "어떤 상황에서나 선하게 행동할 것을 고집하는 사람이, 많은 무자비한 사람들에게 둘러싸여 있다면, 그의 몰락은 불가피하다. 따라서 권력을 유지하려는 군주는 (선하기만 해서도 안 되고) 필요

100 세계사의 거장들

하다면 부도덕하게 행동할 태세가 되어 있어야 한다"[25]라고 쓰고 있는데, 이것이 체사레 보르자와 율리우스 2세를 보면서 그가 내린 결론이었던 셈입니다.

마지막 공직 임무들(1506~1512년)

마키아벨리가 체사레 보르자에게 두 번째로 파견되기 전인 1502년에, 피렌체 공화정은 헌법 개정을 통해 종신임기의 '정부수반(곤팔로니에레)' 직책을 신설하였습니다. 236명의 후보자 가운데서 종신 '곤팔로니에레(gonfaloniere)'로 선출된 인물은 피렌체의 유력가문 출신인 피에로 소데리니(Piero Soderini, 1450~1522)였습니다. 그는 체사레에게 대사로 함께 파견되어 마키아벨리와 막역한 사이가 된, 프란체스코 소데리니 추기경의 형이었습니다. 아무래도 마키아벨리의 정치적 입지에는 나쁘지 않은 상황이 전개된 것이었습니다.

한편 1505년부터 마키아벨리는 그동안 자신의 외교관으로서의 경험을 통해 깨달은 가장 중요한 교훈을 실천에 옮기려 하고 있었습니다. 그것은 바로 피렌체 공화국의 방위군을 조직하는 일이었습니다. 용병제도의 폐해를 누구보다 경험한 그는, 토스카나의 여러 지역을 돌면서 모병활동을 하기 시작했습니다.

최고지도자의 동생, 프란체스코 소데리니 추기경은 이 일에 크게 도움을 주었습니다. 그의 후원을 받으며 마키아벨리는, 열심히 여기저기서 병사를 모으고 무기와 갑옷을 조달하고 신병들을 훈련시켰습니다. 용병 비텔리 사건, 프랑스 궁정에서의 모멸감, 그리고 국제적 역학관계가 바뀔 때마다 강자들에게 달려가 돈을 바치고 굽실거려야 했던 약소국 외교 관리로서의 한을, 군대를 조직하며 풀고 있었던 것입니다.

이렇게 모집된 피렌체 군은 축제 때 행진을 선보였습니다. 이 광경을 직접 목격한 루카 란두치(Lucca Landucci)라는 한 작가는 당시 상황을 다음과 같이 묘사하였습니다.

---

25 강정인·문지영 역, 『군주론』, 108쪽.

"시뇨리아 광장에서 곤팔로니에레가 모집한 병사 400명이 행진을 했다. 병사들은 각자 흰색 조끼와, 반은 빨간색에 반은 흰 색인 양말, 흰색 모자, 그리고 쇠로 된 가슴받이와 창으로 무장했고, 몇몇은 소총을 메고 있었다. … 사령관이 있어서 이들을 지휘하고 무기사용법을 가르친다. … 이런 식으로 수천 명을 모아서 외국군을 고용하지 않아도 되게 되었다고 한다. 피렌체에서 이제껏 계획한 일 가운데 가장 멋진 것 같다."[26]

훌륭히 피렌체 방위군을 조직해내자, 그의 위상은 높아졌습니다. 그는 1506년 말에는 방위군을 운영하는 '9인 위원회'의 장까지 맡게 되었습니다. 이제 피렌체 공화정부에서 마키아벨리는, 제2서기국은 물론, 전쟁 10인 위원회, 군수 및 방위군 9인위원회까지 주요 정부기관 세 곳을 관장하는, 없어서는 안 될 주요 인물이 되어 있었던 것입니다.

그러나 이탈리아에는 다시 전쟁의 검은 그림자가 다가오고 있었습니다. 율리우스 2세가 잠시 주춤거리는 동안, 신성로마제국의 막시밀리안 황제(Maximilian I, 1459~1519, 재위: 1493~1519)가 이탈리아 침공을 준비한다는 소식이 들려왔던 것입니다.

신성로마제국의 적국인 프랑스와 친선을 맺고 있던 피렌체는 위험을 느꼈고, 만일의 사태를 위해 외교관을 파견해야 했습니다. 공화정부는 외교관이자 마키아벨리의 친구인 프란체스코 베토리(Francesco Vetorri)를 신성로마제국에 보내었으나, 마음을 놓지 못하고 12월에 마키아벨리를 다시 파견합니다.

피렌체 사절을 만난 신성로마제국 황제는 이탈리아 원정에 드는 비용을 피렌체에게서 뜯어내려 했습니다. 그리고 자신의 원정에 군대를 파병하게 만들려는 의사를 내비칩니다. 그러나 황제가 유약하고 실행력이 없다는 점을 간파한 마키아벨리는, 시간을 끌면서 사태를 관망했습니다. 결국 막시밀리안 황제가 베네치아와의 전쟁에서 실패하면서 이탈리아 침공이 불가능해지자, 자동

---

[26] 화이트, 『평전, 마키아벨리』, 152~153쪽.

적으로 피렌체는 파병을 할 필요가 없게 되었습니다. 마키아벨리 덕분에 피렌체는 외교적 승리를 거두었던 것입니다.

1508년 6월 16일 성공적으로 협상을 마무리하고 귀환했을 때, 마키아벨리가 능수능란한 최고의 외교관임은 부정할 수 없는 사실이 되어 있었습니다. 더욱이 1509년 5월에는 그가 피땀 흘려 조직한 피렌체 방위군이 피사와의 전쟁에서 승리를 거두었습니다. 15년간의 전쟁이 종결되고 다시 피사는 피렌체에 복속되었습니다. 이즈음에 공직자로서의 그의 인생은 최고조에 도달해 있었습니다.

피렌체 공화정의 몰락

1509년 이후에도 그는 두 차례의 프랑스 출장을 비롯해 이리저리 말을 달리며 열심히 여러 가지 업무를 수행해내고 있었습니다. 그러나 체사레 보르자에게 그랬던 것처럼, 운명의 여신은 피렌체 제2서기장의 인생에도 찾아옵니다.

잘 나가던 마키아벨리의 인생이 추락하기 시작한 것은, 교황과 프랑스의 갈등이 격화되면서 부터였습니다. 이탈리아 전역을 자신이 통치하는 국가로 만들겠다는 전사교황 율리우스 2세의 야심찬 꿈은, 이 지역에 영향력을 행사하던 프랑스와의 충돌을 야기했습니다. 프랑스의 예속과 영향력에서 이탈리아를 해방시키는 것이 자신의 임무라고 천명한 율리우스 2세는, 프랑스 추기경을 잡아가두기까지 하며 프랑스와 각을 세우기 시작했던 것입니다.

1510년 여름이 지나면서 교황과 프랑스 간의 갈등이 노골화되자, 여러 이탈리아 국가들은 어느 쪽이든 선택해야 하는 어려운 처지에 놓입니다. 교황은 이탈리아 국가들에게 기독교인으로서의 의무를 다하여 자신을 지지하라고 요구하고 있었지만, 가공할 군사력을 가진 프랑스를 적으로 돌린다는 것도 쉽지 않은 일이었습니다. 어느 다른 국가들보다도 가장 위험에 빠진 것은 프랑스와의 우호적 동맹으로 복잡한 국제정치 상황을 헤쳐오던 피렌체 공화국이었습니다.

긴장감이 고조되는 가운데 프랑스는 피렌체에게 교황이 적임을 공개적으로 선언하고 함께 싸울 것을 요구하였습니다. 피렌체로서는, 말 그대로 고래 싸움에 새우 등이 터지는 상황이 온 것입니다. 하지만 약소국 피렌체가 취할 방법은 여전히 양 편 모두에 우호적인 제스처를 취하는 것 외에는 없었습니다. 공화정부는 다시 마키아벨리를 프랑스에 보내어 교황에 대한 피렌체의 공개적 적대행위는 프랑스에도 도움이 되지 않는다고 설득하면서, 우호관계를 유지하는 데 힘을 쏟습니다. 또 동시에 피렌체 정부는 자신들의 행동을 주시하고 있던 교황의 감정도 누그러뜨리려 노력해야 했습니다.

그러나 시간이 가면서 양 세력 간의 전쟁은 불가피한 것임이 드러났습니다. 1511년 10월 율리우스 2세는 로마, 베네치아, 페라라, 아라곤을 동맹으로 하는 '신성동맹(Holy League)'을 결성하였고, 11월에는 이 신성동맹에 신성로마제국과 잉글랜드까지 가세합니다. 결국 프랑스와 신성동맹과의 전쟁이 발발하였고, 프랑스가 전쟁 초기에 승기를 잡는 듯했지만 전세는 곧 역전되어 버렸습니다. 1512년 5월에 교황은 공언한대로 프랑스를 이탈리아 반도에서 축출하는데 성공하였던 것입니다.

프랑스의 패배는 피렌체에게는 재앙을 의미했습니다. 이미 피렌체의 오랜 친 프랑스노선과 어정쩡한 태도를 못마땅하게 여기고 있던 율리우스 2세는, 피렌체에게 하나님의 벌을 내리기로 합니다. 북이탈리아에 주둔하던 약 1만 명의 스페인 군대에게 피렌체 공격을 명령했던 것입니다. 특히 교황은 죽은 대 로렌초의 차남인 조반니 데 메디치(Giovanni de' Medici) 추기경을 교황사절 자격으로 스페인 군대와 동행시킴으로써 메디치 가문의 복권을 꾀합니다. 피렌체의 정권까지 교체하기로 결심한 것입니다.

3000명의 피렌체 방위군은 외곽도시인 프라토(Prato)에서 스페인군을 맞아 항전합니다. 예상 외로 이 1차 교전에서 바로 승리하지 못하자, 스페인군은 직접 공격을 포기하고 협상 대표를 보냅니다. 메디치 가문을 복권하고 친 프랑스정책을 포기할 것, 스페인에게 조공을 바치고 굶주린 스페인군에게 음식을 줄 것 등이 주요 요구 사항들이었습니다.

피렌체 방위군으로는 스페인 군대를 이길 수 없다고 판단한 마키아벨리는 화친을 받아들이자고 조언했습니다. 하지만 소데리니(Piero Soderini) 정부는 스페인의 전력을 얕잡아보고 그 화친에 답하지 않기로 결정합니다. 굶주린 스페인군은 오히려 분노해 대 살육전을 감행했고, 피렌체 방위군은 무참히 전멸당하고 맙니다.

결국 1512년 8월 31일 피렌체 점령이 임박해지자, 정부 수반인 소데리니는 곤팔로니에레 직에서 물러나 시에나(Siena)로 망명을 가야 했습니다. 9월 16일에는 메디치 가문이 피렌체로 귀환합니다. 망명에서 돌아온 메디치가는 조반 바티스타 리돌피(Giovan Battista Ridolfi)라는 인물을 임기 1년의 곤팔로니에레 자리에 앉혀놓았습니다. 하지만 물론 실질적인 권력은 대 로렌초의 아들인 두 형제, 36세의 조반니 데 메디치와 그 동생 줄리아노(Guiliano)에게 있었습니다.[27]

이 엄청난 정치적 변화 속에서도 마키아벨리는 한동안 서기국에 정상 출근하였습니다. 그리고 그는 조반니 데 메디치에게, 이전 정권 사람들을 적으로 돌리지 말고 동지로 만들어야 한다는 편지를 보내기도 하였습니다. 그러나 상황은 마키아벨리의 바람과는 반대로 돌아갔습니다. 11월 7일 마키아벨리는 모든 공직에서 해임됩니다. 베키오궁 출입이 금지되었고, 피렌체 시 밖으로 추방명령이 떨어졌으며, 재임 당시의 공금횡령 혐의로 여러 차례 심문을 받기까지 했습니다. 하루아침에 직업을 잃고 피렌체 시에서 살 수 없게 된 그는, 가족들을 데리고 아버지가 물려준 산탄드레아의 작은 가족 농장으로 이주해야 했습니다.

그러나 시련은 여기서 멈추지 않았습니다. 자신도 모르는 사이에 메디치 형제 암살 음모에 관련된 정치범으로 의심받아 감옥에 투옥되었던 것입니다. 심

---

[27] 대 로렌초 사후 권력을 물려받았으나 쫓겨났던, 대 로렌초의 장남 피에로는 1503년 사망했습니다. 이때 돌아온 메디치 형제 중 대 로렌초의 차남인 조반니는 후일 교황 레오10세가 됩니다. 그리고 삼남인 줄리아노는 파치가의 음모 때 죽은 그의 삼촌, 줄리아노와 이름이 같은 인물로 노년의 레오나르도 다빈치를 로마로 불러 후원자가 되어준 그 사람입니다.

2-6 줄리아노 데 메디치 추기경
(Giuliano di Lorenzo de' Medici,
1479~1516)

문은 고문으로 이어졌고 그는 두 팔을 뒤로 묶어 공중에 매달았다가 대리석 바닥에 내동댕이치는 고문, '스트라빠도(Strappado)'를 6번이나 당했습니다. 하지만 그는 끝까지 죄를 인정하지 않았습니다. 그때 그는 어린 시절 알고 지냈던 두 형제 중 동생, 줄리아노 데 메디치를 떠올리고 그에게 보내는 시를 한편 씁니다. 이 시는 인생에서 가장 비참한 순간에 고문당하던 정치범으로서의 그의 심경이 절절히 드러나 있습니다.

줄리아노님, 저는 양다리엔 족쇄를 하고
어깻죽지엔 여섯 번을 공중에 매달린 상처가 있습니다.
다른 불행은 아예 말씀 올리지 않겠습니다.
시인이란 으레 이런 식으로 대접받으니까요
부서진 벽에는 이가 득실댑니다.
하도 크고 살져서 흡사 나방 같지요
그런 고약한 냄새는 아직까지 없었을 것입니다.

롱세스발리에스에서도, 혹은 사르데냐의 수풀 속에서도,
저의 이 멋진 방에서 나는 냄새만큼은 말입니다.
땅에 벼락이 떨어지는 소리를 내며,
제우스와 몬지벨로(시칠리아의 에트나 화산)가 내려치듯이
수형자 하나가 사슬을 차면, 다른 하나는 사슬을 풀고
열쇄와 자물통을 시끄럽게 찌그럭대면서
그리고 공중에 높이 매달린 또 누군가의 비명소리!
저를 제일 슬프게 하는 건 말이죠,
잠이 들어 새벽이 어슴푸레 다가올 때
들리기 시작하는 이런 소리, 〈너를 위해 기도하노라〉
원컨대 제발 그런 목소리를 듣지 않게 해주십시오.
당신의 자비를 저에게 베푸시어
그리고 대인이시여
이제는 그만 이 끔찍한 올가미에서 벗어나게 해주시기를.[28]

　죽음의 문턱에 있던 그에게, 운명의 여신은 다시 찾아옵니다. 그가 감옥에 있던 1513년 2월 전사교황 율리우스 2세가 사망하였던 것입니다. 3월에 열린 콘클라베에서 교황으로 선출된 사람은 돌아온 메디치 형제 중 형인 조반니 데 메디치였습니다. 그가 바로 교황 '레오(Leo) 10세'로 이 책의 마지막 주인공 마르틴 루터를 파문에 처하는 바로 그 교황입니다. 어쨌든 메디치 가문에서 교황이 나오자, 피렌체는 축제분위기로 들떴고, 조반니는 즉위하면서 대대적인 사면을 실시하였습니다. 3월 12일 마키아벨리는 특사로 풀려나는 첫 번째 무리 속에 섞여 감옥을 나왔습니다. 이제 그에게 남은 것은 산탄드레아 시골집에서의 칩거뿐이었습니다. 그의 나이 만 43세를 넘기고 44세를 향하고 있었을

28　리돌피, 『마키아벨리평전』, 222~223쪽; 박홍규, 『마키아벨리, 시민정치의 오래된 미래』(필맥, 2014), 187~188쪽.

2-7 조반니 데 메디치(Giovanni de Medici, 1475~1521, 교황 레오 10세(Leo X) 재위: 1513~1521)

때였습니다.

4. 모든 것을 잃은 후

산탄드레아는 피렌체로부터 불과 11킬로 떨어진 곳이었습니다. 고문 받고 상처 입은 몸으로 돌아온 그는, 이제 직업도 없고 돈도 없이, 40대 중반의 암울한 시골 생활을 해야 했습니다. 그는 이 시기 낮에는 시골 주민들과 스스럼 없이 어울리며 일상적인 평민의 삶을 살았습니다. 하지만 밤에는 학자로서 옛 고전문헌을 읽고 연구하고 있었습니다. 함께 신성로마제국에 파견되었던 외교관 베토리에게 보낸 한 편지에서, 이 시기 자신의 새로운 생활을 자세히 묘사해 보여주었는데, 일부분만 요약해 보겠습니다.

"볕이 드는 아침에 일어나서, 벌목하고 있는 숲으로 가. 거기서 전날 작업을 감독하면서 두어 시간 보내고⋯ 항상 논쟁거리를 찾아내는 벌목꾼들과 함께 시간을 죽여⋯ 숲에서 나오면 샘으로 갔다가, 거기서 새 그물을 걸어두는 곳까지 가. 팔에는 책을 한 권 끼고서. 단테나 페트라르카 아니면 ⋯ 그보다는 조금 못 미치는 시인들 책이야. 거기서 그 사람들의 정념과 사랑을 읽고 내 사랑을 회고하노라면, 그 생각들로 잠시나마 행복해지지. 그런 다음에는 술집을 향해 먼 길을 가서, 행인들과 잡담을 나누고, 그 사람들이 살던 지역 소식을 물어보고, 여러 가지 것들에 대해 배우며, 인간을 관찰해⋯ 그러면 식사 때가 돼. 나는 가족들과 함께 가난한 농가와 하찮은 유산에서 나오는 음식을 먹어. 식사를 마치면 술집으로 돌아가는데, 대개는 술집 주인과 푸주한과 방앗간 주인, 그리고 가마 일꾼 두어 명이 거기 있어. 남은 시간 동안 이 사람들과 어울리며 크리카와 주사위 놀이를 하고 노는 거야⋯ 저녁이 오면 집으로 돌아가 서재에 들어가. 문지방에서⋯ 작업복을 벗고 궁정 예복을 입지. 적절한 복장을 갖추고 나서 고대인들의 유서 깊은 궁정으로 발을 들여놓은 다음, ⋯ 오직 나를 위한 양식이자 내 삶의 목적인 양식을 섭취하는 거야. 나는 ⋯ 고대인들과 대화를 나누면서 그들에게 왜 그런 행동을 했는지를 물어보면, 그들은 친절하게도 내게 대답해줘. 그렇게 4시간 동안은 지루함도 못 느끼고, 온갖 시름도 잊어버리고, 가난도 걱정 않고, 죽음도 두렵지 않아. 완전히 거기에 몰입하는 거지."[29]

그리고 그는 이 편지 마지막에 다음과 같이 자신이 책을 한 권 썼음을 밝히고 있습니다.

"나는 고대인들과 나눈 대화에서 얻은 바를 적어서 간단한 논문 「군주국에 대하여(De principatibus)」를 썼는데, 여기서는 이러한 주제에 대해 깊이 생각하면서 군주국의 정의와 군주국의 종류, 어떻게 군주국을 손에 넣는지, 어떻게 유지하는지,

---

[29] 화이트, 『평전, 마키아벨리』, 228~229쪽.

2-8 우르비노 공작, 로렌초 디 피에로 데 메디치
(Lorenzo di Piero de' Medici, 1492~1519)

왜 군주국을 잃어버리는 지에 대해 논하고 있어."[30]

바로 이 편지에서 그가 말하고 있는 이 군주국에 대한 책이, 바로 '악마의 책'이라 불리는 『군주론』입니다. 1513년 8월부터 1514년 1월 사이 집필된 것으로 추정되는[31] 이 『군주론』은 쫓겨난 한 공직자가, 낙심과 좌절의 시간 속에서 자신의 지식과 경험을 집대성해 적은 책이었던 것입니다.

마키아벨리가 이렇게 칩거한 시기에, 메디치가는 유럽 정치의 중심세력으로 화려하게 부활하였습니다. 조반니 데 메디치가 교황이 되어 로마로 가자, 피렌체에서는 동생 줄리아노 데 메디치가 잠시 동안 과두정부의 수반역할을 했습니다. 하지만 줄리아노가 다시 로마 총독이 되면서 1513년 8월경에 피렌체는 새로운 지배자를 맞이해야 했습니다. 그는 두 형제의 형인 피에로 데 메디치의 아들, 그러니까 대 로렌초에게는 장손자가 되는, 우르비노 공작 로렌초 디 피에로 데 메디치(Lorenzo di Piero de' Medici, 1492~1519)였습니다.[32] 마키아

---

30 화이트, 『평전, 마키아벨리』, 229쪽.
31 화이트, 『평전, 마키아벨리』, 235쪽.
32 메디치가는 같은 이름이 유독 많습니다. 대 로렌초는 자기 동생 줄리아노의 이름을 따 셋째 아들 이름을 줄리아노라 했고 대 로렌초의 장남 피에로 메디치도 그의 할아버지 이름을 딴 것이었습니다. 이 로렌초는 마키아벨리의 청년기에 피렌체를 다스리던 그 '대 로렌초'가 아니니 유의하시기 바랍니다. 그의 손자로 대 로렌초와 구별하기 위해

벨리는 자신의 『군주론』을, 피렌체의 새 지배자가 된 바로 이 인물에게 헌정하였습니다.

악마의 서?: 『군주론』

마키아벨리가 이 책을 집필하게 된 직접적 동기는 『군주론』의 서문에 나타나 있는 바와 같습니다. 집권자인 메디치가에 이 책을 헌정함으로써 환심을 사, 공직에 복귀하고자 했던 것입니다. 쫓겨난 이후 그는 메디치 가문이 자신을 등용해주길 간절히 원했기 때문에, 이 책은 "실업자로 전락한 마키아벨리가 다시 직업을 갖기 위해 쓴 피눈물 나는 이력서"[33]이었던 셈입니다.

그러나 마키아벨리의 공직에 대한 갈망은, 단순히 먹고살기 위한, 혹은 출세를 지향하는 개인적 욕망의 산물만은 아니었습니다. 당시 이탈리아에서 고전을 연구하던 인문주의자들은 학식과 교양을 갖춘 사람으로서 강한 공적 참여 의식을 가지고 있었고, 공직에 참여하는 것을 명예롭게 생각했습니다. 즉 그들은 자신의 지식과 조언으로 국가에 기여하는 것이야말로, 사람으로서 마땅히 해야 할 일이라고 생각했던 것입니다. 마키아벨리의 『군주론』은 15년 동안 외교관으로 봉직한 한 사람의 인문주의자가, 자신이 몸담고 있는 현실세계에 기여하고자 하는 마음에서 쓴 책이었던 것입니다.

모두 26장으로 되어 있는 이 책은 여러 군주국의 유형을 분류하는 것으로 시작하여, 역사 속에서 등장하는 역량 있는 지도자들과 주요 사건들에 대한 분석을 주된 내용으로 하고 있습니다. 그리고 마키아벨리 자신이 직접 경험했던 당대 정치적 인물들에 대한 경험적 서술을 통해, 바람직한 정치적 리더란 어떤 역량을 갖추고 어떤 태도를 보여야 하는지를 군주에게 충고하는 것이 주요 내용입니다.[34]

이 사람을 우르비노 공작 로렌초라고 부르기도 합니다.
33 김상근, 『세상에서 가장 위험한 현자, 마키아벨리』, 221쪽.
34 특히 마키아벨리가 초점을 맞춘 것은 평화 상태에 갖추어야 할 군주의 덕목이라기보다는 권력 투쟁을 하는 다른 여러 국가들 속에서 한 국가가 어떻게 그 지위를 유지할

무엇보다 이 책의 가장 충격적인 내용은 도덕주의에 대한 거부일 것입니다. 마키아벨리는 이 책에서 "권력을 유지하고자 하는 군주는, 필요하다면 부도덕하게 행동할 태세가 되어 있어야 한다"고 주장해 정치지도자는 상황에 따라 전통적 윤리를 포기할 필요가 있음을 강조했습니다. 또 그는 군주는 "모름지기 인간에 합당한 방법을 사용할 뿐 아니라 짐승을 모방하는 방법도 알아야 한다"면서 그 유명한 "사자의 사나움과 여우의 간계함"을 모두 갖출 것을 요구하였습니다.[35]

이 부분에서 우리가 한 가지 오해하지 않아야 할 점이 있습니다. 『군주론』에 나오는 이러한 말들 때문에 사람들은 마키아벨리를 마치 악의 화신이나 되는 것처럼 비난하지만, 사실 그가 군주들에게 무조건 사악하고 부도덕한 행위를 하라고 주장하고 있지는 않다는 것입니다. 언제나 그의 글에는 단서가 붙습니다. '필요하다면' 혹은 '때로는' 같은 단서 말입니다. 군주가 자비롭고 잘 베풀고 겸손하고 정직하고 경건하다면 그것은 좋은 것이지만, 그렇게 해서는 당시 현실세계에서 권력을 잡을 수도 유지할 수도 없다, 이것이 마키아벨리의 주장인 것입니다. 다시 말해 아무리 자신이 그런 선한 군주가 되고 싶어도, 주어진 상황이 전적으로 군주에게 그렇게 덕성 있는 삶을 영위하도록 내버려두지 않으니, 그럴 경우에는 필요에 따라 악하고 비도덕적인 행위를 할 수 있어야 한다고 그는 주장하는 것입니다. 왜 그는 이런 주장을 하게 되었을까요?

여기서 우리는 그가 살았던 시대를 염두에 둘 필요가 있습니다. 앞에서 살펴본 것처럼, 그는 수많은 폭력과 기만과 잔인함이 횡행하던 시대를 살았습니다. 그가 속한 피렌체는 약소국이었고, 약소국의 관리로서 그는 수많은 불의와 부패와 부정을 목도했습니다. 교황이 아들을 내세워 전쟁을 일으키고, 강대국 군주들은 무력을 앞세워 작은 나라들을 침공하거나 위협해 돈을 뜯어내고 있었습니다. 이런 시대를 사는 동안 그는 선한 것으로 보이는 행위가 파멸

수 있는가 하는 데 있었습니다. 현실에서의 피렌체를 염두에 둔 것이었습니다.
35 강정인·문지영 역, 『군주론』, 108, 122~123쪽.

을 초래하고 악한 것으로 보이는 행위가 결과적으로 번영을 가져오는 것을 너무나 많이 보았던 것입니다. 요컨대 그의 주장의 핵심은 이런 변화무쌍하고 불안정한 이탈리아의 정세 속에서, 군주는 "운명의 풍향과 변모하는 상황에 … 자유자재로 대처할" 능력과 자질을 확보하고 있어야 한다는 것, "가급적 올바른 행동에서 벗어나지 말아야 하겠지만, 필요하다면 비행을 저지를 수 있어야" 한다는 데 있었던 것입니다.[36]

이런 그의 주장 뒤에는 인간 본성에 대한, 그리고 세상에 대한 그의 냉정한 분석이 자리 잡고 있었습니다. 그는 오랜 외교관 생활 동안 많은 인간을 관찰할 수 있었습니다. 그리고 역사 서적을 통해 많은 역사적 인물들의 삶을 간접 경험했고, 이를 통해 인간의 본성이 어떤 것인지를 깊이 탐구했던 것입니다. 『군주론』에서 그는 인간본성에 대한 자신의 견해를 다음과 같은 말로 설명하고 있습니다.

"원래 인간은 은혜도 모르고 변덕이 심하며, 위선자인데다가 뻔뻔스럽고, 신변의 위험을 피하려고만 하고 물욕에 눈이 어두워지기 마련이다."[37]

"인간은 두려움을 불러일으키는 자보다 사랑하는 자들에게 해를 끼치는 것을 덜 주저한다."[38]

또 그는 "인간은 어버이의 죽음은 쉽게 잊어도 재산의 상실은 좀처럼 잊지 못하는" 존재이며, "신의가 없고 맺은 약속을 지키려 하지 않으며" "매우 단순하고 목전의 필요에 따라 쉽게 움직이며," "외양과 결과에 감명을 받는" 그런 존재라고 보았습니다.[39]

---

36 강정인·문지영 역, 『군주론』, 125쪽.
37 강정인·문지영 역, 『군주론』, 117쪽.
38 강정인·문지영 역, 『군주론』, 117쪽.
39 강정인·문지영 역, 『군주론』, 118, 123, 124, 126쪽.

이러한 인간의 본성을 고려해볼 때, 어지러운 이탈리아 정세 속에서 피렌체의 권력을 다시 쥔 메디치가 권력을 유지하려면, 군주는 도덕주의에 얽매이지 말고 악한 수단을 동원해서라도 변화하는 상황에 맞춰 유연하게 행동할 자세를 갖추어야 한다는 것, 또 폭력과 기만이 횡행하는 분열되고 어지러운 이탈리아의 정세 속에서 윤리적 선에 집착하는 이상주의적 지도자는 아무리 동기가 선하다 해도 결코 좋은 결과를 맺을 수 없다는 것, 이것이 마키아벨리의 결론이었던 셈입니다.

어떠신가요? 여러분은 이런 주장에 동의하십니까? 인간 본성에 대한 마키아벨리의 분석에 동의하실 수도 있고 아닐 수도 있을 것입니다. 하지만 다는 아니라 해도 적어도 부분적으로는 인간의 이면에 이런 본성이 없다고 단정하기는 어려울 것 같습니다. 특히 그가 살았던 시대상황과 피렌체의 현실을 고려할 때, 그의 주장에 100% 동의하지는 않는다 해도 왜 그가 이런 주장을 했었는지는 이해할만하지 않으신가요?

어쨌든, 결국 이 책이 놀라운 것은 정치에 철저히 세속적인 태도를 취함으로써 기존의 정치에 대한 시각과 논의를 완전히 뒤집었다는 것입니다. 그는 중세 교회가 가르쳐온 '그래야만 하는 것(당위성)'이 아니라 '있는 것(실재성)'에 집중했습니다. 사실 많은 사람들이 그의 책에서 불편함을 느끼는 것은, 그가 우리가 인정하고 싶지 않은 것, 인간의 본성에 있는 사악하고 비열한 부분들을 날 것 그대로 다 드러내 보이고 있기 때문인지도 모릅니다. 그는 자신의 15년간의 공직생활 동안의 관찰을 통해 실제로 사회가 어떻게 지배되고 있는가, 사람들은 어떻게 처신하고 있는가, 현실 그 자체를 다루고 그 현실에 기초한 조언을 하고 있었던 것입니다. 이는 마치 다빈치가 자연과 대상을 세밀하게 관찰하고, 구역질을 참으며 인체 해부를 하여, 그 모습을 있는 그대로 상세히 묘사하고 있는 것과 별반 다르지 않은 태도입니다.

포르투나와 비르투

그의 『군주론』과 관련되어, 많은 사회과학자들은 마키아벨리가 체사레 보르자를 이상적인 군주의 모델로 보았다고 주장하고 있습니다. 『군주론』 속에서 마키아벨리는 처음에는 프랑스 군의 도움을 받았을 지라도 나중에는 독자적으로 힘과 무력을 구축한 체사레의 자세를 칭찬합니다. 남의 호의나 외부에 자기 운명을 맡기지 않으려는 독립적인 그의 태도가 체사레를 영웅으로 만들었다는 것입니다. 특히 그가 볼 때, 체사레는 타자에게 자신의 속을 절대로 내보이지 않는 여우의 간계함과 적에 대해 가차 없이 행동하는 사자의 사나움을 갖춘, 그런 인물이었습니다.

그러나 마키아벨리가 체사레를 이상적 통치자의 모델로 제시한 것은 군주론의 헌정대상자인 로렌초 디 메디치에게 아부하기 위해서라는 주장도 있습니다. 로렌초 디 메디치가 당시 교황, 레오 10세의 조카이기 때문에 의도적으로 체사레를 찬양했다는 것입니다. 즉 교황의 아들인 체사레가 그랬던 것처럼, 현 교황과 같은 핏줄인 로렌초 당신도, 체사레처럼 이탈리아의 영웅이 될 수 있다는 것, 그런 암시를 풍겨 로렌초의 환심을 사고 싶어 했다는 것입니다.[40] 당시 간절히 일자리를 원하던 그의 태도를 보면 설득력 있는 주장이기도 합니다.

체사레를 진정한 영웅으로 생각했건, 취직을 위해 의도적으로 높이 평가했건 간에, 무엇보다 체사레와 관련된 마키아벨리의 글에서 우리를 사로잡는 부분은 인간의 운명에 대한 그의 언급입니다.

앞에서 살펴본 것처럼, 체사레를 가까이서 지켜보던 마키아벨리는 그의 몰락을 "생애의 절정에서 운명의 일격을 당하고 쓰러져 버렸다"라고 표현했습니다.[41] 사실 『군주론』에서 냉철한 이성으로, 군주에게 인간과 세상은 이러하니 '이렇게 하십시오, 저렇게 하십시오'하고 여러 가지 권고를 했지만, 마키아벨리는 자신이 이상적이라고 생각했던 한 영웅이 갑자기 몰락하는 과정을 보면서 인간의 삶과 운명에 대해 깊은 숙고를 했던 것 같습니다.

---

40 김상근, 『세상에서 가장 위험한 현자, 마키아벨리』, 235쪽.
41 강정인·문지영 역, 『군주론』, 177쪽.

『군주론』 25장에서 그는 운명을 맞이하는 자세에 대한 자신의 생각을 밝히고 있는데, 이 부분에서 마키아벨리는 우리 인생에 대한 울림 있는 통찰을 제시합니다. 먼저 그는 체사레 보르자의 경우처럼 아무리 탁월한 영웅일지라도, 인간의 삶은 알 수 없는 운명에 의해 다스려진다는 점을 받아들입니다. 즉 인간은 예측 불가능한 '포르투나(fortuna)'[42]의 힘에 휘둘리는 존재라는 것이지요.

그러나 놀라운 것은 그의 다음 발언입니다. "그러나 운명이란 우리 활동의 반만 주재할 뿐이며, 나머지 반은 우리의 통제에 있다"라는 이 구절 말입니다.[43] 그는 운명을 위험한 강에 비유합니다. 강이 인간을 덮쳐 파괴할 수 있지만, 인간이 제방과 둑을 쌓아 예방조치를 취할 수 있는 것처럼, 인간의 힘과 역량(virtu)[44]으로 반은 제어할 수 있다는 것입니다.[45] 다시 말해, 비록 운명이 우리 삶의 절반을 결정한다 해도, 적어도 나머지 반은 우리 자신의 지배에 있고 우리 각자의 '비르투(역량)'에 달려있다는 것, 그러니 운명과 최선을 다해 싸워보라는 것, 확률은 50%이니 실패와 성공의 확률이 같다면 앉아서 당하지 말고 과감하고 당당히 맞서보라는 것입니다.

이 구절에서 우리는 공직에서 쫓겨나고 모진 고문을 경험했으며, 경제적 궁핍에 시달리던 한 지식인의 삶에 대한 놀라운 열정을 발견합니다. 그가 살던 시대가 비록 새로운 인본주의의 동이 트고 있었던 시기라 해도, 여러모로 종교의 힘이 막강하던 때였다는 점을 고려하면 참으로 놀라운 태도입니다. 운명에 맡겨 사는 삶이 아니라, 아무리 가혹할지라도 그 운명에 도전해 삶을 개척하라는 말을, 그는 자신의 인생에서 가장 비참하던 시절에 우리에게 들려주고 있는 것입니다.

---

42 운명의 여신. 인간에게 행운과 악운을 가져오는 로마의 여신.
43 강정인·문지영 역, 『군주론』, 170쪽.
44 비르투(Virtu)는 간단히 말하자면 인간의 힘, 능력, 역량 등으로 번역될 수 있습니다. 주로 '용맹스러움' '단호함' 등 남성적인 활력을 가리키지만 여기서는 인간의 역량 정도로 이해하시면 될 듯합니다.
45 강정인·문지영 역, 『군주론』, 171쪽.

『군주론』 헌정

1514년 내내 마키아벨리는 『군주론』의 원고를 손질하면서, 공직 복귀를 열망하고 있었습니다. 이 시기 그가 자신의 복귀를 위해 메디치가 사람들과의 연결고리로 삼은 인물은 친구 프란체스코 베토리였습니다. 당시 베토리는 피렌체 외교관 자격으로 바티칸에 가 있었습니다. 마키아벨리는 로마에 있던 베토리로부터 교황청 주변의 돌아가는 정세를 들으면서, 베토리가 교황이나 메디치 가문에 자신을 천거해줄 것을 간절히 바라고 있었던 것입니다.

얼마나 일자리를 원했는지는 그가 쓴 편지들에서 잘 드러납니다. 1513년 말에 쓴 한 편지에서 그는 메디치가가 "돌을 나르는 일을 시킨다고 해도"[46] 기꺼이 받아들이겠다고 말하고 있었습니다.

그러나 그의 간절한 바람은 이루어지지 않았습니다. 시간이 가도 메디치가는 그를 부르지 않았고, 출판업자들은 반란혐의자의 책을 출판해주려 하지 않았습니다. 할 수 없이 그는 친구의 도움으로 『군주론』 사본을 제작할 수밖에 없었습니다. 그는 몹시 낙담했을 것입니다.

하지만 그가 눈물과 한숨만으로 이 시기를 보냈다고 생각하시면 오해입니다. 일자리를 얻으려는 노력과 반복된 실망으로 지치기는 했겠지만, 1514년경 그는 한 여성과 사랑에 빠져 있었습니다. 그 여성은 마키아벨리가 알고 지내던 동네 지인의 여동생으로, 마키아벨리는 그녀를 '라 타파니(La Tafani)'라고 불렀습니다. 베토리에게 쓴 한 편지에서 그는 자신이 그녀와 사랑에 빠졌음을 고백하면서, 그녀는 우아하고 세련되고 고귀하여 자신의 찬양과 사랑이 부족하기만 하다고 표현하고 있습니다. 생계도 힘든 그가, 베토리에게 여자스타킹 한 켤레를 짤 수 있는 양의 푸른색 털실을 구입해 달라는 민망한 부탁까지 할 정도였으니, 얼마나 그녀에게 빠져있었는지 알 듯합니다.[47] 아내까지 있는 그로서는 불륜이었지만, 어쩌면 그는 사랑의 힘으로 세상의 외면을 견디고 있었

---

[46] 1513년 12월 10일자 베토리에게 쓴 편지. 리돌피, 『마키아벨리평전』, 245쪽.
[47] 리돌피, 『마키아벨리평전』, 258쪽; 김상근, 『세상에서 가장 위험한 현자, 마키아벨리』, 275쪽.

는지도 모르겠습니다.

1516~1517년이 되면, 그는 여러모로 더 힘든 상태에 있게 됩니다. 라 타파니와의 사랑은 오래 지속되지 못했고, 그는 실연의 상처로 고통스러워했습니다. 여전히 그에게는 어떤 복귀의 징조도 보이지 않았습니다. 1516년 그가 조카에게 보낸 편지들에는 우울함이 그대로 묻어납니다. 2월에 쓴 편지에서 마키아벨리는 가족 모두가 건강이 나빠졌다고 전하면서, 행운을 붙잡을 때를 기다리고 있다고 말하였습니다. 하지만 9월에 쓴 다른 편지에서, 그는 쓰라린 운명의 뜻에 따라, 자신은 물론, 가족과 친구들에게도 쓸모없는 인간이 되고 말았다는 자책을 하고 있었습니다.

이렇게 기다림에 지쳐가던 어느 날, 마키아벨리는 피렌체의 실질적 집권자, 로렌초 디 메디치를 알현할 기회를 얻습니다.[48] 그토록 바라던 기회가 다시 온 것입니다. 필사한 『군주론』을 들고 접견실 앞에서 권력자를 기다리던 그는 무슨 생각을 했을까요? 분명 그는 이 책을 로렌초가 읽기만 하면 그의 진가를 알아볼 것이고, 그래서 자신이 그토록 바라던 일자리로 돌아갈 수 있을 것이라고 기대하였을 것입니다. 『군주론』 서문에서 그는 이렇게 썼습니다.

"이 책은 다년간 온갖 시련과 위험을 무릅쓰고 제가 듣고 이해하게 된 모든 사항들을 전하께서 단시간에 파악하실 수 있도록 집약한 것이므로, 이것이 제가 바칠 수 있는 최대의 선물이라 생각하시고 흔쾌히 받아주시기를 바랍니다. … 만약 전하께서 이 책을 소중히 여기시고 잘 읽어 면밀히 검토하신다면, 운명과 전하의 여러 가지 역량에 의해 전하께 약속되어 있는 위대한 자리에 오르게 될 것이며, 그것이 바로 저의 간절한 소망이기도 합니다. 그와 동시에 전하께서 그 높은 곳에 계시면서 때로 이 낮은 곳에도 눈을 돌려주신다면, 제가 얼마나 부당한 고통을 당

---

[48] 로렌초에게 책을 헌정한 시기에 대해서는 이견이 있습니다. 리돌피는 1515년 9월에서 1516년 9월 사이로 보고 있지만, 김상근 교수는 1517년으로 봅니다. 리돌피, 『마키아벨리평전』, 265쪽; 김상근, 『세상에서 가장 위험한 현자, 마키아벨리』, 254~255쪽.

하고 계속되는 운명의 학대를 견디고 있는지도 헤아리실 수 있을 것입니다."⁴⁹

하지만 결과는 처참했습니다. 로렌초는 마키아벨리와 그의 책에 전혀 관심을 보이지 않았습니다. 같이 접견한 다른 사람이 바친 사냥개 한 쌍만 어루만졌다고 합니다. 『군주론』은 개만도 못한 대우를 받은 셈입니다.

방향 전환

1517년 마키아벨리는 글을 쓰면서 고통스러운 일상을 이겨내고 있었습니다. 여전히 공직으로의 복귀는 이루어지지 않았지만, 이 무렵 그는 한 모임에 드나들면서 새로운 친구들을 만났고, 그들로부터 큰 힘을 얻게 됩니다.

그것은 '오르티 오르첼라리(Orti Oricellari)'라는 이름의 모임으로, 코시모 루첼라이(Cosimo Lucellai)라는 한 귀족의 정원에서 회합을 해 소위 '루첼라이 정원모임'이라고도 불렸습니다. 이 모임은 1490년대에는 상층가문들의 합의정치를 지향하는 일종의 온건공화파 모임으로 시작되었다가, 메디치 가문의 재집권 후에는 로렌초 디 메디치의 독재에 반대하면서 공화정 회복을 목표로 하는 정치단체로 성장해 가고 있었습니다.⁵⁰

이 모임의 회원들은 거의가 귀족가문 출신의 부유한 젊은이들이었고, 주된 논쟁거리는 정치, 특히 공화정 체제의 운명에 관한 것이었습니다. 이 젊은 귀족들에게 마키아벨리는 곧 감탄의 대상이 되었던 것 같습니다. 그의 박식함과 전직 외교관으로서의 엄청난 경험은, 젊은 그들에게 충분히 놀라운 것이었습니다. 그리하여 마키아벨리는 그 모임에서 탁월한 정치분석가이자 시인으로 존경받으면서, 약간의 보수를 받고 이 청년들에게 고전을 강의하기도 했습니다.⁵¹

---

49 강정인·문지영 역, 『군주론』, 10쪽.
50 이에 대해서는 곽차섭, 「마키아벨리의 꿈」, 『인문학연구』 46집(계명대학교 인문과학연구소, 2012), 20~21쪽.
51 김상근, 『세상에서 가장 위험한 현자, 마키아벨리』, 257~259쪽.

이 모임 구성원들과 만나면서 마키아벨리는 『군주론』과 상당히 대조적인 또 한 권의 저서를 완성합니다. 이것이 『로마사 논고(Discorsi sorpa la prima deca di Tito Livio)』였습니다. 이 책이 정확히 언제 쓰인 것인지에 대해서는 학자들 사이에 논란이 있지만 대체로 『군주론』과 거의 같은 시기에 집필을 시작했거나 구상했다가, 『군주론』을 완성한 후 다시 쓰기 시작해 1518년 즈음 완성되었던 것으로 보입니다.

재미있는 것은 이 책에서 마키아벨리가 자신의 방향 전환을 분명히 드러내고 있다는 것입니다. 무엇보다 이 책의 헌정 대상은 군주가 아니었습니다. 그는 이 책을 그 모임의 중심인물인 차노비 부온델몬티(Zanobi Buondelmonti)와 코시모 루첼라이에게 헌정했습니다. 헌정사에서 그는 "스스로는 결코 쓰려 하지 않았을" 글을 두 사람의 영향으로 쓰게 되었다고 자신의 전환을 언급하고 있습니다. 특히 그는 자신에게 관직이나 명예를 줄 사람이 아니라, 좋은 품성과 자질을 지니고 있는 사람들에게 이 책을 바친다고 쓰고 있는데, 이 말은 의미심장합니다.[52] 또 그는 "시대와 운명의 악의로 인해" 자신은 실천할 수 없었던 가치 있는 일들을, 이 책을 통해 가르치고자 한다면서, 이 글을 읽는 젊은이들이 그 일들을 실천할 준비를 할 수 있게 돕는 것이 자신의 의무라고 밝히기까지 했습니다.[53]

이제 그의 관심은 집권자 군주가 아니라 새로운 세상을 만들어가려는 사람들, 젊은이들을 향하고 있었던 것입니다. 자신의 모든 경험을 녹여 『군주론』을 썼지만, 그것을 쳐다보지도 않은 군주에 대한 모멸감에서 과감히 벗어나, 이제 미래의 새로운 동량을 키우겠다는 교육자적 자세를 보이고 있는 것입니다.

『로마사 논고』는 로마의 역사가 리비우스가 쓴 『로마사』 140권 중 첫 번째 열권에 대한 해설서의 형식을 띠고 있는 책입니다. 우리로 치자면, 『삼국사

---

52 강정인·안선재 역, 『로마사논고』, 61쪽.
53 강정인·안선재 역, 『로마사논고』, 265쪽.

기』나 『삼국유사』 같은 역사책의 내용을 하나하나 해설하면서, 그 시대의 역사와 인간들에게서 교훈을 얻는 그런 종류의 책이라고 보시면 될 듯합니다.

무엇보다 이 책은 이제 군주정이 아니라 공화정체에 주목합니다. 그래서 이 책의 기본 목적은 고대 로마공화국의 융성과 패망의 역사를 살펴봄으로써 공화정이 유지되기 위해서는 무엇이 필요한지, 시민들에게는 어떤 덕목이 필요한지를 알려주려는 데 있었습니다. 『군주론』이 주로 통치자들의 행동을 다루고, 권력을 추구하는 정치인들을 위한 책이었다면, 『로마사 논고』는 평범한 시민들을 위한 대중용 정치서였던 것입니다.

이 책에서 먼저 마키아벨리는 무엇이 로마공화정을 위대하게 만들었는가라는 질문을 던집니다. 그의 대답은 "로마가 어느 누구에게도 종속되지 않는 자유로운 도시로 출발했다는 점"이었습니다. 즉, 대외적으로 다른 세력의 간섭을 받지 않는 독립성을 유지하고, 내적으로는 자치적이고 자율적인 정부를 유지한 것이 로마공화정의 성장을 가져왔다는 것입니다.[54]

특히 이 책이 『군주론』과 대비되는 점은 그가 여기서 대중의 역량을 키울 것을 강조하고 있다는 것입니다. 그는 고대 로마인들이 운명의 여신 '포르투나'로부터 많은 축복을 받기는 했지만, 동시에 강건한 '비르투'(역량)를 가지고 있었다고 보았습니다. 지도자뿐 아니라 자유로운 시민들이 각기 시민적 역량을 가질 때, 로마는 위대해질 수 있었다는 것입니다. 물론 이 책에서도, "모든 인간은 사악하고, 따라서 자유로운 기회가 주어지면 언제나 사악한 정신에 따라 행동하려 한다."[55]는 글귀가 나옵니다. 『군주론』에서의 인간관을 여전히 유지하고 있었던 것입니다. 하지만 그는 훌륭한 지도자, 좋은 법률과 제도는, '시민적 비르투(시민들의 역량)'를 강화할 수 있다는 점을 강조합니다. 『군주론』에서 '군주 1인의 비르투'를 강화할 것을 강조했다면, 이제 전임 서기장은 '대중의 비르투'를 분발시키고 유지할 것을 주장하고 있는 것입니다. 지도자 1인의 능

---

54 강정인·안선재 역, 『로마사논고』, 75, 272쪽.
55 강정인·안선재 역, 『로마사논고』, 84쪽.

력뿐 아니라 인민의 적극적 정치참여와 개입을 통해 로마공화정이 유지되었다는 것이 그가 로마의 옛 역사로부터 얻은 결론이었던 것입니다.

마키아벨리는 이 책에서 군주가 아닌 대중들에게 역사의 교훈을 들려줍니다. 로마공화정 시대 한 독재자의 전횡이 극심했던 시기를 사례로 들면서, 평민들에게 강자의 횡포에 정면으로 맞서지 말고 또 속내를 드러내지 말아야한다고 충고합니다. 때를 기다렸다가 무기를 수중에 쥔 후에 행동을 해야 한다는 것입니다.[56] 자기의 생각을 적게 내보이지 말고 상황에 맞게 유연성 있게 대처하라는 주장, 필요에 따라서는 도덕적 판단에 구애받지 말라고 권고했던 그 주장은, 군주뿐 아니라 대중들에게도 유효했던 것입니다.

또 그는 평민과 귀족 양편이 대립, 갈등하면서도 한쪽이 완전한 통제권을 갖지 않고, 계급 간 균형을 이루는 사회를 좋은 정치체라고 보았습니다. 특히 그는 평민이 귀족에 맞서 자신들의 이익을 보장하기 위해 만든 호민관제도를 칭찬했는데, 그는 그 제도가 로마공화정의 자유를 지키는 데 기여하였다고 보았습니다.[57] 즉 그는 계급갈등이나 내부 분열이 한 나라의 몰락에 기여한다는 통상적인 주장을 반대하며, 로마공화국에서는 평민과 귀족 간의 대립이, 오히려 공화국을 강력하고 자유롭게 만들었다는 주장을 펼친 것입니다.

정리하자면 그는 옛 로마의 역사를 통해 외부의 간섭으로부터 자유로울 수 있는 사회, 인민들의 적극적인 참여와 자유가 보장되는 사회, 좋은 리더와 좋은 제도 및 법률을 통해 시민 개인들의 역량을 강화하는 사회, 사회적 갈등을 통해 계급 간의 균형을 이루는 공화정이 바람직한 정치체임을 주장하였던 것입니다.[58]

---

[56] 강정인·안선재 역, 『로마사논고』, 210~211쪽; 김상근, 『세상에서 가장 위험한 현자』, 270~271쪽.
[57] 강정인·안선재 역, 『로마사논고』, 86~88쪽.
[58] 강정인·안선재 역, 『로마사논고』, 200~211쪽.

군주정인가 공화정인가

여기까지 읽으신 여러분은 이제 혼란스러우실 것입니다. 이렇게 상반된 두 가지 책을 썼다니 대체 마키아벨리는 어떤 사람이지 하고 헛갈리실 것입니다. 그래서 마키아벨리를 연구하는 많은 학자들 사이에서 가장 논쟁거리가 된 것은 그가 군주정 지지자였는지 아니면 공화주의자였는지 하는 문제였습니다.

『군주론』에서 마키아벨리가 군주정을 이상적인 정치체로, 『로마사 논고』에서는 공화정을 이상적 국가모델로 제시하는 것으로 보이기 때문에, 또 생전에 그가 보인 행적과 입장이 불분명하기 때문에, 이 문제는 풀기 어려운 문제[59]입니다.

후일 그의 『군주론』이 너무 유명해졌고 그의 대표작으로 인식되기 때문에 그를 군주정의 옹호자라고 단정하기 쉽지만, 사실 15년을 공화정에서 공직자로 복무했고 공화정을 이상적 정치체제로 본 그의 글들을 고려한다면, 그를 군주제를 찬양한 인물로 보기는 어려울 것 같습니다. 그래서 최근에는 그를 공화주의자로 평가하는 주장들이 대세이기도 합니다.

하지만 어쩌면 군주정이냐, 공화정이냐 하는 문제는 마키아벨리에게 크게 중요하지 않았는지도 모릅니다. 그는 메디치 시대이건 아니건 자신의 지식과 경험이 국가에 기여하기를 간절히 원한, 그리고 그것을 가장 영예롭게 생각한 사람이었습니다. 비록 정서적으로는 공화주의에 가까웠을지라도, 그는 경직된 이데올로그는 아니었습니다.

『군주론』에서 그는 정치란, 상황에 따라 적절한 조치가 달라질 수밖에 없는 '상황 구속적'인 것임을 주장했습니다. 즉 정치는 한 가지 정답이 있는 것이 아니니, 변화하는 상황에 따라 적절한 조치를 발견할 수 있는 통찰이 필요하다고 보았던 것입니다. 그가 언제나 강조하고 있는 이 "상황에 따른 유연성"을 생각해본다면, 또 주어진 상황 속에서 국가를 위해 복무할 기회를 갖고 싶

---

[59] 이 문제를 역사가 크로체(Benedetto Croce)는 '마키아벨리의 문제(problem)'라고 말했고 영국의 문필가 머콜리(T. B. Macauly)는 '마키아벨리의 수수께끼(enigma)'라고 불렀습니다.

었던 그로서는, 메디치가가 복귀하자 운명의 여신이 그들에게 있다고 판단하고 그들에게 꼭 필요한 충고들을 하고 싶었을 것입니다. 그러나 다시 군주가 자신을 알아주지 못하자, 군주가 아닌 또다시 새로운 방식으로 세상에 기여할 길을 찾으려했던 사람, 바로 그것이 마키아벨리의 모습 아닐까요?

『만드라골라』

마키아벨리가 시를 썼고 시인으로서의 재능이 있음은 앞에서 언급했었지만, 그의 문학적 재능은 시에만 머물지 않았습니다. 그는 당대에 이탈리아 여러 곳에서 상연되면서 인기를 얻었고 지금까지도 유럽 각지에서 상연되고 있는 인기 희곡, 『만드라골라(Mandragola)』의 작가이기도 했습니다. 1518년에 쓰여 피렌체에서 초연된 이 작품은 입소문을 타고 빠르게 전파되어 교황청에서도 실연이 이루어졌는데, 교황 레오 10세의 찬사를 받았다고 합니다.

이 작품은 파리에서 공부하다가 피렌체로 돌아온 칼리마코라는 주인공 청년이, 법학박사 니치아의 젊고 아름다운 아내 루크레치아를 차지하기 위해 일어나는 일들을 주요 줄거리로 삼고 있습니다. 자식을 보겠다는 욕심으로 다른 남자를 아내의 방에 들여보내고 그 남자를 죽여 버리려는 늙은 판사, '만드라골라'라는 신비한 약이 있다며 판사와 그의 젊은 아내를 속이려는 사기꾼 리구리오, 루크레치아를 차지하기 위해 사기꾼 리구리오와 손을 잡는 칼리마코 등이 주요 등장인물로 나옵니다.

이 연극은 그냥 그런 작품이 아니라 한마디로 '대박'이 난 작품이었습니다. 베네치아에서는 이 연극을 공연하다가 청중들이 너무 열광하여 공연이 중단된 적이 있을 정도라고 하니 실로 당대 최고의 연극이었다 하겠습니다. 재미있는 것은, 이 작품이 비극이 아니라 희극, 코미디라는 것입니다. 오늘날 우리나라로 치면 '개그콘서트'의 대본을 쓴 셈입니다. 인간의 본성 깊이 드리운 잔인하고 어두운 부분을 차갑도록 이성적으로 묘사하고, 군주에게 냉정한 조언을 했던 그가, 사람들을 박장대소하게 할 코미디 대사를 썼다니 놀랍지 않으십니까? 『만드라골라』의 프롤로그에서 작가는 자신의 심정을 이렇게 썼습니다.

> 설사 이 이야기가 마음에 들지 않는다 해도,
> 너무 가벼운 내용이라
> 현명하고 무게 있는 사람으로 보이고 싶어 하는 분들에게 말이죠.
> 하지만 너그러이 생각해주세요, 이 헛된 생각을요.
> 다만 그의 쓸쓸한 마음을 달래려는 것뿐,
> 다른 어떤 곳에서도 달리 할 일이 없으니까요
> 나에겐 모든 것이 막혀 있죠.
> 다른 것으로 능력을 보여줄 길이.
> 흘린 땀에 아무런 대가도 받지 못한 채.[60]

능력을 보여줄 길이 모두 막혀버린 작가는 바로 자신의 처지를 웃음의 소재로 쓰며, 어둡고 우울한 현실을 견뎌내고 있었던 것입니다.

5. 복귀, 그리고 마지막

1519년 봄 마키아벨리가 『군주론』을 바치려 했던 로렌초 디 메디치가 27세의 젊은 나이에 사망합니다. 교황 레오 10세는 피렌체의 통치권을 상실하지 않으려고 신속하게 사촌 줄리오 데 메디치[Giulio de' Medici, 1478~1534, 후일 교황 클레멘트 7세(Clement VII)] 추기경을 피렌체로 보냅니다. 이 줄리오 데 메디치라는 인물은 대 로렌초의 동생으로 '파치가의 음모' 때 살해당한, 줄리아노의 서자였습니다.

오십이 넘은 마키아벨리에게 새로운 일거리가 생긴 것은 바로 이때였습니

---

[60] 리돌피, 『마키아벨리평전』, 276쪽.

다. 새로 피렌체의 시정을 장악한 줄리오 추기경이 피렌체 역사를 저술하는 일을 그에게 맡겼던 것입니다. 이제 전임 피렌체 제2서기장은 『군주론』과 『로마사논고』의 저자이자 당대 최고의 코미디작가이면서도 피렌체의 역사를 집필하는 역사가가 됩니다.

한 가지 분명한 것은 이 작업은 공직도 아니었고, 결코 경제적 풍요를 가져다주는 일도 아니었다는 것입니다. 계약금액은 20년 전 피렌체 제2서기장으로 받은 첫 봉급의 1/3도 안 되는 금액이었지만, 그는 흔쾌히 이 일을 맡았습니다. 어쩌면 이 일이 공직복귀의 발판이 될 것으로 여겨서 그랬을 수도 있겠지만, 이 시기 그의 태도는 해임 직후와는 꽤 달라져 있었습니다. 특히 1521년 전임 피렌체 공화정의 수반이자 상사였던 피에로 소데리니가 상당히 연봉이 높은 일자리를 두 번이나 알선했음에도 불구하고, 그는 소데리니의 제안을 거절했습니다.[61] 피렌체사 서술은 그에게는 안정된 일자리보다 더 중요한 의미를 가지고 있었던 것입니다.

이 『피렌체사』를 집필하는 동안 그는 써두었던 또 한 권의 책을 출판합니다. 1521년에 출판된 『전술론(*Arte della Guerra*)』은 마키아벨리로서는 생애 처음 공식 출판한 책이었습니다. 군사 분석가와 정치평론가들에게 상당히 호평을 받았던 이 책은 '루첼라이 정원모임'의 친구들과 교황군의 장군 파비르치오 콜론나(Fabrizio Colona) 사이의 대화 형식을 통해, 강력한 군대를 만들고 유지하기 위해 해야 할 일들을 자세히 설명하고 있습니다. 국가란 반드시 스스로의 군대로 무장해야하며, 병사들은 약탈과 기만을 일삼는 용병이 아니라 조국을 위해 목숨을 버릴 수 있는 훌륭한 시민들로 구성되어야 한다는 이 책의 기본 개념[62]은, 용병제도의 폐해를 누구보다 절실하게 경험하고 피렌체 방위군을 손수 조직해내었던 전임 제2서기장으로서는, 이미 누누이 강조하고 강조했던 것이었습니다.

---

61 화이트, 『평전, 마키아벨리』, 284~285쪽.
62 리돌피, 『마키아벨리평전』, 289쪽.

다음 해인 1522년은 마키아벨리로서는 유독 힘든 해였습니다. 5월 전염병으로 성직자였던 동생 토토(Toto)가 사망했고, 이전 상관이던 피에로 소데리니의 사망 소식도 들어야 했습니다. 하지만 무엇보다 그를 심적으로 힘들게 한 것은 여름에 발생한 줄리오 메디치 암살 음모사건이었습니다. 이 음모는 메디치 독재에 반대하였던 공화주의자들이 주도한 것으로, '루첼라이 정원모임'의 친구들이 가담해 있었습니다. 특히 그가 『로마사논고』를 헌정했던 자노비 부엔델몬티가 그 음모의 리더였습니다.

음모는 실패했고 마키아벨리의 이름이 심문과정에서 나오긴 했지만, 그는 가담의 의심을 받지는 않았습니다. 음모가담자들과는 달리 당시 그는 공식적으로 아무런 힘도 능력도 없는 가난한 작가에 불과했고, 이 시기 시골에서 줄리오 추기경으로부터 의뢰받은 『피렌체사』 집필에 몰두해 있었기 때문입니다.

하지만 이 사건은 어떤 식으로든 그의 마음을 흔들어놓았던 것이 분명합니다. 연루를 피하긴 했지만, 자신이 좋은 품성과 자질을 가지고 있다고 기대하던 인물들이 반 메디치 음모자로 쫓기고 처형되는 것을 지켜보아야 했습니다. 그는 어떤 심경이었을까요? 그것을 정확히 알 길은 없지만, 그가 이후에도 이 사건에 대해 전혀 언급하고 있지 않았다는 것, 그리고 이 사건 후 수개월 동안 그토록 자주하던 서신교환을 거의 하지 않았다는 점으로 미루어 보건대, 마음이 편하지 않았던 것은 분명해 보입니다.[63]

『피렌체사』 집필에 몰두하고 있었던 1524년 초에 54세의 마키아벨리는 또 한 번의 로맨스에 빠집니다. 어쩌면 암살음모사건에서 겪은 우울감을 다시 사랑으로 떨쳐보려 했던 것인지도 모릅니다. 상대는 한 파티에서 만난 바르바라 살루타티 라파카니(Barbara Salutati Raffacani)라는 여성이었습니다. 바르바라는 피렌체의 유명한 여배우로, 그녀는 마키아벨리의 재치와 재능에 끌렸던 것인지, 가진 것 없는 중년의 연인을 다정하게 대했습니다. 그리고 비록 두 사람 모두

---

[63] Unger, *Machiavelli, A Biography*, p. 307.

상대방만을 보고 살지는 않았지만, 마키아벨리가 죽기 직전까지 좋은 관계를 유지했다고 합니다.

바르바라와의 사랑이 싹튼 후, 마키아벨리는 또 한 편의 코미디 희곡을 완성해 연인 바르바라를 무대에 세웠는데 그 작품이 『클리치아(Clizia)』입니다. 1525년 1월에 초연된 이 연극은, 부유한 한 늙은이가 자기 집에서 자란 젊은 처녀 클리치아에게 욕정을 품으면서 그녀를 차지할 계획을 세우지만, 오히려 남자하인에게 수모를 당하고 만다는 내용을 줄거리로 하고 있습니다. 이전에 나온 『만드라골라』보다 더 노골적으로 성적인 내용으로 채워져 있었던 이 작품에서 그는, 늙은 주인공의 이름을 니코마코(Nicimaco)로 지었습니다. 자신의 이름의 첫음절들을 딴 이 늙은 호색한은, 바로 마키아벨리 자신을 가리키고 있었습니다. 딸의 나이쯤 되는 젊은 여배우와의 뒤늦은 연애를 그는 스스로 재밋거리로 삼고 있었던 것입니다.

하지만 마키아벨리가 그의 파란만장한 연애행각을 계속하면서 전업 작가로서 글쓰기에 몰두하고 있을 이 무렵, 피렌체와 이탈리아 정치는 다시 한 번 변화의 소용돌이 속으로 들어가고 있었습니다. 그 정치적 변화는 바티칸에서 시작되었습니다. 레오 10세의 갑작스러운 사망으로 교황이 되었던 아드리아누스 6세(Adrian VI, 1459~1523)가 1524년 9월에 사망하면서 교황자리가 다시 공석이 되었던 것입니다. 새로운 콘클라베에서 신임교황으로 선출된 이는 당시 피렌체의 집권자였던 줄리오 데 메디치였습니다. 마키아벨리에게 『피렌체사』 집필을 의뢰한, 바로 그 줄리오 추기경이 클레멘트 7세(Clement VII) 교황이 되었던 것입니다. 이로써 메디치가는 레오 10세에 이어 두 번째 교황을 배출해내게 됩니다.

앞선 메디치 인사들이 그랬던 것처럼, 줄리오 역시 결코 피렌체의 통치권을 버리려 하지 않았습니다. 그들에게 피렌체는 자신들의 소유하에 있는 가족영지에 불과했던 것입니다. 로마로 떠나게 된 그를 대신하여 피렌체의 정무는 코르토나(Cortona)의 추기경이던 실비오 파세리니(Silvio Passerini)에게 맡겨졌습니다. 그는 당시 메디치가의 후계자로 알려진 청년들, 이폴리토(Ippolito)와 알

2-9 줄리오 데 메디치(Giulio de' Medici, 1478~1534, 클레멘트 7세(Clement Ⅶ) 재위: 1524~1534)

레산드로(Alessandro)⁶⁴의 섭정으로 피렌체 통치를 맡았던 것입니다.

이런 정치적 변화 속에서 1525년 『피렌체사』를 완성하자, 50대 중반의 역사가 마키아벨리는 그 책을 의뢰인에게 직접 바치러 로마로 향했습니다. 6월 9일 『피렌체사』를 받은 교황은 그에게 120두카토의 금화를 주면서 그 노고를 칭찬했다고 합니다.

그러나 1525년 유럽의 정치적 상황은 먹구름이 끼고 있었습니다. 전쟁의 그림자가 드리워지고 있었고 이탈리아는 또 한 번의 위기를 맞이해야 했던 것입니다.

유럽의 긴장은 이탈리아 반도 북쪽 양편을 차지하고 있던 신성로마제국과 프랑스 사이에서 발생하고 있었습니다. 막시밀리앙 1세의 손자 카를 왕자

---

64 이폴리토(Ippolito)는 대 로렌초의 막내아들인 줄리아노 추기경의 서자이고 알레산드로(Alessandro)는 대 로렌초의 손자인 우르비노 공 로렌초의 사생아였습니다.

가 외가인 스페인의 왕위를 계승한 것에 모자라 신성로마제국 황제까지 차지하게 되자, 중간에 낀 상태가 된 강대국 프랑스의 신경이 날카로워졌던 것입니다. 당시 프랑스 국왕은 우리가 레오나르도 다빈치 편에서 보았던, 레오나르도를 매우 우대해 주었던 젊은 왕, 프랑수아 1세(Francois I, 1494~1547, 재위: 1515~1547)였습니다.

프랑수와 1세와 이제 카를 5세가 된 카를 왕자와의 사이에서 고조되던 군사적 긴장감은 결국 전쟁을 가져오고 말았습니다. 이 파비아(Pavia) 전투에서 프랑스 군대가 스페인 군대에게 대패하였고, 프랑수아 1세가 마드리드에서 인질로 잡히자, 유럽의 정치판이 요동치게 되었던 것입니다.

이 일이 알려지자 교황청은 비상이 걸립니다. 당시 양편을 저울질하던 클레멘트 교황은 친 프랑스 정책을 펴고 있었기 때문입니다. 이 소식을 듣자 교황은 곧바로 동맹을 바꾸기로 결심하고, 카를 5세를 달랠 외교관을 보내야 했습니다. 교황청 내에서는 마침 로마에 있던 마키아벨리를 등용해야한다는 건의가 나왔지만, 여전히 마키아벨리를 완전히 신뢰하지 못한 교황은 그 건의를 묵살하였습니다.

이런 상황에서 마키아벨리는 또 다시 이탈리아가 피로 뒤덮일 것을 예감하였습니다. 그래서 그는 교황의 지배하에 있는 로마냐 지방 사람들을 무장해 스페인의 공격에 대비할 것을 교황청에 건의합니다. 우유부단했던 교황은 마키아벨리의 이 제안에 솔깃했지만, 망설이면서 이 무장안도 받아들이지 않았습니다.

하지만 그를 완전히 내치기에는 불안했는지 교황은 그를, 당시 로마냐 지역의 총독 귀차르디니(Francesco Guicciardini, 1483~1540)의 개인 자문관으로 임명해 파엔차(Faenza)로 파견합니다. 피렌체의 유력 귀족가문 출신의 정치가이자 탁월한 인문주의자로 알려진 귀차르디니는 이미 어린 시절에 스페인 주재 대사를 역임할 정도로 피렌체에서는 주목받던 인물이었습니다. 메디치가가 복귀한 후 그는 레기오(Reggio)와 모데나(Modena)의 총독을 맡았는데, 마키아벨리와는 이 시절에 이미 잘 알고 지내던 사이였습니다. 1483년생인 그는 마키아벨리보다 10살 이상 어렸고, 마키아벨리보다 높은 계급에 속했지만, 두 사람은 여러 차례의 서신교환을 통해 정치적 문제를 상의하는 것을 넘어 진한 농담을 주고받을 정도로, 상당히 절친한 관계로 지냈습니다.

1526년에 상황은 더 급박해집니다. 프랑수아 1세는 풀려나자마자 포로로 석방될 때 했던 약속을 파기해버렸고, 격분한 카를 5세는 프랑스와 동맹관계에 있었던 베네치아, 피렌체, 로마교황청에 대한 공격을 시작했습니다. 스페인군과 신성로마제국의 군대가 이탈리아로 남하하기 시작하자 1527년 프랑스와 베네치아, 피렌체는 동맹을 맺었고 교황청도 이에 동참합니다. 다시 전쟁이 시작된 것입니다.

교황은 로마냐의 총독 귀차르디니를 동맹군 총사령관에 임명합니다. 그리고 마키아벨리가 피렌체 방어를 위해 군사조직인 '5인 성벽관리 위원회'를 신설할 것을 건의하자, 이번에는 그의 의견을 받아들입니다. 그리고 교황은 그를 그 위원회의 서기장으로 임명해 피렌체를 방어하도록 명합니다. 피렌체가 무너진다면 로마도 순식간에 함락될 것이 뻔했던 것입니다.

드디어 오랜 기다림 끝에 마키아벨리가 공직에 복귀하는 순간이었습니다. 제2서기장 자리에 비하면 보잘것없는 낮은 직책이었지만, 이탈리아가 전쟁의 수렁으로 빠지는 순간 그는 작가로서의 삶을 버리고, 자신의 전공인 현실 정치와 군사 분야로 되돌아갔던 것입니다.

그러나 그에게 주어진 현실은 불행히도 이전보다 나을 것이 전혀 없었습니다. 여전히 유럽의 강대국들은 힘겨루기를 하고 있었고, 약소국 피렌체와 이탈리아는 그들의 침략 앞에 벌벌 떨고 있었습니다. 마키아벨리가 힘들여 키운 피렌체 방위군은 메디치가의 복귀 이후 이미 흩어져버렸고, 피렌체는 무방비 상태로 침략에 노출되어 있었습니다. 조국을 지키기 위해 끊임없이 성벽을 재보수하고 방어선을 구상하면서 그는 무슨 생각을 했을까요?

전세가 급박해지자 동맹군의 총사령관 귀차르디니는 친구 마키아벨리를 롬바르디아로 부릅니다. 마키아벨리의 조언이 절실했기 때문입니다. 다시 사령관의 개인 자문관으로 마키아벨리는 적이 로마냐 지방을 통과하기 전에 선제

2-10 프란체스코 귀차르디니
(Francesco Guicciardini, 1483~1540)

공격을 해야 한다고 주장합니다.

그러나 우유부단하고 나약했던 교황은 적국과 굴욕적인 휴전협정을 맺어 전쟁의 피해를 피하고자 했습니다. 귀차르디니와 마키아벨리의 반대에도 불구하고, 그는 적의 장수를 돈으로 매수해 전쟁을 막으려했던 것입니다.

교황의 정책은 참혹한 결과를 가져오고 맙니다. 신성로마제국군은 피렌체 방어에 주력하던 이탈리아군의 허를 찌르고, 1527년 5월 6일 바로 로마로 진격하여 끔찍한 파괴와 인명 살상, 수탈을 자행하였습니다. 교황은 산탄젤로 성에 숨어 수일 동안 성지 로마가 독일 용병들에 의해 무참히 파괴되는 것을 지켜보아야 했습니다. 로마 함락이 전해지자, 메디치 교황에 대한 반감으로 피렌체에서는 즉각 폭동이 일어났습니다. 대평의회가 급히 소집되었고, 메디치 가문은 다시 추방됩니다. 피렌체는 15년 만에 다시 반 메디치공화국으로 바뀌었던 것입니다.

이제 마키아벨리는 더 이상 존재하지 않는 정부가 전쟁터에 파견한 사절이 되어버렸습니다. 그의 공직임무는 이렇게 다시 끝나버렸던 것입니다. 마키아벨리는 짐을 싸서 5월 마지막 주에 피렌체로 돌아옵니다. 카를 5세를 막기 위해 18개월 동안 거의 쉼 없이 노력했지만, 그의 노력은 실패했습니다. 그는 귀향길에 무슨 생각을 하고 있었을까요? 로마냐를 무장해야 한다는 그의 건의를 받아들이지 않고 결국 적국에 철저히 유린당한 교황을 보면서, 그는 15년 전 화친을 해야 한다는 그의 주장을 무시하고 피렌체 공화국을 스페인군에 무참히 짓밟히게 했던 전임 상관 소데리니를 떠올렸는지도 모릅니다.

대다수의 피렌체 시민들이 메디치의 몰락에 즐거워하였지만, 돌아오는 길에 마키아벨리는 침울해보였다고 합니다. 피렌체에 공화정이 복구된 것은 좋은 일이었지만, 정치적으로 명민한 그가 자신이 승리자의 편에 서 있지 않다는 것을 몰랐을 리 없었을 것입니다. 메디치가가 몰락한 지금, 그 메디치의 마지막 옷자락을 잡고 있었던 자신이 15년전 쫓겨난 그 자리로 복귀하는 것은 힘들 것이 분명해보였던 것입니다.

그러나 역시 우리의 마키아벨리는 이런 상황에서도 희망을 버리지는 않았습니다. 몇몇 친구들의 도움을 받아 복귀를 타진해보았던 것입니다.[65] 하지만 새 공화정부는 그 옛날의 제2서기장을 다시 불러들이지 않았습니다. 마키아벨리는 1527년 6월 10일 제2서기장 자리에 프란체스코 타루치(Francesco Tarugi)가 확정되었다는 소식을 들었습니다. 이 소식은 그에게 큰 충격을 주었습니다. 타루치는 메디치 정부에서 2년간 봉직한 인물로, 새 공화정부는 오히려 그보다 더 친 메디치 성향이 강한 인사를 그 자리에 임명하였던 것입니다.[66] 십여 년을 기다려 겨우 조국을 위해 봉사할 기회를 다시 얻었는데, 이제 공화정으로 돌아간 피렌체는 그를 또 한 번 밀어내었던 것입니다.

지금까지 운명의 여신, 포르투나에 당당히 맞서오던 그도 그 잔인한 현실은 견디기 힘들었던 모양입니다. 집으로 돌아온 그는 거친 전쟁터에서의 노고로 지쳐서인지, 상실감 때문인지 병이 듭니다. 그리고 불과 얼마 후인 1527년 6월 21일에 세상을 떠납니다.

---

65 리돌피, 『마키아벨리평전』, 397쪽.
66 Unger, *Machiavelli, A Biography*, p. 331.

6. 인간 마키아벨리

지금까지의 내용을 보고 여러분은 마키아벨리의 어떤 모습이 가장 먼저 떠오르십니까? 차가운 가슴과 예리한 눈빛으로 주변의 인물들을 관찰하고 인간의 본성을 분석하는, 그리하여 냉철하고 현실주의적 판단들을 내리는, 고독한 지식인의 모습이 떠오르지는 않으십니까? 아니면 관직에서 쫓겨난 후 실의와 비탄에 빠져 애타게 복귀를 꿈꾸는 전직 공무원의 모습이 보이시나요?

살펴본 바와 같이 그의 인생에서 이런 모습이 분명 있었지만 그것만으로 인간 마키아벨리를 다 설명할 수는 없을 것입니다.

사람들이 쉽게 내뱉을 수 없는 무거운 내용의 책들을 썼고, 그 인생도 결코 쉽지 않았지만, 확실히 그는 어둡거나 진중하거나 무게를 잡는 그런 유형의 사람은 아니었습니다. 오히려 그는 천성이 매우 유쾌하고 유머러스하며 말하기를 좋아하는 그런 인물이었습니다.

익살스럽고 재미있었던 아버지를 똑 닮았던 그는, 아버지와 거의 형제 사이라 할 만큼 사이가 좋아 시시껄렁하고 농담 섞인 대화를 자주 나누었다고 합니다. 아버지가 사망한 후 1504년경에는 산타크로체의 한 수도사가 마키아벨리가의 묘역에 불법적으로 다른 사람이 묘를 썼으니 빨리 조치를 취해야 한다고 알려주었습니다. 그러자 니콜로는 "그대로 두시죠. … 제 부친은 이야기를 좋아하는 분이셨으니 동무가 많을수록 더 좋아하실 테니까요"라고 했다고 합니다.[67]

그의 천성적인 유쾌함은 그가 쓴 많은 편지와 글들에서 놀라울 정도로 많이 드러납니다. 공직에서 쫓겨난 후 그가 쓴 많은 서신들을 통해 우리는 그가 신분적 하락과 그것이 가져온 경제적 궁핍, 비탄과 모멸감 속에서도 언제나 쾌활함과 명랑함을 유지하려 노력하는 사람이었음을 알 수 있습니다. 그는 자신을 알아주지 않는 세상에 낙심했지만, 절망하거나 분노하기보다는 유쾌하게

---

[67] 리돌피, 『마키아벨리평전』, 66~67쪽.

조롱하고 다른 방법을 찾는 그런 유형의 인물이었습니다.

특히 그는 세상의 여러 종류의 사람들과 격의 없이 대화하고 교류할 수 있는 사람이었습니다. 그가 어울린 사람들은 소데리니나 귀차르디니 같은 고위 공직자, '루첼라이 정원모임'의 귀족 청년들, 베토리 같은 외교관 동료 등, 자신보다 높거나 비슷한 지위나 신분의 사람들에서부터, 시골 산장의 벌목군이나 농민들, 술집주인이나 방앗간 주인, 동네 술주정뱅이에 이르기까지 너무도 다양했습니다. 그들 중에는 세속적으로 성공한 자도 성공하지 못한 자도 있었지만, 그는 인간에 대한 차이를 두지 않았습니다. 그는 밤에는 글을 쓰고 낮에는 동네를 어슬렁거리며, 사람들의 사소한 분쟁에 끼어들고, 그들과 시시껄렁한 농담을 주고받으며 인간의 본성을 관찰하고, 인생사의 사소한 행과 불행을 감당해낸, 보통 사람이었던 것입니다.

나이 들어서도 그의 이러한 기질은 별로 바뀌지 않습니다. 친구들이 자신의 능력에 한참 미치지 못하는 하찮은 일거리를 주어도, 화를 내거나 마다하지 않고 즐겁게 맡아 해내곤 했습니다. 심지어 여행길에 고위 공직자 친구에게 가짜 특별 전령을 보내달라고 해 숙소 주인을 놀려먹으며 즐거워한 장난꾸러기였습니다.

그래서인지 그의 평전을 쓴 리돌피(Roberto Ridolfi)는 마키아벨리를 "평민적이며 피가 뜨겁고 마음이 너그러운 편인데다 좀 경박스러울 정도로 활달한 성격을 가지고 있었다"고 묘사하였습니다.[68]

앞에서 언급한 것처럼 그는 여자관계가 복잡했습니다. 가정과 아이들을 사랑했지만 출장지마다 애인을 두었고, 뻔질나게 매춘부들을 찾아다녔으며, 죽을 때까지 끊임없이 여러 연인과 애정행각을 벌인 인물이었습니다. 좋게 말하면 정열적인 로맨티스트였고 나쁘게 말하자면 난봉꾼이었습니다. 친구와 돌아가는 정치적 상황과 자신의 복귀에 대해 논하다가도 불륜관계에 있던 연인에게 줄 선물을 구해달라고 뻔뻔스럽게 부탁할 수 있는 사람이기도 했습니다.

---

[68] 리돌피, 『마키아벨리평전』, 303쪽.

통상의 인습에서 벗어나 있었고 지극히 솔직했다는 점에서, 그는 참으로 르네상스적인 자유인이었습니다. 그는 신체적 욕망의 억제를 미덕으로 보는 중세 기독교의 가르침을 받아들이지 않았습니다. 아마도 마키아벨리가 당대에 미움을 받았던 가장 큰 이유는, 그가 기독교적 믿음이 없었을 뿐 아니라 종교 자체에 대해 회의적인 태도를 취했기 때문이었을 것입니다.

『군주론』에서 쓴 것처럼 그는 자신의 인생 내내 찾아온 운명의 여신에 당당히 맞섰습니다. 그는 『만드라골라』 서문에서 자신의 인생관을 이렇게 드러내었습니다.

> 인생은 짧고
> 고통은 많으며
> 모두가 살고 싸우며 견뎌내는 것이니,
> 욕망을 따라가자
> 세월을 흘려보내고 허비하자,
> 누구든 스스로 쾌락을 빼앗아버리고
> 고뇌하고 걱정하며 사는 자는,
> 모른다네.
> 세상이치를, 혹은 어떤 불운으로,
> 어떤 기이한 사건으로,
> 모든 인간이 압도되는지를.[69]

의도하지 않았지만, 마키아벨리는 사후에 사악함의 상징이 되었습니다. 수많은 사람들이 그를 비난하고 혐오했습니다. 독실한 가톨릭 신자들은 그의 사상을 반기독교적인 것이라고 규정하고 『군주론』을 금서목록에 올렸습니다. 16세기 신교도들은 카트린느 드 메디치(Catherine de Medicis, 1519~1589)가 1572

---

[69] 화이트, 『평전 마키아벨리』, 172쪽.

년 '성 바르톨로뮤(St. Bartolomeo) 대학살'을 자행한 것은, 마키아벨리의 말을 따랐기 때문이라고 보았습니다. 심지어 한참 뒤 사람들인 히틀러나 무솔리니, 스탈린 같은 독재자들의 악행도 마키아벨리의 영향을 받은 것으로 간주되기도 했습니다. 시작할 때 언급한 헨리 키신저가 마키아벨리의 영향을 극구 부인한 것도 결국 이런 맥락에서 이해될 수 있을 것입니다.

하지만 마키아벨리의 인생 전체를 살펴본다면, 그리고 그가 쓴 구절들을 떼어내 말하지 말고 전체 맥락 속에서 이해한다면, 그리고 그의 여러 저서들을 종합적으로 연구해본다면, 목적만을 위해 악행을 권하는 권모술수의 달인이라는 평가가 얼마나 부당한 것인지 알 수 있을 것입니다.

7. 한바탕의 짧은 꿈

죽기 불과 며칠 전, 마키아벨리는 친구들에게 자신이 꾼 꿈 하나를 이야기했다고 합니다. 그 꿈에서 그는 두 무리의 사람들을 보았습니다. 축복을 받고 천국으로 가는 사람들의 무리와, 심각하게 정치를 논하면서 지옥으로 떨어지는 고대의 지식인들이 그들이었습니다. 그 때 어떤 사람이 당신은 저 사람들 중 어느 쪽과 같이 가고 싶으냐고 물었는데, 마키아벨리는 그 사람에게 자신은 축복받은 사람들과 천국에서 재미없이 지내기보다는 지옥에 가서 정치를 논하고 싶다고 말했다는 것입니다.[70]

이 이야기가 실제로 마키아벨리가 했던 것인지, 뒤에 각색된 것인지 알 수는 없지만, 죽음이 다가오는 그 불안의 순간에도 웃음으로 담대하게 운명의 여신을 맞이하려는 마키아벨리의 사람됨을 잘 보여주는 것이 아닐까 합니다.

앞에서 필자는 『군주론』을 쓴 마키아벨리가, 차갑고 냉철한 지식인이라기

---

[70] 리돌피, 『마키아벨리평전』, 399~400쪽; 김상근, 『세상에서 가장 위험한 현자, 마키아벨리』, 301~302쪽; 곽차섭, 「마키아벨리의 꿈」, 7쪽.

보다는, 유쾌하고 재미있는 인물이었음을 강조했습니다. 그러나 유쾌하고 재미있는 그의 기질 뒤에는 약하고 분열된 조국에 대한 누구보다도 강한 애정, 그리고 불안하고 어지러운 세상을 개혁해보고자 하는 지식인의 열정이 존재했습니다. 그가 『군주론』에서 또 『로마사 논고』를 통해서 말하고자 했던 수많은 내용은 바로 모두 그런 목적에서 나온 것입니다. 그는 친구인 베토리에게 쓴 한 편지에서 "나는 조국을 내 영혼보다 사랑한다"라고 썼습니다.[71] 다음의 글귀는 그의 애국심과 지식인으로서의 사회참여 의지를 그대로 보여줍니다.

"믿건대, 인간으로서 받을 수 있는 최고의 영예는 그의 조국이 자연스럽게 내려주는 것이며, 사람으로서 할 수 있는 가장 훌륭한 일이자 동시에 신까지도 기쁘게 하는 일은 자신의 조국을 위해 애쓰는 것입니다. 공화국과 왕국을 법과 제도로써 혁신하는 사람만큼 그 행동에서 칭송받을 사람은 없을 것입니다."[72]

열정적인 애국심을 가진 지식인으로 조국을 위해 누구보다 냉철하고 이성적이고 진지한 논고를 적어냈던 사람, 세상이 자신을 알아주지 못하자 절망하기보다는 인고와 궁핍의 세월을 농담과 익살로 견뎌냈던 사람, 그러나 그 마키아벨리는 성공하지 못했던 정치인이었습니다.

죽음이 다가오는 순간 그는 무슨 생각을 했을까요? 약소국의 외교관으로 이리저리 말을 달려 강대국 정치인들을 상대하던 자신의 모습, 용병제도의 폐해를 주장하며 열정적으로 피렌체군을 조직하던 모습, 잔혹한 고문을 당하고 은둔해야 했을 때의 낙담, 조국을 지키기 위해 필사의 노력을 기울이고도 이탈리아가 또 피로 물드는 것을 속수무책으로 지켜봐야했던 회한, 그런 것들이 주마등처럼 지나가지 않았을까요? 말년에 그는 『참회 권유』라는 짧은 글에서

---

[71] 마키아벨리가 프란체스코 베토리에게 보낸 1527년 4월 16일자 편지. 리돌피, 『마키아벨리평전』, 386쪽; 김상근 『세상에서 가장 위험한 현자, 마키아벨리』, 297쪽; 곽차섭, 「마키아벨리의 꿈」, 27쪽.

[72] 리돌피, 『마키아벨리평전』, 297쪽.

이런 시를 씁니다.

"이제는 분명히 알겠네.
세상을 즐겁게 하는 모든 것이 한바탕 짧은 꿈일 뿐이라는 것을."[73]

---

[73] 리돌피, 『마키아벨리평전』, 389쪽.

제2부
기독교 인문주의의 부상과 종교개혁

　이탈리아에서 시작된 르네상스 휴머니즘은 인간의 아름다움과 능력을 찬양하는 인본주의적 문화운동이었습니다. 이제 예술가들은 인간의 벗은 육체를 당당히 보여주고 문학가들은 인간의 일상적 정서를 긍정적으로 묘사하면서 죄로 여겨져 온 인간의 욕망을 그대로 드러내기 시작했습니다. 이런 흐름은 기존 종교가 강요해온 윤리체계를 넘어서려는 자유주의적이고 세속주의적인 성향을 강화하였습니다. 경제적으로 부유하면서도 작은 도시국가로 분열되어 있었던 이탈리아에서 이런 경향은 두드러지게 나타났습니다. 경제적 이익에 집착했던 상인들뿐 아니라 가톨릭교회의 수장이었던 교황이나 성직자들조차도 이러한 세속주의적 흐름을 그대로 반영하여 도덕과 상관없이 살았다는 것은 이미 앞장에서 설명한 바 있습니다. 그런 면에서 앞에서 우리가 다룬 두 사람의 이탈리아인들은 이제부터 다룰 세 사람에 비교해보면 종교적 성향이 약했던 인물들이라 할 것입니다.

　이탈리아에서 시작된 인간중심적 문화운동은, 성직자, 학자와 예술가들의 교류, 무역, 전쟁 등의 빈번한 접촉을 통해, 시간이 흐르면서 알프스 이북 지역으로 전파되었습니다. 그런데 알프스 이북, 즉 오늘날의 독일, 프랑스, 영국 같은 지역들에서 르네상스의 정신은 그 지역적 특성과 만나면서 이탈리아와는 좀 다른, 독특한 성격을 띠게 됩니다.

　다음 두 장에서 살펴보겠지만 당시 알프스 이북 지역은, 도시가 많이 발전해 있었고 상당히 세속화되어 있던 이탈리아와는 사뭇 분위기가 달랐습니다. 이곳은 이탈리아에 비해 봉건적 질서가 유지되고 있었고, 가톨릭교회의 영향력이 상대적으로 강하였습니다. 그리하여 이 지역들에서, 휴머니즘 정신은 좀 더 비판적이고 개혁적인 성향을 띠게 됩니다. 우리는 이것을 보통 '기독교 인문주의(Christian Humanism)'라고 부릅니다.

특히 주목해야 할 것은 이 지역에서 비판과 개혁의 주 타깃이 종교, 가톨릭교회였다는 점입니다. 이곳의 지식인들은 당대의 가톨릭교회가 부패하고 타락했다고 비판하면서 본래 그리스도의 가르침으로 돌아가고자 하였습니다. 그래서 이 지역에서 새로운 문화적 경향은 이탈리아에서처럼 종교에 대한 무관심과 세속주의의 강화를 가져오기보다는 오히려 종교에 대한 관심을 강화하였고, 이는 교회를 개혁하고자 하는 열정으로 연결되었습니다. 요컨대 알프스 이북 유럽에서 새로운 인간중심적 문화 풍조는 기독교의 본래적 정신을 찾고 기독교인으로서의 올바른 삶의 태도를 고민하고 실천하려는 지식인들을 배출해내고 있었던 것입니다.

물론 이탈리아 르네상스가 그러했듯이, 북부의 기독교 인문주의자들 역시 그리스, 로마 고전 저작들에 깊은 관심을 가졌습니다. 이들은 고대 그리스 로마의 비기독교적 학문 연구를 옹호하면서 고전에서 강조되는 인간의 덕, 윤리, 고결함 등을 강조했습니다. 중요한 것은 이들이 이러한 고전의 가르침이 기독교 정신과 일치한다고 보았다는 것입니다. 즉 이들은 고대의 작품들 속에서 순수한 인간성과 숭고한 신성을 발견하였고, 고전에 대한 지식이 기독교와 갈등을 일으킨다기보다는 오히려 인간의 영적 성장을 돕는다고 보았습니다. 그들이 보기에 이성을 통한 지식의 습득은 신앙과 배치되는 것이 아니라 오히려 진정한 신앙으로 나가는 통로였던 것입니다. 그리하여 이들 기독교 인문주의자들은 성경과 교부들의 원전을 보다 더 철저히 연구하여 진정한 신앙의 길을 찾고자 노력하였습니다.

15~16세기 잉글랜드와 저지대인 네덜란드에서도 바로 이런 성향의 휴머니즘이 성장하고 있었습니다. 3장과 4장의 주인공들은 바로 이러한 휴머니즘을 대표하는 사람들입니다. 그리고 타락하지 않은 원시 기독교정신에 대한 이러한 추구는 결국 이 책 5장의 주인공에게도 영향을 주어 그의 인생을 송두리채 바꾸어놓고 전 유럽을 뒤흔든 대논쟁의 중심에 서게 만들 것이었습니다. 이제 다음 주인공들의 이야기로 넘어가 보실까요?

제3장

모두가 행복한 사회를 꿈꾸다
토마스 모어(Thomas More)

〈토마스 모어〉, 한스 홀바인(Hans Holbein the Younger), 1527

우리는 앞에서 15~16세기 격동의 시대에 이탈리아 출신의 두 명의 걸출한 인물들이 살다간 인생 역정을 따라가 보았습니다. 레오나르도 다빈치가 후원자를 따라 이곳저곳으로 옮겨 다니며 그의 위대한 상상력을 발휘하고 있을 즈음, 또 니콜로 마키아벨리가 제2서기장으로 조국 피렌체를 지키기 위해 이리저리 말달리며 고심하던 그 시절, 섬나라 영국에서는 또 한 사람의 문제적 인물이 태어나 활동하고 있었습니다.[1]

확실히 이 사람은 다빈치나 마키아벨리보다는 좋은 환경에서 태어났습니다. 귀족은 아니었으니 시쳇말로 '금수저'까지는 아니지만, 영국의 중산층 가정에서 태어나 좋은 교육을 받아 법률가가 되었으니, 적어도 '은수저' 정도의 복은 지니고 태어났다고 하겠습니다.

게다가 그는 성년이 된 후에는 이 책에서 다룰 사람들 중 세속적으로 가장 성공했다고 볼 수 있는 사람입니다. 정계에 진출해 왕의 신임을 듬뿍 받으면서 승승장구했고, 말년에는 왕 다음 자리인 재상(Lord Chancellor)[2]까지 오른 고위 정치인이었으니, 특히 앞 장의 주인공 마키아벨리와 비교해보면, 정치인으로서 남부럽지 않은 삶을 살았던 사람입니다.

또 그는 당시 유럽을 휩쓸던 새로운 지적 경향에 영향 받은 대표적 '인문주의자'이도 했습니다. 그는 후대 사람들에게 큰 영향을 줄 책 한 권을 썼는데, 마키아벨리의 『군주론』이 그랬던 것처럼, 이 책은 고전의 반열에 올라 오늘날까지도 많은 영감의 원천이 되고 있습니다. 여기까지만 이야기하면 마냥 행복한 인생을 산 것 같지만, 다빈치와 마키아벨리의 인생이 그랬던 것처럼, 이 사람의 인생도 결코 평탄한 것과는 거리가 멀었습니다. 그의 정치인으로서의 세속적 성공은 이야기의 절반에 불과할 뿐이니까요. 우리가 마지막 장에서 다룰 인물, 마르틴 루터의 종교개혁운동이 발생하면서, 그리고 그것과 연결된 영국 정치의 격랑 속에서, 성공 가도를 걷는 것으로 보이던 그의 인생은 결국 참수

---

1 당시 브리튼 섬은 잉글랜드와 스코틀랜드가 통합되기 전이니 정확히 말하자면 잉글랜드라고 불러야겠지만 여기서는 편의상 영국이라고 칭하겠습니다.
2 이 직책은 '대법관' 혹은 '상서경'으로 번역되곤 합니다.

형이라는 비극으로 마감됩니다. 하지만 사후에는 가톨릭의 '성인(Saint)'으로 추앙되기까지 하는 인물이니, 정말 극적인 인생의 주인공이라 하겠습니다.

이제 문제적 저서, 『유토피아(*Utopia*)』의 작가이자 많은 영화의 주인공이며, 가톨릭 성인(Saint)이기도 한, 이 장의 주인공, 토마스 모어(Thomas More)를 만나 볼 차례입니다. 자, 이제 그의 인생 속으로 그리고 그가 처한 영국의 상황 속으로 들어가 볼까요?

1. 성장: 청년 인문주의자, 수도사를 꿈꾸다

토마스 모어는 1478년 2월 7일, 런던에서 법률가였던 아버지 존 모어(John More)와 런던 상인의 딸이었던 어머니 아그네스 그룬저(Agnes Graunger) 사이에서 여섯 자녀 중 둘째로 태어났습니다. 손위 누나가 하나 있고, 남동생 둘과 여동생 둘을 둔 장남이었습니다. 레오나르가 1452년생이니, 다빈치보다 한 세대 뒤 정도에 해당되는 사람으로, 마키아벨리보다 9살이 적고 절친 에라스무스보다는 12살이 적습니다.

우리가 살펴본 두 명의 이탈리아인들보다 부유한 환경에서 태어났기 때문에, 토마스 모어는 어릴 때부터 꽤 좋은 교육을 받을 수 있었습니다. 마키아벨리가 7살에 동네 선생에게 라틴어를 배우기 시작했던 것처럼, 모어도 7살이 되던 1485년 무렵 '세인트 앤소니(St. Anthony)' 학교에 입학합니다. 그 학교는 당시에 이미 250년 이상의 역사를 가진, 런던의 명문 학교로 알려져 있었습니다. 거기서 그는 라틴어를 체계적으로 연마한 것으로 보입니다. 앞에서 언급했듯이 당시 라틴어는 모든 학문의 기초이자 필수였습니다.

그리고 그는 12살이 되던 1490년에 당시 영국의 캔터베리 대주교이자 대법관이던 존 모턴(John Morton, 1420?~1500)경의 시동으로 들어갑니다. 당시 영국에서는 똑똑한 아이들을 훌륭한 학자나 고위 인사들의 집에 보내 직접 교육을 받게 하는 관습이 있었습니다. 바로 모어는 이런 케이스로 모턴 경의 시동이 되었던 것입니다. 모턴 경은 당시 영국정치에서 왕 다음 가는 지위에 있는 주요한 인물이었습니다.

모턴 경은 어린 토마스의 영특함을 일찍 발견하였던 것 같습니다. 그래서 그는 식탁에서 시중을 들던 소년 토마스 모어를 가리켜 나중에 크게 될 인물이라고 자주 말했다고 합니다. 이런 인연으로 후일 모어는 자신의 책 『유토피아』에 스승인 모턴 경을 등장시키기도 했습니다. 2년 뒤 모턴 경은 그를 옥스퍼드 대학에 추천하였습니다. 어린 토마스는 매우 기뻐하였지만, 모어 가족 중 누구도 대학에 가지 않았던 터라 아버지 존 모어는 아들의 새로운 진로에 확신을 가지지 못했습니다. 하지만 모턴 경의 호의를 거절할 수 없었던 그는 아들의 대학진학을 허락했고, 1492년 14세가 된 모어는 옥스퍼드 대학에 입학합니다. 콜럼버스(Christopher Columbus)가 신대륙으로 향하던 바로 그 해였습니다.

앞에서 언급했듯이 이 시기 영국에서는 대륙처럼 '기독교 인문주의'가 성장하고 있었습니다.[3] 일군의 영국 학자들이 15세기 말 이탈리아로 건너가 고전 고대 문헌을 접했고, 곧 인문주의 학풍에 매료되었습니다. 존 콜렛(John Colet, 1466?~1519), 윌리엄 그로신(William Grocyn, 1446?~1519), 토마스 리너커(Thomas Linacre, 1460~1524) 같은 사람이 그들이었습니다. 이들 인문주의자들은 라틴어와 그리스어에 능통하였고, 그리스, 로마의 고전 문학작품들에 심취하면서도 동시에 고대 기독교 교부들의 종교적 저작들을 연구하였습니다.

이들은 모두 옥스퍼드(Oxford) 대학이나 케임브리지(Cambridge) 대학과 관계를 맺고 있었고, 런던과 왕실에서 활동하면서 조직적으로 연결된 영국 인문주의자 그룹을 형성하게 됩니다. 앞에서 알프스 이북 기독교 인문주의자들에게 고전학문 연구와 진정한 신앙에 대한 추구는 서로 충돌하지 않았고, 고전 연구가 진정한 신앙의 길로 인도하는 통로가 되었다고 말씀드렸는데, 이것은 이

---

[3] 잉글랜드에서 휴머니즘의 성장에 대해서는 찰스 나우어트(Charles Garfield Nauert), 진원숙 역, 『휴머니즘과 르네상스 유럽문화』(혜안, 2003), 256~258쪽 참조.

들 영국 인문주의자들에게도 마찬가지였습니다.

콜렛보다는 12살이, 리너커나보다 18살이나 어렸기 때문에, 토마스 모어는 잉글랜드 인문주의의 개척자들인 이들보다 뒤인 2세대 인문주의자 그룹 정도에 속한다고 할 수 있습니다. 옥스퍼드에서 간 모어는 이 시기부터 선배격인 이들 인문주의자들과 활발히 교류했습니다. 거기서 그는 라틴어와 그리스어를 열심히 공부하였고, 플라톤(Plato, BC.427~BC.347), 아리스토텔레스(Aristotole, BC.384~BC.322), 에피쿠로스(Epicuros, BC.341~BC.271) 등, 고전 저서들을 탐독하면서 인문주의 정신에 심취하게 됩니다. 이렇게 10대의 모어는 서적과 교제를 통해 당대의 새로운 문화적 경향을 듬뿍 흡수하면서, 고전탐구에 깊은 열정을 가진 기독교 인문주의자로 성장하고 있었던 것입니다.

토마스의 아버지 존 모어는 평민이었지만 법률가로 성공한 인물이었습니다. 앞에서 우리가 살펴본 것처럼, 그리고 나중에 루터 편에서도 언급하겠지만, 당시 법학은 도시의 평민들이 부와 사회적 명망을 동시에 얻을 수 있는 일종의 '사회적 사다리' 같은 것이었습니다. 귀족이 아닌 평민들은 법학을 통해 법률가가 되었고, 그것을 통해 최소한 중간계급으로의 안정된 삶을 보장받을 수 있었습니다. 잘되면 정치인들의 자문관이 될 수도 있었고 더욱이 영국같이 귀족 계급의 수가 적은 나라에서는, 고위관료로도 성공할 수도 있었기 때문에 법학은 부유한 평민들에게는 신분상승과 사회적 성공의 수단으로 여겨졌던 것입니다.

이런 점에서 모어의 아버지는 당연히 아들이 자신처럼 법률가가 되어야 한다고 생각했습니다. 그래서 그는 아들이 옥스퍼드에 오래 머무는 것을 원하지 않았습니다. 1494년경 아들이 16세가 되자 그는 토마스에게 런던으로 돌아와 법률가가 될 준비를 할 것을 명했습니다. 그리하여 그의 아들은 옥스퍼드를 떠나 2년간의 준비를 거친 후, 1496년 아버지의 뜻대로 '링컨 인(Lincoln Inn)'이라는 법률 전문학교에 들어가 법학공부에 매진하게 됩니다. 인문주의의 열정을 간직한 청년 모어에게 이제 대를 이은 법률가의 길이 시작되었던 것입니다.

그러나 실용적인 법학을 공부하면서도 고전에 대한 그의 열정은 식지 않았습니다. 그는 이후에도 옥스퍼드에서 만난 인문주의자들과의 연을 계속 이어갔고, 1499년 여름에는 그들을 통해 평생의 소울메이트 에라스무스(Desiderius Erasmus, 1466?~1536)를 운명적으로 만나게 됩니다.

모턴 경이 발견했던 것처럼 토마스 모어의 지적 능력과 열정은 남달랐습니다. 후일 친구 에라스무스는 모어에 대해, "적절한 생각들을 가장 적절한 어휘로 풀어내는" 능력이 탁월하며, "스쳐가는 온갖 것들을 간파하고 미리 예감하는 정신과 모든 것을 두루 흡수했다가 무엇이든 필요할 때 재빨리 떠올리는 민활한 기억력, 학문적 토론에서 발휘하는 상상력은 더 이상 예리할 수 없을 정도"라고 찬사를 아끼지 않았습니다. 후일 문제작 『유토피아』를 쓰게 한 것도 옥스퍼드에서부터 키운 바로 그런 지적 열정과 능력이었습니다.[4]

그러나 우리가 여기서 청년 토마스 모어를 학구적이고 지적인 열정으로 가득 찬 젊은 인문주의자이자 법학도로만 생각한다면, 그것은 모어를 제대로 이해하지 못한 것입니다. 토마스 모어의 인생을 이해하기 위해 무엇보다 놓치지 않아야 할 가장 중요한 사실은, 그가 젊은 시절부터 남다른 신앙심을 가진 인물이었다는 점일 것입니다. 라틴어는 물론이고 그리스어 공부에 매진하면서 고전 문헌에 빠져들었지만, 평생 그의 사상에 큰 영향을 주고 그의 삶을 지탱하고 움직인 것은 크리스트교 신앙심이었습니다.

그가 어떻게 이런 신앙심을 가지게 되었는지 정확히 알 수는 없습니다. 한 가지 계기는 어머니의 죽음이었을 것으로 보입니다.[5] 법학도로 열심히 공부하고 있었을 무렵인 1499년, 그러니까 21세가 되던 해에 그는 어머니를 잃었습

---

[4] 1517년 7월 23일자 에라스무스가 폰 후텐에게 보내는 한 편지. 1499년 모어를 만난 후 에라스무스는 한 제자에게 보낸 편지에서 "자연이 지금껏 창조한 것으로 토마스 모어의 천성보다 더 너그럽고 감미롭고 더 만족스러운 것이 있었을까"라고 묘사했습니다. 1506년 에라스무스는 모어에 대해 "자신의 지성을 그대로 표현할 줄 아는 능력, 드물게 쾌활한 성격, 오로지 순수한 쪽으로 넘쳐나는 재치까지 겸비"한 사람이라고 묘사했습니다. 제임스 몬티(James Monti), 『성 토마스 모어』(가톨릭출판사, 2005), 26, 29쪽.

[5] 몬티, 『성 토마스 모어』, 32~33쪽.

니다. 어머니의 사망 이후 그는 깊은 자기 성찰에 들어갔고, 하나님이 자신을 어떤 유형의 삶을 살게 하시려는 지를 진지하게 고민하기 시작한 것으로 보입니다.

사실 가까운 이의 죽음을 경험한 청년이 삶의 무상함을 느끼고 신앙심이 깊어진다는 것은 그리 놀랄만한 일은 아닐 것입니다. 하지만 이 시기 우리의 눈길을 끄는 것은 한 때 청년 모어가 평신도로서의 신앙생활을 넘어 수도사가 되려는 열망까지 가졌다는 점입니다.

1501년 법정변호사 자격을 취득한 모어는, 아버지의 집을 떠나 수년간 카르투지오(Cartusian) 수도사들이 생활하고 있던 차터하우스(Charterhouse)에서 살았습니다. 카르투지오 수도회는 11세기에 브루노(St. Bruno of Cologne, 1032~1101)가 설립한 것으로, 세속과 단절한 가운데 침묵과 기도로 신과의 합일을 추구한 금욕적 수도회였습니다. 당시 이 수도회에서는 입회를 하지 않더라도 미혼의 남성들을 손님자격으로 그곳에 살 수 있게 허락하고 있었습니다. 그는 그 케이스로 4년이라는 결코 짧지 않은 시간을 수도사들과 살면서 엄격한 영성훈련을 함께했던 것입니다.

토마스 모어처럼 부유한 집안에서 태어나 변호사 자격까지 취득하여 세속적 성공의 길을 걷던 전도유망한 청년이, 왜 군이 집을 떠나 수도원에서 살아야 했던 것일까요? 게다가 모어는 우리가 마지막 장에서 다룰 마르틴 루터처럼 불안과 죄의식에 시달리던 사람도 아니었고, 오히려 유쾌하고 쾌활한 성품에 건강한 지적 호기심을 가진 청년이었습니다.

정확히 알 수는 없지만 학자들이 제공하는 한 가지 추측 가능한 외면적 이유로는, 아버지와의 불화를 들 수 있습니다. 당시 아버지 존 모어는 아들의 인문주의적 탐구나 에라스무스와의 교류를 못마땅하게 생각하고 있었습니다.[6] 그리고 그는 인문주의자들과의 교류가 실용적 법률가가 되어야 할 아들에게 나

---

6 그의 아버지는 에라스무스를 "위험하게 과잉교육을 받은 약탈자(dangerously overeducated scrounger)" 같은 존재로 판단했다고 합니다. John Guy, *Thomas More: A very brief history* (GB: Society for Promoting Christian Knowledge, 2017), p. 5.

쁜 영향을 주고 있다고 생각하고 있었습니다. 그래서 그는 경제적 지원을 끊어버리겠다고 아들을 위협하곤 했는데, 이런 아버지의 압박 때문에 집에서 나와 수도원에서 살게 되었다는 설명이 가능한 것입니다.

그러나 좀 더 내면적 이유를 지적해보자면, 이 시기 그가 세속적 삶과 영적인 삶 사이에 갈등하였고, 그 두 가지 방향 중에서 자신의 진로를 선택하기 위해서 수도원에 들어가 살았다는 설명도 가능합니다. 그가 생애 내내 수도사들을 존경하였고 그들의 삶에 동경심과 경외감을 표현해 온 것으로 보아, 아마도 여기서 모어는 자신이 수도사로서 살아갈 수 있을지 그 가능성을 시험해 볼 작정이었던 것 같습니다.

하지만 정식 입회한 것은 아니었기 때문에 수도원에 들어갔다고 해서 그의 삶이 세속적 생활과 완전히 단절된 것은 아니었습니다. 차터하우스는 링컨 법학원에서 걸어서 20분 거리에 있었는데, 그는 법학원 입학을 준비하는 학생들을 가르쳐 생계를 유지하고, 그로신의 교회에 가서 강연을 하기도 하면서, 수도사들과 함께 일정시간을 영성 훈련에 참여하였던 것입니다.

어쨌든 성직자도 아닌 평신도가, 그것도 학구적이고 전도유망한 젊은 법률가 청년이, 수도사들과 함께 살면서 엄격한 영성훈련에 참가했다는 것은 그리 평범한 일은 아니었습니다. 청년 모어에 대한 다음과 같은 묘사는 당시 그의 삶이 어떠했는지를 보여줍니다.

"… 그는 학자라기보다는 성인이 되려는 열의가 훨씬 더 뜨거웠다. 그러기에 젊은 청년임에도 고행자 셔츠를 입었고 맨바닥이나 마룻바닥에서 통나무 토막을 베게 삼아 잠을 잤다. 그는 기껏해야 네다섯 시간밖에 자지 않았고, 밤샘이나 단식도 자주 했다. 이런 고행들을 실천하면서도 다른 사람들이 고행의 흔적을 전혀 알아볼 수 없도록 그 사실을 철저히 숨겼다."[7]

---

7   몬티, 『성 토마스 모어』, 31쪽.

이러한 남다른 경건성은 그의 인생 내내 계속되었습니다. 그는 수도사가 되지는 않았지만 죽을 때까지 평생 수도사들이 입는 거친 속옷을 입고 살았습니다. 후일 왕실의 고위 관리로 성공한 이후에도 새벽 두시에 일어나 하루의 처음 5시간을 기도와 공부로 시작하였고, 일부러 새로운 건물을 마련해 궁정행사에서 돌아오면 기도에 몰두하였습니다. 또 금요일마다 하루 종일 혹은 밤새도록 기도와 영성수련에 들어가기도 했습니다.[8] 심지어 미사 중에 국왕에게 호출을 받으면 더 높으신 임금께 신하의 예를 다 바친 다음에 가겠다고 대답하였다고도 합니다.

이런 점에서 그가 이탈리아의 인문학자 지오반니 피코 델라 미란돌라(Giovanni Pico Della Mirandola, 1463~1494)의 전기를 번역한 것은 단순한 우연은 아니었습니다. 차터하우스에 살던 시기에 모어는 이 전기를 번역하였습니다.[9] 미란돌라는 고전에 해박한 인문주의자이면서도 신앙심을 깊이 간직하고 있었고, 성직자가 아닌 평신도였음에도 불구하고 평생을 성경과 교부철학을 연구한 인물이었습니다. 평신도로 학문과 영성을 동시에 추구했다는 점에서, 토마스 모어 자신의 삶과 매우 닮은 꼴이었던 것입니다.

요컨대, 청년 모어는 그리스어와 라틴어 문장에 능통한 인문주의자였고, 논리적 사고로 무장한 법률가였지만, 누구보다도 신실한 기독교 신앙심을 가진 사람이었습니다. 그리고 이런 청년시절의 가치관이야말로, 이후 그의 인생 내내 많은 선택을 결정지은 출발점이 되었습니다.

2. 세속에서: 출사와 결혼

수도사들의 신앙을 존경하고 수도원 생활을 동경한 것은 분명하지만, 모어

---

8 몬티, 『성 토마스 모어』, 74~75쪽.
9 피코 델라 미란돌라가 끼친 영향에 대해서는 몬티, 『성 토마스 모어』, 36~52쪽 참조.

는 결국 수도원 행을 포기하고 세속의 법률가로 남았습니다. 수도사로서의 헌신할 능력이 자신에게 없다는 의심 때문이었습니다. 마지막 장에서 우리가 다룰 마르틴 루터에게 해당되는 경구, '의심이 수도사를 만든다'는 말과 정반대에 해당되는 것이 토마스 모어의 경우였다 하겠습니다. 그는 '실패한 수도사(failed monk)'라는 자책감과 비슷한 감정, 헌신하는 삶을 사는 수도사들에 대한 경외감을 이때부터 평생 가지고 있었습니다.[10]

수도원을 나온 그는 1504년에 선거에 나가 하원의원으로 선출되면서 세속 정치의 세계에 입문합니다. 한 가지 특기할 만한 일은, 정계에 입문하자마자 젊은 의원 모어는 세금문제로 왕의 정책에 반기를 들어 국왕의 분노를 샀다는 것입니다.

13세기 '대헌장(Magna Carta)' 이래 의회 세력이 강하던 영국에서, 국왕의 과세는 의회의 승인을 받아야 했습니다. 당시 영국 국왕은 튜더왕조를 연 헨리 7세(Henry VII, 1457~1509)였습니다. 1504년 왕은 두 가지 안의 승인을 의회에 제출해 놓고 있었습니다. 하나는 1502년에 사망한 그의 장남 아서(Arthur) 왕자에게 기사작위를 추서하겠다는 것이었고, 다른 하나는 장녀인 마가릿(Margaret) 공주의 혼인 문제이었습니다. 이 두 가지 사안은 모두 돈이 드는 일이었고, 왕은 이 일에 필요한 비용으로 특별세 9만 파운드를 의회에 요구하였던 것입니다. 이런 왕의 요구에 대해 당시 26세의 청년의원 모어는 의회에서 설득력 있는 언변으로 반론을 펼칩니다. 그는 왕의 요구가 지나치게 많다고 동료 의원들을 설득하였고, 결국 의회는 그 금액을 3만 파운드로 낮추었던 것입니다. 애송이 의원 하나가 감히 국왕의 요구에 딴지를 걸었다는 것에 화가 난 국왕은, 모어의 아버지를 런던탑에 가두고 백 파운드의 벌금을 매기는 것으로 보복하였습니다.[11]

한편, 하원의원이 된 직후인 1505년에 모어는 집안끼리 가까운 사이였던 존

---

10 Raymond Wilson Chambers, *Thomas More*(Endeavour Media Ltd. 2017), kindle version, loc 1447 of 7304.
11 김평중, 「튜더 초기의 정치상황과 토마스 모어」, 『전주사학』, 6집 (1998), 152쪽.

콜트경의 장녀, 제인 콜트(Jane Colt)라는 여성과 결혼을 하여 가정을 꾸렸습니다. 모어의 사위 로퍼(William Roper)는 그의 장인에 대한 전기에서 토마스 모어의 첫 결혼과 관련해 재미있는 이야기를 들려줍니다. 모어의 처가인 콜트 집안에는 세 명의 딸이 있었는데 모어가 처음 호감을 가진 것은 둘째 딸이었다고 합니다. 하지만 언니 제인을 제쳐두고 동생에게 청혼할 경우 제인이 받을 마음의 상처를 생각해 "어느 정도는 동정심(a certain pity)"에서 제인과 결혼을 결심했다는 것입니다. 얼마나 사실인지는 알 수 없지만 열렬한 사랑에 빠져 한 결혼은 아니었던 듯합니다.[12]

헨리 7세와의 충돌과 결혼 이후, 몇 년간 모어의 삶을 알려주는 정보는 거의 없습니다. 그래서 이 시기 그의 생활을 상세히 알기는 어렵습니다. 하지만 그가 아버지의 반대에도 불구하고 여전히 인문주의자들과의 교제를 이어가고 있었던 것은 분명합니다. 1506년 11월에 출판된 한 권의 책은 그가 인문주의 연구를 지속하고 있었음을 보여줍니다. 이 책은 2세기 그리스의 문학가 루키아노(Lucian of Samosata, 120?~180?)가 그리스어로 쓴 책을 라틴어로 번역한 역서로, 모어는 절친 에라스무스와 함께 이 책을 번역하였습니다.

하지만 추측컨대, '왕의 분노'라는 그림자는 여전히 이 시기 그의 삶을 어둡게 만들고 있었던 것 같습니다. 시쳇말로 왕에게 찍혀 런던에서 계속 살기 힘들다는 판단을 한 것인지, 30세의 모어는 영국을 떠날 생각을 잠시 했던 것 같습니다. 1508년 그는 대륙으로 건너와 루뱅과 파리 대학을 방문했었는데, 학자들은 이 방문의 목적이 이주할 곳을 찾기 위한 것이었다고 보기도 합니다.

하지만 다행히 모어는 영국을 떠나지 않을 수 있었습니다. 다음 해인 1509년 4월 헨리 7세가 사망하였기 때문에 모어는 이 문제에서 벗어나 더 큰 화를 피할 수 있었습니다. 하지만 국왕과의 충돌이라는 이 사건은, 드라마로 치면, 관리로서의 그의 인생의 마지막을 예고하는 복선으로 보이기도 합니다.

헨리 7세의 사망으로 영국 왕위는 당시 18세의 청년이던 헨리 8세(Henry VIII,

---

12 William Roper, *The Life of Sir Thomas More*(London: Chios, 2015), p. 6.

1491~1547, 재위: 1509~1547)가 이어 받았습니다. 이미 10년 전 헨리가 어린 왕자였을 때부터 개인적으로 알고 지냈기 때문에[13] 헨리의 즉위를 모어는 매우 기뻐하였습니다. 헌정시까지 써 새 국왕에게 바쳤으니까요. 모어는 수려한 외모의 이 청년 왕이, 헨리 7세의 폭정을 잠재우고 영국을 새로운 평화와 번영으로 이끌 것이라고 기대를 했던 모양입니다. 어쨌든 국왕의 교체는, 불안해보이던 모어의 정치 인생에 다시 안정감을 부여하였습니다. 법률가로도 사회적 신망이 높아지면서 그의 인생은 탄탄한 성공가도로 들어섰습니다. 1510년에는 런던 시 부장관(undersheriff)으로 시장을 보좌하는 역할을 맡았고, 1515년에는 왕의 특사 자격으로 플랑드르 지방에 파견되기도 합니다.

3. '유토피아': 모두가 행복한 사회

30대 중후반, 토마스 모어는 한 가정의 가장으로, 그리고 법률가이자 공직자로서 열심히 그의 삶을 살고 있었습니다. 이 시기 그는 그의 이름에 항상 따라다닐 유명한 소설책 한 권을 쓰게 됩니다. 이 책이 1515년 여름에서 1516년 가을에 걸쳐 라틴어로 쓰인, 『유토피아』이었습니다.

사실 모어가 글을 쓸 수 있을 시간을 얻게 된 것은 1515년 5월 시작된 네덜란드와의 외교업무 때문이었습니다. 그는 헨리 8세가 네덜란드와의 협상에 파견한 영국 대표 다섯 사람 중 한 사람이었습니다. 이 협상이 양측 고위층과의 협의를 위해 7월 중순에 잠시 중단되자 모어는 여유 시간을 갖게 되었고, 이때 후일 『유토피아』의 2권이 될 내용을 썼던 것으로 보입니다. 10월에 귀국한 모어는 바쁜 일과 속에서도 1권까지 완성하여, 1516년 루뱅에서 2권으로 구성된 『유토피아』의 첫 출간을 보게 됩니다.[14]

---

13 모어가 헨리 왕자를 처음 만난 것은 1499년이었습니다. 이 자리에는 에라스무스도 함께 있었습니다. Guy, *Thomas More*, pp. 8~9.
14 『유토피아』는 여러 도시들에서 4종류의 판본이 등장했는데 영국의 사회악과 빈부격

『유토피아』는 일종의 가상 소설입니다. 모어는 이 책에서 여행가인 '라파엘 히슬로다에무스'(Raphael Hythlodaeus)라는 한 허구의 인물을 주인공으로 내세우고 있습니다. 이야기는 작중의 모어가 안트베르펜에서 친구 피터 길레스(Peter Giles, 1486~1533)와 함께 있던 이 라파엘이란 인물을 소개받는 것으로부터 시작됩니다. 라파엘은 상상으로 만들어낸 인물이었지만 길레스는 벨기에 지역에 살던 인문주의자로, 모어와 에라스무스, 길레스 세 사람은 실제로 매우 친밀한 관계에 있던 친구 사이였습니다. 재미있는 것은 모어가 이 소설 속에 모어 자신은 물론, 자신의 스승이었던 존 모턴 경, 친구인 길레스같이 실존했던 인물들을 집어넣어 주인공 라파엘과 대화를 하는 형식을 취하고 있다는 것입니다. 즉 허구의 인물과 실존 인물을 한 공간에 집어넣어, 이 이야기가 마치 사실인 것 같은 착각이 들게 만들고 있는 것입니다.

앞에서 말씀드렸듯이, 이 책의 구성은 총 2권으로 되어 있습니다. 주로 1권에서는 라파엘과 모어, 길레스 사이의 대화를 통해 유럽사회가 처한 현실을 고발하고 비판하는 것이 주를 이루고 있습니다. 반면에 2권은 라파엘의 입을 빌어 그러한 사회에 대비되는 '유토피아'라는 새로운 땅에 대한 이야기를 소개하는 것이 주요 내용입니다.

오늘날 '유토피아'라는 말은 모든 사람들이 지향하는 일종의 이상향을 가리키는 말로 쓰입니다. 하지만 원래 이 단어는 '없다'라는 뜻의 그리스어 'ou'와, 장소를 의미하는 'topos'가 합쳐져 '어디에도 없는 곳', 즉 현실과는 다른 '새로운 세계'를 의미하는 것이었습니다.[15] 요컨대 모어는 당시 현실과는 매우 차별적인 가상의 나라를 만들어내고 소개함으로써, 당대 유럽과 영국사회의 문제점을 드러내는 방식을 취하고 있었던 것입니다.

차를 적나라하게 까발리는 내용이라서 그런지 영국에서는 모어 사후 15년이 지난 이후, 그러니까 처음 쓰이고 나서 40년 뒤에야 출간되었습니다.
15 여기서 모어가 '유토피아'를 오늘날의 의미, 즉 이상적인 완전한 사회를 뜻하는 말로 썼는지는 확실치 않습니다. 이화용, 「토마스 모어-유토피아와 정치현실」, 강정인·김용민·황태연 편, 『서양근대정치사상사』(책세상, 2007), 72쪽.

이 책에서 모어는 화자 라파엘을 포르투갈 출신의 라틴어와 그리스어에 능한 철학자이자, 여러 지역을 여행하여 견문이 넓은 사람으로 설정하고 있습니다. 이는 대항해 시대의 선두주자가 포르투갈이었던 점, 그리고 많은 지식인들이 인문주의의 흐름 속에 살고 있었던 당대 상황을 반영하고 있다고 하겠습니다. 특히 라파엘은 자신의 재산을 형제들에게 나누어주고 여행을 하는 인물로 소개되고 있는데, 이것은 모어 자신의 가치관, 물질적 탐욕을 비판하는 그의 태도와 무관하지 않을 것입니다.

그럼 이 책, 『유토피아』를 통해 모어가 말하고자 했던 주요 내용을 무엇인지 잠깐 살펴볼까요? 그의 논점은 크게 세 가지 정도로 요약할 수 있을 것 같습니다.

사회적 해악의 원인 규명과 사회 정의의 추구

예전부터 많은 지식인들이 그러했고 지금도 그러하듯이, 모어는 분명 자신이 살던 시대 영국과 유럽사회가 마음에 들지 않았던 것 같습니다. 다음 장에서 살펴볼 그의 친구 에라스무스처럼, 그는 당대의 사회상을 비판하는데 책의 상당 부분을 할애하고 있습니다.

특히 1권의 주요 내용은 당시 영국의 불평등하고 부정의한 사회구조에 대한 신랄한 비판으로 채워져 있습니다. 여기서 모어는 당대 잉글랜드 사회의 범죄들이 지배층의 탐욕과 불평등한 사회구조 때문에 발생한다는 점을 강조하면서 인간의 탐욕, 특히 지배층의 사리사욕과 허영심, 오만을 비판합니다.

그 중에서 가장 주목할 만한 부분은, 당시 영국사회에 늘어가고 있던 절도범 문제에 대한 구절입니다. 이 책에서 주인공 라파엘은 도둑이 생겨나는 근본적 이유가 불평등한 사회구조에 있다고 주장합니다. 그리고 그는 그러한 잘못된 사회구조를 개혁하지 않고 도둑을 무조건 처벌하는 것으로는, 범죄가 근절되지 않는다는 점을 강조하고 있습니다. "양이 사람을 잡아먹는다"는 그 유명한 문구는 바로 이 대목에서 나옵니다. 라파엘의 발언을 몇 구절 살펴볼까요?

"수벌들처럼 타인의 노동에 기생해 먹고 살며, 여유로운 생활을 즐기는 수많은 귀족들이 있습니다. … 그들은 끊임없이 더 이상 뽑아낼 것이 없을 때까지 소작료를 올림으로써, 소작인들의 피를 빨아먹으며 살아가고 있습니다."[16]

"보통 양은 유순하고 매우 조금밖에 먹지 않습니다. 하지만 이제는 사나와지고 왕성한 식욕을 갖게 되어 심지어 사람까지 먹어치우고 있다고 들었습니다. … 국내 어느 곳이든지 훌륭하고 값비싼 양털이 생산되고 있는 지역들에서는, 귀족, 젠트리, 심지어 몇몇 수도원장들까지 그들의 조상들이 거두어들이던 옛 지대와 이윤에 만족하지 않게 되었습니다. … 그래서 그들은 경작용 농경지를 모두 목장으로 바꾸고 양을 키우기 위해 울타리를 쳐버렸습니다."[17]

"영국은 예외적으로 번영하고 있는 것으로 보입니다. 하지만 이제 소수의 제어되지 못한 탐욕이 그 번영을 파괴하고 있습니다. 빵 값이 오르면 집주인들은 수많은 하인과 일꾼들을 내보내게 됩니다. 이렇게 내몰린 사람들은 구걸을 하거나 아니면 도둑질을 하는 것 외에 달리 무슨 일을 할 수 있겠습니까?"[18]

이 구절들을 통해 모어가 정면으로 비판하고 있던 것은 당시 영국사회를 지배하던 사회현상, 농경지를 양 키우는 목장으로 바꾸는 '인클로저(enclosure)'였습니다. 이 '인클로저'라는 단어는 우리말로 옮기자면, '울타리치기'에 해당됩니다. 즉, 중세 장원의 개방된 공유지를 울타리를 쳐서 사유 재산으로 만드는

---

[16] 이 글에서 참고한 『유토피아』 원문은 David Wootton, ed. & trans., *Utopia with Erasmus's The sileni of Alcibiades*(Hackett Publishing Company, 1999)입니다. 청소년들이 알기 쉽게 풀어쓴 한국어 번역서로는 토마스 모어, 정순미 풀어씀, 『유토피아』(풀빛, 2006)와 나종일 역 『유토피아: 어디에도 없는 그러나 누구나 꿈꾸는 나라』(서해문집, 2005)를 추천합니다. 인용문은 Wooton, *Utopia*, p. 64; 정순미, 『유토피아』, 30쪽; 나종일, 『유토피아』, 26쪽.

[17] Wooton, *Utopia*, p. 66.

[18] Wooton, *Utopia*, p. 67.

일을 말하는 것입니다. 아직 면직물이 나오지 않은 시대라 당시 사람들의 옷은 거의 양모로 만들어졌습니다. 이 양모를 생산하는 것이 곡물을 재배하는 것보다 훨씬 많은 수입을 올리자, 영국의 많은 지주들은 앞 다투어 농토를 목장으로 바꾸기 시작했습니다. 그리고 그런 목장을 만들기 위해 지주들은 오랫동안 공유지로 여겨지던 땅에까지 울타리를 치고 양을 키움으로써 사적 소유권을 분명하게 주장하기 시작했던 것입니다. 지금으로 치자면, 아파트 가격이 오르자 돈이 있는 사람들이 아파트를 더 지으려고 가난한 사람들이 살던 땅을 사서 그곳에 살던 사람들을 내쫓는 것과 비슷한 일이라 하겠습니다.

오늘날 철거민들이 한순간에 주거지를 잃고 갈 곳이 막막한 어려운 사정에 처하는 것처럼, 이런 '인클로저'는 오랫동안 공유지에서 먹을 것을 구해 힘겹게 살아가던 가난한 농민들에게는 심각한 타격을 의미했습니다. 결국 많은 농민들이 농토에서 쫓겨나 도시 빈민이 되었고, 그 빈민들은 거지가 되거나 아니면 도둑질을 해 범죄자가 될 수밖에 없는 가슴 아픈 일들이 발생하고 있었던 것입니다. "양이 사람을 잡아먹는다"는 말은 이런 현상을 묘사하기 위해 나온 말이었습니다.

즉, 모어는 당시 영국에서 귀족은 물론 성직자들까지 너도 나도 물질적 이익을 위해 양털 생산에 나서고 있던 상황, 그 때문에 농민이 땅을 팔고 쫓겨나게 되는 것, 그리고 결국에는 이들이 떠돌다가 가지고 있던 돈을 써버리고 도둑질을 하게 되어 교수형까지 가게 되는 현상을 이 책을 통해 비판하고 있는 것입니다.

이렇게 가난한 농민들이 범죄가가 되는 과정을 묘사한 후에, 모어는 라파엘의 입을 빌려 다음과 같은 처방책을 내놓습니다.

"이런 해악을 뿌리 뽑아야 합니다. 농장이나 마을을 파괴시킨 자는 누구든 스스로 그것을 원상복구 시키든지, 아니면 복구시킬 의사가 있는 사람에게 토지를 넘겨주게 해야 합니다. 부자들이 시장을 지배하고 독점적인 가격통제를 하지 못하게 막아야합니다. 하는 일 없이 빈둥거리면서 양육되는 사람들의 수를 줄여야 합니다."[19]

그는 당시 출세 길에 들어선 공직자였습니다. 하지만 모어는 자신이 속한다고 해야 할 지배계급에 대해 이런 신랄한 비판과 발언을 서슴없이 하고 있습니다. 우리는 그의 글을 통해 자신의 사리사욕이 아니라 가난한 대중의 삶에 깊은 관심을 가지고 사회적 불평등과 정의의 문제를 제기하고 있는, 한 공직자의 모습을 볼 수 있는 것입니다.

물질주의적 가치관과 귀족적 허영심에 대한 비판

두 번째, 그가 이 책을 통해 지적하고자 했던 점은 당대 유럽 사람들이 가지고 있던 잘못된 가치관이었습니다. 『유토피아』에서 우리가 반드시 눈여겨보아야 할 것 또 하나는, 모어가 당시 사회적으로 당연시되던 물질주의적 풍조에 분명히 반대하고 있다는 점입니다. 사실 그가 보기에, 앞서 지적했던 불평등하고 부정의한 사회현상은 바로 당대 유럽인들의 잘못된 가치관과 생활태도 때문에 발생하는 것이었습니다. 그는 다음과 같은 말로 당대 사람들의 생각과 행위를 비판합니다.

"사회 각계각층 사람들이 사치스러운 옷차림과 화려한 음식들에 지나치게 많은 돈을 쓰고 있습니다. 요리점, 사창가, 남녀를 소개해주는 알선업소들도 많이 있고, 선술집, 와인 바와 맥주 집 역시 그런 사람들의 기호를 충족시켜 줍니다. 그리고 도박도 만연합니다. 주사위놀음, 카드놀이, 창던지기, 포환던지기, 장대던지기 같은 것들을 보십시오. 이런 데 빠지면 쉽게 돈을 잃게 마련입니다."[20]

그는 당대 사람들이 물질에 지나친 가치를 두며, 물질로 타인을 판단하고 자

---

19 Wooton, *Utopia*, p. 68.
20 Wooton, *Utopia*, p. 68.

신의 우월성을 과시하려는 경향이 있음을, 못마땅하게 생각하였던 것입니다. 이런 모어의 말을 들으신 여러분은 모어가 인생의 즐거움을 너무 제한하고 있지 않은가 하고 생각하실 지도 모르겠습니다. 하지만 당시 모어는 많은 사람들이 세속적 쾌락에 빠져, 사회 전체가 기독교의 참된 정신을 잃어버리고 있다는 점을 깊이 우려했습니다.

특히 그는 이러한 잘못된 사회적 방향에 유럽과

3-1 1516년 나온 『유토피아』 초판의 표지

잉글랜드의 귀족들이 주된 역할을 하고 있다고 보았습니다. 그에 따르면, 당대 귀족들은 "자신들이 입은 의복이 다른 사람들 것보다 더 좋다고 생각하며, 호사스러운 옷을 입었기 때문에 자기 자신들을 더 낫다고 생각하며, 자신들이 더 중요한 사람이 된 것으로 생각"[21]하는, 어리석은 사람들이었습니다. 또 그들은 "자기가 귀족이라는 것을 미치도록 좋아하면서 잘난 체하고, 우연히 부자 조상들이 길게 이어지는 자신의 가계, 특히 그들의 오랜 소유지를 자랑으로 삼는", 부끄러운 행태를 보이고 있었습니다. 이렇게 그는 귀족들의 잘못된 우월의식과 허영심을 꼬집고 있었던 것입니다."[22]

---

21 Wooton, *Utopia*, p. 118.
22 Wooton, *Utopia*, pp. 118~119.

이 글에서 모어가 비판하고 있는 것은 16세기 영국의 상황이지만, 사실 이 같은 물질주의적 현상은 우리에게도 전혀 낯설지 않습니다. 오늘날 우리도 차림새로, 물질로, 사람을 판단하지 않는다고 자신 있게 말하기는 어려울 듯합니다. 또 많은 재화를 생산하고 소비하며 살고 있지만 과연 그것들이 정말 살아가는 데 없어서는 안 될, 꼭 필요한 것인가 하는 질문에는 대답하기 어려울 때가 많습니다. 남들보다 더 잘난 체하기 위해서는 아니라 해도, 남의 시선 때문에 보이기 위한 소비를 하는 경우도 너무 많으니까요. 모어의 비판이 낡은 옛 이야기로 들리지는 않는 것은 이런 모습이 21세기 자본주의 사회에도 여전하고, 아니 더욱 심각하기 때문이겠지요.

이런 잘못된 가치관과 허영심에 대한 모어의 비판은, 이에 대조되는 사회, 가상의 섬, '유토피아'를 소개하는 2권에서 더욱 강력하게 펼쳐집니다. 이 2권에서는 주인공 라파엘이, 자신이 직접 가서 보았다는 특이한 섬에 대한 이야기를 본격적으로 들려줍니다. 여기서 라파엘은 자신이 그 섬에 갔을 때 본 일화를 소개하며, 물질주의적 과시가 얼마나 우스운 일인지를 말하고 있습니다.

라파엘에 따르면 그가 유토피아 섬에 갔을 때, 마침 '아네몰리우스(Anemo-lius)—허영심이 많은 나라라는 뜻'—라는 나라의 외교사절들이 그 섬을 방문했다고 합니다. 이 사절들은 비단 옷과 금 목걸이, 보석으로 잔뜩 치장하고 왔는데, 유토피아 사람들은 그들을 보고 노예가 틀림없다고 여기며 이상하게 생각했다는 것입니다. 왜냐하면 '유토피아'에서 보석이나 금, 은은 전혀 가치를 인정받지 못하는 쓸모없는 것이기 때문입니다. 그의 묘사를 들어보시죠.

"별보다 빛이 희미한 작은 돌조각에 매혹되고, 또 질이 좋은 양털로 짠 옷을 입었다고 해서 더 잘났다고 뽐내는 어리석은 사람들을, 유토피아 사람들은 도무지 이해할 수 없었습니다. 또한 유토피아 사람들은 세계 도처에서 금과 같이 전혀 쓸모없는 물건을, 인간보다 더 가치 있고 소중하게 여기는 까닭을 이해하지 못합니다. 그러나 유토피아 사람들이 가장 이상하게 여기고 혐오하는 것은 부자에게 빚을 진 것도 아니고 머리를 숙여야 할 하등의 이유가 없는데, 단지 그가 부자라는 점 때문에 그를 존경하는 어리석은 태도입니다."[23]

이런 말과 함께 라파엘은, '유토피아'에서 금과 은은 노예를 묶는 사슬이나 요강을 만드는 데 사용된다고 말합니다. 당대 유럽인들이 갈망하던 금은보화가 유토피아에서는 죄수들에게 쓰이는 하찮은 것에 불과하다는 것이지요.

왜 모어는 이런 일화를 『유토피아』에 집어넣은 것일까요? 작가 모어는 이 일화를 통해 옷, 보석, 재산, 도박, 사냥 등 물질적 쾌락에 집착하는 것은 진정한 행복이 아니며 사이비 쾌락이라는 것, 그리고 그러한 물질적 집착을 상식으로 여기지 않는 사회가 충분히 가능하다는 것을 보여주려 했던 것입니다.

이렇게 물질을 추구하는 속세의 태도를 경멸하고 있다는 점에서, 모어는 기독교의 전통적 흐름에 서 있었습니다. 즉 그는 이 책에서 세속적 물질에 대한 추구는 올바른 기독교인의 태도가 아니라는 것, 이런 잘못된 가치관이 불평등하고 부정의한 사회구조를 만들어낸다는 것, 그리고 그것이야말로 하나님이 사랑하라고 명하신 많은 이웃들을 고통으로 몰아넣고 있다는 점을 강조하고 있었던 것입니다. 이런 면에서 모어의 책, 『유토피아』는 기독교의 본래적 정신으로 돌아갈 것을 주장하는 '기독교 인문주의'의 핵심을 반영하고 있다 하겠습니다.

스스로의 인생에서도 모어는 외모를 꾸미는 허영을 극구 피하여 평생 가장 검소한 옷만 입었습니다. 진주 목걸이를 사달라고 조르는 며느리에게 흰 강낭콩으로 만든 목걸이를 선물로 주었다는 일화나, 곡식을 쌓아둔 곳간이 화재로 타버렸을 때 그가 보인 초연한 태도는 모두 그의 비물질주의적 세계관과 깊은 신앙심의 표현이었던 것입니다.

모두가 행복한 사회, 비물질주의적 사회

그렇다면 그가 말하고자 했던 바람직한 인간의 모습, 정의롭고 행복한 사회

---

[23] Wooton, *Utopia*, p. 113; 정순미 역, 『유토피아』, 113~114쪽.

의 모습은 어떤 것이었을까요? 역시 그는 유토피아 섬에 대한 이야기로 이 의문에 답하고 있습니다.

하지만 여기서 한 가지 지적해두어야 할 점은, 책 『유토피아』에 나오는 유토피아 섬이 정말 모어 자신이 생각하고 있던 이상적 사회의 모습이었는지는 분명하지 않다는 것입니다. 사실 '유토피아'에 대한 모든 묘사는 주인공 라파엘의 입을 빌려 소개되고 있는데, 그것을 듣는 작중 인물들은 라파엘의 주장에 항상 동의하지는 않기 때문입니다. 하지만 라파엘과 작중 모어의 대화를 살펴보면 '유토피아'가 무결점의 완벽한 사회는 아니라 해도, 유럽 사회가 참고하고 따라야 할 것이 많은 사회라고 주장하는 것은 분명해보입니다.[24]

그럼 모어가 머릿속에서 만들어낸 유토피아 사회는 어떤 곳인지 살펴볼까요?

'유토피아'는 초생달 모양의 섬나라로, 54개의 도시와 주변 농촌으로 구성되어 있습니다. 정치적으로는 왕이 없는 공화제이자 대의제를 채택하고 있었다고 할 수 있습니다. 30세대를 단위로 '시포그란투스(Syphograntus)'라고 불리는 공직자를 선출하고, 이들이 모여서 시장이나 국가지도자를 선출하도록 되어 있었으니까요. 대체로 도시와 국가의 중요 문제는 모두 이런 대표들이 모인 회의에서 토의를 통해 결정하게 되어 있었습니다.[25]

그리고 유토피아 섬은 경제적으로는 모든 국민이 노동을 하고 노동생산물을 공유하는 무계급사회였습니다. 특별한 예외를 제외하고 '유토피아'에서는 사회의 모든 구성원이 하루에 6시간의 노동을 담당합니다.[26] 귀족들이나 돈 많은 사람들은 노동을 하지 않고 가난한 민중들만이 엄청난 중노동을 감당해야 했던 유럽 사회와는 달리, 사회구성원 모두가 적정한 노동을 담당하는 것입니다. 모어는 라파엘의 입을 빌려 '유토피아'에서는 모든 구성원이 생산 활동에 참여하여 노동의 평등성을 유지함으로써, 상대적으로 짧은 노동시간에 필요

---

24 정순미 역, 『유토피아』, 196~197쪽; 나종일 역, 『유토피아』, 179~180쪽.
25 Wooton, *Utopia*, pp. 90~96; 정순미 역, 『유토피아』, 75~85쪽.
26 Wooton, *Utopia*, p. 99.

한 풍족한 물자를 생산할 수 있다고 말합니다.

또 한 가지, '유토피아'가 당시 유럽 사회와 다른 것은, 필요 이상의 많은 것을 생산해내려고 노력하지 않는다는 점입니다. '유토피아'에서는 노동이 필요하지 않은 경우에는 노동시간 단축을 선언하고 불필요한 노동을 강요하지 않습니다. 경제의 최대 목적을 "모든 사람들이 가능한 생산 노동으로부터 벗어나서 많은 자유 시간을 갖도록 하는 데에 두기 때문"입니다. 필요한 것만을 철저하게 계획해 생산해내는, 자급자족의 생활기반을 갖춘 사회가 '유토피아'의 특징인 것입니다.[27]

또 '유토피아'에는 사유재산이 존재하지 않습니다. 사람들은 필요한 모든 것을 관리들로부터 지급받을 수 있습니다. 여기서 우리가 기억해야 할 것은, 이곳 사람들은 매우 소박하고 검소한 생활을 한다는 점입니다. 모어에 따르면 그들은 삼베옷을 가장 많이 입고, 그런 옷도 2년에 한 벌 정도를 소비할 뿐입니다. 그들이 이렇게 절제된 소비 생활을 하는 것은 "옷이 많다고 해서 더 따뜻한 것도 아니고 또 더 우아하게 보이지도 않기" 때문입니다. 즉, 유토피아 사람들은 물질에 큰 가치를 두지 않으며 남보다 더 가지려는 탐욕이나 허영심이 없습니다. 그래서 라파엘은 '유토피아'에서는 돈과 돈을 벌려는 열망이 동시에 제거되었기 때문에 많은 사회문제가 해결되었고, 많은 범죄가 사라졌다고 말하고 있습니다.[28]

당연히 이러한 사회구조와 생산방식은 사람들에게 여유로운 시간을 만들어 줍니다. 유토피아 사람들의 일상을 보면, 그들은 오전에 3시간 일하고 점심식사 후 2시간의 휴식을 취하며, 다시 오후에 3시간의 노동을 수행합니다. 8시쯤 잠자리에 들고 아침 일찍 일어나 취향에 맞는 공부나 취미활동을 하는 것으로 되어 있습니다. 라파엘에 따르면 유토피아 사람들은 "생필품을 얻기 위해 육체적인 노동을 하지만, 정신적 노동을 더 좋아하는" 사람들입니다. "이들은 자

---

[27] Wooton, *Utopia*, p. 102.
[28] Wooton, *Utopia*, pp. 102~104.

연과 세계에 대한 탐구를 가장 즐거운 일로 생각하고, 이것이 창조주를 즐겁게 하는 최상의 방법이라고 생각합니다." 라파엘에 따르면, 유토피아 인들은 배움을 즐기고 또 그것을 실생활에 적용함으로써 불모지에 가까웠던 유토피아 섬을 번영한 나라로 만들었다고 합니다.[29]

이상이 모어가 만들어낸 가상의 섬, '유토피아'의 정치, 경제적 특징이었습니다. 결국 거의 모든 사람들이 생산 활동에 참여하여 짧은 노동시간에 풍족한 물자를 생산하는 것, 물질에 가치를 두지 않고 소박하고 검소한 생활을 하며 헛된 일에 자원을 낭비하지 않는 것, 노동 자체를 즐기면서도 노동 이외의 시간에는 자유롭게 교양을 쌓거나 취미 활동을 함으로써 여유롭고 행복한 생활을 누리는 것이 이 사회의 주된 특징인 것입니다.[30]

이러한 묘사를 읽으면서 여러분은 어떤 생각이 드십니까? 너무 좋은 사회인 것 같아 부러우십니까 아니면 한 이상주의자의 머릿속에서 나온 실현 불가능한 공상에 불과한 것이라고 말하고 싶으신가요?

이것이 현실에서 실현 가능하건 아니건, 중요한 것은 모어가 상상해낸 유토피아 사람들은 타인을 희생시키면서 자신의 물질주의적 만족이나 사회적 지위를 추구하는 인간형이 아니라는 사실입니다. 그들은 적정한 노동을 통해 물질을 얻고, 필수적인 소비에 만족하면서도 자유롭게 지적, 예술적 활동을 하면서, 행복하게 살아가는 사람들이라고 할 수 있겠습니다. 그리고 이러한 행복한 사회는 대등한 사회적 관계와 사회구성원 간의 상호존중과 공존 속에서 가능한 것이라고 모어는 말하고 있는 것입니다. 한마디로 그는, 모두가 평등하고 행복한 비물질주의적인 사회를 꿈꾸었던 것입니다.

정치, 참여할 것인가, 관조할 것인가

마지막으로 『유토피아』라는 책에서 또 하나 우리의 눈길을 끄는 대목은, 저

---

29 Wooton, *Utopia*, pp. 125~127.
30 여기서 다루지 않은 '유토피아'의 모습이나 더 구체적인 내용은 직접 『유토피아』를 읽어보시는 것이 더 도움이 될 듯합니다.

자 자신이 자신의 삶과 관련된 고민을 내비치고 있었다는 점입니다. 그는 이 책 앞부분에서 고귀한 사람의 조건, 인생을 대하는 태도, 지식인의 현실정치 참여 문제 등에 대해 언급하고 있는데, 이 대목은 후일 모어의 삶과 비극적인 죽음을 생각해보면 매우 의미심장하게 다가옵니다.

무엇보다 관심이 가는 것은 라파엘과 피터 길레스, 작중 모어 세 사람이 지식인의 정치 참여에 대해 논쟁하는 부분입니다.

작중에서 피터 길레스는 라파엘에게, 철학에 조예가 깊고 견문이 넓은 라파엘 같은 사람이야말로 군주에 봉사하는 왕의 신하가 되어 세상에 보탬이 되어야 한다고 주장합니다. 그것이야말로 라파엘 자신도 행복해지는 길이라면서 말입니다.

마키아벨리 편에서 말씀드렸지만 당대 인문주의자들은 옛 로마의 키케로(Marcus Tullius Cicero, BC.106~BC.43)가 주장한 『의무론(De Officiis)』의 영향을 받아 시민 모두가 국가에 관여하며 그 안에서 함께 살아가는 것이 행복이라고 보았습니다. 특히 학자들은 공동체를 위한 각자의 재능을 발현해, 사회에 적극적으로 참여해야 한다는 생각들을 많이 하고 있었습니다. 앞에서 다룬 마키아벨리가 공직에 그토록 나가기를 원했던 것도 바로 이런 사회적 기여에 대한 갈망이 있었기 때문이었습니다. 즉, 길레스는 지식인은 세상에 봉사해야 한다는 전형적 인문주의자의 태도를 보이고 있었던 것입니다.

하지만 이런 주장에 대해 라파엘의 반응은 몹시 부정적이었습니다. 그는 왕의 신하가 되는 것은 왕의 노예가 되는 것이고, 오히려 명상의 시간을 빼앗기는 것이라고 현실정치 참여에 강한 거부감을 내비쳤습니다. 라파엘은 "왕들의 자문회의에는 철학이 들어설 자리가 없다"[31]라면서, 왕과 귀족 대다수가 사욕을 채우는 정치를 하고 있는 상황에서, 아무리 입바른 소리를 해도 왕은 듣지 않을 것이라고 반박합니다. 다시 말해, 지식인의 현실 참여는 결국 왜곡되어 제대로 된 뜻을 펼치지 못하고 정치인들에 의해 이용만 당할 것이라고 보았던

---

31 Wooton, *Utopia*, p. 83.

것입니다.

지식인의 현실정치참여 문제에 대한 이 논쟁이, 이 소설 속에 한 대목으로 들어간 것은 우연이 아니었습니다. 이 글을 쓰던 시기에 작가 모어는 궁정으로 들어가 현실정치에 참여하는 것과 밖에서 철학자의 비판을 유지하는 일 사이에서 실제로 고민을 하고 있었기 때문입니다. 즉 이 논쟁을 통해 저자 모어는 당시 자신이 부딪힌 문제를 드러내고 거기에 대한 해답을 찾고 있었던 것입니다.

다시 소설 속 논쟁으로 돌아가 봅시다. 길레스와 라파엘의 말이 끝나자 작중 모어의 말이 이어집니다. 여기서 작중의 모어는 라파엘과는 다른 입장을 보입니다. 군주가 자신의 말을 잘 듣지 않는다 해도, 간접적인 접근방법을 통해 가능한 한 그로 하여금 어진 행동을 하도록 유도하는 것이 옳다는 것, 그리고 그것이 공공의 이익에 부합되는 철학자로서의 행복한 삶이 아니겠느냐고 그는 주장하였던 것입니다.[32]

저자 모어의 입장이 작중 모어의 입장과 얼마나 같은 것인지, 실제로 그가 처음부터 작중 모어의 말과 같은 입장이었는지 아니면 라파엘의 주장에도 마음이 가 있었는지 하는 것들을 정확히 알기는 어렵습니다. 하지만 분명한 것은 저자 모어는 작중 화자들의 말을 통해 자신의 고민을 여러 각도로 드러내고 결론을 찾으려 하고 있었다는 사실입니다.

당시 실제 인물 토마스 모어는 인문주의 흐름의 한 복판에 서 있었던 사람이었습니다. 특히 당대 사회상에 몹시 비판적이었던 그는, 세상을 바꾸는 데 기여해야 한다는 학자로서의 의무감을 가지고 있었습니다. 게다가 그의 깊은 신앙심 역시 세상이 하나님의 뜻에 더 합당한 쪽으로 나가도록 세속에서 적극적인 역할을 해야 한다는 생각을 부추겼을 것입니다.

하지만 라파엘의 말을 통해 알 수 있듯이, 그는 한편으로는 궁정인으로서의 삶이 진정한 기독교인으로서 진리를 추구하고자 하는 자유로운 그의 욕구와

---

[32] Wooton, *Utopia*, p. 83.

부딪힐 수도 있음을, 어쩌면 그 길이 자신을 곤경에 빠트릴 것임을 어느 정도는 예감하고 있었는지도 모를 일입니다.

이런 논쟁을 통해 자신의 고민을 드러낸 모어가 내린 결론은 무엇이었을까요? 『유토피아』 1권에서 작중 모어는 다음과 같은 말로 라파엘에게 자신의 의견을 밝힙니다.

"연극의 스토리가 어떤 것인지는 문제가 되지 않습니다. 주어진 대사보다 더 재미있는 대사를 당신이 갑자기 다른 연극에서 기억해냈다고 해서, 하고 있던 연극판을 뒤엎어서는 안 됩니다. 당신은 그 연극에서 당신이 맡은 역할에 최선을 다해야 합니다.[33]

즉 자신이 할 수 있는 역할 자체가 마음에 들지 않는다고 해서 그 연극 말고 다른 연극을 하겠다고 하는 것은 철학자가 걸어가야 할 일이 아니다. 연극이 시작된 이상, 그 연극이 그 상황 속에서 최선의 결과물을 얻을 수 있도록 각자의 노력이 필요하다. 이것이 작중 모어의 결론이었습니다.

주어진 판이 마음에 들지 않는다 해도 그 판을 회피하거나 깰 것이 아니라, 그 판에서 자신의 역할을 담당해야한다는 작중 모어의 결론, 그것이 실제로도 모어가 내린 결론이었나 봅니다. 우리가 알다시피 고민하던 그는 시간이 흐르면서 관조적인 철학자가 아니라 결국에는 행동하는 삶, 궁정인의 길로 나아가게 되니 말입니다.

대체로 모어가 토마스 울지(Thomas Wolsey, 1475~1530)추기경[34]을 통해 왕을 보좌하는 궁정 관리직을 처음 제안 받은 것은, 플랑드르에서의 외교업무가 끝나던 1515년 11월에서 1516년 1월 사이 어느 시점이었을 것으로 추정됩니다. 이

---

33 Wooton, *Utopia*, p. 84.
34 토마스 울지는 비천한 도살업자의 아들로 태어나 헨리 8세의 막강한 신임을 얻어 추기경과 대법관까지 오른 입지전적 인물입니다. 막강한 권력을 휘두르던 그는 헨리의 이혼문제를 해결하지 못하면서 왕의 신임을 잃게 되고 결국 몰락의 길을 걷습니다.

시기는 그가 플랑드르에서 돌아와 이 책 『유토피아』의 1권을 쓰고 있었던 때였습니다. 자신이 쓴 책에서 당면한 고민을 드러내었듯이, 그는 왕의 제안을 곧바로 받아들이지는 않았습니다.[35]

『유토피아』가 발간된 후인 1517년 봄, 런던은 도제들의 폭동이 발생해 시끄러웠습니다. 이때 모어는 런던의 질서회복에, 그리고 왕의 지나치게 가혹한 처벌을 막는 데 기여하여 눈길을 끌었습니다. 그를 더 신임하게 된 왕은, 자주 불러 자문을 구하였습니다. 1517년 가을에 모어는 왕의 명령으로 울지 추기경을 보좌하여 프랑스의 칼레로 파견되기도 하였습니다. 이런 과정을 거쳐 1518년 3월에 마침내 그는 '국왕 자문관(추밀원 의원: councillor)'이 되는 공식 선서를 하고, 왕을 측근에서 보좌하는 궁정인이 되었습니다.

전해지는 말에 의하면, 모어를 자문관으로 처음 임명할 때 왕은 그에게 충고를 하나 하였다고 합니다. 그것은 "첫 번째 하나님을 섬기고, 그 다음 그(왕)를 섬기라(First look unto God and after God unto him)"는 것이었습니다.[36] 이때까지만 하더라도 국왕은 스스로 독실한 가톨릭 신자를 자처하고 있었고, 아마도 모어의 깊은 신앙심을 알고 있었기 때문에 이런 말을 하였을 것입니다. 하지만 왕이 나중에 할 일을 생각해보면, 참 세상사란 정말 한치 앞도 예측하기 어려운 것이 아닌가 하는 생각이 듭니다. 같은 시기 메디치 지배자의 부름을 간절히 바라고 있던 마키아벨리가 보면, 너무도 부러운 상황이 모어에게 일어난 것이었지만, 모어가 세속 정치의 더 깊은 세계로 들어가는 것을 마키아벨리만큼 기뻐했을지는 모를 일입니다.

어쨌든 당시 왕은 모어를 상당히 신임하고 우대했습니다. 당시 권력서열 1위에 해당되는 울지 추기경을 제외하고 일상적으로 왕이 정원과 회랑을 함께 산책할 정도로 의견을 자주 청취한 자문관은 모어밖에 없었다고 합니다.[37] 1521년, 왕은 평민이던 모어에게 기사작위를 수여하였고, 이후 이러한 왕의

---

35 Wooton, *Utopia*, p. 5.
36 Guy, *Thomas More*, p. 24.
37 Guy, *Thomas More*, p. 26.

신임을 바탕으로 그는 재무부 차관, 하원의장, 랭카스터 직할 영지 대법관을 거쳐, 1529년 대법관의 자리에 오르게 될 것이었습니다.

4. 가정, 인간 토마스 모어

앞에서 언급했듯이 모어는 20대 후반이었던 1505년에 10살 어린 제인 콜트(Jane Colt)와 결혼하였습니다. 부부는 런던의 버클러스버리(Bucklesbury)에 신혼집을 마련했는데, 여기서 모어는 거의 20년 정도를 살게 됩니다. 첫 부인과의 사이에 마가릿(Margaret), 엘리자베스(Elizabeth), 세실리(Cicely), 세 명의 딸과 아들 존(John)이 태어났고, 모어는 이미 고아였던 마거릿 긱스(Margaret Giggs)라는 소녀를 입양하였기 때문에, 총 다섯 명의 아이를 두었습니다.

그의 첫 결혼생활은 행복했지만 오래 가지 못했습니다. 1511년 아내 제인이 스물세 살의 젊디젊은 나이에 사망하였기 때문입니다. 분명치는 않지만, 아마도 당시 많은 경우들처럼 아이를 낳다가 병을 얻어 사망한 것으로 보입니다.

첫 번째 결혼 기간 동안 남편으로서 모어의 태도에서 주목할 만한 점은, 그가 그의 아내에게 더 좋은 교육 기회를 주기 위해 음악과 문학을 직접 가르치곤 했다는 것입니다. 이러한 그의 태도는 여성들에게 거의 교육의 기회를 주지 않던 당시로 보면, 이례적인 일이었다고 하겠습니다. 아버지로서도 그는 딸과 아들에게 똑같은 교육을 할 것을 주장하였고, 장녀인 마가렛이 그리스어와 라틴어에 능통하다는 것을 매우 자랑스러워했습니다. 지금으로 보면 당연한 일이겠지만, 당시로서는 꽤 평등주의적 교육관을 가졌던 셈입니다.

1511년에 제인이 죽자, 모어는 앨리스 미들턴(Alice Middleton)이라는 연상의 미망인과 곧바로 재혼하였습니다. 사실 이 재혼은 첫 아내의 사망 후 너무 빨리 이루어졌기 때문에 그다지 바람직스럽지 않게 생각하는 사람들도 있었습니다. 하지만 두, 세살에서 많아야 여섯 살짜리 엄마 잃은 아이들을 여러 명 두고 있던 그로서는, 아이들을 양육해줄 새엄마가 절실하게 필요했는지도 모릅

3-2 모어 가족, 한스 홀바인(Hans Holbein, the younger)

니다. 두 번째 부인 앨리스 여사와 모어 사이에는 아이가 없었지만, 앨리스가 전 남편과의 사이에서 난 딸을 데리고 왔기 때문에 모어 부부는 총 6명의 자녀를 두게 됩니다.

앨리스 여사의 성품과 관련해서는 재미있는 이야기들이 많이 전해집니다. 첫 부인인 제인이 유순하고 순종적이었던 데 반해, 앨리스는 결코 고분고분한 타입은 아니었습니다. 사실 그녀는 매우 "무뚝뚝하고 실리적인" 사람이었습니다.[38] 특히 그녀는 남편이 항상 입고 있던 고행자 셔츠를 몹시 못마땅하게 여겼습니다. 그래서 그것을 벗어버리도록 남편을 설득해달라고 신부를 찾아가기까지 했습니다.

또 그녀는 절친 에라스무스를 포함해 모어를 찾아오는 많은 친구들에게 상냥하지 않았던 것으로 유명합니다. 그래서인지 모어의 친구들은 그녀를 좋게

---

[38] 몬티, 『성 토마스 모어』, 67쪽.

평가하지 않았습니다. 친구 암모니우스(Andrea Ammonius)는 "매부리코의 성 잘 내는 여자"라고 묘사했고, 에라스무스는 그녀를 시끄럽고 보스기질이 있으며, 생선장수 같이 말과 행동이 거친 여자라고 묘사했습니다. 모어 같은 법률가의 아내로는 어울리지 않는 성품을 가지고 있다고 보았던 것입니다.[39]

심지어 그녀는 남편에게 정치적 야망이 없다고 비난하면서, 자신이라면 "지배해야 할 자리에서 지배당하는 그런 바보가 되지는 않을 것"이라고 쏘아 붙이기도 했다고 합니다.[40] 또 첫 부인 제인에게 그러했듯이 모어는 앨리스 여사에게도 공부를 가르치려 했지만, 그녀는 남편의 이야기를 전혀 듣지 않고 무슨 말로 반박할까만 연구하는 그런 타입[41]이었다고 하니, 참 맞지 않는 부부이지요?

하지만 주변의 이야기와는 상관없이 두 사람의 사이는 매우 좋았습니다. 사실 그녀는 모어의 자녀들에게 헌신적인 의붓어머니였고, 모어는 앨리스 부인의 이런 퉁명스러운 기질을 사랑해 짓궂은 농담을 자주 던지곤 했습니다.

1524년 모어와 그의 가족은 첼시에 새 저택을 지어 이사했는데, 1527년에 한스 홀바인(Hans Holbein)이 그린 가족 초상화는 화목한 모어가족의 일상을 그리고 있습니다.

앞에서 묘사했던 것처럼 인간 토마스 모어는 신앙심을 빼고는 설명할 수 없는 사람이었습니다. 그의 모든 사고와 생활은 기독교 신앙 위에 서 있었습니다. 그런 신앙 때문이겠지만, 그리고 『유토피아』에서 잘 드러난 바와 같이, 무엇보다 모어는 물질적 사치와는 거리가 멀었습니다. 실생활에서 모어는 자신의 외모를 꾸미는 허영을 극구 피했습니다. 앞에서 언급했듯이, 그는 수도사들의 고행자 셔츠를 언제나 입고 있었고, 직책에 필요한 경우를 제외하고는 가장 검소한 옷만 입었습니다. 심지어 시중드는 사람이 알려주지 않으면 옷을 갈아입는 것을 잊어버릴 정도였다고 합니다. 1529년 늦여름에 화재로 저택일

---

39 Guy, *Thomas More*, p. 10.
40 몬티, 『성 토마스 모어』, 68쪽.
41 몬티, 『성 토마스 모어』, 68쪽.

3-3 홀바인의 스케치 위에 후일 다른 작가가 색채를 입힌 것

중앙에 앉은 토마스 모어 옆의 노인은 그의 아버지 존 모어이고, 존 모어에게 몸을 기울여 책을 가리키고 있는 여성은 양녀 마거릿 긱스입니다. 그림의 가장 왼편에 둘째딸 엘리자벳이 서 있고, 모어의 오른 편에서 책을 읽고 있는 사람은 막내 외아들 존입니다. 그리고 존의 아내 앤은 모어의 어깨 너머 뒤편에 있습니다. 그림 오른 쪽에 있는 세 명의 여성 중 앞의 두 사람이 셋째 딸 세실리와 큰 딸 마가렛(정면을 보고 있는 여성)이며 그 뒤에 앉아 기도서를 보고 있는 사람이 부인 앨리스 여사입니다. 존의 옆에 서 있는 남자는 집안의 어릿광대 헨리 패터슨입니다.

부와 곳간이 다 타버렸을 때에도, 그는 아내 앨리스에게 "그분이 원하셔서 이런 불운을 우리에게 보내신 만큼 우리는 불평하지 말아야 하고 또 그 분의 방문을 기뻐해야 하오"라고 써 보냈습니다.[42] 실리적인 앨리스 여사는 화가 났겠지만, 속세의 성공의 덧없음을 알고 불행마저 평온하게 받아들이는 태도는 그의 세계관과 성품을 잘 보여줍니다.

검소하면서도 대가족이 모여 함께 예배드리는 따뜻한 신앙의 가정, 지적인 분위기가 넘치는 모어의 집에 대해 친구 에라스무스는 이렇게 묘사하였습니

---

42 몬티, 『성 토마스 모어』, 107~108쪽.

다.

"모어는 런던에서 멀지 않은 템스 강 둔덕에, 품위 있고 넉넉하면서도 시기를 불러일으킬 만큼 화려하지는 않은, 저택을 손수 지었습니다. 그리고 이곳에서 아내와 아들과 며느리, 세 딸과 사위들 및 벌써 열한 명이 된 손주들로 이루어진 가족들과 함께 행복하게 살고 있습니다. 그 사람보다 아이들을 좋아하는 사람은 찾기 힘들 것입니다. … 플라톤의 아카데미가 되살아났다고 말할 만합니다. 하지만 제가 모어의 집을 플라톤 아카데미와 견주는 것은 그의 집을 모독하는 것입니다. 후자는 산술과 기하학과 이따금 윤리학이 주된 토론 주제가 되었음에 반해서 전자는 그리스도교 신앙을 알고 실천하는 도장으로 불릴 만하기 때문입니다.[43]

하지만 이렇게 말한다고 해서 모어를 결코 신앙에만 골몰한 비세속적 인물이라고 평가하는 것은 부당한 일입니다. 그는 자신을 둘러싼 자연과 사회에 대해, 그리고 무엇보다 사람에 대해, 깊은 관심을 가진 인물이었습니다. 그렇지 않았다면 『유토피아』 같은 책을 쓰지 않았겠지요. 그는 당대 인문주의자들처럼, 새로운 것에 대한 호기심과 알고자 하는 욕구가 대단했습니다. 천문학에 관심이 깊어 헨리 8세를 따라 왕궁지붕에 올라가, 항성과 행성의 움직임을 관찰하기도 했고,[44] 다빈치처럼 동물을 좋아해서 새에서 족제비까지 다양한 동물을 관찰하는 것을 즐겼습니다.[45]

새로운 것에 대한 이런 관심과 호기심 때문인지, 그에게는 수집 취미도 있었습니다. 그토록 검소한 생활을 하면서도 그는 진기한 물건들을 보면 간절히 사고 싶어 했고, 그래서 즐겨 수집했습니다. 에라스무스에 따르면 그의 집에는 어느 방에나 가보면 눈을 사로잡는 무언가가 있을 정도라고 하니, 거의 마

---

[43] 1532년 에라스무스가 비엔나의 주교 존 페이버에게 보낸 편지, 몬티, 『성 토마스 모어』, 73쪽.
[44] Roper, *The Life of Sir Thomas More*, p. 11; 몬티, 『성 토마스 모어』, 80쪽.
[45] 몬티, 『성 토마스 모어』, 79쪽.

니아 수준이라고 하겠습니다.[46]

또 그는 인문주의자답게 자녀들의 교육에 상당한 신경을 썼던 것으로 알려져 있습니다. 모어는 자녀들 모두에게 라틴어와 그리스어는 물론, 신학, 철학 논리학과 천문학, 수학을 배우도록 했습니다.[47] 그는 자신이 집을 떠나 있을 때에는 자녀들에게 라틴어로 편지를 보내도록 숙제를 주고, 자신도 라틴어로 답장을 써 주곤 했습니다.[48] 특히 그는 맏딸 마가렛과 각별한 부녀관계를 유지했는데, 두 사람은 매우 자주 서신교환을 했습니다.[49] 마가렛의 라틴어 실력은 출중해 많은 사람들을 놀라게 했고, 모어는 그것을 매우 자랑스러워했습니다. 후일 모어가 수감된 이후 죽기 전까지 그의 삶의 마지막 부분은, 바로 큰 딸과 주고받은 편지를 통해 알려지고 있습니다.

요컨대, 인간적으로 보면 그는 호기심과 알고자 하는 욕구가 강한, 천상 지식인이었고, 속세의 물질적 욕구에 휘둘리지 않았던 신앙의 사람이었으며, 따뜻하고 자상한 아버지이자 행복한 가정생활을 누렸던 사람이었다고 하겠습니다.

5. 종교개혁에 반대하다

모어가 왕의 총애 받는 신하로 살아가기 시작했을 때, 유럽은 종교개혁의 태풍을 맞이하고 있었습니다. 모어가 울지 추기경을 보좌해 프랑스 칼레에 가 있던 1517년 가을, 마르틴 루터(Martin Luther, 1483~1546)가 비텐베르크대학 성문 앞에 그 유명한 '95개조 논제'를 붙이면서 새로운 신학 논쟁이 시작되었기 때문입니다.[50]

---

46 몬티, 『성 토마스 모어』, 80~81쪽.
47 몬티, 『성 토마스 모어』, 81쪽.
48 몬티, 『성 토마스 모어』, 81쪽.
49 몬티, 『성 토마스 모어』, 82~83쪽.
50 몇 개월 뒤인 1518년 봄에 절친 에라스무스가 모어에게 편지와 함께 그 문건을 보낸 것으로 알려져 있긴 하지만 모어가 이 사건과 논쟁에 대해 정확히 언제 인지하게 되었

루터에 대한 소식은 곧 영국에 전해졌고, 1518년 말엽부터는 루터의 여러 저작들이 영국으로 소개되면서 신교의 바람이 본격적으로 불기 시작합니다. 케임브리지대학에서는 가톨릭교회에 비판적이던 사람들이 루터의 새로운 사상을 전파하는 모임을 결성하였습니다. 그 중심적 인물은 윌리엄 틴들(William Tyndale, 1494?~1536)이라는 젊은 성서학자였습니다. 이 젊은 학자는 이미 옥스퍼드에서 석사학위를 마치고 케임브리지로 건너왔는데, 그리스어에 뛰어난 재능을 가지고 있었습니다. 신앙이 성서에 기초해야한다는 루터의 사상에 공감하게 된 그는, 루터처럼 에라스무스의 그리스어 성경을 영어로 번역, 출판하는 일에 착수하였고, 이것을 영국에서 찍을 수 없게 되자 대륙으로 건너가 어렵사리 인쇄하기에 이릅니다.

하지만 이 영어판 성경을 영국에 다시 전파하는 일은 그리 쉬운 일이 아니었습니다. 옥스퍼드와 케임브리지를 중심으로 루터의 사상이 전파되어 가면서 개신교 지지 세력이 늘어가고 있기는 했지만, 영국에는 여전히 전통적인 가톨릭 신봉자들이 강고히 버티고 있었습니다.

사실 영국에서 루터의 개혁에 대해 누구보다도 먼저 반대 입장을 분명히 한 사람은, 국왕 헨리 자신이었습니다. 자신을 독실한 신앙인이라고 생각하고 있던 왕은 가톨릭의 수호자로서 역할을 다하기 위해 루터에 대한 반박 글을 직접 써서 공표하였던 것입니다. 바로 1521년에 나온 「칠성사 옹호(A Defense of the Seven Sacraments)」가 바로 그것이었습니다. 이 글은 헨리가 영국의 박학한 학자들로부터 도움을 받아 쓴 것으로, 여기서 헨리는 믿음으로만 의롭게 된다는 루터의 사상과 교회전통에 대한 그의 공격들을 적극적으로 비판하였던 것입니다. 이런 국왕의 확고한 반 루터 입장으로 인해, 영국에서 루터를 지지하던 개신교세력은 처음에는 박해받으며 험난한 길을 가야했습니다.

영국에서의 개신교의 성장과 관련해 모어의 입장을 살펴보면, 처음에 루터에 대한 모어의 입장은 그리 적대적은 아니었습니다. 그는 루터를 이단이 아

는지는 분명치 않습니다.

니라 교회 부패를 비판하는 한 사람으로 보았습니다. 1520년 2월 29일 에드워드 리(Edward Lee)에게 보낸 서신에서 루터를 '신성한 로마교황청'을 위해 헌신하고 있는 것 같다고 언급했으니까요.[51]

그러나 루터의 개혁이, 개혁보다는 갈등을, 그리고 교회가 추구해야 할 일치나 화합보다는 종교적 분열을 가져올 가능성이 있음을 인지한 이후부터, 모어는 루터의 개혁에 부정적인 입장을 분명히 합니다. 특히 그는 국왕의 글 '칠성사옹호' 작성을 적극 도왔고, 1521년부터는 영국 내 '반 루터(Anti-Luther)' 캠페인의 중심인물이 되었습니다.

특히 모어는 루터의 사상이 영국으로 전파되는 것에 상당한 우려감을 가지고 있었습니다. 잘 알려져 있다시피 모어는 루터의 책들을 이단서로 낙인찍어 1528년에 이를 판매한 런던의 상인에게 형벌을 가하였고, 대법관이 된 이후에는 6명의 신교도들을 이단으로 정죄해 처형에 관여하기까지 했었던 것입니다.[52]

이러한 모어의 태도는, 절친 에라스무스가 가톨릭과 루터 사이에서 상당히 오랫동안 유보적이고 중립적 태도를 취했다는 것을 생각해보면, 매우 대조적입니다. 심지어 그는 에라스무스에게 빨리 반루터적, 친가톨릭적 입장을 밝히지 않는다고 재촉하기도 했습니다.[53]

그런데 여기서 우리는 한 가지 의문에 봉착합니다. 당시 많은 인문주의자들이 그랬던 것처럼, 모어도 기존의 잘못된 신앙과 가톨릭교회의 행태에 비판적이었기 때문입니다. 심지어 자신의 책 『유토피아』에서 그는 비기독교도에 대해서까지 종교적 관용을 옹호하고 있었습니다.

소설 속 유토피아 사회는 기독교 사회가 아닙니다. '유토피아'는 다신교 사회로, 종교적 다양성이 인정되고 있었습니다. 그는 라파엘을 통해 다른 종교

---

[51] 김평중, 「토마스 모어의 루터 종교개혁에 대한 이해와 가톨릭 옹호」, 『전북사학』, 21&22집, 529~530쪽.
[52] 이러한 개혁 사상에 대한 탄압은 이후 두고두고 신교 측의 비난을 샀습니다.
[53] 몬티, 『성 토마스 모어』, 189~190쪽.

에도 관용을 베푸는 유토피아 사람들의 모습을 다음과 같이 전합니다.

"믿음의 문제에 있어서 유토포스(유토피아의 왕)는 특정 종교를 독단적으로 강요하는 것은 어리석다고 생각했습니다. 신은 여러 가지 다른 방식으로 숭배받기를 원하므로, 사람에 따라서 다르게 믿을 수 있다고 생각했습니다. … 위협과 폭력으로 자기 자신의 특정한 종교를 믿게 하는 것은 오만하고 효과적이지 못한 행위라고 확신했습니다."[54]

모어의 독실한 신앙을 생각해보면 그가 정말 유토피아 섬의 비기독교적 다신교를 지지해서 이 구절을 쓰지는 않았겠지만, 위의 글은 분명 종교적 배타성을 비판하고 있습니다. 그렇다면 이렇게 종교적 배타성에 비판적이던 모어는 왜 고집스럽게 루터를 반대하고 가톨릭을 옹호하였던 것일까요? 그는 글로는 종교적 관용을 주장해놓고 실제로는 불관용을 실천한 이중인격자였을까요?

그의 언행불일치를 비난할 수도 있겠지만, 사실 처음부터 모어는 루터의 개신교적 교회개혁 흐름에 동참할 수 없는 근본적인 생각의 차이를 가지고 있었다고 해야 될 것 같습니다. 『유토피아』를 꼼꼼히 읽어보면 그 책에 나타나는 그의 종교사상은 처음부터 분명 루터주의와는 양립될 수 없는 측면을 가지고 있었습니다.

그에 따르면 유토피아 사람들은 종교에 대해 다음과 같은 공통된 믿음을 가지고 있습니다. 첫째, 그들이 무엇을 믿건 상관없이, 인간 이성의 한계를 초월해 존재하는 유일하고 신성한 존재가 있고, 인간과 우주는 그 존재에 의해 생성되었다는 것, 둘째, 인간의 영혼은 사후에도 소멸되지 않는다는 것, 셋째, 인간의 행위는 사후에 상과 처벌을 받는다는 것이 그것입니다.[55]

---

[54] Wooton, *Utopia*, p. 147.
[55] Wooton, *Utopia*, pp. 144~148.

여기서 우리가 눈여겨보아야 할 것은 세 번째 항목입니다. 이 책에서 모어는 세속에서의 인간의 도덕적 행위 여부를 신앙의 중요한 준거로 보고 있는 것입니다. 이 책의 마지막 장에서 자세히 설명하게 되겠지만, 루터의 새로운 신학은 오직 믿음만이 구원에 이르게 한다고 주장하기 때문에 세속 삶에서의 선행의 중요성을 축소시켜버립니다. 하지만 그 지점에서 모어는 루터와는 달리, 인간의 선행은 결국 사후에 상과 벌로 되돌아온다는 기존 가톨릭의 교리를 철저히 받아들이고 있었습니다.

모어가 보기에 신앙만으로 충분하고 선행을 필요로 하지 않는다는 루터의 주장은 자유의지를 가진 사람들로 하여금 선행을 할 필요성을 느끼지 못하게 만들고, 그들의 악한 행위들에 책임을 지지 않게 만들 소지가 있었습니다. 따라서 루터의 신학은 사람들로 하여금 도덕과 법을 무시하게 만들고 방종한 태도를 가지게 함으로써, 결국 사회적 무질서와 혼란을 가져올 것이라고 모어는 생각했던 것입니다.

사회적 혼란과 폭력 상태는, 법률가로서도, 종교인으로서도, 모어가 받아들일 수 없는 것이었습니다. 루터의 개혁이 기존 교회와 사회의 법과 질서를 송두리째 흔들어 폭력을 야기할 것이라는 생각을 하게 되자, 모어는 단호한 태도를 취했던 것입니다. 1523년에 쓴 글에서 모어는 루터의 가르침이 기존 질서의 붕괴와 피비린내 나는 혼란을 가져올 지도 모른다고 예견했습니다. 그리고 실제로 1525년 독일 농민 전쟁이 발생하자 그는 더욱 자신의 생각을 굳히게 되었을 것입니다. 결국 그는 영국에서 독일과 같은 혼란을 막고 평화와 질서를 지키기 위해서, 루터교의 확산은 반드시 저지되어야 한다는 단호한 믿음을 가지게 되었고, 그에 따라 행동하였던 것입니다.

모어는 자신의 확고한 반 루터적 입장을 1529년 6월에 출판된 유명한 「대화(Dialogue Concerning Heresies)」를 통해 체계적으로 드러내었습니다. 이 글에서 모어는 성서, 즉 복음의 기록에 따라 교회와 성직자들을 개혁해야한다는 루터의 주장을 비판합니다. 모어의 핵심적 주장은 그리스도의 진정한 복음은 성서가 만들어지기 전에 이미 교회에 나타났다는 것, 그리고 그 복음은 교회의 집

3-4 첼시 구 교회 앞의
토마스 모어의 동상

단적 기억 속에서 보존되어 왔다는 것이었습니다.[56] 요컨대, 루터가 말하는 개혁은 교회의 분열과 폭력을 부를 것이기에 잘못된 것이며, 따라서 전통의 권위를 인정하고 교회의 일치를 유지하는 것이 옳다, 이것이 모어의 입장이었던 것입니다.

6. 먹구름

이제 이야기는 어느 덧 모어의 인생 마지막 부분, 그의 죽음과 관련된 장으

---

[56] Guy, *Thomas More*, p. 33.

로 접어들었네요. 앞에서 지적했지만 모어는 자연사하지 못했습니다. 그는 반역 혐의로 처형되었습니다. 아시다시피 모어는 헨리 8세가 왕위에 오를 때 새로운 왕과 새 시대에 대한 기대를 한껏 품었고, 또 그의 충직한 신하였던 인물입니다. 왕의 총애를 받아 최고위 공직자 자리까지 오른 그가, 대체 무슨 이유로 처형이라는 비극적 최후를 맞게 되었던 것일까요?

사실 모어의 비극적 죽음은 드라마나 유행가 가사의 오랜 주제인 두 남녀의 사랑과 관련이 있습니다. 문제는 그 사랑이 평범한 사람이 아닌 왕의 사랑이었다는 점입니다. 우리나라 역사에도 왕의 사랑은 피비린내 나는 정쟁을 가져오는 사례가 있었지 않습니까? 예를 들면 숙종의 장희빈에 대한 사랑처럼 말이지요.

앞에서 언급했듯이 헨리 8세는 튜더왕조를 연 헨리 7세의 둘째 아들로, 형 아서(Arthur)가 사망했기 때문에 1509년 아버지의 뒤를 이어 튜더왕조의 두 번째 왕이 되었습니다. 그는 거의 190cm에 이를 정도로 장신의 건장한 체격에 남자다운 외모를 가졌으며, 음악과 스포츠에 능했고, 어린 나이에 라틴어와 프랑스어를 유창하게 구사할 정도의 탁월한 지적 능력도 갖춘 인물이었습니다.

헨리 8세는 즉위한 직후 스페인의 공주 캐서린(Catherine of Aragon, 1485~1536)과 결혼했습니다. 그런데 이 대목에서 우리가 주목해야 할 부분은 이 캐서린이란 여성이 이미 헨리의 형인 아서와 결혼을 했었던, 그러니까 헨리에게는 형수였다는 사실입니다. 결혼한 지 불과 몇 개월 만에 장남 아서가 죽자, 부왕인 헨리 7세는 16세기 강대국이었던 스페인과의 사돈 관계를 유지하려는 정략적 이유 때문에 과부가 된 며느리를 돌려보내지 않고 둘째 아들인 헨리와 다시 결혼하도록 정해 놓았던 것입니다.

지금으로 보면 거의 막장드라마 수준이지만, 당시 유럽 궁정의 혼인관계는 거의 모두 이런 정략적 이유로 진행되었습니다. 캐서린이 헨리보다 6살이나 나이가 많았지만, 헨리와 캐서린은 처음부터 사이가 나빴던 것은 아니었습니다. 처음에는 유럽에서 가장 아름다운 부부라고 불릴 정도로 금슬 좋은 부부

3-5 헨리 8세(Henry VIII, 1491~1547, 재위: 1509~1547)

였으니까요. 문제는 캐서린이 여러 차례의 유산과 사산을 거듭하면서 헨리 8세가 기다리던 왕자를 낳지 못했다는 것이었습니다. 게다가 시간이 흐르면서 헨리는 그에게 따라붙는 '바람둥이'라는 별명에 걸맞게, 여러 여성들에게 한눈을 팔기 시작했습니다.

왕비 캐서린과의 오랜 결혼 생활에 점차 싫증을 느끼던 헨리 8세는 1526년 경 토마스 불린(Thomas Boleyn)의 딸 앤(Anne Boleyn, 1507?~1536)을 만나면서 새로운 사랑에 빠집니다.[57] 앤 불린은 당시 프랑스 궁정에서 돌아온, 지적이고도 당찬 여성이었습니다. 앤은 자신의 언니 메리 불린(Mary Boleyn)이 바람둥이 헨리

---

[57] 앤은 시녀라고 알려져 있지만 사실 당시 영국왕실에 들어오던 처녀들은 왕비나 왕실 사람들의 측근으로 천한 신분은 아니었습니다.

제3장 모두가 행복한 사회를 꿈꾸다: 토마스 모어(Thomas More)

3-6 아라곤의 캐서린(Catherine of Aragon, 1485~1536)

3-7 앤 불린(Anne Boleyn, 1507?~1536)

8세에게 버림받는 것을 이미 보았던 터라, 왕의 구애에 쉽게 응하지 않았습니다. 그녀는 왕의 구애를 받아들이는 조건으로 정식 왕비 자리를 요구하였고, 결국 애가 탄 왕은 이혼을 결심합니다. '왕의 대사(King's Great Matter)'란 바로 이 이혼문제였던 것입니다.

하지만 당시 가톨릭 교리는 이혼을 허락하지 않고 있었고, 이혼하려면 그 결혼이 처음부터 무효였다는 교황의 관면을 얻어야 했습니다. 게다가 앞에서 말했듯이, 헨리 8세는 루터의 종교개혁에 반대하는 글을 써, 교황으로부터 '신앙의 옹호자'라는 칭찬을 받을 정도로, 철저한 가톨릭 신앙의 옹호자였습니다. 그래서 왕은 자신의 오른팔이던 울지 추기경을 내세워 이 문제를 해결하려 했습니다. 특히 헨리는 구약성경의 레위기를 인용하면서 자신이 아들을 갖지 못한 것이 불결한 결혼을 했기 때문이라고 주장하였습니다. 즉, 레위기 20장 21절에는 "누구든지 형제의 아내를 취하면 더러운 일이라. 그가 그 형제의 하체를 범함이니 그들이 자손이 없으리라"라고 쓰여 있었는데, 헨리 8세는 자신이 아들을 보지 못하는 것이 바로 형수와의 잘못된 결혼 때문이라고 이혼의 정당성을 주장하였던 것입니다.

그리하여 1527년부터 국왕은 왕비 캐서린에게 수도원에 들어갈 것을 종용하는 한편, 로마에 빨리 자신의 이혼을 허락해줄 것을 압박하였습니다. 그러나 왕의 소망은 그리 쉽게 해결되지는 못했습니다. 캐서린이 교황에게 직접 탄원까지 하면서 이혼을 완강히 거부하였기 때문이기도 하지만, 당시 국제정세가 헨리의 이혼을 도와주지 않았기 때문입니다.

이 당시 교황은 우리가 마키아벨리편에서 보았던 메디치가의 두 번째 교황 클레멘트 7세(Clement VII, 1478~1534, 재위: 1523~1534)였습니다. 귀차르디니(Francesco Guicciardini, 1483~1540)를 총사령관으로 삼아 카를 5세(Charles V, 1500~1558, 신성로마제국 황제 재위: 1519~1556)의 침략을 막아보려 했던, 마키아벨리에게 피렌체 성벽 사수를 맡겨 공직에 복귀시킨 그 사람 말입니다. 아시다시피 1527년 클레멘트 7세의 노력은 실패해 로마가 함락되었고, 결국 교황은 치욕스럽게도 당시 카를 5세의 영향력하에 들어가야 했습니다. 이런 상황에서 교황은 캐서린을 이혼시키는 일에 큰 부담을 가질 수밖에 없었습니다. 캐서린은 카를 5세의 어머니인 후아나(Joanna the Mad, 1479~1555)의 동생으로, 그러니까 카를에게는 이모였기 때문입니다. 요컨대 교황은 헨리 8세와 카를 5세 사이에서 눈치를 보아야 했고, 그래서 할 수 있는 한, 이 문제에 대한 결정을 차일피일 미루고 있었던 것입니다.

자신의 이혼에 대한 관면이 계속 연기되자, 로마와의 지루한 줄다리기에 화가 난 헨리는, 이 문제를 해결하지 못한 책임을 대법관 울지 추기경에게 지웁니다. 1529년에 왕은 울지의 대법관직을 박탈하고 가택 연금에 처하였으며, 다음 해에는 런던으로의 압송을 명령하였던 것입니다. 이렇게 공석이 된 울지의 대법관직을 떠맡게 된 사람이 우리의 토마스 모어 경입니다.

모어는 여러 차례 왕의 요청을 거부하였으나, 결국 1529년 10월 29일 대법관직을 수락합니다. 그 자리는 일인지하 만인지상의 영광스러운 자리이겠지만, 울지의 사례가 보여주듯이 한순간 나락으로 떨어질 수도 있는 위험한 자리라는 것을 그는 잘 알고 있었던 것 같습니다.[58] 『유토피아』에서, 하고 있는 연극이 마음에 들지 않는다고 해서 다른 연극을 하겠다고 하는 것은 철학자의 길이 아니라던 작중 모어의 말대로, 결국 현실에서 궁정인의 길을 선택했던 사람이 모어 자신이었습니다. 그는 이제 그 결정의 대가를 치러야 했습니다. 왕을 대신해, 한때 자신의 상관이었던 울지를 비난하는 메시지를 전달하는 등, 내키지 않는 일들을 하면서 영국 정치의 소용돌이 속으로 휩쓸려 들어가게 되었던 것입니다. 이미 눈치 채셨겠지만, 이후 그가 대법관직에서 물러나는 1532년 5월까지 3년이 좀 못되는 기간 동안 그는 결코 행복하지 못했습니다. 자신의 철학과 맞지 않는 세계로 들어간 지식인으로서의 그의 고뇌는 시간이 갈수록 깊어갈 것이었습니다.

1530년이 되자, 왕과 로마 교황청과의 대립은 그 강도를 더해갑니다. 영국의 지도자들은 왕이 로마교황의 동의를 얻어 적법하게 이혼해야 한다는 온건파와 이 기회에 로마 교황청으로부터 벗어나 독립적인 영국식 기독교를 만들어야 한다는 강경파로 나뉘어졌습니다. 왕과 강경파들은 로마로부터의 독립을 강하게 밀어붙였고, 이러한 분위기에 굴복해 1530년 7월 영국 귀족과 고위 성직자들은 캐서린과 헨리의 결혼을 무효화해줄 것을 요청하는 편지를 교황 클레멘트 7세에게 보냈습니다. 1531년이 되어도 교황청으로부터 아무런 연락이 없자, 헨리는 교황지지파 성직자들을 영국 교회의 고위직에서 쫓아내기에 이릅니다. 로마에 대한 도전을 분명히 선언하였던 것입니다.

대법관 모어는 왕의 이러한 조치에 대해 어떤 생각을 하였을까요? 앞에서 언급했듯이 그는 분열을 조장할 것이라는 이유로, 그리고 기존의 권위와 질서를 파괴하도록 유도하여 결국 혼란을 가져올 것이라는 이유에서, 루터의 종교개혁에 반대하였던 사람입니다. 따라서 그가 왕의 이러한 분열적 행위를 지지하지 않을 것이라는 점은 분명했습니다. 하지만 국왕의 최고위 신하 자리에 앉아 정면에서 왕에게 반기를 들기도 어려웠을 것입니다. 그래서 공식적으로

---

58 모어는 취임사에서 자신이 '노고와 위험이 가득 찬' 자리에 오른다고 말했습니다.

모어는 왕의 이혼 문제에 찬성도 반대도 표하지 않았습니다. 하지만 많은 고위 관리들이 연대 서명해 교황에게 보낸 1530년의 편지에 그가 동참하지 않았던 것은 이미 그의 속마음을 보여주고 있었습니다.

시간이 흐르면서 상황은 더욱 진전됩니다. 왕의 압박에 따라, 1532년 4월 영국의 고위성직자들은 이제 로마의 통제로부터 완전히 벗어나기로 결정합니다. 캔터베리 대주교 회의는 성직회의 소집권을 국왕에게 넘기기로 결정하고 그에 동의한다는 서명을 할 것을 영국 성직자들에게 명하였던 것입니다.

우리의 모어경은 이 '성직자들의 복종(Submission of the Clergy)'이 통과된 날, 이제 궁정인이라는 자신의 연극 무대에서 내려와야 할 때라는 것을 직감했던 것 같습니다. 자신이 그토록 우려했던 교회의 분열이 왕의 이혼 문제로 인해 영국에서 가시화되자, 그는 결국 대법관직에서 물러나겠다는 사직서를 제출하였습니다. 사임의 이유로 악화된 건강을 내세웠지만, 사실 그가 왜 사임하는지는, 왕도 그리고 다른 고위 관리들도 모두 알고 있었습니다.[59]

이후 왕의 '대사'를 해결하는 문제는 착착 진행되었습니다. 1532년 8월에 워햄(William Warham, 1457~1532) 캔터베리 대주교가 사망하면서 그 자리가 공석이 되자, 헨리 8세는 자신의 이혼과 새로운 결혼을 찬성하는 토마스 크랜머(Thomas Cranmer, 1489~1556)를 지명하였습니다. 나아가 왕은 앤이 임신하자, 같은 해 12월 교황의 승인 없이 비밀리에 결혼식을 올렸습니다. 그리고 신임 켄터베리 대주교 크랜머는, 1533년 5월 23일 캐서린과 왕의 결혼이 무효라는 판결을 선포하여 헨리와 앤의 결혼에 적법성을 부여하였습니다. 그리하여 마지막 수순으로 1533년 6월 1일 드디어 앤의 왕비 대관식이 거행되었던 것입니다.

물론 로마교황청은 헨리 8세의 이러한 행위들에 분노했습니다. 1533년 7월 11일, 교황청은 왕의 새 결혼은 무효라고 선언했습니다. 그리고 9월까지 앤과 헤어지지 않으면 파문에 처할 것임을 왕에게 경고합니다.

---

59 이미 왕에게 사임의사를 밝혔지만 왕이 들어주지 않자, 그는 이번에는 가슴 통증을 이유로 사임했습니다.

그러나 왕의 질주는 멈추지 않았습니다. 헨리 8세는 1534년 3월 23일 '왕위계승법(Act for the establishment of king's succession)'을 통과시킵니다. 이 법의 주요 내용은 왕과 캐서린의 결혼은 무효이며, 앤과의 사이에서 태어나는 모든 자녀들이 영국 왕좌의 합법적인 상속자로 인정된다는 것, 앤과의 결혼이나 그 자녀들에게 반대하는 행동을 하면 대역죄로 간주된다는 것, 이 법안에 대한 맹세를 거부하는 것은 반역은닉죄에 해당된다는 것 등이었습니다. 그리고 일주일 뒤 국왕은 모든 의회 의원들에게 이 법안에 대한 충성을 맹세하라는 명령을 내리기까지 하였습니다.

이러한 일련의 변화를 지켜보며, 모어는 어떤 태도를 보였을까요? 그리고 그가 무엇을 했기에 국왕은 한때 자신이 총애했던 이 인물을 처형하기에 이르렀을까요?

1532년 사임 이후 모든 권력을 내려놓은 모어는, 자택에서 모처럼 평화로운 나날을 보낼 수 있었습니다. 하지만 그가 왕의 이혼과 일련의 반로마적 개혁에 적극적인 지지를 표현하지 않고 침묵하자, 그는 곧 요주의 사찰 대상이 되었습니다. 물론 그는 여전히 왕의 이혼과 새로운 결혼에 대해 어떠한 반대도 공식적으로 표현한 적이 없었습니다. 하지만 왕과 교황 사이의 팽팽한 대립의 긴장감이 영국 사회를 휘몰아치던 당시, 모어의 중립적 태도란 국왕에게는 결코 중립적으로 보이지 않았던 것입니다. 특히 1533년 6월에 거행된 앤의 즉위식에 그가 참석하지 않은 것은, 모어의 입장이 무엇인지를 분명히 보여주는 것으로 해석되었습니다. 결국 먹구름이 몰려오기 시작합니다.

1534년 2월, 모어는 터무니없는 이유로 검찰에 소환되어 조사를 받아야 했습니다. 당시 엘리자베스 바튼(Elizabeth Barton)이라는 수녀가, "앤과 결혼한 왕은 그 죄로 인해 7개월 밖에 더 살 수 없을 것이라는 계시를 들었다"고 주장하고 다니다가, 처형당한 일[60]이 있었습니다. 모어는 바로 이 수녀를 사주했다는

---

60 엘리자베드 바튼은 왕의 이혼에 공개적 반대를 천명해 처형된 최초의 인물이라고 할 수 있습니다. 10대에 어떤 병에서 회복된 후 환영을 보고 미래를 예견하기 시작해 고향인 켄트에서 유명해졌습니다. 사람들은 그녀를 숭배해 'Holy Maid of Kent'라고 불렀

혐의로 소환되었던 것입니다. 모어는 바튼을 만나기는 했지만 그녀에게 그런 말을 하고 다니지 말라는 충고를 했을 뿐이었습니다.

사실 검찰이 모어를 소환한 것은 '바튼 문제'라기보다는 국왕의 새 결혼에 대한 모어의 어정쩡한 태도 때문이었습니다. 이 문제에 대한 입장 표명을 요구받자, 모어는 본인은 "아무것도 듣지 않고 아무것도 관여하지 않기를 바랄 뿐"이라고 대답하며 버팁니다. 일단 '바튼 문제'에 모어가 연루되었다는 증거가 부족하자 모어는 석방됩니다.

하지만 3월에 '왕위계승법'이 통과되자, 모어는 다시 빠져 나올 수 없는 위기에 처하게 됩니다. 앞에서 언급한대로 국왕은 모든 귀족과 공직자들에게 이 법령에 대한 선서를 명령하고, 거부할 경우 반역죄로 체포할 것임을 천명했기 때문입니다.

1534년 4월 12일 모어는 램버스 궁(Lambeth Palace)으로 와서 그 법안에 대한 맹세를 하라는 소환장을 받았습니다. 그리하여 그는 다음 날인 4월 13일, 토머스 크롬웰(Thomas Cromwell, 1485~1540), 토마스 크랜머, 토마스 오들리(Thomas Audley, 1488~1544) 등 심문관들 앞에서 선서를 요구받습니다.

그 자리에서 모어는 먼저 '왕위계승법'과 거기에 첨부된 규정들을 보여 달라고 청합니다. 그리고 그 문서들을 받아 검토한 후, 자신은 양심 때문에 그 맹세를 할 수 없다고 말합니다. 이에 심문관들은 이미 맹세를 한 사람들의 명단을 보여주면서, 그가 이 맹세를 거부하면 왕의 분노를 살 것이라고 경고하였습니다. 하지만 모어는 마음을 바꾸지 않았습니다. 이후 한 차례 더 이루어진 심문에서도 그는 맹세를 거부하였고, 우리의 모어경은 결국 1534년 4월 17일에 런던탑에 수감됩니다.

모어가 수감되자 가족들은 모어의 구명을 위해 백방으로 노력하였습니다. 그들이 할 수 있었던 것은 두 가지밖에 없었습니다. 즉 한편으로 왕과 권력자

고 그녀가 수도원에 들어간 후에는 켄트의 수녀라고 불렀습니다. 왕이 캐서린 왕비와 이혼하려는 노력을 그만두지 않으면 재앙이 닥칠 것이라고 이야기하면서 사람들의 주목을 받게 되자, 바튼을 체포되었고 결국 반역으로 처형되었습니다.

들을 찾아가 모어를 살려달라고 애걸하는 것, 그리고 또 한편으로는 모어에게 마음을 바꾸도록 간청하는 것이었습니다.

의붓딸 앨리스 알링턴은 새로이 대법관이 된 토마스 오들리에게 선처를 청하였으나 거절당했고, 1534년 성탄절 무렵 앨리스 여사는 국왕에게 탄원서를 써 보냈습니다. 그녀는 남편의 건강이 날로 나빠지고 있다고 전하면서, 모어가 그 맹세를 거부한 것은 국왕에 대한 반감이 아니라 고집스러운 도덕관념 때문이라며 자비를 간청했던 것입니다.

한편 장녀 마가렛을 비롯한 가족들은 편지나 면회를 통해 모어에게 마음을 돌릴 것을 눈물로 호소합니다. 하지만 돌아오는 모어의 대답은 언제나 같은 것이었습니다. 가족들이 당하는 아픔은 슬프지만, 자신은 양심을 거스르는 일을 할 수는 없으며 하나님께 모든 것을 맡길 수밖에 없다는 것이 그의 한결같은 입장이었습니다.

여기서 남편이 구속된 후, 앨리스 여사가 남편 모어를 만나 나눈 대화는 요즘 말로 참으로 "웃퍼서" 잠깐 소개할까 합니다. 감옥으로 찾아가 남편을 만난 앨리스 부인은 평소에 하던 대로 모어에게 불평을 늘어놓으면서 다음과 같이 말합니다.

"이 나라 주교들과 최고 학자들이 한 대로만 하면 왕의 총애를 받으며 잘 살 수 있을 텐데, 그리고 첼시에 집과 서재, 책, 정원 등 온갖 것들을 내버려두고도 당신은 쥐가 들끓는 비좁은 감옥에 속편하게 누워 아주 바보 노릇을 하려드는 것이 놀랍기만 하군요. 여기서 이렇게 꾸물대고 있는 속셈이 무엇인지 알 수가 없네요."

이런 아내의 불평에 모어는 다음과 같이 유쾌하게 대답했다고 전하고 있습니다.

"앨리스 여사, 이 집이 내 집만큼이나 하늘나라와 가깝지 않소?"[61]

1534년 4월부터 그가 처형되는 1535년 7월까지 약 15개월 동안, 수많은 사람들이 찾아와 모어에게 마음을 돌릴 것을 요구했습니다. 때로는 간청으로 때로는 협박의 형태까지 띠었던 이 요구들을, 모어는 끝끝내 받아들이지 않았습니다.

7. 죽음으로

모어가 런던탑에 갇혀 있는 동안 영국 의회는 그 유명한 '수장령(The Act of Supremacy)'을 통과시킵니다. 이로써 영국은 로마 가톨릭과의 모든 관계를 단절하고, 신교국가로 탈바꿈하였던 것입니다. 곧이어 1534년 12월 18일에는 '반역법(Treason's Act)' 역시 통과되었습니다. 이 '반역법'은 교회의 수장이 영국 국왕이라는 사실에 반하는 발언을 한 것으로 간주되면, 사지를 찢어 죽이는 거열형에 처한다는 것이었습니다.

해가 바뀌어 1535년 봄이 되자, 모어는 다시 한 번 불려가 심문을 받았습니다. 그 이후에도 몇 차례의 심문이 있었으나 그는 자신의 입장을 바꾸지 않았습니다. 단지 그는 "첫 번째가 하나님이요 왕은 그 다음이라는," 헨리 8세가 자신에게 가르친 그 원칙을 지키는 것일 뿐, 자신은 결코 왕에게 반역을 하고 있지 않다는 점을 강조할 뿐이었습니다.

시간은 흘러갔고 점점 죽음이 다가오고 있었습니다. 6월 12일에 모어는 감방에서 모든 책을 압수당합니다. 6월 22일에는 같은 죄목으로 수감된 친구인 로체스터의 주교 피셔(John Fisher, 1469~1535)의 처형 소식을 들어야 했습니다.

1535년 7월 1일 드디어 모어는 오랜 옥살이로 지친 몸을 이끌고 런던탑에서 나와 웨스트민스터로 끌려갑니다. '수장령'을 부인한 최고반역혐의로 재판을 받기 위해서였습니다. 이 재판에서 그는 18명의 재판관들 앞에 섰습니다. 재

---

61 몬티, 『성 토마스 모어』, 620~621쪽.

판 전에 그들은 이제라도 서약서에 서명하면 풀어주겠다는 약속을 했지만, 그는 정중하게 거절하였고 그 후 기소장이 낭독되었습니다.

　기소장의 혐의는 모어가 왕의 결혼에 반대했으며, 의회가 허용한 수장으로서의 권능을 인정하지 않았다는 것, 그리고 수감 중에 피셔에게 편지를 보내 그의 반역을 격려하였다는 것, '수장령'에 대해 영혼도 육신도 죽일 수 있는 양날의 칼이라고 비난했으며 자신을 면회 온 검찰총장 리처드 리치(Richard Rich)에게 '수장령'은 정당하지 않다고 말하였다는 것 등이었습니다.

　자신의 운명을 결정하는 그 재판정에서 모어는 무슨 생각을 하였을까요? 가톨릭에서는 모어를 가톨릭을 수호하다 죽은 순교자로 숭배하지만, 사실 그 재판에서 그가 보인 모습은 우리가 생각하는 순교자의 모습과는 많이 달랐습니다. 이 재판에서 우리는 그의 여러 가지 모습을 발견할 수 있습니다. 자신의 목숨을 놓고 치열한 법리적 공방을 벌이는 노련한 법률가의 모습, 자신을 죽음으로 몰고 가는 모든 일의 본질과 그것의 부당함을 논리적으로 드러내었던 웅변가의 모습, 그리고 마지막에는 자신을 죽음에 이르게 한 그 모든 것과 모든 사람을 용서하는 신앙인으로서의 모습이 그것입니다.

　마치 영화의 한 장면 같은 이 재판의 과정을 간단히 축약해 보겠습니다.[62]

　재판이 시작되자 먼저 모어는 법률가답게 자신에게 씌워진 혐의들을 하나하나 논박하기 시작합니다. 무엇보다 그는 자신이 왕의 이혼이나 결혼을 지지하지는 않았지만, 반대한 사실도 없다는 것을 강조했습니다. 특히 그는 반역은 말이나 행동으로 하는 것이지 침묵으로 할 수 있는 것이 아니라며, 침묵을 처벌할 수 있는 법은 없다고 항변했습니다. 또 피셔 주교와 공모했다는 주장에 대해서는 오랜 친구와 대화를 서신교환을 한 것은 사실이지만, 피셔도 그도, 각자 자신의 양심에 따른 결정을 한 것뿐이라고 주장하였습니다.[63]

　모어가 설득력 있는 논변을 펼치자, 재판부는 결정적인 반역의 증거를 가지

---

[62] 이 재판의 과정에 대한 상세한 설명은 박원순, 『내 목은 매우 짧으니 조심해서 자르게』(한겨레출판사, 1999), 121~133쪽.

[63] 박원순, 『내 목은 매우 짧으니 조심해서 자르게』, 125~126쪽.

고 있는 증인으로 검찰총장 리처드 리치(Richard Rich)를 내세웁니다. 여기서 리치는 1535년 6월 12일 자신이 런던탑에 가서 모어를 면회하던 중 모어가 왕이 교회의 합법적 수장임을 부인하는 말을 하는 것을 들었다고 증언합니다.[64] 모어는 리치의 증언에 대해 위증이라고 강하게 반발하였지만, 재판의 결과는 이미 정해져 있었습니다. 그 자리에 같이 있었던 다른 증인인 사우스웰(R. Southwell)과 팔머(Mr. Palmer) 두 사람 모두 그런 대화를 듣지 못했다고 증언했음에도 불구하고, 배심원단은 단지 15분 만에 모어에 대한 유죄평결을 내렸던 것입니다.

양심에 찔렸기 때문인지 이 내키지 않는 일을 얼른 마무리 짓고 싶어 마음이 바빴는지, 신임 대법관 오들리는 피고인에게 주는 최후진술의 기회도 주지 않고 서둘러 반역죄에 대한 판결문을 낭독하려 했습니다. 그러자 모어는 침착하게, 판결 전에 재판관은 피고에게 말할 권리를 주어야 한다는 점을 지적합니다. 당황한 오들리는 이를 허가했고, 모어의 최후진술이 시작됩니다. 영국 정치의 격랑 속에서 침묵으로 자신의 생명을 지키고자 했고, 또 재판에 임해서는 법률가답게 논리적인 변론으로 모든 노력을 다하였지만, 침묵도 논리도 자신을 지킬 수 없게 된 상황에서였습니다. 모어는 이 마지막 최후 진술에서 어느 때보다 강인하고 선명하게 자신의 신념을 밝혔습니다.

그 웅변적인 발언에서 모어는, 영국이라는 나라는 가톨릭교회의 한 부분일 뿐이며 따라서 크리스트교 세계에 반하는 교회법을 마음대로 만들 수 있는 권한은 없다는 것, 왕의 '반역법'은 하나님의 뜻에 반하며, 왕 자신이 대관식에서 맹세한, '대헌장'을 비롯한 영국의 법 체제마저 침해하고 있다는 것, 교황의 수위권에 순종하지 않으려는 것은 아이가 아버지에게 순종하기를 거부하는 것만큼이나 부당하다는 것 등을 조목조목 발언합니다.[65] 한마디로, 영국의 이상한 종교개혁을 정면에서 반박한 것입니다.

---

64 박원순, 『내 목은 매우 짧으니 조심해서 자르게』, 128쪽.
65 몬티, 『성 토마스 모어』, 660~664쪽.

그리고 그는 재판관들을 향해 "그대들이 이토록 애타게 내 피를 노리는 것은 수위권 때문이 아니라, 내가 이 결혼에 동의하지 않으리라는 점 때문이오"[66]라면서 이 모든 일의 본질이 종교 문제에 있지 않음을 분명히 강조하였습니다. 결국 수많은 사람들의 생명을 빼앗은 영국 종교개혁은 종교적 쟁점이 아니라, 결국 국왕의 사적인 일, 왕의 이혼과 새로운 결혼의 정당성을 확보하기 위해 벌어진 일임을 분명히 지적하였던 것입니다.

그러나 최후변론의 마지막 부분에서 그는 깊은 신심을 가진 온화한 모어 경으로 다시 돌아옵니다. 그는 사도 바울이 한 때 순교자 스테판을 죽이는 일에 동조했지만 결국 회심하여 순교자가 된 것을 지적하면서, 그 두 사람은 지금 하늘나라에서 영원히 친구로 있을 것이라고 말했습니다. 그리고 자신에게 유죄판결을 내린 재판관들을 향해 "여러분들이 지금은 땅에서 재판관으로 나를 정죄하지만, 나중에 하늘에서 다시 만나 영원한 구원을 함께 누릴 수 있기를 기도할 것입니다"라고 용서의 말을 남겼던 것입니다.[67]

유죄 판결을 받은 후, 모어는 런던 탑 관리책임자인 윌리엄 킹스턴(William Kingstone)에게 넘겨졌습니다. 평소에 모어를 존경했던 킹스턴은 그를 보자 눈물을 쏟아냈습니다. 그러자 모어는 오히려 킹스턴에게 위로의 말을 건넵니다. 그리고 그는 런던 탑 부두에 서있던 수많은 인파들 속에서 애타게 서있던 장녀 마가렛을 비롯한 가족들을 발견합니다. 그는 그들에게 다가가 각각 입을 맞추고 가슴 아픈 작별을 한 후, 런던 탑으로 돌아옵니다.[68]

영국 왕조실록 기록자 에드워드 홀(edward Hall)에 따르면, 탑에 돌아와 형리가 유죄 판결을 받은 죄수의 상의를 벗겨가는 당시의 관례에 따라 윗옷을 벗어달라고 하자, 모어는 모자를 벗어주며 이것이 자기가 가장 위에 걸치고 있는 의복이라고 말했다고 합니다.[69] 죽음이 결정된 순간에도 농담을 하는 그의

---

66 몬티, 『성 토마스 모어』, 667쪽.
67 몬티, 『성 토마스 모어』, 668쪽; Roper, *The Life of Sir Thomas More*, p. 96.
68 몬티, 『성 토마스 모어』, 668~671쪽.
69 몬티, 『성 토마스 모어』, 671쪽.

여유는 도대체 어디서 나온 것이었을까요? 내세를 믿으며 신에게 모든 것을 맡긴 자의 여유였을까요?

1535년 7월 5일 모어는 자신이 늘 입고 다니던 거친 고행자 셔츠와 함께 숯 조각으로 쓴 마지막 편지를 딸 마가렛에게 보내었습니다.

"착한 마가렛, 내가 너를 너무 성가시게 한다마는, 그때가 내일을 넘겨 조금이라도 길어진다면 내게는 애석한 일이 될 것이다. 나는 내일 하나님께 가고 싶은 마음이 간절하단다. … 네가 마지막으로 내게 입맞춤을 해준 그때가 나에게는 그렇게 좋을 수가 없었단다. 내 사랑하는 아가야, 잘 있거라. 그리고 나를 위해 기도하거라. 나도 우리가 하늘나라에서 기쁘게 만날 수 있도록 너와 네 친구들 모두를 위해 기도하마."[70]

앞서 말한 '반역법'에 따르면 모어는 사지가 찢기는 거열형에 처해질 것이었습니다. 하지만 왕은 오랜 벗을 그렇게 죽이는 것이 부담스러웠는지, 참수형으로 처형방식을 바꾸었습니다. 아직 단두대 같은 처형도구가 발명되지 않았던 시기이기 때문에 이때 참수형은 사형집행관이 도끼로 목을 치는 방식이었습니다.

1535년 7월 6일 아침, 대법원의 젊은 관리가 처형을 알리자 모어는 손에 빨간 십자가를 들고 런던탑에서 나와 처형장으로 향합니다. 참수대에 올라간 다음, 그는 참석자들에게 자신을 위해 기도해 달라고 한 후, 자신도 그들을 위해 어디서나 기도하겠다고 말합니다. 그리고 그들에게 왕을 위해 기도해 달라고 청합니다. 마지막으로 그는 "왕의 충직한 신하로서, 그러나 하나님을 먼저 섬기는 종(The King's Good Servant but God's First)로서 죽는다"는 유명한 말을 남기고 처형되었습니다.[71]

---

70 몬티, 『성 토마스 모어』, 672~673쪽.
71 몬티, 『성 토마스 모어』, 678쪽.

3-8 런던 탑 내 모어가 처형당한 참수대가 있던 장소

3-9 처형자 명단 속에 보이는 토마스 모어의 이름

모어의 사위이자 전기를 쓴 윌리엄 로퍼에 따르면, 그는 마지막 순간까지도 유머를 잃지 않았습니다. 처형장의 미끄러운 계단을 올라가면서 관리가 그의 손을 잡아주자, "내려갈 때는 나도 할 수 있으니 혼자 가게 내버려두게"라고 농담을 건넸다고 합니다. 그리고 사형집행관에게는 자신의 목은 짧으니 조심해서 자르라는 농담을 했다는 이야기, 또 자신의 수염을 걷어 올리며 "수염은 반역죄를 저지르지 않았으니 좀 봐주게"라고 했다는 전설 같은 이야기가 전해집니다.[72]

8. "사람에게도 격이 있다"

지금까지 우리는 15~16세기를 살았던 토마스 모어라는 한 영국인의 인생사를 따라가 보았습니다. 그를 묘사할 수 있는 문구는 많이 있습니다.

그는 자상하고 따뜻한 남편이자 아버지였고 논리적인 법률가였습니다. 평생을 수도사의 거친 속옷을 입고 자신을 단련한, 깊고 철저한 신앙심의 소유자였습니다. 또 그는 진정한 기독교인으로서의 삶은 어떤 것이어야 하는지를 고민했던 진지한 평신도였습니다. 인간의 양심과 자유의 가치를 알고 있던 인문주의자였고, 물질주의와 탐욕, 부정의를 비판하고 가난한 대중의 비참한 삶을 개선하기를 바란 사회개혁가였으며, 모두가 행복하고 평등한 세상을 꿈꾼 이상주의자였습니다. 자신이 옳지 않다고 생각하는 일에 대해서는 죽음을 무릅쓰고 권력에 타협하지 않았던 인물이면서도, 언제나 해학과 농담을 즐기는 위트 있는 지식인이었습니다.

여러분은 모어의 어떤 모습이 가장 마음에 와 닿습니까?

사실 모어는 가톨릭 측에서는 순교자이자 성인(Saint)이지만, 종교개혁에 반대하여 신교도들을 탄압했기 때문에 개신교 측으로부터는 상당한 비난을 받

---

[72] 몬티, 『성 토마스 모어』, 679쪽.

았던 인물이기도 합니다. 그리고 그가 지키려고 했던 가치들은 매우 중세적인, 그러니까 낡은 가톨릭의 교리에 불과한 것이었다고 폄하하는 평가도 있습니다. 사실 『유토피아』에서 보이는 이상주의적 태도와는 별개로, 종교개혁의 큰 시대적 흐름 속에서 그의 실제 삶은 개혁보다는 기존의 질서를 지키려는 보수주의적 면모가 더 부각되어 보이는 것도 사실입니다.

하지만 종교적 교파나 역사적 평가와 상관없이 우리가 토마스 모어라는 한 인간의 삶을 살펴보면, 어느 순간 인간에게도 참 격이 있다는 생각을 할 수 밖에 없을 것 같습니다. 현재 여러분과 제가 살아가고 있는 우리의 모습을 돌이켜보면, 더욱 그렇습니다.

모어가 살던 당대에도 그리고 500년이 지난 지금도, 많은 사람들은 자신의 부와 명예를 위해 살아갑니다. 좀 더 좋은 교육을 받고, 좋은 직장을 구해, 남들보다 조금은 더 편안하고 안락하게 살고 싶은 것이 보통 사람들의 꿈이지요. 거기다 사회적 인정까지 받는다면, 더할 나위 없을 지도 모릅니다. 거의 대부분의 관심은 나와 내 가족에게로 집중되고, 가끔씩 후원을 하는 단체나 개인이 있기도 하겠지만, 나와 크게 상관없는 타인에 대한 애정과 공감은 사실 매우 제한적입니다. 그저 남에게 피해를 주지 않고 나에게 주어진 내 인생을 살기에도 바쁘니까요.

이런 면에서 토마스 모어의 삶은 평범한 우리들과는 확실히 좀 다른 듯합니다. 앞에서 살펴보았듯이 그는 당대 기준으로 볼 때 누구보다 좋은 교육을 받았고, 부와 명예를 한꺼번에 손에 쥘 수 있는 위치에 있었던 사람입니다. 그가 다른 사람들과 달랐던 점은 그런 세속적 성공과 출세가 아무것도 아님을 알고 있었다는 것, 그리고 자신의 계급적 기반과 지위에서가 아니라 타인의 관점에서, 고통 받는 약자의 관점에서, 사고할 줄 알았다는 것입니다.

당시 영국의 많은 귀족들과 부자들이 양털로 돈을 벌기 위해 너도 나도 '인클로저'를 하느라 바빴을 때, 그로 인해 고통 받는 사람들에 깊은 관심과 애정을 가지고 사회적 불평등과 부정의를 정면에서 비판하였습니다. 이런 그의 태도는 확실히 진정한 기독교인이자 훌륭한 지식인의 모습이라 하지 않을 수 없을 것입니다.

특히 당대에 자신의 출세를 위해 왕의 부당한 이혼과 결혼에 동조하였던, 많은 정치인들과 비교해보면, 그의 일관된 인생은 감동을 줍니다. 가족들과 수많은 친구들의 설득처럼, 모어가 왕의 이혼에 동의한다는 말 한마디만 했다면, 평안하고 안락한 삶이 보장될 것이었습니다. 그러나 그는 자신이 부당하다고 생각한 일에 대해서는 목숨을 던질지언정 양심을 파는 타협을 결코 할 수 없었습니다. 이렇게 지고지순한 그의 모습에서, 우리는 "사람에게도 격이 있다"는 것을 알게 되는 것입니다.

결국 500년 전 모어가 자신에게 던진 질문 두 가지, 어떻게 정의로운 사회를 구현할 것인가? 그리고 어떻게 살아가는 것이 옳은 것인가? 하는 것은 오늘날 우리에게도 여전히 유효한, 본질적인 질문이라 하겠습니다.

제4장

어디에도 속하지 않은 자
에라스무스(Desiderius Erasmus Roterodamus)

〈데시데리우스 에라스무스 로테르다무스〉, 한스 홀바인(Hans Holbein the Younger), 1523

우리의 인생은 크던 작던 항상 선택의 기로에 처하곤 합니다. 어떤 직업을 선택할지 혹은 누구랑 결혼할지 같은 중요한 결정부터, 점심 때 짬뽕을 먹을지 짜장면을 먹을지 같은 상대적으로 사소한 선택에 이르기까지 모든 인생이 선택의 연속이라 할 것입니다. 요즘 말로 '결정장애'가 없다하더라도 무언가를 선택하고 결정한다는 것은 그리 쉽지 않습니다.

이런 상황을 한번 상상해보시기 바랍니다. 나를 둘러싼 세상이 두 편으로 나뉘어져 격렬하게 싸우고 있습니다. 양편 모두에 나와 친밀한 인간관계를 맺었던 친구들이 있습니다. 그리고 그들은 모두 나에게 자기 편을 들라고 합니다. 게다가 많은 사람들이 내가 어느 편을 들 것인지를 주의 깊게 지켜보고 있습니다. 나의 결정은 많은 사람들의 생각과 행동에 영향을 줄 것이 분명합니다. 그런데 나는 두 편이 꼭 그렇게 싸워야 할 것인지 이해를 할 수 없고, 어느 쪽도 공개적으로 편들 수가 없습니다. 내가 어느 편도 대놓고 지지하지 않자, 양편에 있던 친구들은 모두 나를 우유부단하다고 비난하거나 기회주의자, 회색주의자라고 욕을 합니다.

어떠신가요? 이런 상황에 처하게 된다면 참으로 괴롭지 않겠습니까?

지금까지 우리는 15세기 말에서 16세기를 살다간 두 명의 이탈리아인과 한 명의 영국인을 만나 보았습니다. 이제 역시 같은 시대를 살다간, 또 한 사람의 매력적인 인물을 소개하려 합니다. 우리가 살펴볼 이 인물은 상상만 해도 힘든 이 상황을 직접 겪었던 사람입니다. 그는 튤립, 풍차, 거스 히딩크 감독으로 유명한 나라, 네덜란드 출신입니다. 그의 이름은 좀 깁니다. 풀 네임이 데시데리우스 에라스무스 로테르다무스(Desiderius Erasmus Roterodamus)[1]로, 보통 우리는 그를 '에라스무스'라고 부릅니다. 『우신예찬(*Moriae Encominium: The Praise of Folly*)』이라는 유명한 책을 쓴 저자, 바로 그 사람입니다.

---

[1] 'Erasmus'는 세례명이며, 'Roterodamus'는 그가 태어난 로테르담을, 'Desideriussms'는 라틴어로 '친애하는'을 뜻하는 라틴어입니다. 에라스무스가 자신을 이 이름으로 처음 칭한 것은 1506년경이었다고 합니다. 안톤 가일(Anton J. Gail), 정초일 역, 『에라스무스』(한길사, 1998), 13쪽.

앞에서 언급하였듯이, 레오나르도 다빈치와 마키아벨리 같은 걸출한 르네상스인을 만들어낸 14, 15세기 이탈리아의 새로운 문화적 흐름은, 알프스 산맥을 넘어 북쪽으로 전파되었습니다.[2]

그러나 당시 알프스 이북 지역은 분열된 이탈리아와는 매우 다른 상황에 있었습니다. 무엇보다 강력한 군주 국가들이 들어서 있었고, 이탈리아 도시국가의 자유롭고 세속적 분위기와는 달리, 봉건적 질서와 종교의 힘이 여러모로 강하게 버티고 있었습니다. 그리하여 이 지역에서 고전고대 문화의 부활이라는 르네상스의 흐름은 종교에 대한 무관심과 세속화보다는 오히려 종교에 대한 더 강한 관심과 개혁의지로 연결되었습니다. 즉 이곳에서는 고전 고대의 연구를 통해 기독교 신앙 본래의 진정한 본질을 찾으려는 '기독교 인문주의(Christian Humaism)'가 크게 발전했던 것으로, 그 '기독교 인문주의'의 대표적 학자가 바로 이 장의 주인공 에라스무스입니다.

에라스무스는 『우신예찬』 이외에도 많은 저작을 저술한 당대 최고의 저술가였습니다. '인문주의자들의 왕'이라고 불릴 정도로 대표적인 고전 학자였지만, 사실상 그의 본래 직업은 가톨릭 사제였습니다.

우리가 앞서 살펴본 세 사람의 인생처럼, 이 사람도 결코 편안하거나 안락한 삶을 살지 못했습니다. 레오나르도 다빈치처럼 합법적 결혼에서 태어나지 못해 평생 사생아라는 굴레에 매여 있었고, 어린 시절 부모를 모두 잃고 수도원에서 자라야 했습니다. 타고난 자유주의적 기질 때문에 수도원을 벗어나 평생을 여기저기를 떠돌아다니는 방랑자의 삶을 살았습니다. 가난 속에서도 평생을 기독교의 근본정신을 탐구하는 데 바쳤고, 시대와 사회를 비판하고 조롱하는 글을 써 '인문주의자의 왕'이라는 명성을 얻었습니다. 하지만, 세상이 두 편으로 나뉘어져 싸우는 상황에서, 어느 편인지 입장을 확실히 밝히지 않았다는 이유로, 양편 모두로부터 숱한 비난과 공격의 대상이 되었던 사람입니다. 한

---

2   찰스 나우어트(Charles G. Nauert), 진원숙 역, 『휴머니즘과 르네상스 유럽문화』(혜안, 2003), 223~235쪽.

마디로 고독한 삶을 산 인물이지요. 그럼 이제 그의 고단했던 인생 속으로 들어가 볼까요?

1. 저지대: '새로운 경건' 운동의 요람

에라스무스는 네덜란드의 항구 도시 로테르담(Roterdam)이라는 곳에서 태어났습니다. 그의 이름 끝에 붙는 '로테르다무스'는 바로 이 지명을 딴 것입니다. 당시 로테르담은 부르고뉴(Bourgogne) 공작의 지배하에 있는 부르고뉴 공국[3]의 일부였습니다. 곧 플랑드르(Flandre)와 브라반트(Brabant)까지 포함하게 되는 이 지역들은 '저지대(low lands: 바다 옆의 낮은 지방들)'라는 이름으로 불리고 있었습니다. 이곳은 신성로마제국에 속했지만, 대체로 황제의 영향력이 크게 미치지 못해 제국 내의 변방지역 정도로 여겨지고 있었습니다. 특히 로테르담이 위치한 홀란트(Holland)나 인근 젤란트(Zeland) 같은 지역은, 근교의 플랑드르나 브라반트 같은 부유한 도시지역과 비교하면 농부와 어부들이 사는 낙후된 시골이었습니다.[4]

한 가지 주목할 점은 에라스무스가 태어나던 시기에 이 지역에서, 새로운 종교적, 학문적 흐름이 나타나고 있었다는 것입니다. 그것은 소위 14세기부터 16세기까지 추진된 '새로운 경건(Devotio Moderna)' 운동이었습니다. 이 '새로운 경건' 운동은 일종의 가톨릭 내의 종교적 각성운동으로, 14세기 말 데벤터(Deventer)의 부르주아지였던 헤르트 흐로테(Geert Groote, 1340~1384)라는 사람에

---

[3] 부르고뉴 공국은 프랑스어를 사용하는 부르고뉴, 아르투아(Artois), 에노(Hainaut), 나뮈르(Namur) 등과 네덜란드어를 쓰는 젤란트, 홀란트 지역들로 이루어져있었습니다. 이 지역은 에라스무스 탄생 시에는 아직 부르고뉴 공국의 지배하에 있지 않았지만, 곧 플랑드르, 브라반트와 함께 공작령에 속하게 됩니다.

[4] 요한 하위징아(Johan Huizinga), 이종인 역, 『에라스무스』(연암서가, 2013), 25~28쪽. 하위징아의 표현에 따르자면 이 지역은 "촌스러운 매너, 과도한 음주 그러나 독특한 신실한 경건주의"가 특징이었던 곳이었습니다.

의해 시작되었습니다. 이 운동은 기성 수도원 및 교단의 타락과 경직된 신학에 반발하여 기독교의 내면적 경건성을 회복하고자 했습니다.

네덜란드에서 시작되어 독일, 북프랑스, 스페인을 거쳐 이탈리아까지 확산된 이 운동을 실천한 조직은, '공동생활형제단(Brethern of the Common life)'이라는 단체였습니다.[5] 이 단체의 특징은 수도원처럼 세속과의 인연을 끊지 않고 속세에서 공동생활을 함께 하면서 종교적 경건성을 회복하고자 했다는 점입니다. 즉 이 조직은 성실, 근면, 온유함, 단순함 등의 원칙 위에서, 간호사업, 자선사업, 교육사업 등을 통해 기독교의 참 정신을 실천하는 신앙공동체 운동을 펼치고 있었던 것입니다. 특히 '공동생활형제단'은 교육에 공을 많이 들여 학교를 운영하기도 했는데, 에라스무스가 어린 시절을 보낸 데벤터는 바로 '새로운 경건' 운동이 시작된 곳이자, '공동생활형제단'의 학교가 있던 곳이었습니다. 요컨대 에라스무스가 태어나던 시기 네덜란드 지역에서는 기성 가톨릭의 형식적 신앙에서 벗어나 명상과 자기수양 등 내적 신앙을 강조하는 분위기가 만들어져 있었던 것입니다.

사실 에라스무스의 어린 시절을 알 수 있는 기록들은 매우 부족합니다.[6] 심지어 그의 출생연도조차 분명치 않습니다. 네덜란드 역사가 하위징아(Johan Huizinga)가 쓴 에라스무스의 전기에는 1466년을 그의 출생연도로 쓰고 있지만, 다른 학자들은 1467년, 혹은1469년생으로 보고 있기 때문입니다. 이것은 에라스무스 자신이 자신의 출생과 어린 시절에 대한 정보공개를 몹시 꺼려했고 정확한 정보를 주지 않았던 때문이기도 합니다.

그가 이렇게 자신의 어린 시절을 정확히 밝히지 않았던 것은 적법한 출생이 아니었다는 점과 관련이 있습니다.[7] 후일 자신의 출생과 관련해 에라스무

---

5 새로운 경건 운동과 공동생활형제단에 대해서는 윌리엄 에스텝(William Estep), 라은성 역, 『르네상스와 종교개혁』(그리심, 2002), 106~118쪽.

6 Cornelius August ijn, *Erasmus, His life, Works, and Influence*, trans., by J. C. Grayson (University of Toronto Press, 1995), p. 21.

7 앞에서 우리가 만난 레오나르도 다빈치도 적자가 아니었던 것을 보면 당시에도 참 많은 사생아들이 존재했던 것으로 보입니다.

스 본인이 한 설명에 따르면, 그의 아버지는 젊은 시절 의사의 딸이던 그의 어머니를 만나 사랑에 빠졌으나 집안의 반대로 헤어지게 되었고, 자신의 아이가 태어남을 알지 못하고 로마로 떠납니다. 그의 아버지는 친척들로부터 그 사랑하던 여자가 죽었다는 소식을 들었고, 성직자가 되어 종교에 헌신했는데, 나중에 고국에 돌아와서 그것이 거짓임을 알게 되었다는 겁니다. 이미 성직자의 신분이 되어 버린 그의 아버지는 일절 그의 어머니와 접촉하지 않았고, 다만 사생아로 태어난 아들에게는 폭넓은 교육을 시키기 위해 노력했다는 것이 그의 설명입니다.[8] 어딘지 많이 들어본 슬픈 사랑이야기 같지만, 사실 그에게는 3살이 많은 형 피터가 있었기 때문에 그의 설명은 무슨 이유에서든 좀 각색된 것 같습니다.

어쨌든 아들들의 교육을 위해 아버지는, 에라스무스를 형과 함께 1475년부터 1484년까지 9년간 데벤터(Deventer)에 있는 '세인트 레빈(St. Lebwin)'이라는 학교에 보내었고, 아이들을 양육하던 그의 어머니가 그 곳으로 이주해 자식들을 돌보았습니다. 그러나 1483년 흑사병이 네덜란드의 여러 도시들을 강타하면서 그의 어머니가 사망하자, 형제의 데벤터 생활은 끝이 납니다. 아버지는 두 아들을 자신의 고향인 호우다(Gouda)란 곳으로 불러들였지만, 얼마 지나지 않아 아버지마저 사망하였기 때문에, 형제는 오갈 곳이 없는 고아 신세가 되었던 것입니다. 결국 부모를 모두 잃고 빈곤에 쫓긴 형제는 보호자들의 권유에 따라 수도원으로 들어가게 됩니다. 형 피터가 먼저 델프트(Delft) 근교의 아우구스티누스 수도회 산하의 한 수도원으로 갔고, 에라스무스는 1488년 '공동생활형제단'이 만든 홀랜드 남부의 '스테인(Steyn)'이라는 수도원으로 들어갑니다. 그는 거기서 6년을 보냈고, 1492년에는 다른 수도원생들처럼 사제서품을 받음으로써 가톨릭 성직자의 길로 들어서게 되었던 것입니다.

---

8   하위징아, 『에라스무스』, 31~32쪽.

2. 수도원

성인이 되어 에라스무스는 어릴 적 자신이 받은 교육은 무지하고 반계몽적인 것이었다고 신랄하게 폄하하였습니다. 하지만 사실 그가 다녔던 데벤터의 학교는 네덜란드에서 상당히 좋은 라틴어 교육기관이었습니다. 거기서 에라스무스는 라틴어와 초급 그리스어를 배울 수 있었습니다.

수도원에서의 생활 역시 그의 지적 성장에 큰 도움이 되었습니다. 그는 스테인에서 비슷한 성향의 수도사들과 교류하면서 고대 문화에 대한 지적 동경을 크게 키우게 되었기 때문입니다. 거기서 그는 수많은 고대 라틴 문학을 공부하였고, 베르길리우스(Publius Vergilius Maro, BC.70~BC.19)나 호라티우스(Quintus Horatius Flaccus, BC.65~BC.8) 등 고대 로마 시인들을 모범으로 삼아 라틴 시를 쓰고 친구들과 시문을 교환하면서 수준 높은 라틴어 문장 능력을 습득할 수 있었습니다.[9]

그러나 에라스무스가 수도원에서 얻은 것은 단순한 문장 실력만이 아니었습니다. 수도원에서 고대 문헌을 집중적으로 다룬 그는, 성서의 정신과 고대 철학의 정신이 그리 다르지 않다는 인식을 가지게 되었던 것입니다. '새로운 경건' 운동이 기성 교회의 타락에 맞서 경건성 회복을 주창하고 있었지만, 그는 고전고대 문헌들을 연구하면서 진정한 경건성은 반드시 지식과 지혜를 필요로 한다고 생각하게 되었습니다. 경건 회복의 방향을 고전 지식과 그 연구로 잡았다는 점에서, 그는 엄격한 고행과 수련, 금욕을 강조하는 '새로운 경건' 운동과는 방향을 달리하고 있었습니다. 그에게 옛 그리스, 로마의 철학자나 시인들의 글은 이교적인 정신을 불어넣는 것이 아니라, 그리스도의 삶과 기독교의 본질을 이해하는 데 도움을 주고, 올바른 영성으로 인도하는 등불처럼 보였던 것입니다.

---

9 롤란드 베인턴(Roland H. Bainton), 박종숙 역, 『에라스무스의 생애』(크리스챤 다이제스트, 2001), 14~15쪽.

생각해보면 그에게 수도원은 양면적인 존재, 그러니까 보호자이면서도 구속자였다고 해야 정확할 것 같습니다. 수도원생활은 그에게 건강을 유지할 충분한 음식과 수면, 도서관의 많은 책들에 접근할 기회를 제공해 주었습니다. 하지만 동시에 수도원 생활의 일상인 많은 예배와 의식들, 규율은 천성적으로 자유로움을 좋아한 그를 괴롭히고 있었습니다. 그는 차츰 수도원의 엄격한 규칙과 감독을 자유에 대한 구속으로 여기기 시작했습니다. 또 그는 "경건성을 요구하며 두뇌를 경시하는" 수도원의 분위기를 몹시 싫어하였습니다.[10] 1490년 전후에 쓴 「야만에 저항하며(Antibarbari)」라는 글에서 그는 계몽되지 못한 교양 없는 경건성을 야만으로 규정하였습니다.[11]

스테인 시절에 특기할 만한 사건은 그가 동료 수사였던 세르바티우스 로헤루스(Servatius Rogerus)에게 "나의 반쪽 영혼"이라고 부를 만큼 감상적이고 과도한 애정표현을 하였다는 일일 것입니다. 하지만 그의 열정적인 서신을 받은 세르바티우스는 그의 마음을 받아주지 않았습니다. 이 일로 그는 심한 굴욕감과 창피함을 느끼며 상처를 받았던 것 같습니다. 어떤 이들은 이 사건으로 미루어 볼 때, 그가 동성애적 성향을 가졌던 것 같다고 의심하기도 하지만, 확실하지는 않습니다. 에라스무스의 전기를 쓴 하위징아에 따르면 이 사건 이후 그는 감정표현을 철저하게 경계하는 태도를 보였다고 합니다.[12] 이후 그의 삶을 관통하는 특징인, 초연하고 절제된 태도는 이런 경험에서 나왔는지도 모르겠습니다.

성직 서임 이후인 1493년경, 그는 솔깃한 제안을 하나 받습니다. 캉브레(Cambrai) 주교인 '베르겐의 앙리(Henry of Bergen)'가 자신을 보좌할 비서를 찾고 있는데 그 비서가 되지 않겠느냐는 것이었습니다. 캉브레 주교는 추기경 자리를 얻기 위해 로마로 여행을 계획하고 있었고, 에라스무스의 출중한 라틴어 및 문장력에 대한 소문을 듣고 그를 필요로 했던 것입니다. 에라스무스는 답

---

10 Ernest F. Capey, *Erasmus*(London: Atherna Press, 2014), p. 10.
11 가일, 『에라스무스』, 18~19쪽.
12 하위징아, 『에라스무스』, 41~45쪽.

답한 수도원 생활을 몹시 괴로워하였던 터라, 교황으로부터 일시적인 특면권을 얻어 수도원을 벗어날 수 있고, 게다가 염원하던 이탈리아까지 갈 수 있다는 희망으로 비서직을 수락합니다. 이제 그는 여러 관저를 옮겨 다니며 주교를 보좌하게 되었던 것입니다. 성직자이면서도 성직자 같지 않은 그의 자유에의 추구가 시작된 셈입니다.

그러나 주교의 로마행은 실제로 성사되지는 않았습니다. 당연히 아름다운 이탈리아로 가려던 에라스무스의 희망 역시 실현되지 못합니다. 그는 몹시 낙담했습니다. 그러나 그가 우울감에 사로잡혀 있을 때, 곧 그의 앞에 다른 길이 펼쳐집니다. 이탈리아가 아닌 프랑스 유학의 기회가 주어진 것입니다.

3. 파리 유학

에라스무스에게 파리 유학의 길을 열어준 것은 베르겐에서 만난 친구 제임스 바트(James Batt)이었습니다. 바트는 파리 대학에서 교육을 받은 후 베르겐에 있는 한 학교의 교장이 되었다가, 그 학교에 인문주의 과목을 도입하는 일로 갈등을 일으켜, 결국 교장직을 사임하고 시의 서기가 된 인물이었습니다. 인문주의 교육의 지지자였던 바트는, 에라스무스의 재능을 알아보고 에라스무스가 연구에 집중할 수 있도록 생활대책을 마련해주려 노력한, 매우 헌신적인 친구였습니다.

앙리 주교의 이탈리아행이 좌절되었던 그때, 바로 바트가 주교에게 에라스무스의 유학을 후원해 줄 것을 부탁하였던 것입니다. 그리하여 에라스무스는 주교로부터 약간의 후원금을 약속받고 파리로 떠날 수 있었습니다.[13] 1495년 늦여름 파리에 도착한 에라스무스는, 몽테규 대학(the College of Montaigu) 신학

---

13 사실 당대에 많은 학자들이 부유한 후원자의 지원으로 살고 있었기에 이는 이례적인 일은 아니었습니다.

박사과정 학생으로 등록합니다.

원래 파리 대학은 중세 '스콜라 신학'의 거점이었습니다. 하지만 15세기 마지막 20여 년 동안 르네상스 휴머니즘이 파고들면서 파리는 보수와 개혁의 지적 흐름이 막 충돌하려 하던 시점에 있었습니다. 에라스무스가 파리에 오던 시점은 인문주의의 영향을 받은 젊은 학자들이 교과목에 인문주의 과목들을 설치할 것은 요구하던 시기였고, 제한적이기는 하였지만 그 요구가 일부 받아들여지기도 하던 그런 시점이었습니다. 여전히 강건한 기성의 권위가 존재했지만, 새로운 변화의 바람이 조금씩 불고 있었던 것입니다.

수도원을 벗어나 지적, 정신적 자유를 추구할 기회를 찾았지만, 에라스무스에게 파리에서의 삶은 결코 녹록지 않았습니다. 그는 여러 종류의 고통과 시련에 맞닥뜨립니다. 무엇보다 가장 큰 어려움은 경제적 문제였습니다. 주교의 재정지원은 몹시 불충분했고, 그것도 언제 끊길지 알 수 없는 상황이었기에, 그는 가정교사와 잡문쓰기로 생활을 근근이 유지해야 했습니다.

게다가 그는 몽테규 대학 학장 스탄동(Jan Standonck, 1453~1504)[14]이 강요하는 엄격한 금욕주의 규칙 때문에 고통 받아야 했습니다. 스탄동은 앞에서 언급한 호우다의 '공동생활형제단'에서 초기교육을 받은 인물로, 루뱅 대학과 파리 대학에서 공부하며 신학 박사학위를 취득하였습니다. 몽테규 대학의 학장이 된 그는 고전을 금지하지는 않았지만, 금욕주의와 경건주의를 기초로 프랑스 수도원과 교회를 개혁하려 하였습니다. 금욕과 고행을 싫어하는 에라스무스의 자유주의적 성향은 이런 분위기와 부딪힐 수밖에 없었습니다.

에라스무스는 처음에 스탄동이 가난한 학생들을 위해 지은 '콜레기아 파우페룸(Collegia Pauperum)'이라 불리는 기숙사에서 생활했습니다. 그 건물은 벼룩이 득실대는 비위생적인 곳이었고, 세탁, 청소, 요리 등 모든 것을 스스로 해야

---

14 그가 학장으로 있던 파리 대학에서는 세 명의 탁월한 개혁운동 지도자들이 훈련을 받았는데, 에라스무스, 장 칼뱅, 이그나시우스 로욜라가 그들입니다. 베인턴은 이들 중 스탄동의 엄격성을 가장 적게 닮은 사람이 에라스무스라고 평가하고 있습니다. 베인턴, 『에라스무스의 생애』, 47쪽.

하는 곳이었습니다. 기숙사가 제공하는 음식의 질은 형편없었고, 양마저 충분하지도 않아 항상 배가 고팠습니다. 심지어 규율이 너무 세서 말을 잘 듣지 않는 학생들은 피가 날 때까지 가혹한 매질을 당하기까지 했다고 하니 끔찍하지 않습니까?[15] 에라스무스는 이런 엄격하고 반자유주의적인 지적 분위기를 몹시 혐오하였습니다.

정신적, 육체적 고통이 겹치면서 건강까지 나빠지자, 1496년 봄 그는 네덜란드로 잠시 돌아갑니다. 그는 곧 건강을 회복했지만, 고향에서도 힘든 상황을 만나야 했습니다. 다시 만난 앙리 주교가 후원 지속을 거부하였기 때문입니다. 앞으로 에라스무스의 인생을 살펴보면 알게 되시겠지만 그는 인생의 대부분 기간 동안 경제적 문제는 그를 계속 괴롭힐 것이었습니다.

어쨌든 파리로 돌아온 그는 아이들을 가르치는 가정교사 일이나 여러 가지 잡일로 생활비를 벌어가며 다시 공부에 매달렸습니다. 이미 출중한 라틴어 문장가였지만, 파리에서 그의 문장은 더욱 유창하고 세련되게 발전했습니다. 파리 시절 에라스무스는 성경에 근거를 두면서도 라틴 문학을 좋아하는 기독교 인문주의자로 성장합니다. 그는 특히 고대 교부인 히에로니무스(St. Hieronymus, 345?~420)[16]를 좋아했습니다. 앞에서 말했듯이 그는 그리스, 로마의 옛 고전과 기독교의 가르침이 결코 부딪히는 것이 아니라고 보았습니다. 오히려 그는 고대의 지식과 지혜야말로, 인간의 영적 성장을 도우며 순수한 고대 기독교의 본 모습을 되찾도록 해줄, 통로라고 보았던 것입니다.

이런 그에게 파리 대학에서 가르치는 스콜라 철학은 고통을 안겨 주었습니다. 신학공부를 하면 할수록, 교리적 추론을 깊게 파고들어 치밀한 논리만을 강조하는 당시 스콜라 철학자들과 파리 대학의 분위기에, 그는 동의할 수가 없었습니다. 그에게 신앙이란 단순해야 하는 것이었습니다. 그는 중세 스콜라 신학이 너무나 복잡한 교리와 논리를 만들어 세상 사람들에게 짐을 지운다

---

15 베인턴, 『에라스무스의 생애』, 47~48쪽.
16 가장 중요한 라틴 교부 중의 한 사람으로 라틴어는 물론 그리스어와 히브리어에 능통하여 구약성경과 신약성경을 라틴어로 번역한 불가타판 성경을 완성한 인물.

고 생각했습니다. 그는 당시 신학과목을 가르치고 있던 스콜라 신학자들의 형식주의와 그들이 몰두하고 있던 헛된 논쟁에 깊은 혐오감을 느꼈고, 이들에게 신랄한 조소를 퍼붓습니다. 그가 보기에 파리의 신학자들은 우리의 삶과 전혀 연관 없는 무익하고 쓸데없는 일에 골몰하는 사람들이었습니다. 그의 이야기를 잠깐 들어봅시다.

"그 학문은 사람에게 편견과 논쟁만 안겨준다. 그 학문은 사람을 현명하게 만드는가? 그것은 건조하고 쓸데없는 논리만을 따지면서 사람의 마음을 풍성하게 하거나 영감을 주는 것이 아니라 아주 피곤하게 만든다. 신학은 고전 작가들의 웅변술로 풍성해지고, 또 아름답게 장식되었는데, 스콜라주의는 그 더듬거리는 어조와 불순한 문장으로 오히려 신학을 왜곡시키고 있다. 그 사상은 모든 것을 해결하려고 하면서 정반대로 모든 것을 묶어 버린다."[17]

스콜라철학에 대한 이런 비판적 성향은 자연스럽게 그를 다른 인문주의자들과의 교류로 이끌었습니다. 파리에서 에라스무스가 교류를 맺은 대표적 인물은 안드렐리니(Publio Fausto Andrelini)와 가갱(Robert Gaguin)이었습니다. 안드렐리니는 당시 소르본느에 수사학과 수학을 가르치러 온 인기 있는 이탈리아 출신의 인문주의자였고, 가갱 역시 소르본느에서 수사학을 가르치던 인문주의자였습니다. 특히 가갱은 파리 인문주의자들의 수장 격에 해당되던 인물로, 에라스무스는 가갱이 프랑스 역사와 관련된 책을 출판할 때, 그 책의 서문을 쓰기도 하였습니다. 이로 인해 파리 인문주의자들 사이에서 에라스무스의 이름이 알려지게 되었는데, 이 서문은 에라스무스의 수많은 글 등 중 처음으로 인쇄된 인쇄물이라 할 수 있습니다.

---

[17] 하위징아, 『에라스무스』, 64쪽.

4. 전환점: 영국

살다보면 가끔씩 정말 내키지 않은 일을 억지로 했는데, 기대치 않게도 그것이 전화위복이 되는 경우가 종종 있습니다. 에라스무스에게도 이런 일이 찾아옵니다. 호구지책으로, 억지로 하던 가정교사 일이 에라스무스에게 기대하지 않았던 행운을 가져다주었으니까요. 다른 후원자가 절실히 필요했던 시기에 파리로 다시 돌아온 에라스무스는, 새로이 한 영국 학생의 가정교사 일을 맡았습니다. 그 학생이 영국의 귀족, 마운트조이 공 윌리엄 블라운트(William Blount)[18]이었습니다. 1499년 여름 이 청년 마운트조이 남작은, 선생인 에라스무스에게 자신의 귀국길에 같이 가지 않겠느냐는 제안을 했고, 에라스무스는 이를 받아들입니다. 그리하여 에라스무스는 1499년 여름부터 1500년 초까지 영국으로 건너가 수개월을 머물게 됩니다.

이 영국 방문은 그의 인생에 단순한 여행의 의미를 넘어서는 것이었습니다. 왜냐하면 이 방문에서 그는 평생을 교류하며 영향을 줄 새로운 친구들을 만나게 되기 때문입니다. 또 그는 이 방문을 통해 인문주의자로서 그가 해야 할 일들을 분명히 인식하게 됩니다. 그의 인생을 놓고 보면, 한 마디로 매우 중요한 전환점이었던 것입니다.[19]

멀리서 온 에라스무스에게 영국인들은 따뜻한 환대를 베풉니다. 영국에서 그는 귀족의 피보호인으로서, 박식한 학자이자 문필가로 소개되었습니다. 사실 그는 유럽 대륙에서 상류층 사람들과 교류할 기회가 거의 없었습니다. 그래서인지 영국에서 높은 신분의 사람들의 환영과 접대를 받자, 한끝 기분이 '업(up)'되었던 것 같습니다. 이 시기 그는 지인들에게 영국의 날씨가 마음에 들

---

[18] 마운트조이공 윌리엄 블라운트는 에라스무스보다 10살 정도 어린 사람으로, 에라스무스는 그에 대해 "지옥에라도 따라가고 싶을 정도로 너무나 친절하고 매력적인 청년"이라고 평가했습니다. 베인턴, 『에라스무스의 생애』, 72쪽.

[19] 영국은 사실 그에게는 제2의 고향 같은 곳이 됩니다. 자신의 생애 중 약 14년이란 기간을 영국에서 보냈습니다. 가일, 『에라스무스』, 49쪽.

고, 인정 많고 박식한 사람들을 많이 만났다는 편지를 보내기도 하였습니다.[20]

특히 영국에서 에라스무스는 앞 장에서 언급한 영국 인문주의자들과 만나 그들과 친교를 맺게 됩니다. 존 콜렛(John Colet, 1466?~1519)과 존 피셔(John Fisher, 1469~1535), 윌리엄 그로신(William Grocyn, 1446~1519), 그리고 토마스 모어(Thomas More, 1478~1535)가 그들이었습니다.

먼저 존 콜렛은 당시 옥스퍼드 대학에서 바울 서신을 강의하고 있었는데, 에라스무스와 연배가 비슷했습니다. 에라스무스가 편지로 자신을 소개하자, 콜렛은 이미 자신이 파리에 있을 때 읽은 가갱의 책 서문을 통해 에라스무스의 명성과 출중한 학문적 능력을 알고 있다고 화답합니다. 콜렛은 고전과 교부들의 저작, 교회법과 세속법에 정통한 지식을 가지고 있던 인물로, 진지한 성격이지만 유머감각도 뛰어난 사람이었습니다. 런던 시장의 아들로, 귀족이었지만 경건함을 유지하고 쾌락을 절제하려 노력하는, 훌륭한 인격의 소유자이기도 했습니다.

특히 그는 교리와 전통을 강조하는 중세 교회의 통상적인 성서 해석보다는, 성경 본문과 저자에 집중하는, 문법적이고 역사적인 해석을 시도하고 있었습니다. 에라스무스는 콜렛의 이러한 직접적 성서 해석에 매료되었던 것 같습니다. 에라스무스가 고전 문학에서 눈을 돌려 성경 연구를 평생의 과업으로 삼아 매달리게 된 것, 그리고 성경 연구를 위해서는 라틴어뿐 아니라 그리스어 연구가 필수적이라는 인식을 갖게 된 것은—전적으로 콜렛 때문이었다고 보기는 어렵다 해도—콜렛의 영향이 있었던 것이 분명합니다.[21]

콜렛 외에도 에라스무스는 그리스어에 능통했던 그로신이나 리나커(Thomas Linacre, 1460?~1524) 같은 영국 인문주의자들과도 교류했습니다. 하지만 뭐니

---

20 하위징아, 『에라스무스』, 76쪽; Capey, *Erasmus*, p. 25; 가일, 『에라스무스』, 50~51쪽.
21 하위징아는 이러한 변화에 대한 콜렛의 영향력을 강조하지만 가일은 이에 동의하지 않습니다. 하위징아, 『에라스무스』, 85쪽; 가일, 『에라스무스』, 56~57쪽. 그리고 이 문제에 대해서는 베인턴의 책 3장 27번 주석을 참조하세요. 베인턴은 영국 방문 이후 세속에서 신학으로 방향변화를 했다기보다는 에라스무스가 세속적인 관심과 신앙적인 것을 나란히 병행했다고 봅니다. 베인턴, 『에라스무스의 생애』, 83쪽.

뭐니 해도 그에게 가장 큰 영향을 준 인물은, 평생의 소울메이트가 되는 토마스 모어였습니다. 두 사람은 한 저녁파티에서 만났는데,[22] 당시 모어는 21살의 젊은 청년이었습니다. 제법 나이 차이가 있었지만, 만나자마자 그들은 서로를 알아본 것 같습니다. 모어의 경건하면서도 위트 있는 유머는 에라스무스의 태도와 많이 닮아 있었습니다. 내면에 수도사 못지않은 경건함을 유지하면서도, 일상에서는 장난기와 유쾌함이 떠나지 않았던 모어에게서 에라스무스는 유쾌한 기독교인의 모범을 발견했던 것입니다.

이 첫 번째 영국 체류기간 동안, 에라스무스는 모어 덕분에 헨리 7세(Henry VII, 1457~1509)의 자녀들을 만날 기회를 갖기도 했습니다. 그 중에는 후일 헨리 8세(Henry VIII, 1457~1509)가 되는 어린 왕자 헨리도 있었습니다. 왕자를 만나고 난 후 에라스무스는 왕자에게 헌정하는 시를 써 바치기도 했는데, 아마도 그때 에라스무스는 후일 그 어린 왕자가 자신의 친구, 모어의 목을 칠 것이라고는 전혀 생각하지 못했을 것입니다.

5. 가난과 싸우며 공부하고 쓰다

1500년 1월 그는 즐거웠던 영국 생활을 뒤로 하고 프랑스로 다시 돌아옵니다. 하지만 귀국 길에 한 가지 낭패를 당합니다. 친구들의 도움으로 어렵사리 모은 돈 20파운드를 도버 세관에서 압수당했던 것입니다. 한 번쯤 외국 공항에서 고압적인 관리들의 횡포를 경험해보신 분들은 짐작하실 수 있겠지만, 이 사건은 에라스무스를 수개월 동안 분노에 시달리게 할 만큼 큰 사건이었습니다. 하루하루 생계를 걱정해야 하는 그의 입장으로서 그 돈은 전 재산이나 다름없었기에 큰 타격이었던 것입니다.

도버에서의 봉변이 시작이었던 듯, 돌아온 대륙에서의 삶은 결코 평탄치 않

---

[22] Capey, *Erasmus*, p. 25.

앉습니다. 이미 30대 중반에 접어들었지만, 모은 돈을 다 빼앗긴 그는 프랑스에서 다시 생활고에 시달리게 됩니다. '벨 에스프리(bel esprit: 재미있게 가르치는 사람)' 역할을 다시 해야 했고, 후원자를 얻기 위해 아첨과 굴욕을 겪어야 했습니다. 하위징아에 따르면 1500년 후반기에 에라스무스는 생활고 때문인지 의심이 많았고, 짜증을 잘 내었으며, 친구들에게 민망할 정도로 자신의 궁핍함을 호소하는 글을 써댔다고 합니다.[23]

이 어려움 속에서도 1500년 그는 '출세작'이라 할, 한 권의 책을 출판하게 됩니다. 『격언집(*Adagiorum Collectanea*)』이라는 제목의 이 책은 고대 라틴 작가들의 글에서 800여 개의 격언을 뽑아 모아놓은 것으로, 라틴어 문장을 쓰려고 하는 사람들을 위해 고대 격언을 적절하게 사용하는 방법을 알려주고 있는 책이었습니다. 우리나라로 치자면 어려운 한자 고사성어의 뜻과 의미를 쉽게 풀어쓴 책 정도라고 보시면 되겠습니다.[24] 이후 이 책은 여러 차례 수정, 증보되었는데, 에라스무스가 죽기 1년 전에 나온 최종판에는 무려 4,000개의 격언들이 수록되어 있습니다. 영국에서의 고마움을 갚으려는 듯 그는 이 책을 마운트조이에게 헌정하였습니다.

한편 영국에서 돌아온 후 그의 목표는 좀 더 분명해졌습니다. 영국 인문주의자들의 자극을 받은 그는, 이제 진정한 기독교 신앙의 참 모습을 알리기 위해 고전에 기초한 초기 교회 시대의 신학을 연구하는 쪽으로 방향을 잡은 것입니다. 그리고 그런 연구를 위해서는 그리스어가 필수적이었습니다.[25] 그래서 그

---

23 하위징아, 『에라스무스』, 93~94쪽.
24 격언집에 등장하는 격언과 그의 해설을 한 가지만 살펴볼까요? 그는 "제비 한 마리가 봄을 가져오지 않는다"라는 격언을 소개하며 "한 번 옳은 행동을 하였다거나 한 번 말을 잘했다 하더라도 그것으로 인해 사람이 바른 사람이라거나 좋은 연설가라는 명성을 얻기에는 불충분하다는 뜻이다. 왜냐하면 참으로 많은 것들이 행해지고 나서야 그런 명성을 얻을 수 있기 때문이다"라는 풀이를 붙이고 있습니다. 한글 번역판으로는 김남우 옮김, 『에라스무스 격언집』(아모르문디, 2009)을 참조하세요.
25 1514년 그는 한 편지에서 신의 말을 올바르게 이해하려면 문헌학이 필수불가결하다고 적고 있습니다. 가일, 『에라스무스』, 57쪽.

는 친구들에게 후원금을 달라는 편지를 써대면서, 초기 교회 교부인 히에로니무스의 저작을 편집하는 것과 그리스어 습득이라는 두 가지 일에 매달립니다.

그러나 이 시기 유럽에는 다시 흑사병이 돌고 있었습니다. 그는 유별날 정도로 전염병을 몹시 두려워했습니다. 타고난 약한 체력에다 흑사병으로 사망한 어머니를 생각해보면, 그가 가진 병에 대한 공포는 이해할 만합니다.

어쨌든 이 시기 에라스무스는 거처를 옮기며 여러 곳을 전전하는 불안정한 생활을 하였습니다. 1500년에 그는 파리에서 오를레앙으로 갔고, 1501년에는 또 한 번 파리에서 저지대 지역으로 넘어가는 등 그의 트레이드마크인 떠돌이 생활을 계속합니다. 이런 방랑생활 속에서도 그는 그리스어 습득을 위해 피나는 노력을 하고 있었습니다. 이렇게 열심히 그리스어에 매달린 그는 1502년 가을, 자신이 말하고자 하는 바를 모두 그리스어로 표현할 수 있게 되었습니다.

떠돌던 그가 1501년 가을에서 1502년 여름에 머문 곳은 생 베르탱(St. Bertin) 수도원과 그 근교지역이었습니다. 이 시기 그는 또 한 권의 책을 집필하였는데, 이 책이 『엔키리디온(*Enchiridion Militis Christiani*)』이었습니다.[26] 우리말로 옮기자면, '기독교병사를 위한 지침서' 정도에 해당하겠습니다. 이 책은 자신의 남편을 교화시키려한 한 부인의 요청으로 쓴 것인데, 군인들에게 크리스트교의 감화를 주는 것이 목적이었습니다. 또 종교에 대해 잘못 생각하고 있는 사람들의 생각을 교정하기 위한 것이기도 했습니다.

그는 이 책에서, 신앙이란 외면적 의례를 지키는 것에서 끝나서는 안 되며 성경의 의미를 진정으로 이해해야 한다고 강조합니다. 그리고 크리스트교도들에게 사물의 외양이 아닌 진정한 실체에 접근할 것과 이웃과 형제들에게 관

---

26 엔키리디온이라는 말은 '손안에 있는'이라는 의미로, 작은 무기, 단검, 혹은 작은 책 정도로 번역될 수 있습니다. 이 글의 한글 번역판은 에라스무스, 「엔키리디온-그리스도 군사안내서」, 매튜 스핑카(Mattew Spinka), 편저, 백충현·김봉수 역, 『개혁의 주창자들; 위클리프부터 에라스무스까지』(두란노 아카데미, 2011), 329~426쪽을 참고하세요.

심을 가질 것을 요구하였습니다.[27] 그의 말을 몇 구절 살펴볼까요?

"믿음은 그리스도에게로 이끄는 유일한 수단이므로, 첫째 규칙은 반드시 성경을 이해하는 것이 필요하며, 가능한 한 그리스도와 그의 성령을 의지하는 것을 기본으로 한다. 대부분의 평범한 그리스도인들이 하듯이, 입으로만, 명목상으로만, 생각 없이… 고백하는 것이 아니라 온 마음을 다해 마음속에서 우러나는 견고함으로 해야 한다… 당신의 믿음을 고백할 때 구원을 얻기 위해 가장 필요한 것은 전적으로 성경에 의지해야 한다는 것이다."[28]

"바울의 뼈는 숭배하고 그 유골을 놓은 공간과 장소는 경배하면서 왜 성경에 나와 있는 바울의 정신은 따르지 않는가? 당신은 (성인의 몸에서 나온) 재들을 공경하고 … 왜 성경은 공경하지 않고 영혼의 악을 성경으로 고치려하지 않는가? … 돌이나 나무나 그림에 그려진 그리스도의 형상에 대해서는 존경을 표현(하지만) … 그리스도의 말씀을 읽을 때는 반쯤 졸고 있지 않은가?"[29]

"바울은 육체의 거스르는 것은 버리고, 성령 안에 바로 서라고 말한다. 그 성령은 사랑과 자유의 주관자이시기 때문이다. … 우리는 성령보다 더 큰 종교를 요구할 필요가 없다. 모든 성경이 여기에 의존하고 있다. 이것이 모세 율법에서 가장 큰 계명이었다. … 이 목적을 위해 그리스도께서 태어나시고, 죽으셨고, 가르치셨고, 유대인들과 다르게 교훈하셨으며, 사랑하셨다. 최후의 만찬에서 그리스도는 얼마나 근심스럽게 그의 제자들을 향해 먹고 마시는 것이 아니라 서로 사랑하라고 권고하셨는가?"[30]

---

[27] 1503년 이 책은 다른 작품들과 함께 한 권의 책으로 엮여 출판되었지만 처음에는 별로 관심을 끌지 못하였습니다. 하지만 약 10년 후 『우신예찬』이 각국어로 번역되어 널리 알려지던 시점에 대중적 인기를 얻게 됩니다.
[28] 에라스무스, 「엔키리디온」, 백충현·김봉수 역, 『개혁의 주창자들』, 361쪽.
[29] 에라스무스, 「엔키리디온」, 백충현·김봉수 역, 『개혁의 주창자들』, 379~380쪽.
[30] 에라스무스, 「엔키리디온」, 백충현·김봉수 역, 『개혁의 주창자들』, 387쪽.

하지만 이 책을 쓰던 1502년은 에라스무스에게 참 힘든 시기였습니다. 봄에 그의 절친 제임스 바트가 죽었고, 10월에는 후원자였던 앙리 주교도 사망하였습니다. 여전히 흑사병이 돌고 있었기 때문에 파리나 영국으로 갈 수도 없었습니다. 그래서 그는 1502년 늦여름 루뱅(Louvin)으로 갑니다. 지금은 벨기에에 속해 있는 도시인 루뱅에는 1425년에 설립된 루뱅 대학이 있었습니다. 이 대학은 신학적 전통을 지키면서도 고전을 숭상하는 분위기가 있는 곳이라 에라스무스의 마음을 끌었던 것 같습니다. 대학은 그에게 교수직을 제의하였으나, 그는 생활비를 벌기 위해 주교나 왕족을 찬양하는 시를 적어가면서도, 그 제의를 받아들이지 않았습니다. 아마도 연구에 매진하기 위해서였을 것으로 보입니다.[31] 그가 1504년 콜렛에게 보낸 한 편지는 당시 굶주리고 헐벗은 그가 얼마나 신학 연구의 열망으로 가득 차 있었는지를 알려줍니다.

"친애하는 콜렛, 나는 돛을 활짝 펴고 신성한 문헌을 향해 전속력으로 달려가고 있습니다. 이 연구로부터 나를 방해하거나 지연시키는 것은 뭐든지 배척하겠습니다. … 나는 온 정성을 다해 신학 연구에 매진할 계획입니다. 내 평생을 거기에 바칠 것입니다."[32]

1504년, 그렇게 연구에 매진하던 중에 에라스무스는 학자로서의 인생에 굉장히 중요한 또 하나의 계기를 만나게 됩니다. 루뱅 근처 한 수도원에서 로렌초 발라(Lorenzo Valla, 1406~1457)의 신약성서 주석 원고를 발견했던 것입니다. 로렌초 발라는 잘 알려져 있다시피 '콘스탄티누스의 기증장'이 위조된 것임을 밝힌 문헌학자이자 인문주의자였는데, 그 원고는 복음서나 바울의 서한, 계시록 등의 성서 텍스트에 대한 비판적 주석들을 한데 모은 것이었습니다. 이미 기성 가톨릭에서 사용하던 라틴어 불가타(Bulgate) 성경[33]이 오류가 있다는 것이

---

31 하위징아, 『에라스무스』, 127쪽.
32 하위징아, 『에라스무스』, 129쪽.
33 B.C. 4~5세기 초기 기독교 시대 저명한 신학자이자 교부인 성 히에로니무스(St. Hieron-

알려져 있었고, 가톨릭 교단에서도 교정의 필요성을 인정하고 있던 상황이었습니다. 이런 상황에서 철저한 문헌고증학자의 신약성서 주석문서는 에라스무스에게 큰 자극을 주었습니다. 이를 계기로 그는 신약성서 전체를 원래 그대로 모습으로 복원하기로 결심했던 것입니다.[34]

이렇게 그의 30대는 전염병의 공포와 경제적 궁핍 속에서도 진정한 신앙의 모습을 찾기 위한 신학 연구의 열정으로 가득 차 있었습니다.

6. 이탈리아에서

정확한 이유는 잘 알 수 없으나 1505년 에라스무스는 다시 영국으로 건너갑니다. 마운트조이의 성에 여러 달을 머물렀고, 콜렛과 모어 같은 옛 친구들을 다시 만났습니다. 이 두 번째 방문기간에 그는 친구들의 소개로 탁월한 그리스어 학자들과 고위성직자들도 만나 교류하면서 약 1년 반 동안의 시간을 보냅니다.[35]

그가 영국 체류를 끝낸 것은 오랫동안 염원해오던 이탈리아 여행의 꿈이 실현되었기 때문이었습니다. 헨리 7세의 궁정 주치의인 보에리오(G. B. Boerio)라는 사람이 이탈리아 유학을 떠나는 두 아들을 대동할 선생을 찾고 있었고, 에라스무스가 이 제안을 받아들였던 것입니다.

이탈리아로 떠나기에 앞서 에라스무스는 1506년 6월 파리로 가서 자신의 책 출판을 감독하는 일로 두 달을 보낸 후, 8월에 다시 길을 떠납니다. 9월 4일 토리노(Torino)에 도착한 그는 파비아(Pavia)를 거쳐 볼로냐(Bologna)로 향했습니

---

ymus)가 히브리어와 그리스어로부터 번역하여 가톨릭교회의 공식 성서로 공인된 구, 신약성서를 말함.

34 하위징아, 『에라스무스』, p. 130쪽.
35 이 두 번째 영국 체류기간 중 에라스무스는 모어와 함께 2세기의 그리스 작가인 루키아노스의 글을 번역하였습니다. 베인턴, 『에라스무스의 생애』, 97쪽.

다. 그러나 이때 이탈리아에서는 교황 율리우스 2세((Julius II, 1443~1513, 재위: 1503~1513)가 볼로냐로 진군하면서 전쟁이 한 참 벌어지고 있었습니다. 이 시기는 피렌체의 제2서기장 마키아벨리가 체사레 보르자(Cesare Borgia, 1475~1507)의 몰락과 새로운 권력자 교황 율리우스의 부상을 지켜보고 있던, 바로 그 시기였던 것입니다.

1506년 11월 볼로냐에서 에라스무스는 전쟁에서 이긴 전사교황이 그 도시에 입성하는 것을 직접 목도하였습니다.[36] 맨 앞에는 기병들이, 그리고 그 다음에는 번쩍거리는 옷을 입은 보병들이 뒤따르는 행렬 가운데, 교황은 금색 실로 짠 자주색 옷을 입고, 금빛의 마구로 장식한 10마리의 말이 이끄는 마차에 타고 있었습니다.[37] 성직자인 교황이, 자신이 속한 교계의 최고 권력자가 전쟁을 손수 감행하는 이 놀라운 상황을 그는 어떻게 보았을까요? 분명 에라스무스는 마키아벨리와는 다른 관점에 서 있었을 것입니다. 그는 당시 이렇게 질문합니다. "교황 율리우스는 그리스도의 계승자인가 아니면 율리우스 카이사르의 계승자인가?"[38]

어쨌든 볼로냐에서 에라스무스는 언제나처럼 '밥벌이'와 '하고 싶은 연구'를 오가며 바빴습니다. 경제적 수단인 보에리오 형제들의 선생 노릇을 계속하면서도, 자신의 『격언집』 증보판을 준비하고 있었던 것입니다. 이탈리아에서 이런 생활을 1여 년간 했을 무렵 그에게 다른 기회가 찾아옵니다.

잘 알려져 있다시피 이 시기는 구텐베르크(Johannes Gutenberg, 1394~1468)의 인쇄술 발명으로 지식과 문화의 보급에서 혁명적 변화가 일어나고 있던 시점이었습니다. 당시 유수한 출판업자들은 그들 자신이 인문주의에 열광하는 학자들일 경우가 많았고, 많은 교양 있는 사람들이 인쇄소의 교정자로 일하고 있었습니다. 이제 책은 수많은 독자들에게 직접적이고 즉각적인 영향을 끼칠 수 있는 도구가 되었고, 출판사는 일종의 지적 사교의 중심지가 되고 있었던 것

---

36 베인턴, 『에라스무스의 생애』, 102~103쪽.
37 베인턴, 『에라스무스의 생애』, 103쪽.
38 하위징아, 『에라스무스』, 188쪽.

입니다.[39]

당시 베니스에는 알두스(Aldus Manutius)라는 유명한 출판업자가 살고 있었습니다. 1507년 10월, 볼로냐에 있던 에라스무스는, 베니스의 알두스에게 편지를 씁니다. 새로 번역한 고전 희곡 2편의 출판을 제안하는 내용이었습니다. 에라스무스는 아직 그리 이름이 알려진 학자는 아니었지만 알두스는 동의했고, 보에리오 학생들에 대한 책임이 끝나던 그해 말, 에라스무스는 베니스로 갑니다. 에라스무스의 명성을 알릴 본격적인 출판 작업이 시작된 것입니다.

베니스에서 에라스무스는 알두스의 장인 집에서 머물렀는데, 식사가 형편없어 고생하기는 하였지만, "너무 바빠 귀를 긁을 시간조차 없을"[40] 정도로 어느 때보다 바쁜 나날을 보냈습니다. 그는 1508년 말까지 1년 넘게 30여 명의 사람들과 함께 먹고 함께 자면서, 교정, 편집 일을 했고, 『격언집』 증보판을 비롯해 수많은 그리스어, 라틴어 고전을 출판하면서 지식의 대중화에 앞장서고 있었습니다.[41]

그의 인생 전체가 그랬던 것처럼, 이탈리아에서도 그는 한 곳에 오래 머무르지 않았습니다. 알두스의 인쇄소 일을 할 때 병을 얻은[42] 에라스무스는, 1508년 말 파도바(Padova)로 옮겨가 또 한 청년의 수사학 선생이 되었습니다. 역시 경제적 상황이 좋지 않았기 때문이었을 겁니다. 그 청년은 알렉산더 스튜어트(Alexander Stewart)라는 이름의 학생으로 파도바 대학에 유학 온 스코틀랜드인이었습니다. 사실 알렉산더는 스코틀랜드 왕 제임스 4세의 서자이자 이미 대주

---

39 에라스무스가 학자로서의 명성을 얻고 유럽 문화계의 중심적 인물로 성장할 수 있었던 것은 바로 이 인쇄술의 성장이 없었다면 불가능한 것이었습니다. 그래서 에라스무스는 근대사회에서 책을 써서 생계를 유지한 최초의 인물이라는 평가를 받기도 합니다. 하위징아, 『에라스무스』, 148쪽.
40 Capey, *Erasmus*, p. 37.
41 알두스의 출판사에서 그는 많은 그리스어 학자들을 만나 교류할 수 있었습니다. 그들과의 교류는 에라스무스의 그리스어 실력을 더 높은 수준으로 끌어 올려주었습니다. 또 그 학자들은 그에게 많은 그리스어 원자료를 제공해 주었는데, 이는 격언집 증보에 큰 도움이 되었습니다.
42 Capey, *Erasmus*, p. 38.

교였던 고위 귀족이었습니다. 이 18세의 청년은 장난기가 많고 매력적인 성향을 가지고 있었는데, 에라스무스는 그와 좋은 관계를 유지했습니다. 전쟁의 위험이 높아지자 에라스무스와 알렉산더 스튜어트는 북부 이탈리아에서 시에나(Siena)로 옮겨갔습니다. 여기서 에라스무스는 휴가를 얻어 로마를 방문하게 됩니다.

1509년 초 로마에 도착했을 때, 그에 대한 대접은 상당히 달라져 있었습니다. 이제 그는 북유럽의 무명 성직자가 아니라, 여러 책을 출판한 존경받는 작가로 고위 성직자들에게서 환대를 받았습니다. 후일 레오 10세가 되는 추기경 조반니 데 메디치(Giovanni de' Medici, 1475~1521)와 역시 추기경이었던 그리마니(Dominic Grimani) 등이 그들이었습니다. 환대 속에서 그는 로마에 얼마간 머물렀지만, 곧 로마의 세속적이고 향락적인 분위기, 특히 교황과 고위 성직자들의 이교적 행위를 목도하고 충격을 받았던 것 같습니다. 당연히 그는 깊은 혐오감을 가지게 되었고,[43] 그런 혐오감을 그들에게 바로 드러내지는 않았지만, 후일 여러 가지 글들을 통해 로마에서 보았던 교황과 고위 성직자들의 행태를 비판하게 되는 것입니다.[44]

이탈리아에 대한 복잡한 감정을 가지고 있을 때인 1509년 봄, 그는 헨리 7세의 사망 소식을 듣습니다. 자신과 친분이 있던 헨리 왕자가 영국 왕이 되었다는 소식은, 에라스무스를 자극했습니다. 에라스무스는 마운트조이에게 영국에서 좋은 자리를 얻을 수 있는 지를 타진했던 것으로 보입니다. 마운트조이는 캔터베리 대주교가 성직록을 약속했다는 소식과 여비를 보내주었고, 1509년 7월 에라스무스는 이탈리아를 떠나 다시 영국으로 갑니다.

---

43 그는 율리우스 2세의 궁정에서 벌어지는 잔인한 황소싸움을 목도하기도 했습니다. 베인턴, 『에라스무스의 생애』, 114쪽.

44 어쩌면 이 시기 그는 어릴 적 인문주의자로서 그리고 성직자로서 이탈리아에 대해 자신이 가지고 있던 동경을 완전히 버렸는지도 모릅니다. 그는 "언어의 광휘에 현혹되어 눈멀지 않는다면, 오늘날 로마의 시민으로 산다는 것은 무엇을 뜻하는가. … 결국 로마는 로마가 아니다. 폐허와 잔해, 과거의 재앙의 흔터와 자취 말고는 아무것도 줄 게 없기 때문이다"라고 쓰고 있습니다. 가일, 『에라스무스』, 91쪽.

3년 전 알프스를 넘어 이탈리아로 올 때, 에라스무스는 '말 탄 사람의 노래'라는 시를 한 편 썼었습니다. 이제 거꾸로 알프스 산맥을 넘는 이 여행길에서 에라스무스는 새로운 책을 하나 구상합니다. 친구 토마스 모어를 생각하면서 모어의 이름을 딴 주인공을 화자로 내세운 책이었습니다. 이 책이 바로 에라스무스의 이름 옆에 언제나 붙어 다닐 수식어가 될 위대한 작품,『우신예찬』이었습니다.

7. 우신예찬(Moriae Encominium): 세상의 어리석음을 예찬하다

　1509년 초여름 이탈리아에서 영국으로 건너온 에라스무스는 세 번째 영국 생활을 시작합니다. 이번 영국체류는 5년간이나 지속되었습니다. 그 중 케임브리지로 가기 전 2년간은 그의 인생에서 가장 편안하고 행복한 시간이 아니었을까 싶습니다. 자신이 하고 싶었던 연구를 마음껏 방해받지 않고 할 수 있었고, 재치와 학식이 있는 친구들과 자주 어울릴 수 있었기 때문입니다.

　영국에 온 이후 처음에 에라스무스는 마운트조이와 암모니우스(Andrea Ammonius)[45]의 집에, 그리고 그 후에는 모어의 집에 상당히 오래 머물렀습니다. 이 기간에 그는 그의 이름을 평생 따라 다닐 운명적 책,『우신예찬(*Moriae Encominium*)』을 씁니다. 어리석음을 예찬한다는 뜻의 제목을 가진 이 책에서, 에라스무스는 어리석음의 신 '모리아'의 입을 통해 어리석게 살아가는 인간 군상들의 모습을 그려내고 있습니다. '모리아'를 모어로 본다면 모어를 예찬한다는 뜻도 되기에 친구의 이름을 가지고 재미있는 농담을 하고 있기도 한 것입니다. 모어의 집에 머물 때인 1509년, 머릿속에 정리되어 있던 내용을 단숨에 써 내려가 단지 몇 일만에 완성하였다고 하는 이 책은, 1511년에 처음 출판되었습니

---

45 안드레아 암모니우스는 영국 왕실의 시의로, 에라스무스는 그와 절친이 되어 그의 아들을 가르치기도 했습니다. 가일,『에라스무스』, 88쪽.

다.⁴⁶

에라스무스가 이 책에서 제시하는 인간의 어리석음은 크게 세 가지로 나누어집니다. 하나는 인간의 삶 전체에서 나타나는 순수하고 유익한 어리석음이고, 다른 한 가지는 거짓과 위선으로 가득 찬 혐오스러운 어리석음, 그리고 마지막으로 진정한 크리스트교인의 어리석음이 그것입니다. 책의 전반부는 첫 번째 어리석음을, 후반부는 주로 두 번째 어리석음을, 그리고 맨 마지막에 세 번째 어리석음에 대해 언급하고 있습니다.

이 책은 방울 달린 모자를 쓴 바보복장의 여인이 나와서 연설을 하는 것으로 시작됩니다. 이 여인이 바로 어리석음의 여신, '모리아(Moriae)' 혹은 '스툴티티아(Stultitia)'⁴⁷입니다. '우신'은 처음부터 자기 자신을 뻔뻔스럽게 칭송하면서 자화자찬을 시작합니다. 세상사 모든 것이 자신의 힘으로 이루어진다는 것이지요. 우신은 다음과 같이 말합니다.

"지혜로운 자들이 하는 방식대로 먼저 결혼생활의 불편함을 심사숙고한다면, 아니 도대체 혼인의 재갈을 덥석 물 사람이 세상에 어디에 있겠습니까? 또 만약 출산이라는 위험천만한 노고를, 양육의 번거로움을 … 최소한 짐작이라도 하였다면, 남자를 받아들일 여자가 세상에 어디 있겠습니까?"⁴⁸

모두 다 자신인 어리석음의 여신이 작용한 결과라는 겁니다. '우신'에 따르면, 인간들이 좋아하는 술잔치는 인간의 즐거움을 위해 자신이 마련해 준 것이고, 달콤한 우정도 친구들의 잘못을 보지 못하고 그들의 결함을 좋은 것으로 보는 어리석음에서 나온 것이며, 바람난 아내를 용서하는 것도 어리석음에서 나온 것입니다. 하지만 우신은 이런 어리석음이야말로 비극을 막는 것이라고 말합니다. 요컨대, 어리석음에 이끌리지 않는다면 모든 인간관계는 파경에

---

46 하위징어, 『에라스무스』, 156쪽.
47 라틴어로는 '스툴티티아'이고 그리스어로는 '모리아'입니다.
48 에라스무스, 김남우 역, 『우신예찬』(열린책들, 2011), 35쪽.

이르게 되며, 삶의 어떤 결합이나 유대도 어리석음이 없으면 지속될 수 없다는 것입니다.[49]

여기서 에라스무스는 이런 어리석음은 우리의 삶을 구성하는 한 성분으로, 필수불가결한 것이며, 인간사에 건강하게 관여하고 있다고 말하고 있습니다. 어리석음을 말 그대로 찬양하고 있는 것입니다. 즉 이런 어리석음은 해를 끼치지 않는 어리석음으로, 곰곰이 생각해보면 이런 유익한 어리석음이 진정한 지혜일 수 있다는 것이지요. 인문주의자답게 탁월한 유머 감각으로 인간의 삶을 비극이 아니라 희극으로 긍정하고, 그 희극성을 꿰뚫어보고 있는 것입니다.

하지만 이 책의 후반부에서 에라스무스는 이런 순수한 어리석음을, 위선과 거짓으로 가득 찬 혐오스러운 어리석음과 대비시킵니다. 먼저 '우신'은 자신을 숭배하는 어리석은 자들을 열거하여 스스로 똑똑한 줄 아는 진짜 바보들을 조롱하고 있습니다.

그 진짜 바보에 해당되는 사람들은, 쓸데없는 것을 가르치며 "아이들에게 겁을 주고" 자신들을 대단한 존재라고 생각하는 선생들, 찌든 청춘을 보내며 "헛소리를 종이에 휘갈기는" 작가들, 온갖 "쓸데없는 것들로 머리를 가득 채워 모자를 눌러쓰지 않으면 터져버릴 것 같은 머리를 가진 신학자들". "알아듣지도 못하는 말을 대중에게 지껄이면서" 필요하지 않은 부분에서 미친 듯 소리치며 청중을 자극하는 희극배우 같은 사제들,[50] "열심히 사냥하고 … 백성 주머니를 털어 자신이 금고를 채우는 방법을 매일매일 생각해내고, … 불공정을 공정으로 포장하는 일로 자신의 본분을 다했다고 생각하는" 군주들이었습니다.[51] 이 모든 사람들이 어리석음의 여신, 자신을 숭배하는 자들이라는 것입니다.

이런 비판에서 교황도 예외는 아니었습니다. '우신'의 입을 빌어 에라스무스

---

49   에라스무스, 『우신예찬』, 51~56쪽.
50   에라스무스, 『우신예찬』, 120~154쪽.
51   에라스무스, 『우신예찬』, 155~156쪽.

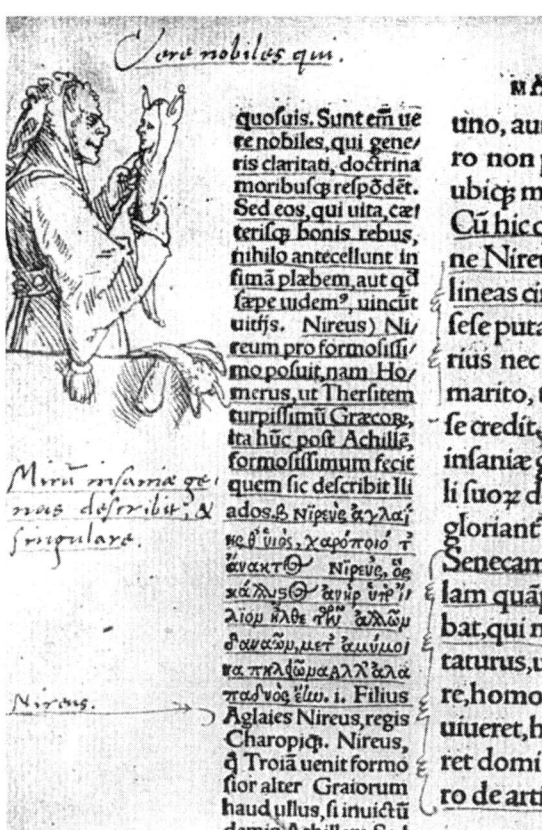

4-1 『우신예찬』 초판에 그려진 우신의 모습

는 "오늘날의 교황들은 수고스러운 것은 베드로와 바울에게 맡겨두고, 넘쳐나는 여가를 즐기며, 빛나고 즐거운 일을 맡고 있다"고 말합니다. 그리고 그는 면직, 제명, 파문을 무기 삼으며 세금과 통행료를 받고 토지와 도시와 권력을 소유하며 또 불경한 전쟁을 불사하는 교황을 포함해 이 모든 사람들이 "결과적으로 나 '우신'을 받아들이고 가까이"한 덕분에 행복하게 살아간다고 비꼽니다.[52]

마지막 장에서 다시 '우신'은 위의 두 가지와는 다른 종류의 어리석음, 세 번째 어리석음을 다음과 같이 논합니다.

---

[52] 에라스무스, 『우신예찬』, 161, 166쪽.

"이들은 자기재산을 헌납하며, 세상의 손가락질에 괘념치 않으며, 속임을 다해도 참으며, 친구들과 원수들을 가리지 않으며, 쾌락을 멀리하며, 굶주리고 불면과 눈물과 고통과 천대를 물리도록 받으며, 세상사를 조롱하며 오로지 최후의 날을 고대하는 바, 다시 말해 … 마치 스스로의 육신으로 사는 것이 아니라 오로지 스스로의 영혼으로 사는 것처럼 보입니다. … 이 모든 것들이 어리석음이 아니면 무엇이겠습니까?"[53]

그는 우신을 통해 어리석기 짝이 없어 보이는 이런 진실된 크리스트교인들이야말로 참된 지혜를 가지고 있다는 점을 강조하고 있는 것입니다. 결국, 예수는 어리석은 인간을 돕고자 스스로 어리석은 자가 되어 어리석은 사도들을 통해 세상을 구원하고자 했다는 것, 그리고 이런 진정한 어리석음을 따라 가는 것이 크리스트교인의 자세라는 것, 이것이 에라스무스가 말하고 싶었던 핵심이었습니다.

『우신예찬』의 마지막 부분은 다음 같은 말로 끝납니다. '우신'은 자신이 너무 심술궂거나 수다스럽지 않았는지 모르겠다고 한 후에 작별을 고하며 이렇게 말합니다.

"박수를 쳐주세요, 그리고 행복하게 살고, 또 술을 마셔요(Valete, plaudite, vivite, bibite)"[54]

『우신예찬』은 가벼운 농담인 듯하지만, '우신'의 입을 빌어 '농담인 듯 농담 아닌 농담 같은' 주장으로 인간 삶의 희극성을 강조하고, 인간을 긍정하면서도 사회의 여러 모순을 드러내고 있었습니다. 즉 이 책은 조롱의 대상이 되는 진짜 어리석은 것과, 찬양해야 할 것을 섞어, 같이 어리석은 것으로 묘사함으로

---

53 에라스무스, 『우신예찬』, 189~190쪽.
54 에라스무스, 『우신예찬』, 197쪽.

써, 교묘히 세상을 비판하고 있는 것입니다. 그리고 지배계급들의 만연한 거짓과 위선, 허영심과 어리석음을 고발하면서, 진정한 기독교인으로서 어떻게 살아야하는가에 대한 당대 사람들의 각성, 성찰과 회개를 촉구하고 있었던 것입니다.

이 책은 출판되자 즉각적인 반응을 얻어 베스트셀러가 되었습니다. 600판 이상이 출판되었고, 1536년 그가 사망하기 전까지 여러 나라의 언어로 번역되었으며, 36쇄의 라틴어판이 유럽 11개 도시에서 출간되었습니다. 그리하여 저자 본인은 그다지 높이 평가하지 않았음에도 불구하고, 이 책은 에라스무스의 명성을 전 유럽에 알린, 그의 대표작이 되었던 것입니다.

『우신예찬』을 쓴 후 모어의 집에 더 이상 머무르기 힘들어졌던 에라스무스는, 1511년 봄 출판을 위해 파리에 잠깐 다녀온 이후에 케임브리지로 거처를 옮깁니다. 그는 퀸스칼리지(Queen's Colledge)에서 신학과 그리스어를 가르쳤는데, 케임브리지에서도 에라스무스의 경제적 상황은 여전히 좋지 않았던 것 같습니다. 1511년 8월 24일 콜렛에게 쓴 편지에서, 그는 런던에서 케임브리지로 가는 여행길의 궁핍과 고생을 묘사하고, 또다시 여기저기 돈을 구걸하고 있는 자신의 신세를 한탄하고 있었기 때문입니다.[55]

그의 명성과 여러 출판업자들이 그의 원고를 얻고자 했다는 것을 고려할 때, 그가 왜 그렇게 가난했는지 의문을 가질 수도 있지만, 당시 저자가 원고로 얻는 수입은 많지 않았습니다. 특히 오늘날처럼 모든 사람이 책을 읽을 수 있는 시대가 아니었다는 점을 생각해보면, 한정적 원고료에 의존하는 전업 작가로서의 삶은 그 당시에는 더욱 힘들었을 것입니다.

케임브리지에서 그는 이렇게 생활고에 시달리면서도 여전히 히에로니무스 전집과 신약성경 텍스트를 수정하는 일에 매달리고 있었습니다. 그러나 생계 해결을 위해서는 다른 책들에 먼저 손을 대야 했기 때문에, 그의 영국 생활은

---

[55] 그는 콜렛에게 "영국으로 건너와 이토록 오랫동안 구걸을 하고 있으니 나보다 더 뻔뻔스럽고 비참한 사람이 어디에 있겠습니까?"라고 써 보냈습니다. 하위징아, 『에라스무스』, 179쪽.

점점 고통스러워지고 있었습니다.[56] 특히 이 시기 신체적 질병도 그를 몹시 괴롭혔습니다. 태생적으로 병약했던 그는 자주 감기에 시달렸고, 특히 이탈리아에서 얻은 지병인 신장결석 때문에 고통스러운 나날을 보내야 했습니다.[57]

그의 영국 생활을 괴롭게 만들고 있던 것은, 어려운 주머니 사정, 그리고 신체적 고통뿐만은 아니었습니다. 국제정세 역시 그를 괴롭히고 있었습니다. 이탈리아에서 교황의 군사행위를 목도하고 깊은 혐오감을 가졌던 그는, 1513년 봄에는 헨리 8세가 프랑스를 공격하는 것을 보아야 했습니다. 프랑스인들의 도움으로 베네치아를 유린한 후, 율리우스 교황은 베네치아와 동맹을 맺고 입장을 바꾸어 반 프랑스 동맹에 가담했고, 프랑스 침공을 오래 준비하던 영국이 이에 합류했던 것입니다. 한편 이 시기 스코틀랜드 왕 제임스 4세(James IV of Scotland, 1473~1513, 재위: 1488~1513)는 영국을 침공했다가 대패했는데, 이때 에라스무스는 이탈리아에서 그가 가르쳤던 제자, 알렉산더 스튜어트가 그 전쟁에서 전사했다는 소식을 들어야 했습니다.

헨리 8세는 군사적 명성을 얻으며 1513년 11월 영국으로 돌아왔고 의회의 찬사를 받았습니다. 하지만 전쟁의 광기에 깊은 혐오감을 갖고 있었던 그로서는, 또 헨리 왕자가 평화의 군주가 될 것이라고 기대했던 그로서는, 몹시 절망감을 느꼈을 것입니다. 그는 한 편지에서 "나는 황금시대를 기대하며 영국에 왔습니다. … 그런데 율리우스의 나팔소리가 온 세상을 전쟁으로 몰아넣어 버렸습니다"라고 쓰고 있습니다.[58]

다시 그는 영국을 떠날 결심을 합니다. 1514년 한 수도원장에게 쓴 편지에서 에라스무스는 합스부르크의 카를 왕자로부터 후원금을 얻을 수 있을 지를 묻고 있었습니다. 그리고 이 편지에서 그는 좋은 포도주를 구하지 못해 신장

---

[56] 케임브리지 체류가 몹시 따분해지고 생활고에 시달리자 1513년 11월 그는 암모니우스에게 "만약 뚜렷하게 갈 곳이 없다면 아무데나 가서 죽어버리겠습니다"라고 쓸 정도였습니다.
[57] 그는 신장결석의 원인이 베네치아의 알두스의 집에서 먹은 질 나쁜 음식 때문이었다고 생각했습니다. Capey, *Erasmus*, p. 38.
[58] 베인턴, 『에라스무스의 생애』, 133쪽.

결석이 악화되고 있다고 자신의 개인적 어려움을 토로하고, "전쟁은 이 섬나라의 정신을 갑자기 바꾸어 놓았습니다. 물가는 날마다 올라가고 관대한 마음은 점점 사라져가고 있습니다"라면서 당시 분위기를 개탄하고 있었습니다.[59]

전쟁에 대한 에라스무스의 혐오감은 무엇보다 「천국에서 쫓겨난 율리우스」라는 제목의 풍자시에서 잘 드러납니다. 그는 신약성경과 히에로니무스 전집 작업 도중에 은밀하게 이 시를 썼는데, 한참 뒤인 1518년에야 첫판이 인쇄되었습니다. 이 시는 싸움을 좋아하여 시대의 불화와 고통을 가져온 전사교황 율리우스 2세를 비난하는 것으로, 사망한 교황이 천국 문 앞에서 지옥으로 쫓겨나는 내용이었습니다.[60]

8. 명성을 얻다

1514년 7월 초 에라스무스는 5년간의 영국 생활을 끝내고, 다시 해협을 건넙니다. 1514년 여름부터 다음 약 7년 동안의 그의 주 거주지는 고향 네덜란드 지역이었습니다. 물론 그 기간 중에도 그는 한 곳에 오래 머무르기보다는, 영국을 세 차례 짧게 방문하고, 여러 차례 스위스 바젤(Basel)로 여행했으며, 루뱅, 안트베르펜, 브뤼셀 등 여러 곳을 옮겨 다녔습니다.

40대 후반에 이른 에라스무스의 위상은 이전과는 많이 달라져 있었습니다. 이제 그는 유명한 『격언집』과 『엔케리디온』의 저자였으며, 무엇보다 『우신예찬』을 지은 고전의 대가였습니다. 특히 그는 남부 네덜란드지역과 루뱅, 바젤 등을 지나면서 큰 환대를 받았습니다. 독일의 인문주의자들은 "세상의 빛"이라고까지 칭송하면서, 다른 나라보다 더 진지하고 열광적으로 그를 찬양했습니다. 바바리아의 공작은 그를 잉골스타트 대학에 초청했고, 시실리에서는 주

---

59 하위징아, 『에라스무스』, 190쪽.
60 비록 에라스무스는 당시에 이 글이 자신의 것임을 조심스럽고 애매하게 부인했지만 많은 학자들은 이 글의 저자를 에라스무스로 보고 있습니다.

교 자리 제안도 들어옵니다. 프랑스 왕 프랑수아 1세(Francois I, 1494~1547)는 새 학교의 교장으로 오기를 청했다고도 합니다.[61]

하지만 그는 정작 자신에게 경제적 안정을 보장해 줄 이러한 제안들을 하나도 받아들이지 않았습니다. 여전히 그에게 더 중요한 것은, 연구할 수 있는 자유, 그리고 그 연구를 출판을 통해 알리는 일이었기 때문입니다.

이 시기에 그는 바젤에서 이후 평생의 친구가 되는 인쇄업자 프로벤(Johannes Froben)을 처음 만납니다.[62] 베네치아의 알두스 인쇄소에서 그랬던 것처럼, 이제 그는 바젤의 커다란 인쇄소에서 여러 사람들에게 둘러싸여 열심히 책을 만들어내게 될 것이었습니다.

신약성서

영국에서도, 그리고 돌아온 후에도 그를 붙잡고 있던 일은 히에로니무스 저작의 편집과 신약성서 출판이었습니다. 생계를 위한 여러 가지 일들을 하면서도 오래 전부터 갖고 있던 그 꿈을 위해 틈틈이 노력을 기울여 오던 그는, 1516년 드디어 결실을 보게 됩니다. 먹는 시간도 아껴가며 노력한 결과, 1516년 프로벤 출판사를 통해 히에로니무스 전집을 발간하였던 것입니다.

그러나 뭐니 뭐니 해도 그에게 가장 주요한 작업은 그리스어로 쓰인 신약성서를 새로 편찬하는 것이었습니다. 앞에서 언급했듯이 그는 로렌초 발라의 주석을 발견한 후 가톨릭교회가 쓰던 기존 불가타 성서의 비평에 관심을 가져 왔습니다. 사실 그가 케임브리지에 머문 지 2년째 되던 해 말에, 그는 존 콜렛에게 쓴 편지에서 자신이 신약성서의 대조작업을 모두 마쳤다고 밝혔습니다. 이것으로 보아 성경 자료의 수집과 번역의 상당 부분을 영국에서 이미 완료했던 것으로 보입니다.[63]

---

61 Capey, *Erasmus*, p. 60.
62 카페이는 "프로벤은 에라스무스의 사람이었고 에라스무스는 프로벤의 사람이었다"라고 쓰고 있습니다. Capey, *Erasmus*, p. 60.
63 하위징아, 『에라스무스』, 198~199쪽; Capey, *Erasmus*, p. 53.

그리스어 신약성서를 발간하기로 프로벤과 합의를 본 그는, 1515년 봄 영국으로 건너가, 자신이 만든 신약성서 라틴어 번역본을 가지고 바젤로 돌아옵니다. 그리고 그 후 그는 프로벤의 인쇄소에서 6개월 동안의 맹렬한 작업을 재개하였습니다. 여러 개의 판본을 기초로 하여 "몰아부치듯"[64] 노력한 결과, 드디어 1516년 2월 에라스무스는 새로운 『그리스어 신약성경(Novum Instrumentum)』을 발간할 수 있었습니다. 그는 이 성경에 자신의 '주석(Annotationes)'를 붙여 놓았는데, 그것은 독자들이 원전을 더욱 잘 이해하도록 도움을 주기 위해서였습니다. 그리고 연이어 그는 불가타와 크게 다른, 라틴어 신약성서도 함께 발간하였습니다. 이것 역시 사람들에게 성경의 원전을 접하게 하고, 그 문헌학적 고증을 통해 정확한 성서를 제공하고자 했기 때문입니다.

불가타 성서만을 권위 있는 것으로 보던 당시에, 불가타 성서에 부분적 오류가 있음을 지적하고 그것을 수정한 에라스무스의 새로운 신약성경은 매우 대담한 시도였습니다. 이 성서가 나오자 에라스무스는 기성 신학자들의 공격에 시달려야 했습니다. 보수적 신학자들은 기존 성서의 오류를 주장하는 것은 불경한 것이며, 이를 인정하는 것은 성서 전체의 권위를 무너뜨려 가톨릭을 혼란에 빠트릴 것이라며 에라스무스를 비난했습니다. 하지만 그는 이런 신학자들에게 맞섰습니다. 초대교회는 불가타 성서를 사용하지도 않았으며, 그렇다고 교회가 무너지지도 않았다고 주장하면서, 고대 사본들을 검토해 복음을 올바로 교정하는 것이야말로 기독교정신을 올바르게 이해하려는 태도라고 반박하였던 것입니다.

사실 출판을 너무 서둘렀던 탓인지 그의 새 성경은 몇 가지 오류가 있었고, 이는 또 많은 공격의 빌미를 제공했습니다.[65] 하지만 그의 역사적, 문법적 성서 해석은 성서 해석을 교회와 성직자가 독점하던 중세 가톨릭교회의 관행에 제동을 걸었습니다. 그리고 비록 의도한 것은 아니었다 해도,[66] 그의 이런 노력은

---

64 베인턴, 『에라스무스의 생애』, 170쪽.
65 베인턴, 『에라스무스의 생애』, 172~180쪽.
66 에라스무스는 신약성서를 새 교황 레오 10세에게 헌정했고 교황은 답례로 감사의 편

종교개혁에 영향을 주고, 성서야말로 모든 신앙의 기초라는 개신교의 성서지상주의에 기여하게 됩니다.

특히 그는 번역자 서문에서 "모든 성서가 전 세계 여러 나라 말로 번역되어 시골 농부와 베 짜는 아낙네, 여행자, 그리고 터키인이 성서 읽기로 지루함을 달래기를 바랍니다"라고 적었습니다. 성서의 대중화를 바랐던 것입니다. 그는 "성경이 단지 향수 냄새만을 풍기는 자들을 위해 존재한다고 생각"하지 않았고, 누구나 쉽게 이해할 수 있어야 한다고 보았습니다.[67] "에라스무스는 종교개혁의 알을 낳고 루터가 그것을 부화시켰다"는 말은 이런 점에서는 맞는 말입니다.

「기독교 군주의 교육」

새 신약성서가 출판되면서 에라스무스는 유럽에서 명실상부한 신학 연구의 중심인물로 부상하고 있었습니다. 유럽 전역에서 많은 사람들이 그를 칭송하고 탁월한 학자로 대접했습니다. 스위스의 종교개혁가인 츠빙글리(Ulrich Zwingli, 1484~1531)는 1516년에 "스위스 사람들은 에라스무스를 한 번 보았다는 것을 엄청난 영광으로 생각한다"고 했습니다.[68]

그러나 그의 지적 영향력은 증대해도 재정은 여전히 불안정했습니다. 하위징아에 따르면 1515~1517년은 그의 생애에서 가장 불안정한 시기였는데, 그가 이 시기 여전히 "가난이라는 배우자를 어깨로부터 털어내지 못하고" 있었기 때문입니다.[69] 특히 1516년 9월에는 겨울 옷가지를 사기 위해 두 마리의 말을 팔아야 했기 때문에, 그는 "벌거벗은 채 말을 탈 수는 없습니다. 그렇지만 말도 타고 옷도 입을 처지는 못 됩니다"라고 쓰기도 했습니다.[70]

지를 에라스무스에게 보냈습니다. 베인턴, 『에라스무스의 생애』, 189~190쪽.
67 베인턴, 『에라스무스의 생애』, 181쪽.
68 하위징아, 『에라스무스』, 207쪽.
69 하위징아, 『에라스무스』, 199~200쪽.
70 베인턴, 『에라스무스의 생애』, 142쪽.

다행히 합스부르크의 카를 왕자가 신성로마제국의 황제 카를 5세(Charles V, 1500~1558)가 되면서, 그의 고문관 자리에 임명되기도 하고 성직록을 얻기도 해, 그럭저럭 궁핍함을 메꾸며 살아갈 수 있었습니다. 황제의 고문관이라는 직위를 받자, 에라스무스는 거기에 걸맞게 「기독교 군주의 교육」이라는 논문을 저술하였습니다. 그의 정치관을 알 수 있는 구절이 있어 한번 살펴보도록 하겠습니다.

"군주는 자신의 영토 안에 스스로를 제한하고, 다른 나라들에는 거의 여행하지 않아야 한다. 군주가 항상 외유 중이어서 자리를 비우고 있는 그런 나라에 화가 있을 지어다. … 사실상 커다란 국가들은 엄청난 살육에 의하지 않고서는 존재한 적이 없다. 평화는 작은 독립적인 정치적 단위들 사이의 화합에 의해 성취되어야 한다. … 자신의 영토 안에서 군주는 조국의 아버지이다. 그는 당연히 악한 자들을 억제하고 선한 자들을 보호하기 위해 검을 사용할 수 있다. 그러나 강제력은 극도로 엄격한 제한과 더불어 사용되어야 한다. 사형은 최종적 수단으로서만 시행되어야 한다. 군주는 위협에 의해서가 아니라 설득과 합의에 의해 통치되어야 한다. 군주는 국가의 경제적 필요를 돌보아야 하고, 무게와 양을 통제해야 하고, 독점을 억눌러야 하고, 바닷물이 넘치지 않도록 제방을 쌓아야 한다. 그는 법령에 의해 사치를 금지해야 하고, 일할 수 있는 자를 일하게 만들고 무능력한 자들은 돌봄으로써, 공개적 구걸행위를 추방해야 한다."[71]

확실히 에라스무스의 군주관은 우리가 앞에서 살펴본 마키아벨리의 『군주론』과 대조를 이룹니다. 그는 통치자라는 자리는 십자가를 지는 것이라고 보았습니다. 즉 통치자는 자신의 신민들이 안전하게 쉴 수 있도록 자신의 쾌락을 포기해야만 하고, 걱정거리를 떠맡아야하고, 오래 일하고 잠을 줄여야하며, 배은망덕과 모욕을 감내해야 한다는 것입니다. 또 군주는 고상하고 관대

---

71 베인턴, 『에라스무스의 생애』, 153~154쪽.

하고 자비롭고 아량이 넓고 그 무엇보다 현명해야 하며, 정의롭게 다스릴 수 없다면 기꺼이 물러날 줄 알아야한다고 그는 주장합니다.

특히 에라스무스는 제국같이 큰 단위의 국가에 대해 거부감을 가지고 있었습니다. 그리고 또 그런 큰 나라를 형성하는 과정에서 발생하는 전쟁과 폭력을 혐오했습니다. 그래서 군주의 가장 중요한 임무는 평화를 유지하는 것에 있다고 보았던 것입니다.

그의 평화에 대한 갈망은 1516년 프로벤 출판사에서 나온 『평화의 불평(*Querela Pacis*)』이라는 글에서도 잘 나타납니다. 이 책에서 그는 '평화의 여신'의 입을 빌어 이렇게 역설합니다.

"나(평화)는 모든 축복의 근원이고 전쟁은 가장 큰 해악인데도 사람들이 나를 배척하는 것을 보면, 사람들이 미친 것임에 틀림없다. … 이 모든 일(전쟁과 살육)에 누가 책임이 있는가? 일반 백성이 아니라 왕들이다. 이들은 어떤 곰팡이 내 나는 양피지의 힘을 근거하여 이웃의 영토를 제 것이라고 주장하거나, 수많은 조항들로 이루어진 조약의 한 조항이 침해되었다고 전쟁을 일으킨다. … 그렇다면 어떻게 평화를 확보할 수 있는가? 왕실 간의 결혼을 통해서가 아니라 인간의 마음을 깨끗하게 함으로써이다. … 왕은 평화를 구해야한다. … 왕은 학자들, 수도원장들, 주교들의 중재를 받아야한다. … 만일 우리가 싸워야한다면, 왜 공동의 적인 터키인들에게로 향하지 않는가? 그렇지만 기다리라. 터키인들 역시 인간이며 형제들이 아닌가? … 왜 영국 사람이 프랑스 사람에 대해 악의를 가져야만 하는가? … 라인 강은 프랑스와 독일을 나누고 있지만 그리스도인과 그리스도인을 나누지는 못한다. … 이 제한된 삶은 재앙과 기쁨으로 둘러싸여 있는데, 화합은 재앙을 경감시킬 수 있고, 조화는 기쁨을 더 고양시킬 수 있다. … 삶이 영원히 계속되기나 할 것처럼 왜 허상에 사로잡혀 스스로를 괴롭히는가!"[72]

---

[72] 베인턴, 『에라스무스의 생애』, 158~163쪽.

에라스무스는 왕들의 영토 확장 전쟁과 민족주의적 정서가 갖는 공격성을 비판하고 있었던 것입니다. 이렇게 그는 뼛속까지 평화주의자였습니다.

한편 이 시기 그는 인생 내내 자신을 괴롭히고 있던 중요한 개인적 문제 하나를 해결합니다. 우리가 알다시피 에라스무스는 성직자였습니다. 특별 허가를 받아 유럽 전역을 다니고 있긴 했지만, 어디까지나 자신이 속한 수도원으로 복귀할 의무가 있는 사람이었습니다. 때문에 그가 여기저기로 이동하여 사는 것은, 사실상 교회법을 어기고 있는 것이었습니다. 그리고 그는 항상 그것을 제약으로 느끼고 있었습니다.

1516년 여름 이 문제를 해결하기 위해 에라스무스는 또 다시 영국으로 건너갔습니다. 영국의 지인들을 통하여 자신의 상황에 대해 사면을 요청하는 호소장을 교황청 법정에 보내었던 것입니다. 1517년 1월 교황 레오 10세는 이러한 에라스무스의 청을 들어주었습니다. 교황은 2통의 편지를 통해, 교회법을 위반한 에라스무스를 관면해주고, 반드시 수도복을 입어야하는 의무에서 면제시켜주었으며, 세속에 살면서도 교회 성직록을 받을 수 있는 자격을 주었습니다. 이것은 상당히 이례적인 조치였습니다. 드디어 그는 청년시절부터 그를 억압하던 교회라는 굴레에서 벗어났던 것입니다.

교회의 속박에서 완전히 벗어난 자유인 에라스무스는 이제 그가 대륙에서 머무를 곳을 찾기 시작하였습니다. 1516년의 후반기와 1517년 전반기를 그는 안트베르펜, 브뤼셀, 겐트 등에서 보냈는데, 종종 안트베르펜의 피터 길레스 (Peter Giles, 1486~1533)의 집에 머물았습니다. 길레스는 인문주의자이자 시청 서기로, 토마스 모어의 책, 『유토피아』에 나오는 바로 그 인물입니다.[73] 이리저리 갈 곳을 찾던 에라스무스가 1517년 결국 선택한 곳은, 학문의 중심지인 루뱅 (Louvin)이었습니다. 이제 루뱅 대학의 교수직을 받아들인 것입니다. 아드리안

---

[73] 모어와 에라스무스, 피터 길레스 3인은 깊은 우정을 나누었는데 퀜틴 메트시스(Quentin Metsys)가 길레스와 에라스무스의 초상화를 두 쪽 그림으로 만들어 토마스 모어에게 선물로 줄 정도였습니다.

(Adrian)[74]이나 도르프(Martin Dorf) 같은 루뱅의 신학자들은 에라스무스를 환영해 주었습니다. 하지만 정작 그는 루뱅을 자신의 최종 귀착지라고 생각하지는 않았습니다.[75] 사실 에라스무스를 받아들였긴 하지만 당시 루뱅은 보수적 신학의 중심지였기 때문에 그의 루뱅 생활은 결코 편안하지 않았습니다. 그가 루뱅에 온지 얼마 안 되어 곧 무시무시한 역사적 돌풍이 불어 닥칠 것이었고, 루뱅의 보수적 신학자들 속에서 에라스무스는 엄청난 오해와 비난의 대상이 될 것이었습니다.

9. 소용돌이 속으로

그가 루뱅으로 간지 얼마 지나지 않은 시점인 1517년 10월, 당시로는 아무도 그것이 가져올 심대한 결과를 예상하지 못했을, 하나의 역사적 사건이 발생합니다. 비텐베르크 대학의 신학자 마르틴 루터(Martin Luther, 1483~1546)가 면죄부 판매에 항의하는 95개조 논제를 내건 것입니다. 이 사건이 평생을 따라다닌 가난보다 더 고통스러운 폭풍우 속으로 자신을 밀어 넣을 것이라는 점을, 당시 에라스무스는 예상치 못했습니다.[76]

확실히 처음에 그는, 루터의 문제제기가 가져올 파장을 그다지 심각하게 생각하지 않았던 것 같습니다. 루터의 반박문이 비텐베르크 성문 앞에 걸린 후 2

---

74 후일 교황 아드리아누스 6세(Hadrianus VI)가 되는 인물.
75 그는 여러모로 마음에 차지는 않지만, 임시적으로 간다고 편지에 쓰고 있었습니다. 하위징아, 『에라스무스』, 206쪽.
76 다음 장에서 상세히 설명될 것이지만, 이 일이 발생하기 전인 1516년 말 에라스무스는 한 통의 편지를 받았습니다. 그 편지에는 에라스무스를 존경하는 한 수도사가 로마서의 '의화(justifia)'란 개념을 정확히 이해하지 못하고 원죄에 별로 신경을 쓰지 않았다는 이유에서 에라스무스에게 교부 철학자 아우구스티누스의 저작을 읽어볼 것을 조언했다는 사실이 쓰여 있었습니다. 에라스무스는 이 편지에 별로 신경을 쓰지 않았지만 그 수도사의 이름은 바로 마르틴 루터였습니다.

개월도 안 지난 시점인 1517년 12월에, 에라스무스는 면죄부 판매의 주범이라 할 마인츠 대주교 알브레히트(Albrecht)가 보낸 편지에 답신을 보냈습니다. 그 편지에서 에라스무스는 성인들의 전기를 펴달라는 알브레히트의 부탁과 노력을 매우 칭찬하면서, 화려한 문구로 찬사를 보내고 있었기 때문입니다.[77] 그 다음 해 그는 바젤로 가서 인쇄 일에 매진했는데, 1518년 3월에 아무런 논평 없이 95개조의 내용을 담은 편지를 모어에게 보내었고, 교황청이 면죄부를 유통시키는 것을 가볍게 불평하는 편지를 존 콜렛에게 보낸 정도 외에는 이 사건에 대한 별다른 대응을 하지 않고 있었습니다.[78]

그러나 루터 문제가 사회적 이슈로 급부상하고 치열한 논쟁이 벌어지자, 에라스무스는 자신의 입장을 밝혀야 했습니다. 사실 처음부터 그의 입장은 분명했습니다. 에라스무스는 루터의 문제 제기에 분명한 호의를 보이면서도, 그 방식에는 동의를 유보하였던 것입니다. 루터의 지지자인 존 랭(John Lang)에게 보내는 편지에서, 95개조가 모든 사람들을 기쁘게 했다는 호의적인 언급을 하면서도 그는 다음과 같은 주장을 하고 있습니다.

"나는 현 상태의 로마 교황청 제도는 기독교 세계에 전염병 같은 것이라고 생각합니다. 하지만 그 상처를 노골적으로 찔러대는 것이 좋은 일인지는 잘 모르겠습니다. 그건 군주들이 해결해야 하는 일입니다. 하지만 이들 군주는 교황과 결탁하여 면죄부 판매 대금의 일부를 챙기고 있습니다. 에크가 무슨 생각으로 루터에게 곤봉을 처들었는지 이해가 안 됩니다."[79]

처음에 에라스무스와 루터, 두 사람의 입장 차이는 크게 보이지 않았습니다. 그동안 여러 책에서 에라스무스가 행한 교회부패와 신학자들에 대한 통렬한 비판은 루터의 주장과 크게 다르지 않았으니까요. 그래서 많은 사람들은 에라

77　하위징아, 『에라스무스』, 289~290쪽.
78　하위징아, 『에라스무스』, 290쪽.
79　하위징아, 『에라스무스』, 291쪽.

스무스를 루터 지지자로 간주하였고, 루터 역시 에라스무스가 자신을 지지해 줄 것으로 기대했던 것입니다.

1519년 3월 루터는 처음으로 에라스무스에게 직접 편지를 보냅니다. 이 편지에서 루터는 "우리의 보석이며 우리의 희망"이라고 에라스무스에게 찬사를 보내면서, 자신이 그를 존경하고 있고, 친구로 생각하고 있다는 점을 분명히 합니다. 결국 이 편지에서 루터가 원했던 것은, 가톨릭교회에 대한 신랄한 풍자와 비판을 해 온 권위 있는 학자 에라스무스를, 종교개혁 진영에 동참하게 하려는 것이었습니다.

하지만 루터의 요청에 에라스무스는 즉각 뒤로 물러났습니다. 그는 루터와 그 지지자들의 개혁 의지에 어느 정도 동조하면서도, 그 방식의 과격성에는 동의하지 않는다는 입장을 취하였던 것입니다. 또 에라스무스는 1519년 4월 작센 선제후 프리드리히에게 보낸 편지에서 루터의 보호를 지지하면서도, 동시에 프로벤 출판사가 루터의 저작을 발간하려 하자 이를 말렸습니다.[80] 그는 루터의 과격성이 자신 같은 온건한 비판자들의 글쓰기를 어렵게 만들지도 모른다는 불안감을 가지고 있었던 것 같습니다. 또 에라스무스는 1519년 5월 30일 루터에 대한 답신에서, 루터의 책을 아직 읽어보지 못했기 때문에 자신은 루터의 행동에 승인도 거부도 하지 못한다고 분명히 선을 긋습니다. 그리고 그는 격렬한 항의보다는 신중한 절제가 더 많은 발전을 가져온다는 것, 그것이 그리스도적 방식이라고 주장하였습니다.[81] 결국 이 시기 에라스무스의 입장은 가톨릭과 루터 사이에서 어느 편도 들지 않는 중도노선을 유지하는 것이었습니다.

그러나 에라스무스의 이러한 선긋기에도 불구하고 많은 사람들은 에라스무스가 루터를 지지한다고 생각했습니다. 루뱅 대학의 동료교수들이 특히 그러했습니다. 1519년 11월에는 루뱅대학 교수진은 루터의 의견을 공식적으로 비

---

80 하위징아, 『에라스무스』, 295쪽.
81 하위징아, 『에라스무스』, 295~296쪽. 같은 날 루터 지지자인 존 랭에게 보내는 편지에서도 그는 루터와 그 지지자들의 노력이 성공하기를 바란다고 썼습니다.

난하는 선언을 채택하였습니다. 루뱅이 반개혁의 중심지가 되면서 에라스무스는 보수적인 동료들로부터 따가운 눈총을 받아야 했습니다.[82]

이런 상황에서 1520년 6월 루터를 이단으로 선언하는 교황의 칙서가 나옵니다. 그 칙서가 공표되고 몇 달 뒤인 1520년 9월 9일 에라스무스는 이렇게 쓰고 있습니다.

"불운한 루터에게 최악의 시태가 벌어진 것 같습니다. … 루터가 내 조언을 따라 적대적이고 소란스러운 행동을 하지 않았으면 좋았을 텐데… 나는 이 일에 끼어들지 않겠습니다. 그런데 내가 루터에 반대하는 글을 쓴다면 주교직을 주겠다는 제안도 있었습니다."[83]

그러나 에라스무스의 바람과는 달리 루터는 자신의 주장을 결코 철회하지도 물러서지도 않았습니다. 마침내 루터는 '적그리스도'라는 과격한 용어를 써가며 교황을 비난하기에 이르렀고, 에라스무스는 이런 사태를 '비극'으로 보았습니다. 양 측의 대립이 돌아올 수 없는 강을 건너 극단으로 치닫고 있었지만, 그의 입장은 여전히 이 비극의 구경꾼으로 남겠다는 것이었습니다. 루터를 노골적으로 반대하는 말도 하지 않으면서 루터와 거리를 두는 것, 그것이 그의 선택이었던 것입니다.

이런 에라스무스의 중립적 태도는 개혁주의자들에게는 비겁하게 보였습니다. 1521년 4월 보름스 국회 이후 루터가 죽었다는 소문을 들은 화가 알브레히트 뒤러(Albrecht Dürer, 1471~1528)는 자신의 일기에 이렇게 썼습니다.

"오 로테르담의 에라스무스여, 당신은 어디로 가려합니까? 달려 나오시오. 그

---

82 루뱅대학의 학장 니콜라스 에그몽(Nicolas Egmont)은 설교 중 에라스무스를 루터주의자라고 비난하기까지 하였습니다. 베인턴, 『에라스무스의 생애』, 204쪽.
83 하위징아, 『에라스무스』, 300쪽.

4-2 뒤러가 그린 에라스무스

리스도의 기사여! 진리를 수호하는 순교자의 관을 얻으시오."[84]

그는 에라스무스에게 루터의 편에 설 것을 요구했던 것입니다

그러나 생각해보면 이러한 주장은 에라스무스에게는 불가능한 요구였습니다. 그는 처음부터 누군가가 절대적 진리라고 주장하는 것도 다른 편에서 보면 아닐 수 있다는 것을 너무나 잘 알고 있었습니다. 그가 바란 것은 분쟁을 벗어난 화합이었고, 한 당파에 속해 다른 당파를 적으로 돌리며 공격하는 것이 아니었습니다.

에라스무스는 루터를 공격하지도 않았고, 이 논쟁을 진정시키려고 했습니다. 그러나 브뤼셀에서 6명의 루터주의자들이 산채로 화형 당했다는 소식이

---

[84] 베인턴, 『에라스무스의 생애』, 212쪽; 하위징아, 『에라스무스』, 304~305쪽.

들려오는 등 분위기는 점점 극단을 치닫고 있었습니다.

10. 양편 사이에서

저지대에서 반 루터주의 열풍이 극심해지고 자신을 비방하는 사람들이 늘어가자, 1521년 에라스무스는 두 당파로부터 벗어나기로 결심하고, 루뱅을 떠나 스위스 바젤(Basel)로 갔습니다. 이미 나이는 50대 중반을 넘어가고 있었습니다. 그는 출판업자이자 친구인 프로벤의 집에서 열 달 가량을 보냈습니다. 당시 그의 심정은 이 무렵에 쓴, 한 편지에 잘 나타나 있습니다.

"…양편은 모두 나를 몰아세우고 질책합니다. 내가 루터에 대해 아무런 나쁜 말을 하지 않으면 그와 동조하는 것으로 해석하고, 반면에 루터주의자들은 내가 소심하여 복음을 저버렸다고 비난합니다. … 나는 나 아닌, 다른 어떤 것이 될 수 없습니다. 나는 분쟁을 비난하지 않을 수 없습니다. 나는 평화와 일치를 사랑하지 않을 수 없습니다. 모든 인간적인 것들에는 애매한 면이 있음을 봅니다. 소란을 시작하는 것이 이를 진정시키는 것보다 훨씬 쉽습니다. 이 소란을 일으킨 이들은 성령이 시킨 일이라고 주장합니다. 하지만 그 성령은 나에게 그런 일을 시키지 않았습니다."[85]

이런 에라스무스의 태도는 루터 지지자들을 실망시켰습니다. 그 중에서도 가장 분노한 사람은 루터의 강력한 지지자였던 울리히 폰 후텐(Ulrich von Hutten, 1488~1523)이었습니다. 인문주의자이자 기사였던 후텐은, 한때 에라스무스의 글에 열광했던 사람으로, 에라스무스가 토마스 모어의 초상화를 선물할 만큼, 좋은 교분을 맺고 있던 인물이었습니다. 하지만 에라스무스가 중립을

---

[85] 베인턴, 『에라스무스의 생애』, 219~220쪽.

지키려하자, 후텐은 다음과 같은 말로 에라스무스와 그 지지자들을 공격하였습니다.

"그대들은 한때 나와 함께 교황을 성토했다. … 그대들은 면죄부 교서를 증오했고, 의식들을 저주했으며… 교회법령과 교령들을 통렬히 비난했다. … 그런 그대들이 이제 완전히 돌아서 적과 야합했다. … 그대들이 말하듯 '진리가 언제나 선포되어야 하는 것은 아니다'라는 말보다 더 불경하고 그리스도의 정신에 위배되는 것이 어디 있겠는가? 그리스도께서 우리가 그 진리를 위해 목숨을 바치기를 바라시는데 말이다. 그대들은 우리에게 소요와 분규를 일으킨 책임이 있다는 말로 우리를 괘씸한 자들로 만든다. … 그대들은 루터가 불화의 사과를 던지는 자라고 말한다. 복음을 선포하는 자는 누구나 불화의 사과를 던지는 것이다. 루터가 침몰하면 복음의 진리와 자유는 엄청난 손실을 입게 되리라고 그대들이 말하지 않았던가? … 그대들의 변절을 통탄한다."[86]

후텐의 글에 상처를 입은 에라스무스는 「후텐의 비방을 닦아내는 스폰지(Sponge to Wipe Away the Aspersions of Hutten)」라는 제목의 글을 써 다음과 같이 답합니다.

"내가 가능한 한 싸우기보다는 평화를 추구하고 있다는 것을 부인하지는 않습니다. 나는 내가 양편 모두에 귀 기울이고 경청해야 한다고 생각합니다. 나는 자유를 사랑합니다. 나는 어떤 당파에 봉사할 수도 없고, 그러지도 않을 것입니다. … 내가 처음에 루터를 두둔했다고 해서, 그 후 그가 말한 모든 말을 승인해야 한다고 보지는 않습니다. 나는 루터를 이단이라고 한 적이 없습니다. 나는 분쟁과 소요를 우려했던 것입니다. 동시에 나는 언제나 가톨릭교회 안에 있는 폭압과 악덕을 개탄해왔습니다. 그러나 로마에 있는 나쁜 사람들 때문에 교회가 교회가 아

---

[86] 베인턴, 『에라스무스의 생애』, 220~222쪽.

니라면, 우리는 어떤 교회도 가지고 있지 않은 것입니다. …"⁸⁷

"(후텐)은 인간이 복음을 위해 죽을 준비가 되어 있어야 한다고 말합니다. 상황이 필요로 한다면 나는 죽음을 거부하지는 않을 것입니다. 그러나 나는 루터의 역설을 위해 죽을 마음은 없습니다. … 물고기들처럼 서로 잡아먹으려 하지 맙시다. 왜 역설들이나 어떤 불가해하고 논의의 여지가 있으며 때로 유익하지 못한 것들을 위해, 온 세상을 뒤엎으려 합니까?"⁸⁸

에라스무스의 중립은 당연히 루터 지지자들뿐 아니라 가톨릭 세력의 분노도 샀습니다. 루터를 비판하는 책을 쓰라는 가톨릭 측의 요구에 대해 에라스무스는 다음과 같이 말했습니다.

"제가 누구인데 그런 글을 쓰겠습니까? 루터를 공격하지 않는다고, 저는 루터주의자라는 말을 듣습니다. 그러면서도 루터주의자들로부터도 매도당합니다. 한때 루터파 학자들의 단체에 참여했던 적이 있습니다. 그 많은 우정을 배반하기보다는 죽는 편이 낫겠습니다. 그리고 파당에 합류하기보다는 죽음을 택하겠습니다. 하지만 내가 루터주의자가 아니라는 것을 얼마나 자주 공언해왔습니까!"⁸⁹

이렇게 안간힘을 쓰며 양쪽 어디에도 속하지 않으려했던 에라스무스였지만, 여전히 그는 음식규정이나 사제의 독신 등 교회의 지나치게 엄격한 관행에 반대하였고, 특히 성지순례나 성인숭배, 면죄부, 수도사의 선서와 복장 등에 대해서는 신랄한 비판을 가하고 있었습니다. 그의 자유주의적이고 관용적이며, 현실적인 태도는 이런 글들에서 잘 나타나 있습니다.

---

87 베인턴, 『에라스무스의 생애』, 222~223쪽.
88 베인턴, 『에라스무스의 생애』, 223~224쪽.
89 베인턴, 『에라스무스의 생애』, 224~225쪽.

"금식이란 체질적으로 익숙해진 사람이나 하나님의 진노를 피하려고 지속적인 고행을 스스로 부과하는 이들에게는 유익할 수 있습니다. 그러나 어린 아이나 노인, 그리고 병약자에게 이를 강요하는 것은 사형언도를 내리는 것과 같습니다. … 사람들이 자기 뜻대로 규정을 어겨도 된다는 말이 아닙니다. 다만 주교들은 그들의 양떼가 자신의 것이 아니라, 그리스도의 것임을 기억해야 한다는 말입니다. 법이란 통치 받는 자들의 동의에 기초하고 있다는 것을 기억해야합니다. 감당할 수 없이 짐이 지워진 이들의 신음소리에 귀를 기울이십시오."[90]

"성직자의 독신생활에 대해 말하자면, 이는 후대에 생겨난 것입니다. 그리고 성직자의 수가 적었을 때에는 보다 성공적이었습니다. 주교들은 오늘날처럼 수많은 이들에게 사제서품을 해서는 안 됩니다. 소수의 사람들만이 순결합니다. 순결을 지키지 못한 이들은 자기의 자식을 인정하고, 이들에게 교양교육을 받게 하는 것이 좋을 것입니다. … 전적으로 교회에 헌신할 수 있으면 좋겠지만, 만약 스스로 제어할 수 없다면 차라리 결혼하는 것이 낫다는 말입니다."[91]

기성 가톨릭의 엄격한 관행에 반대하는 이러한 에라스무스의 태도는 가톨릭 측의 의구심을 불러일으키기에 충분했습니다.[92] 루터가 보름스국회에서 파문당하고 독일 전역에서 개혁의 바람이 거세게 일어나던 1522년부터 1524년 사이에도, 에라스무스는 교회의 관행을 신랄하게 비판하는 대화편(Colloquies) 몇 가지를 출판했습니다.[93] 그로써 에라스무스가 루터를 지지한다는 의심은

---

90 베인턴, 『에라스무스의 생애』, 226~227쪽.
91 베인턴, 『에라스무스의 생애』, 227~228쪽.
92 에라스무스 자신이 츠빙글리에게 보낸 편지에서 "내 스스로 보기에도 나는 루터가 가르치고 있는 것을 가르쳐왔던 것 같습니다"라고 인정하고 있을 정도였습니다. 베인턴, 『에라스무스의 생애』, 229쪽.
93 『대화집』은 원래 라틴어 대화방식을 학생들에게 가르치기 위해 만든 것이었으나 후일 여러 편이 새로이 덧붙여져 모음집이 되었습니다. 1526년 『친밀한 대화집』으로 정리되어 나온 후 꾸준히 속간되고 각국에서 많은 번역본이 나왔습니다.

더욱 증대되었습니다. 그는 몹시 마음이 불편했나 봅니다. 1523년 1월에는 이렇게 쓰고 있습니다.

"그리스도교의 요체는 화평과 일치이다. … 여러 가지 문제들에 관해 각 사람이 자유로이 자신의 판단을 따르도록 내버려두라. 많은 문제들에 상당한 애매함(obscurity)이 존재하기 때문이다. 인간이란 논쟁이 시작되면 결코 굽히려 하지 않는 병을 거의 선천적으로 갖고 있다. 논쟁이 일단 열기를 띠게 되면, 인간은 처음에 통상적으로 가지고 있던 견해를 절대불변의 진리로 간주하게 된다. … 신앙이 가슴이 아니라 글자에 있게 되었을 때, 사람들 수만큼이나 많은 신앙들이 존재하게 되었다. 신조들은 늘어났으나 신실함은 줄어들었다. 논쟁은 뜨거워졌으나 사랑은 식어졌다. 그리스도의 가르침이란 애초부터 머리칼을 쪼개듯이 꼼꼼히 따지는 그런 것이 아니었는데, 이후 철학의 도움을 받아 방어하고 수호해야 할 것이 되었다."[94]

그의 전기를 쓴 베인턴(Roland H. Bainton)의 말대로, 그가 집중한 것은 기독교의 본질이었습니다. 그는 본질적인 것과 비본질적인 것을 구분하고자 했고, 교리적 분열의 차이가 본질적인 것이 아니라면 화합이 가능하다고 보았던 것입니다. 그리고 그에게 기독교 사상의 본질은 다음과 같은 것이었습니다.

"그의 아들 예수를 통해 우리에게 모든 것을 주시는 하나님에게 우리의 모든 소망이 있다는 것," "예수의 죽음으로 우리가 구속을 받았고, 세례를 통해 우리는 그의 몸에 연결되었다는 것," "예수의 가르침과 모범을 따라서 살며, 그리스도가 오실 때까지 역경을 인내로 참으며, 아무것도 우리 스스로에게 돌리지 않고, 우리에게 있는 모든 선한 것을 하나님에게 돌리는 것."[95]

---

[94] 베인턴, 『에라스무스의 생애』, 233~234쪽.
[95] 베인턴, 『에라스무스의 생애』, 234~235쪽.

이런 것이 본질적인 교리라면, 루터의 사상과 행동은 거칠기는 해도 이단이 아니라는 것이 에라스무스의 입장이었던 것입니다. 그리고 "루터의 대의가 멋지게 성공한 것으로 미루어 볼 때, 하나님께서 이것을 원하시는지도 모른다. 하나님께서 이 시대의 부패를 도려내기 위해 루터와 같은 외과의사가 필요하다고 판단하셨다면, 그(루터)에게 반대하는 것이 나의 일이 아니라고 생각한다"[96] 이것이 에라스무스의 판단이었습니다.

그러나 주변은 그를 내버려두지 않았습니다. 시간이 지나면서 가톨릭 측은 루터를 반박하지 않는 한, 루터의 편이라는 주장으로 그를 압박해갑니다. 그동안 친교를 맺었던 많은 지인들은 그에게 루터를 반박하는 글을 쓰라는 압력을 가합니다. 토마스 모어와 영국의 헨리 8세는 물론, 교황까지 나서서 요청하자, 비극의 구경꾼으로 남겠다는 에라스무스의 바람은 이루어질 수 없다는 것이 분명해졌습니다. 계속 에라스무스가 가톨릭에 남아 있기를 원한다면, 그는 어떤 식으로든 루터와 자신의 차이를 증명해야 했던 것입니다.

침묵하던 에라스무스는 1524년 9월 마침내 「자유의지에 관한 논고(libero arbitrio diatribe)」라는 글을 통해, 루터와 자신의 차이를 밝힙니다. 뒷장, 루터 편에서 다시 살펴보겠지만, 이 글에 맞서 루터는 「노예의지론(De Servo Arbitrio)」이라는 글로 반박했고, 다시 에라스무스가 「지나치게 민감한 사람들(Hyperaspistes)」라는 저술로 응대하면서 본격적인 논쟁이 벌어지게 되었던 것입니다.

이 논쟁을 통해 우리는 기독교 인문주의자들이 기성 종교에 그토록 비판적이었음에도 불구하고, 왜 루터의 종교개혁에 동조할 수 없었는지 알 수 있습니다. 두 흐름 사이에는 결코 화해할 수 없는 깊은 심연이 있었습니다. 이 논쟁의 핵심은 한마디로 '인간이라는 존재를 어떻게 보는가'하는 본질적인 문제, 특히 '인간에게는 자신의 구원에 영향을 줄 능력이 있는가'하는 문제에 있었습니다.

먼저 에라스무스는 인간에게는 구원에 이르거나 혹은 구원에서 멀어지거나 하는, 두 가지 상반된 입장을 결정할 '자유 의지'가 존재한다고 보았습니다. 즉

---

96 하위징아, 『에라스무스』, 333쪽.

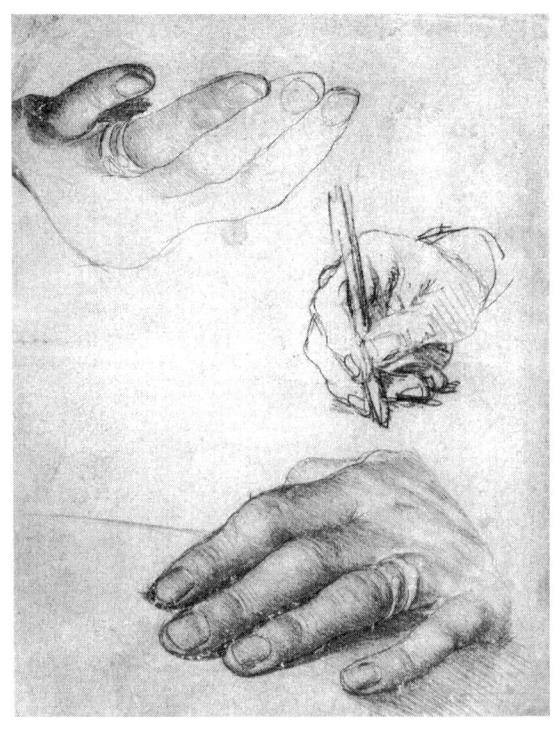

4-3 〈에라스무스의 손〉,
한스 홀바인, 1523

신은 인간에게 신의 경지에 도달할 수도, 악마의 경지로 타락할 수도 있는, 자유로운 의지를 부여했다는 것입니다. 따라서 인간은 선, 악과 자신의 구원을 판단할 능력을 가지고 있고 선택을 할 수 있다는 것, 그리고 자유의지에 의해 구원에 이르기로 선택한 인간에게 신의 은총이 더해짐으로써 마침내 구원이 이루어진다는 것, 이것이 에라스무스의 생각이었습니다. 요컨대, 구원은 인간과 신의 협력의 산물이라는 것입니다.

이에 반해 루터는 구원을 위해 인간이 할 수 있는 일은 없다고 보았습니다. 그는 신이 인간에게 이성과 자유의지를 준 것은 맞지만, 타락의 결과 인간의 이성과 자유의지도 타락했다고 주장했습니다. 즉, 인간은 본성이 타락해 어느 지점에서 하나님의 영광에 도달하지 못하기 때문에, 결국 구원은 전적으로 하나님만이 결정할 수 있는 일이라는 것입니다. 따라서 인간이 할 일이란, 자신의 결함을 깨닫고 더 이상 자신에게 의지하지 말고, 하나님의 자비에 전적으로 자신을 맡기며, 하나님의 자비를 신뢰하는 것밖에 없다, 이것이 루터의 생각이었습니다.[97] 또 루터는 타락한 인간의 의지는 자유로운 것이 아니라 신에게든 사탄에게든 예속된 노예의지이며, 따라서 인간이 자체적으로 선을 행하는 것은 불가능하다고 보았습니다. 인간의 의지에 의한 선행은 의미가 없으며, 오직 신의 은총에 의한 선행만이 선행이며, 구원은 신의 은총에 의해서만 가능하다는 것이지요.

에라스무스는 이런 루터의 생각에 동의하지 않았고 이렇게 반박합니다.

"모든 것이 불가피한 필연이라면 성경의 가르침, 비난, 경고는 무슨 소용이 있겠는가. … 이런 필연의 논리를 대중에게 가르치는 것은 위험한 일이다. 도덕(선과 악의 구분)은 자유의식에 따라 결정되기 때문이다."

물론 에라스무스도 루터처럼, 인간이 완전하지 않으며 누구도 하나님의 자비를 요구할 만큼 선하지 않다는 것을 인정했습니다. 그리고 구원이 믿음에서 나온다는 주장에도 동의합니다. 하지만 그는 인간의 선행이 아무런 의미도 갖지 않는다는 루터의 주장은 인정할 수 없었습니다. 즉 많은 성서구절에는 인간의 선행들에 대해 하나님의 상급이 있다고 주장하고 있으므로, 인간의 행위가 완전히 구원을 가져올 만큼 대단한 것은 아니라 해도, 하나님은 그의 자비하심으로 인간의 낮은 공로를 높은 공로로 취급하신다는 것이 에라스무스의 생각이었던 것입니다. 또 그는 루터의 주장이 옳다면, 누구는 구원을 받고 누구는 받지 못하게 되는 것을 설명할 수 없다고 보았습니다. 즉, 믿음이 하나님의 선물인데 인간 중 어떤 이에게는 그것을 주고 어떤 이들에게는 주지 않는 것은 논리적으로 말이 안 되며, 게다가 구원이 그 선물에만 달려있다면 더 더욱 말이 안 된다는 것입니다. 인간이 어쩔 수 없는 것으로 인해 하나님이 인간

---

[97] 이것이 개신교에서 주장하는 소위 '이신칭의'의 원리입니다. 이에 대해서는 다음 장을 참고하세요.

을 벌을 주어 영벌에 처하게 한다면, 하나님은 폭군에 불과할 것이며, 하나님은 인간이 알 수 없는 이유로 어떤 자들은 영벌에 처하고 더 나을 것 없는 다른 이들을 구원하는 공정치 못한 일을 하시지는 않는다는 것입니다.

하지만 루터는 인간과 신이 협력하여 구원을 얻을 수 있다는 에라스무스의 생각을 몹시 싫어했습니다. 그런 주장은, 그에게는 신성모독에 해당되는 것이었습니다. 루터는 하나님의 공의로우심이 인간의 이해력에 의해 공의롭다고 인식된다면, 이는 신적(divine)이지 않다고 반박했습니다. 즉 하나님은 참되시고 하나이시며, 전적으로 이해 불가능하고, 인간 이성의 접근을 허락하지 않는 존재라는 것, 그러므로 하나님의 공의로우심 또한 인간의 이성으로 이해 불가능하다는 것이 그의 생각이었던 것입니다.

요컨대 루터가 하나님을 인간의 머리로는 이해할 수 없는 어떤 신비적 존재로 본 반면, 에라스무스는 하나님을 인간의 이성과 도덕관념의 원칙에 부합되는 존재로 보았던 것입니다.

에라스무스는 루터가 가톨릭교회와 제국의 정죄를 받은 후에는 잠잠하여 하나님의 손으로 행하시는 옹호를 기다려야지 당파를 만들어 기독교세계의 평화를 흔들지는 말았어야 한다고 생각했습니다. 즉 '일치(concordia)'야말로 그리스도의 마음에 부합되는 것이니 한 사람의 의견이 많은 사람의 합의에 의해 추인되지 않으면 겸손히 기다리는 것이 올바른 태도라는 것이지요. 하지만 루터는 이러한 에라스무스의 주장은 평화를 애호하는 것인지는 모르나 진리와는 상관없는 것이라고 보았습니다. 루터는 "온 세상이 결딴나는 일이 있어도 빛을 말 아래 두어서는 안 된다"고 주장했고, 에라스무스는 "사람들이 종교전쟁에 빠져들게 되면 진리는 어떻게 될까요?"라고 반박했습니다.

여러분은 누구의 말이 더 옳은 것으로 보입니까? 어쩌면 이것은 하위징아의 말처럼, 옳음과 그름의 갈등이 아니라 "옳음과 옳음의 갈등"이었는지도 모르겠습니다.[98]

---

[98] 하위징아, 『에라스무스』, 337~338쪽. 하위징아는 에라스무스와 루터의 차이를 "바다

어쨌든 이 논쟁 이후 에라스무스가 잡고 있던 균형추는 기울어진 듯 보였습니다. 에라스무스는 공개적으로 자신이 가톨릭 편임을 분명히 했습니다. 그는 「지나치게 민감한 사람들」이라는 논문에서 이렇게 쓰고 있습니다.

"나는 가톨릭교회를 배신한 적이 없습니다. 당신이 교황제 교회라 부르는 이 교회에는 나를 불쾌하게 생각하는 사람들이 많습니다. 하지만 나는 당신의 교회에서도 그런 사람들을 발견합니다. 사람은 익숙해져 있는 악에 대해서는 좀 더 쉽게 참아냅니다. 그러므로 나는 이 교회를 참아내겠습니다. 이 교회가 더 좋아질 때까지 말입니다. 그리고 나 자신이 더 좋아질 때까지 이 교회도 나를 참아주어야겠지요. 두 개의 서로 떨어진 악(가톨릭과 개신교) 사이에서 중간노선을 항해하는 자는 엉뚱한 길을 간다고 할 수 없겠지요."[99]

11. 개혁의 돌풍 속에서

1521년 에라스무스가 바젤로 이사 왔을 때, 바젤 주교는 이미 오래전부터 가톨릭 내의 개혁운동을 지지해오던 인물로, 에라스무스와는 생각이 잘 맞는 인물이었습니다. 그래서 에라스무스는 바젤에서 가톨릭교회가 어느 정도 자정과 개혁을 통해 유지될 수 있을 것으로 기대했던 것 같습니다. 그러나 에라스무스의 이런 기대는 빗나갔습니다. 다른 스위스 도시들처럼 바젤 역시 개혁의 돌풍 속에서 차츰 가톨릭교회로부터 벗어나려는 신교 개혁 세력들이 힘을 얻고 있었기 때문입니다.

바젤에서의 종교개혁은 오이콜람파디우스(John Oecolampadius, 1482~1531)라는 개혁가에 의해 주도되었습니다. 오이콜람파디우스는 에라스무스에게는 오랜

를 보는 네덜란드인이 산꼭대기만 쳐다보는 독일인과 맞서는 형상"이라고 표현했습니다.

[99] 하위징아, 『에라스무스』, 340~341쪽.

친구로, 그가 신약성서를 편집할 때 도움을 주기도 했던 사람이었습니다. 처음에 오이콜람파디우스는 성찬, 고해, 성인숭배, 단식 등의 가톨릭교회의 의식에 새로운 절차를 도입하면서, 조심스럽게 개혁을 시작하였습니다. 사실 이러한 개혁 조치들은 에라스무스의 주장과 크게 다르지 않은 것이었습니다. 이미 에라스무스는 가톨릭이 강조하던 유물, 순례, 면죄부, 수도회의 선서와 복장, 성인에 대한 기도, 거창한 예배의식 등은 종교의 본질이 아니라고 강조하였고, 성찬 역시 영적으로 이루어지지 않는다면 가치가 없다고 주장해왔기 때문입니다.[100]

결국 바젤은 한동안 가톨릭과 개혁교회가 공존하는 지역이 되었습니다. 한쪽에서는 전통적인 가톨릭교회의 미사가, 다른 한쪽에는 개혁교회의 설교예배가 드려졌던 것입니다. 에라스무스는 모든 사람이 신앙에서 자유로우며, 미사이든 개혁교회의 설교예배이든 강요당하지 않아야하며, 스스로의 양심을 따를 수 있다는 바젤 시 의회의 관용적 태도를 지지했습니다.

하지만 시간이 지나면서 그런 공존은 불가능한 것임이 드러났습니다. 시간이 갈수록 개혁의 강도는 강해지고 속도도 빨라지기 시작합니다. 바젤에서 개혁자들은 성상들을 제거하고, 오르간을 부수기 시작했습니다. 또 그들은 바젤 시에는 하나의 종교만이 있어야 하고 성상 숭배나 미사는 사라져야한다고 생각했기 때문에, 오이콜람파디우스와 에라스무스와 관계는 점점 소원해져 갔습니다. 특히 종교개혁가 기욤 파렐(Guillaume Farel, 1489~1565)[101]이 바젤에 도착해 적극적 활동을 시작하자, 개혁의 바람은 더욱 거세어집니다.

이러한 급진적 개혁은 난민들과 수도원을 떠난 수사, 수녀들이 바젤로 유입되면서, 한층 힘을 얻게 되었습니다. 1528년 베른시가 개혁지지 도시로 돌아

---

100 사실 앞에서 언급한 것처럼 에라스무스는 가톨릭의 본질에 벗어난 의식들, 신앙과 행동의 불일치를 조롱하고 비판해 왔었기 때문에 에라스무스의 제자들 가운데 이러한 개혁운동을 에라스무스 사상의 실천으로 생각하고 있었던 사람들이 있었습니다.
101 칼뱅과 더불어 제네바의 개혁을 이끈 종교개혁가. 에라스무스는 바젤에 온 파렐과 만난 후 파렐을 "그처럼 과대망상에 빠져있고 과격하며 악의에 찬 사람은 본 적이 없다"고 평했습니다.

서자, 오이콜람파디우스는 바젤의 개혁을 한층 더 강하게 밀어붙입니다. 1528년 연말 바젤에서 구교 측과 개혁세력 측은 거의 내전 직전까지 갔고, 1529년 2월에는 시민봉기까지 일어납니다. 결국 이 소요는 의회로부터 12명의 가톨릭 의원들이 쫓겨나고, 여러 교회들의 성상이 파괴되는 것으로 마감되었습니다. 이제 바젤에서 가톨릭 미사는 전면 금지되었습니다. 바젤이 신교도시가 되었던 것입니다. 결국 가톨릭 교구청은 프라이부르크(Freiburg)로 옮겨가야 했습니다.

자신이 살고 있던 지역에서 이런 변화를 몸소 체험하면서도, 에라스무스의 입장은 여전히 양측의 "일치와 합의"에 있었습니다. 그는 바젤에서 가톨릭이 세력을 유지하고 있을 때, 취리히와 전쟁을 해서 그곳의 개혁을 저지하자는 구교 측의 제안에 반대하였고, 신교 세력이 승리한 후에는 오이콜람파디우스를 비판하는 글쓰기를 거절하였습니다. 루터는 이러한 에라스무스에 대해 "양다리 걸치는 자들의 왕이다"라고 비난을 퍼부었습니다.[102]

1527년에는 친구이자 동업자였던 출판업자 프로벤이 사망합니다. 에라스무스는 큰 충격을 받았던 것 같습니다. 자신의 형이 사망했을 때보다 더 극심한 고통을 느꼈다고 말했으니까요.[103] 친구를 잃은 데다 바젤에서 신, 구교 간의 지속적 분란을 견딜 수 없었던 에라스무스는, 자신의 독립적 생활을 위해 다시 바젤을 떠나기로 결정합니다. 1529년 4월, 이미 60대의 노인이 된 그는 당시 오스트리아 왕가의 직할령이었던 프라이부르크로 갔습니다. 노년의 에라스무스는 프라이부르크에서 열렬한 환영을 받았는데, 시의회는 페르디난트 대공을 위해 지었던 커다란 집을 그에게 내어주기까지 했습니다.[104]

그러나 세상은 점점 더 에라스무스가 원하던 방향으로부터 멀어져가고 있었습니다. 양측 간의 갈등은 더욱 첨예화되어 갔고, 이제 선명한 당파주의가

---

102 베인턴, 『에라스무스의 생애』, 272쪽.

103 Capey, *Erasmus*, p. 88.

104 처음에 그는 언제나처럼 이곳에 오래 머무를 생각이 없었지만 프라이부르크가 마음에 들었던지 1531년 집을 사기도 했습니다.

사람들을 가르고 있었습니다.

이러한 상황에서도 고령의 에라스무스는 펜을 놓지 않았습니다. 그는 고통스러운 질병에 시달리면서도, 여전히 자신의 저작들을 수정, 증보하는 일들을 계속하였고, 교부들의 저서를 편집하였으며, 유럽 전역의 지인들에게 열심히 편지를 보내고 있었습니다.

하지만 노년으로 가면서 종교개혁에 대한 에라스무스의 태도는 점차 적대적이 되어갔습니다. 그토록 비판을 삼가던 초기의 태도와는 달리, 프라이부르크로 와서 그는 종교개혁에 관해 더 보수적인 견해를 드러내었고, 종교개혁가들을 '가짜 복음주의자(pseudo-evangelicals)'라고 경멸하듯 부르기 시작했습니다.[105]

그는 개혁가들의 공통된 특징이었던 절대적 확신을 몹시 혐오하였고, 무엇보다 개혁과정에서 벌어진 폭력행위를 강하게 비난하였습니다. 즉, 가톨릭교회의 부정과 부패를 비난하여 일어선 개혁파들이 교회에서 성화를 내던지고 가톨릭 미사를 철폐했지만, 생활과 경건, 관용과 겸손에 있어 진보를 가져오지 못했다는 것, 그리하여 진정한 개혁을 이루지 못하였다는 점을 비판하였던 것입니다. 그의 말을 들어봅시다.

"당신들에게 비둘기 같은 심령은 어디에 있는가? 사도들이 그대들의 방식으로 복음을 전파했던가? 당신들은 성직자들의 사치에 대해, 주교들의 야심에 대해, 로마 교황의 전횡에 대해, 궤변가들의 장광설에 대해, 그리고 기도, 금식, 미사 등에 대해 소리 높여 비난한다. 그러나 당신들의 목적은 개혁하는 것이 아니라 파괴하는 것이다. 당신들은 가라지와 더불어 곡식까지 뽑으려한다. '복음주의자'라는 사람들을 보라. 그들이 사치와 방탕과 재물에 덜 중독되어 있는가? … 나는 (오히려) 전보다 더 나빠지게 된 사람들을 알고 있다. 성상들을 교회 밖으로 내던졌지

---

[105] 그래서 하위징아는 만년에 에라스무스는 한 반동가(reactionist)가 되었다고 평가하기도 했던 것입니다. 하위징아, 『에라스무스』, 364쪽.

만, 악덕의 우상이 여전히 남아있다면, 그것이 무슨 유익이 있겠는가?"[106]

"당신들은 로마교회를 개혁함에 있어 얼마나 진전이 있다고 생각하는가? 당신들이 한 일은 오히려 로마교회를 더욱 굳어지게 만들었다…"

그러나 이러한 비판에도 불구하고, 그는 여전히 양측을 중재하려는 노력을 계속하고 있었습니다. 1530년 8월 15일 개혁파 측 멜란히톤(Phillipp Melanchton, 1497~1560)이 카를 황제에게 무력을 사용하지 않도록 간언해달라는 편지를 보내자, 에라스무스는 자신은 언제나 신학자들의 분노와 군주들의 잔혹함을 막으려 노력할 것이라면서, 개혁파 진영의 도발도 자제하도록 권면해달라는 내용의 답장을 보냈습니다. 심지어 그는 영국 왕 헨리 8세의 이혼에 반대하면서도, 1533년 신교 측 인사인 토마스 불린(Thomas Boylen)이 시편 23편에 대한 주석을 써달라고 요청하자, 여기에도 응답해 양 측 모두와의 결별을 피하였습니다.[107] 특히 그는 이 책에서, 신앙이란 단순히 신념이 아니라 전적인 헌신이라면서, 종교의 내면성을 다시 강조하였습니다. 그리고 성상들은 무식한 이들을 위한 것이지만, 외식주의에 빠지게 한다고 하면서, 십자가를 제외한 모든 성상들을 질서 있게 제거해 나가는 것이 좋을 것이라고 신교 측에 권면하기까지 하였습니다. 또 1533년 그는 「교회의 원만한 화합에 대하여」라는 논문을 통해 간절히 신, 구교 양측의 일치와 화합을 요구하였습니다.

그러나 프라이부르크에서도 에라스무스에게 평화는 없었습니다. 특히 나이가 들어갈수록 자주 질병에 시달려 건강상태는 나빠졌고, 주변 사람들에게 자주 화를 낼 정도로 신경도 날카로워지고 있었습니다. 또 밖으로부터는 온갖 불안한 소문들이 들려오고 있었습니다. 제자이자 그의 저작을 번역했던 베르켕(Louis de Berquin)이 종교재판을 받고 파리에서 화형 당했다는 소식을 들어야

---

106 하위징아, 『에라스무스』, 365쪽.
107 베인턴, 『에라스무스의 생애』, 316쪽.

했고, 스위스에서는 가톨릭 주와 개혁교회 주 사이의 전쟁으로 츠빙글리가 전사했다는 소식이 전해졌습니다. 1533년에는 친구 피터 길레스까지 사망하였습니다.

그러나 이 시기, 무엇보다도 그를 가장 충격에 빠뜨린 것은, 소울메이트 토마스 모어의 처형이었습니다. 그가 「설교론」을 쓰고 있던 무렵인 1535년 7월 6일, 모어가 참수 당했던 것입니다. 에라스무스의 정신은 무너지고 있었습니다.[108] 너무나 상심한 그는, "그가 죽으니 나도 죽은 것 같다"고 비통해하였습니다.[109]

극도의 신체적 괴로움과 정신적 외로움에 시달린 탓인지, 말년의 에라스무스는 다시 이사를 결심합니다. 1535년 바젤대학의 학장으로 임명된 친구 아머바흐(Boniface Amerbach)가 다시 바젤로 돌아올 것을 청하자, 그렇게 하기로 한 것입니다. 하지만 실제로 그의 이사는 매우 갑작스럽게 이루어졌습니다. 1535년 6월 그는 인쇄 문제로 바젤의 프로벤 출판사에 잠시 들렀는데, 거기서 갑자기 병이 난 것입니다. 그래서 그는 프라이부르크로 돌아가지 못했고, 결국 10월에 프라이부르크의 집을 팔고 가구들을 바젤로 옮겨와야 했습니다. 여름이 지난 후 그는 대부분의 시간을 침대에 누워 보냈습니다. 말년에 그는 생의 모든 번뇌에서 벗어날 수 있게 해주는 죽음을 원한다고 종종 말하곤 했는데,[110] 이제 정말 그 죽음이 다가오고 있었습니다.

병석에 있던 그에게 로마교황청은 새로 임명할 추기경 자리와 데벤터의 성직록을 제안했습니다. 그러나 그는 이 모든 제안을 거부하면서 이렇게 말했습니다.

"방을 떠나지 못하고 죽음을 기대하며, 혹은 그것을 희망하며, 하루하루 살아가는 사람에게 감투가 무슨 소용인가! 사람들은 이런 나에게 굳이 수석사제직이나

---

108 베인턴, 『에라스무스의 생애』, 318쪽.
109 베인턴, 『에라스무스의 생애』, 344쪽.
110 Capey, *Erasmus*, pp. 92~93.

추기경 모자를 안겨 주려하는가?"

생애 마지막까지 그는 자유인으로 살고 싶어 했던 것입니다. 이렇게 교황의 제안까지 마다하고 그가 마지막에 한 일은, 1536년 1월 라인 강변 보파르트에 근무하던 세관관리 크리스토퍼 에센펠더(Christopher Eschenfelder)에게 「기독교 교회의 순수함에 대하여」라는 글을 써 헌정한 것이었습니다. 이것이 그의 마지막 글이었습니다.

죽음이 다가옴을 느낀 그는, 1536년 2월 최후 신변정리를 합니다. 유서는 이미 오래 전에 작성해 프로벤 출판사에 맡겨둔 상태였습니다. 약 5개월 뒤인 1536년 7월 12일, 에라스무스는 바젤에서 사망했습니다.

그런데 그의 정확한 사망일과 관련해서는 약간의 혼선이 있습니다. 그의 무덤에는 날짜가 7월 12일로 되어 있지만, 친구인 아머바흐에 따르면 에라스무스는 1536년 7월 11일에 사망하였기 때문입니다. 이렇게 날짜가 다른 것은 유럽 전체를 포괄하는 표준시가 없었기 때문입니다. 바젤 시와 그 외곽 사이에는 1시간의 시차가 있었습니다. 그래서 한편의 시간으로는 11일 자정이 조금 못되어 사망한 것이 되고, 다른 편의 시간으로는 12일 0시가 조금 지나 죽음을 맞이한 것이 될 것입니다. 살아서 내내 그를 따라다녔던 모호함과 애매함은 죽음에까지 이어지고 있었던 셈입니다.

그의 사망 소식에 많은 사람들이 슬퍼했습니다. 특히 바젤 시 전체가 그의 죽음을 애도했습니다. 학생들은 그의 관을 성당으로 옮겼고, 시 의회 의원들과 대학 교수들이 줄을 지어 무덤까지 따라갔다고 합니다. 그러나 그가 끝까지 가톨릭에 남았음에도 불구하고, 1559년 그의 모든 책들은 가톨릭의 금서목록에 올랐습니다.

12. 인간 에라스무스

에라스무스는 중키에 아담한 몸집으로, 얼굴은 희고 머리카락은 금발인 사람이었습니다. 눈은 푸르고 말투는 분명했으나, 목소리는 가는 편이었고 얼굴 표정은 쾌활해 보였다고 합니다.[111]

하지만 그는 체질적으로 병약한 사람이었습니다. 그는 평생을 잦은 감기에 시달렸고, 젊은 시절부터 얻은 병, 신장결석으로 오래도록 고통을 겪었습니다. 또 노년에는 관절염과 통풍으로 괴로워했습니다. 잦은 불면증에 시달렸고, 추위, 바람, 안개를 잘 견디지 못했습니다. 그래서인지 그는 지나칠 정도로 청결에 집착했고, 음식이나 날씨에 대한 불평을 자주 토로하곤 했습니다.[112] 한마디로 결코 무던하지 않은, 까칠한 면모를 가진 인물이었습니다.

스스로 말했듯이, 그는 또 소심한 사람이었습니다. 오랫동안 경제적 궁핍에 시달린 그로서는 이해할 만한 일이긴 하지만, 돈에 대해 민감하고 자주 구차한 모습을 보이기도 했습니다. 그의 재미있는 농담과 탁월한 유머 감각을 생각하면 다소 이상하게 들리겠지만, 그는 자신에게 만족하지 못했고, 자신을 모든 면에서 불행한 사람이라고 생각했습니다. "인간들 중에서 가장 비참한 인간, 비참하다는 말을 써서 묘사해야 할 에라스무스"라고 쓰기도 했고, 자신의 인생을 "재앙의 대서사시요, 불행의 연속"이라고 묘사하기까지 했습니다.[113] 천성적으로 걱정과 두려움이 많은 데다, 신, 구교 양 측으로부터의 공격은 말년의 그를 우울증에 시달리게 했습니다.

하지만 그의 인생 전반을 살펴보면, 이런 소심하고 나약한 측면과는 정반대의 모습, 놀라운 열정이 동시에 존재함을 발견하게 됩니다. 이미 앞에서 다룬 세 명의 주인공들만큼이나 그의 인생도 결코 편안한 인생이 되지는 못했습니다. 그는 사생아로 태어나 평생을 그 굴레에 매여 있었고, 오랜 기간을 궁핍한

---

111 하위징아, 『에라스무스』, 250~251쪽.
112 가일, 『에라스무스』, 250쪽.
113 하위징아, 『에라스무스』, 262쪽.

생활을 했습니다. 하지만 그는 그런 가난 속에서도 자신이 하고자 하는 일을 위해 엄청난 열정을 갖고 평생을 끊임없이 매달렸던 사람입니다.

이미 살펴보았듯이 그는 자신이 그토록 좋아했던 안락함, 정결함, 좋은 음식, 이런 것들을 버리고, 배 멀미의 고통을 참으며 위험한 여행과 항해 등 불안정한 생활을 계속했습니다. 대체 그에게 이런 불편과 불안정을 감내하게 만든 것은 무엇이었을까요? 후원자를 찾아다니고 친구들에게 도움을 청하는 구차한 편지를 써대면서도, 돈이 생기면 먼저 "책을 사고 그 후에 옷을 샀던" 이유, 그리고 "그 책도 장식을 위해서가 아니라 밤낮으로 읽고 여백에 저자의 실수를 수정하고 노트하였던" 이유는 대체 무엇이었을까요?[114]

그에게 "헤라클레스와 같은 노고"를 감당하게 한 것, 그것은 '보나이 리터라이(bonae literai)' 그러니까 좋은 글을 쓰겠다는 의지와 집념이었습니다. 그리고 또 그 글이 올바른 기독교인의 자세와 신앙을 자라게 만들어 더 좋은 세상을 만들 것이라는 믿음이었습니다.

여기서 우리가 한 가지 잊지 않아야 할 것이 있습니다. 그가 평생을 이러한 연구와 저술작업에 바친 것은 세속적 출세나 성공을 위해서가 아니었다는 사실 말입니다. 그랬다면 그의 인생은 훨씬 편해졌을 겁니다. 하지만 그는 한 번도 그런 것을 목표로 한 적이 없었습니다.[115] 그의 인생 전체를 놓고 볼 때, 오직 그에게는 기독교의 본질을 알고 또 그것을 알리는 것, 그것만이 그의 목표였습니다. 그가 『우신예찬』을 쓴 것이나 새로운 신약성서 편찬에 매달린 것은, 모두 그런 목표 때문이었습니다. 그는 자신의 연구와 글이 사람들을 진정한 신앙의 세계로 인도하는데 기여할 것이며 그리하여 더 좋은 세상을 만드는데 보탬이 될 것이라고 생각했던 것입니다.

이러한 신앙적 자세와 더불어, 그는 누구보다도 인간을 따뜻한 시선으로 보

---

114 Capey, *Erasmus*, p. 93.
115 그는 자신의 인생을 이렇게 평가했습니다. "다른 사람들은 자신의 어깨위에 금을 가득 올려놓고 가장 높은 곳까지 명성을 얻겠지만 나는 Muse로부터 노동의 나날들과 내 동료들로부터의 비난 외에는 아무것도 받은 것이 없다." Capey, *Erasmus*, p. 93.

고 있던 인본주의자였습니다. 그는 자신과 인연을 맺은 사람들은 지위나 명성과 상관없이 인격을 존중하는 태도를 보였고,[116] 자신에게 적대적인 인물들에게까지도 관용의 정신을 발휘하곤 했습니다.

그는 이 세상의 부조리와 불완전함을 싫어했지만, 강력하게 저항하거나 행동하지 않았기 때문에 세상으로부터 비겁하다는 평가를 받아야 했습니다. 하지만 그는 기질적으로 루터와 같은 강인함을 가지지는 못한 사람이었습니다. 그는 천성적으로 매우 온건하고 싸움을 싫어하는, 타고난 평화주의자였습니다. 베인턴에 따르면, 에라스무스는 '화합(concodia)'이야말로 인간과 우주의 본성이라고 보았습니다. 모두가 똑같아 하나로 뭉쳐진다는 것이 아니라, 개체들의 차이를 인정하면서도 음악의 화음처럼 조화를 이루는 그런 화합 말입니다. 요컨대, 세상 만물의 차이와 다양성을 인정하면서 서로를 받아들이는 '관용'의 정신이 그의 사상의 핵심이었던 것입니다.

그가 이런 사상을 가진 것은 누구보다도 세상과 인간의 불완전함을 깊이 인식하고 있었기 때문이 아니었을까요? 아니 어쩌면 인간의 삶이 가진 희극성과 비극성을 모두 이해하고 있었고, 인간의 삶이 어리석기 짝이 없으면서도 동시에 가치 있는 것이라는, 그 이중성을 잘 알고 있었기 때문인지도 모릅니다.

물론 그는 크리스트교도로서 '구원'이라는 절대적 이상을 가지고 있었습니다. 그리고 그가 보기에 세상에는 혐오해야할 많은 것들이 존재하고 있었습니다. 하지만 『우신예찬』에서 말했듯이, 인간 세상은 참으로 어리석고 코믹한 것이었습니다. 인간들이 좋고 옳고 당연하다고 생각하는 것은 어리석기 짝이 없는 것이며, 못나 보이고 틀린 것으로 생각되는 것이 오히려 진리일 수 있음을, 그는 잘 알고 있었습니다. 세상사에는 옳고 그름을 가르는 절대적 기준 보다는 모호하고 애매한 것들이 더 많다는 것을 너무나 잘 알고 있었기에 그는 쉽사리 행동할 수 없었을 것입니다. 또, 인간의 행동이 무언가를 건설하지만

---

[116] 가일, 『에라스무스』, 254쪽.

동시에 파괴도 한다는 것을 잘 알고 있던 그로서는, 그 파괴가 가져올 비극을 견딜 수 없었고, 그래서 루터의 개혁에 동참할 수 없었을 것입니다. 그는 신·구교 간의 극단적 갈등 속에서 하나님은 결코 그 어느 편도 들지 않는다고 확신했습니다.[117] 그래서 그는 희극과 비극으로 점철된 세상에 뛰어들기보다는, 밖에서 그것을 이해하며 바라보던 관조자로 남으려 했던 것입니다.

우리 모두가 알다시피, 루터의 개혁운동은 가톨릭의 부정부패를 고발하고, 부패한 교회에 치명타를 가했습니다. 그러나 프로테스탄티즘의 등장으로 유럽기독교의 통일성이 깨어지면서 이후 100여 년 동안 유럽 각 지역에서 발생한 신, 구교 간의 충돌은, 수많은 갈등과 폭력, 전쟁, 희생을 가져오게 됩니다. 구교와 신교의 충돌이 일어나던 시기 그 어느 편에도 서지 않으려고 애썼던 그의 태도를 보면서 여러분은 어떤 생각이 드시나요? 불분명한 그의 회색적인 태도에 화가 나시나요? 아니면 양 진영으로부터 비난을 받으면서도 자신의 소신대로 외롭게 살았던 그가 존경스러우신가요? 하위징아는 다음과 같은 말로 당대에 인정받지 못한 에라스무스의 삶을 표현하고 있습니다.

"과감하고 열정적인 16세기는 절제와 관용을 중시하는 에라스무스의 이상을 비웃으며 우레처럼 그의 곁을 지나갔다. … 그는 16세기의 아들로 간주되지만 당시의 일반적 흐름으로부터 멀리 벗어나 있었다. 열정적이고 정력적이고 과격한 성격의 사람들이 볼 때, 그는 너무 합리적이고 온건하고 편견이 없어, 또 그가 인생의 양념이라고 부른 스툴티티아(어리석음)가 결핍되어 있어, 영웅이 될 수 없는 사람이었다. … 파란만장한 16세기에는 루터의 참나무 같은 힘, 칼뱅의 강철 같은 의지, 로욜라의 막강한 추진력이 더 요긴했다. 에라스무스의 벨벳 같은 부드러운 매너는 별 도움이 되지 않았다."[118]

---

117 하위징아, 『에라스무스』, 269쪽.
118 하위징아, 『에라스무스』, 384~385쪽.

하지만 당대의 한 법학자는 "에라스무스에게 루터의 대담함과 날카로움이 있었더라면, 그리고 루터가 에라스무스의 풍부한 학식과, 말솜씨, 겸손과 분별력이 있었더라면 이보다 더 훌륭한 피조물이 어디 있겠는가? 나는 둘 다 좋아하지만, 에라스무스를 더 좋아한다. 그는 성경을 푼다. 반면에 루터는 성경을 꼬아 매듭을 만든다"[119]라고 썼습니다. 여러분은 어떻게 생각하십니까?

---

[119] 1521년 울리히 자시우스(Ulrich Zasius)가 에라스무스의 친구 보니페이스 아머바흐에게 보낸 편지에서. 베인턴, 『에라스무스의 생애』, 313쪽.

제5장

개혁의 망치를 들다
마르틴 루터(Martin Luther)

〈마르틴 루터〉, 루카스 크라나흐(Lucas Cranach the Elder), 1529

1505년 어느 무더운 여름날이었습니다. 독일의 '슈토테른하임(Stotternheim)'이란 지역에서 대학생으로 보이는 한 젊은 청년이 길을 걷고 있었습니다. 그런데 마을 어귀에 다다랐을 때, 갑자기 하늘이 잿빛으로 변하더니 엄청난 소리를 동반한 천둥이 치고 번개가 번쩍이기 시작합니다. 청년은 겁에 질렸습니다. 그는 번개가 자신을 향해 날아든다고 생각했고, 순간 극심한 죽음의 공포를 느꼈습니다. 그리고 몸을 피하려다 바닥에 넘어지고 맙니다. 혼비백산한 상태에서 그 젊은이는 성모 마리아의 어머니이자 광부들의 수호성인인 '성 안나(Saint Anne)'에게 이렇게 기도를 했습니다.

"도와주세요! 성 안나님, 살려주시면 수도사가 되겠습니다."

이 일은 이 청년의 인생을 바꾸어 놓았고, 또 세계사를 바꾸어 놓습니다. 바로 이 이야기의 주인공이 이제 이 책에서 다룰 마지막 인물입니다.

앞에서 다룬 다빈치와 마키아벨리가 이탈리아 사람이었고, 모어가 영국, 에라스무스가 네덜란드에서 태어났던 반면, 이 사람이 태어나고 활동했던 곳은 지금의 독일에 해당됩니다. 지역은 달랐지만 이 사람의 인생도 앞에서 우리가 살펴본 사람들의 인생만큼이나 곡절이 많습니다. 그는 이후의 유럽 역사를 엄청난 소용돌이 속으로 몰아넣은 한 논쟁의 중심인물이 되기 때문입니다. 사실 그는 이 논쟁으로 세계 수많은 사람들의 삶의 방식을 바꿔놓게 되는데, 앞서 우리가 살펴보았던 모어와 에라스무스의 인생에도 직접적 영향을 끼쳤습니다.

이 사람에 대한 평가는 극단적으로 엇갈립니다. 현대문명사의 '대재앙'이라는 악평을 받기도 했지만, 상상하기 어려운 용기로 불의에 맞서 기성의 위계질서를 타파한 '영웅'으로 평가받기도 합니다. 그는 앞장의 주인공이었던 토마스 모어나 에라스무스가 가지고 있던 부드러움이나 교양과는 거리가 먼 사람이었습니다. 불안정한 성격에, 완고하고 신랄한 말투로 쉽게 적을 만드는, 심한 결점을 가진 인물이었다고 합니다. 하지만 그는 엄청난 고난이 다가올 것임을 알면서도, 막강한 권력 앞에 홀로 저항하며 자신의 생각을 고집스럽게 확고부동한 것으로 만들어내었습니다. 이제 이 논쟁적 인물, 마르틴 루터(Martin Luther)의 삶 속으로 들어가 보실까요?

1. 자수성가한 광산업자의 아들

마르틴 루터는 1483년 11월 10일[1] 독일 작센의 광산도시 아이슬레벤(Eisleben)에서 그로스-한스 루터(Gross-Hans Luther)와 마가레타 지글러(Margaretta Ziegler) 사이의 둘째 아이로 태어났습니다. 에라스무스보다는—그의 출생연도를 1466년으로 본다면—17살이, 마키아벨리보다는 14살이, 토마스 모어보다는 5살이 적습니다.

루터는 증조부, 조부, 아버지도 농민이기 때문에 자신은 농민의 아들이라고 말하곤 했습니다. 하지만 이것은 반쯤만 사실이었습니다. 그의 아버지 한스는 어릴 때 이미 농촌을 벗어나 광산업자로 성공하기 때문입니다. 빈농의 아들이었던 한스는 부모로부터 물려받은 것이 별로 없어 당시 번창하던 광산업에 뛰어들었습니다. 뫼라(Möhra)의 광산에서 일하던 한스는 아이슬레벤이 구리산업으로 번성하자 1483년 초여름 가족들을 데리고 아이슬레벤으로 이사를 왔고, 그해 11월에 둘째 아이 루터가 태어났습니다. 그는 아들에게 그날이 축일인 마르틴 성인(St. Martin)의 이름을 따서 마르틴이라는 이름을 붙였습니다.

사실 한스는 성공에 대한 야심이 대단했던 사람으로, 자신의 경제적, 사회적 지위를 높이려 애썼던 인물이었습니다. 그는 아이슬레벤에서 성공이 어렵다고 판단하자, 그 다음 해 역시 근처의 광산 지역인 만스펠트(Mansfeld)로 이주합

---

[1] 루터의 탄생년도에 대해서는 약간의 논란이 있습니다. 루터 자신이 1484년으로 말한 적이 있기 때문입니다. 하지만 멜란히톤이 루터 사후 출판한 전기에서 루터의 가족들은 이를 1483년으로 확정하였기 때문에, 이 글에서는 이를 따르겠습니다. 루터의 탄생년도에 대한 논란은 스콧 헨드릭스(Scott H. Hendrix), 손성현 역, 『마르틴 루터: 새 시대를 펼친 비전의 개혁자』(Ivp, 2017), 69~70쪽.

니다. 여기서 열심히 일한 그는 노동자 신분을 넘어 제련소 현장 감독으로 올라섰고, 몇몇 광산 사업에 손을 대어 소규모 광산조합의 공동출자자가 될 수 있었습니다. 사망 당시 그가 남긴 유산규모로 짐작해 볼 때, 그는 꽤 성공한 사업가였습니다.[2]

루터의 어머니 마가레타는 8~9명의 아이를 낳았습니다. 하지만 3~4명이 어릴 때 사망했기 때문에 루터는 남은 아이들 중 맏이가 되었습니다. 어린 루터는 어릴 때부터 공부를 잘했던 모양입니다. 아버지는 아들이 만스펠트의 학교에서 두각을 나타내자 교육에도 욕심을 내었습니다.

13살이 되었을 때 마르틴은 대주교관구였던 마그데부르크(Magdeburg)로 가서, 앞장에서 언급한 '공동생활형제단'이 운영하던 한 기숙학교에서 공부를 하였습니다. 1년을 마그데부르크에서 보낸 루터는, 이유는 정확히 알 수 없으나 1498년부터 대학에 가기 전까지 약 3년을, 어머니의 고향 아이제나흐(Eisenach)에 있는 학교에 다녔습니다.

어린 시절 그는 매우 엄한 교육을 받았습니다. 그의 집안 분위기는 아이들에게 매질을 할 만큼 상당히 엄격했습니다. 어른이 된 후 마르틴 루터는 어릴 적 체벌경험에 대해 다음과 같이 말하였습니다.

"부모님은 저를 가장 엄격한 규율에 묶어 두셨습니다. 겁을 먹을 때까지, 어머니는 그저 호두 한 개 때문에 피가 날 때까지 매질하셨습니다. … 한 번은 아버지가 너무 심하게 매질을 해서 도망쳤습니다."[3]

이 뿐만이 아니었습니다. 그는 학교에서도 교사들의 잦은 체벌에 시달렸습니다. 루터에 따르면 어느 날은 배우지도 않은 동사활용 변화를 잘하지 못한

---

[2] 1530년 그가 사망했을 때 그가 남긴 유산은 1250굴덴으로 커다란 농장을 2개 정도 살 수 있는 큰돈이었습니다. 파이트 야코부스 디터리히(Viet-Jakobus Dietrich), 이미선 역, 『누구나 아는 루터, 아무도 모르는 루터』(홍성사, 2012), 18쪽.

[3] 디터리히, 『누구나 아는 루터, 아무도 모르는 루터』, 19~20쪽.

다고 학교에서 오전 중에 15번이나 매를 맞았다고 하니 끔찍하지요?"[4]

하지만 이러한 체벌은 루터에게만 해당되는 예외적인 일은 아니었습니다. 이런 엄격한 교육방식은 당시 독일 지역에서는 만연하였습니다. 우리나라에서 하루 종일 학교에서 공부한 아이들을 다시 학원에 보내는 것이 이상하게 여겨지지 않는 것처럼, 사람들은 아이들에 대한 체벌을 당연하게 받아들였습니다.

대부분의 신흥 부르주아지들이 그랬듯이, 루터의 아버지는 아들이 자신보다 더 존경받는 직종에서 일하기를 바랐습니다. 아들이 법률가가 되기를 원했던 아버지 한스는 1501년 17살이 된 그를 대학에 보냈습니다.

루터가 진학한 곳은 '에르푸르트(Erfurt) 대학'이었습니다. 그가 살던 만스펠트나 아이슬레벤에 비해 에르푸르트는 당시 약 19,000명의 주민이 거주하고 있던 대도시로, 튀링겐(Thuringia) 주의 주도(州都)였습니다. 대략 80개의 종교기관이 있어, '북부의 로마'라는 별명이 붙여질 만큼 종교적 색채가 강한 곳이기도 했습니다. 더욱이 루터가 입학한 에르푸르트 대학은 150년의 역사를 가진 유서 깊고 명망 있는 교육기관이었습니다. 시골뜨기 청년은 새로운 세상을 만났던 것입니다.

대학에서 루터는 논리학, 변증법, 수사학 등을 시작으로 인문학 분야를 두루 섭렵하기 시작했습니다. 그의 학업 능력은 처음에는 그리 두드러지지 않았습니다. 하지만 시간이 갈수록 드러나, 1505년 1월 치른 시험에서는 17명 중 2등을 차지하였습니다.[5] 아들의 성적을 자랑스러워했던 아버지는, 아들이 법조인이나 시민계급의 일원으로 존경받고 출세하기를 소망했습니다. 그래서 그는 아들에게 법학을 더 공부할 것을 권했습니다. 토마스 모어 편에서 언급했듯이, 당시 법학은 돈과 사회적 지위를 동시에 획득할 수 있는 전망 있는 학문이었습니다. 석사학위를 딴 착한 아들은, 아버지의 뜻에 따라 이제 법학 박사과

---

4 그레이엄 톰린(Graham Tomlin), 이은재 역, 『마르틴 루터: 정신의 자유와 평등을 주장한 종교개혁의 투사』(예장, 2006), 13쪽; 디터리히, 『누구나 아는 루터, 아무도 모르는 루터』, 19쪽.
5 헨드릭스, 『마르틴 루터』, 92쪽.

정에 진학할 예정이었습니다.

가난에서 벗어나 자수성가한 아버지, 그 아버지의 엄격한 교육을 받고 자란 아들, 계층 상승 욕구를 지닌 아버지의 아들에 대한 기대, 그리고 그 아버지의 뜻을 따라 신흥 중산계급의 출세경로를 따라가는 아들, 여기까지만 보면 루터의 인생은 별로 극적일 것이 없어 보입니다. 하지만 앞에서 살펴본 인물들의 인생에서 일어난 일들처럼, 어쩌면 그들 중 가장 평범해 보이는 인생 경로를 걷고 있던 청년 마르틴에게는 예기치 못한 일들이 기다리고 있었습니다.

2. 전환과 고뇌

1505년 2월에 석사학위를 받은 루터는 5월부터 법학 공부를 시작하려고 에르푸르트에 와 있었습니다. 두 달 가량을 에르푸르트에서 지낸 루터는, 7월 초 잠시 만스펠트의 집에 갔다가 다시 대학으로 돌아가고 있었습니다. 가는 길에 슈토테른하임이라는 작은 마을을 지나게 되었는데, 바로 이곳에서 그 천둥번개를 만납니다. 이 여름 '천둥번개사건'은 마르틴의 인생을 송두리째 바꾸어 놓았습니다. 그 일이 있고 난 후 약 2주 뒤인 1505년 7월 17일, 21세의 이 전도유망한 청년은 그날 자신이 한 약속을 지키기 위해 법학과정 등록을 취소하고, 에르푸르트에 있는 성 아우구스티누스 수도원에 입회를 신청했던 것입니다.

여기까지 읽으신 여러분은 웃으실 지도 모르겠습니다. 천둥번개를 만나서 순간적인 두려움에서 한 기도일 뿐인데, 그런 약속 하나에 자신의 인생경로를 바꾸어 수도사가 되다니 이해가 가지 않는다고 생각하실 지도요.

하지만 20대 초반의 청년 마르틴 루터는 자신의 기도를 뒤집어 없는 것으로 할 만큼 가볍거나 밝은 성품이 아니었습니다. 특히 "깊은 죄의식과 불안감, 죽음과 심판에 대한 두려움을 강하게 가지고 있었던 사람"[6]이었다면 이야기는

---

6 디터리히, 『누구나 아는 루터, 아무도 모르는 루터』, 43쪽.

좀 이해할 만하신가요?

어린 시절 엄격한 교육 탓이었는지 그는 천성이 유별나게 철저한 편이었습니다. 또 자주 우울증이나 절망감에 사로잡히곤 하였다고 합니다. 하지만 이러한 루터의 불안정한 심리상태는 루터 개인의 것이라기보다는 그가 살던 시기 유럽사회를 지배하던 시대적 분위기와 상당 부분 관련되어 있었습니다. 그 당시는 유럽 곳곳에서 흑사병이 발생하면서 수많은 사람들이 죽어가고 있었고, 크고 작은 전쟁들과 투르크인들의 침략 등으로 공포가 만연하던 시절이었습니다. 이런 상황에서 유럽 사람들의 마음속에는 죽음과 하나님의 심판에 대한 두려움이 커다란 자리를 차지하고 있었던 것입니다.

게다가 가톨릭교회의 가르침은 이러한 공포심을 더욱 부채질하고 있었습니다. 특히 가톨릭의 '연옥 교리'—천국으로 들어갈 수 없는 영혼들은 연옥에서 뜨거운 불을 견디며 다음 심판을 기다려야 한다는 교리—는, 사후에 일어날 일에 대한 막연한 두려움을 더 구체적으로 느끼게 만들었습니다. 이 시기 사람들에게 신은 자비로운 은총의 제공자라기보다는 엄격한 심판자로서의 이미지가 강했고, 루터 역시 바로 이런 정서적 분위기에서 자유롭지 않았던 것입니다.[7]

하지만 아무리 그가 유별나게 남다른 불안과 공포감을 가진 사람이었다 해도, 루터의 수도원행을 '천둥번개사건' 하나 때문에 발생한 충동적인 결정으로 단정하기는 어렵습니다. 천둥번개와 맹세가 루터의 결심에 계기가 된 것은 분명하지만, 그 결정은 그때까지 그가 겪어온 인생의 여러 가지 경험들과 생각의 산물이었다고 보아야 할 것입니다.

그의 회고에 따르면 소년시절 루터는, 해골처럼 말라 탁발수도사로 살아가는 사람을 보면서 몹시 부끄러움을 느꼈다고 합니다. 이는 이미 그가 어릴 때부터 속세가 아닌 경건함에 대한 갈망을 가지고 있었다는 것을 의미합니다.

---

[7] 당시 사람들의 이런 정서와 분위기에 대해서는 헤르만 셀더하위스(Herman J. Seldehuis), 신호섭 역, 『루터 루터를 말하다』(세움북스, 2016), 21~24쪽.

또 대학생 때에는 칼에 다리를 찔려 과다출혈로 거의 죽음의 문턱까지 갔다 온 경험도 있었으며, 석사과정을 밟을 때에는 이유 없는 우울증에 시달리기도 했습니다. 결국 이런 여러 가지 경험들이 모여 죽음과 심판에 대한 두려움을 강하게 가지고 있던 이 청년을 어느 날 세속을 버리는 결심으로 나아가게 만들었을 것입니다.

루터의 수도원 행은 아버지로서는 큰 충격이었습니다. 불과 몇 달 전 값비싼 법학교재를 구입해주며 아들의 출세가도에 한껏 기대를 품고 있던 아버지 한스는 예상치 못한 아들의 돌출행동에 화가 나, 의절을 선언하기까지 하였습니다.

아버지의 분노에도 불구하고, 처음 루터의 수도원 생활은 문제가 없어 보였습니다. 그는 앞장에서 다룬 에라스무스처럼 엄격한 수도원 규율을 구속으로 여기거나 자유를 갈구하지도 않았고, 오히려 누구보다도 열심히 그리고 엄격하게 규율을 지켰습니다. 심지어 그는 수도원에서의 엄격한 금욕생활을 통해 평소의 우울함을 상당부분 털어낼 수 있었습니다. 마음에 평화가 오고 하나님을 기쁘게 한다는 느낌이 들었던 것입니다.[8]

하지만 이런 평안은 오래 가지 않았습니다. 그를 괴롭힌 가장 큰 문제는 신 앞에서 자신이 죄인이라는 의식이었습니다. 그는 가톨릭의 계율에 따라 성실히 죄를 고해했지만, 하나님이 자신을 용서해주셨다는 확신을 가질 수 없었습니다. 수도사가 되어서도 여전히 구원을 확신하지 못하는 자신으로 인해 루터는 고통 받고 있었던 것입니다. 의심이 들수록 무거운 죄의식과 두려움은 계속되었습니다.

"저는 성스럽고 경건한 수도사가 되고 싶었고 미사와 기도를 위해 열심히 준비했습니다. 하지만 제가 가장 열심일 때, 저는 의심하는 자로서 제단 앞에 갔고, 의심하는 자로서 제단에서 나왔습니다. 회개를 하고 난 뒤에도 또 의심했습니다."[9]

---

8 톰린, 『마르틴 루터』, 25쪽.
9 디터리히, 『누구나 아는 루터, 아무도 모르는 루터』, 45쪽.

의심과 죄의식에 시달릴수록 그는 금욕적 규율에 매달렸습니다. 그는 음식은 물론 물 한 모금도 입에 대지 않은 채 3일을 보내기도 하였고, 심지어 6시간이나 고해성사를 하기도 하였습니다. 너무 잦은 고해를 하자, 선배 사제들은 루터가 죄라고 고백하는 것들은 거의 죄도 아니라고 말하면서 지나치게 까다로운 성격을 나무라기도 했습니다.[10] 그러나 두려움은 좀처럼 사라지지 않았고, 루터는 정말로 하나님이 자신을 어떻게 생각하는 지에 대한 염려로 고통 받았습니다. 후일 그는 자신의 수도사 시절을 이렇게 회상했습니다.

"저는 정말로 경건한 수도사였고, 교단의 규칙을 엄격하게 지켰습니다. 수도자는 수도자 생활을 통해 하늘에 갔으니, 저도 그렇게 하늘나라에 갈 거라고 말할 수 있었습니다. … 시간이 좀 더 오래 지속되었다면 아마 밤샘, 기도, 독서와 다른 일들로 저 자신을 죽일 정도로 고문했을 것입니다. 당시 저는 세상에서 가장 가련한 인간이었고, 밤이나 낮이나 헛되이 울고 절망했습니다."[11]

이런 내면적 고통 속에서도 수도원에 들어간 지 1년 후, 루터는 수도사가 되는 마지막 서원을 했고, 1507년 4월 3일에는 정식 사제 서품을 받았습니다. 그리고 5월 2일에는 드디어 사제로서 첫 미사를 집전하게 됩니다.

그러나 그 미사를 집전할 때, 갑자기 그는 도중에 제단에서 내려가려 할 정도로 심한 두려움과 불안을 느껴야 했습니다. 의절했던 아버지까지 참석한 첫 미사 집전에서, 분명 그는 의젓한 모습을 보이고 싶었을 것입니다. 하지만 그의 소망과는 달리, 그는 제단 위에 서자, 거룩하신 분에 대한 공포와 자신의 무가치성을 강하게 느끼면서 온 몸을 후들후들 떨었던 것입니다. 게다가 이 시기 그는 자신이 악마에 사로잡혔다는 악몽에 자주 시달리고 있었습니다.

도대체 무엇이 문제이었을까요? 지금 보면 정신질환에 가깝다고 해야 할 것

---

10 톰린, 『마르틴 루터』, 25쪽.
11 디터리히, 『누구나 아는 루터, 아무도 모르는 루터』, 47쪽.

같은데, 왜 이 젊은 사제는 그토록 힘들고 고통스러웠던 것일까요?

그것은 '확신'의 문제였습니다. 즉 그는 천둥번개로 자신을 수도원에 들어가게 한 하나님, 그리고 첫 미사를 드릴 때 그 앞에 계시던 하나님이라는 존재가, 은혜와 자비의 하나님인지 아니면 자신을 의심과 절망으로 끌고 가서 영원한 형벌에 처하는 무자비한 분인지 확신을 갖지 못했던 것입니다. 그는 거의 수년간을 이 문제를 놓고 심한 내적 갈등에 시달리고 있었습니다.

5-1 수도사 시절의 루터

이 고통의 시기에 특히 루터에게 도움을 많이 준 사람은 당시 루터가 속한 아우구스티누스 수도원의 원장이었던 요한 폰 슈타우피츠(Johann von Staupitz, 1469~1524)이었습니다. 슈타우피츠는 루터의 고해신부로, 이 젊은 사제의 고민을 잘 알고 있었습니다. 슈타우피츠는 루터가 신은 인간이 할 수 없는 일을 요구하고 있다는 분노하자, 신이 루터에게 화를 내는 것이 아니라 루터가 신에게 화를 내고 있다고 달래었습니다. 또 루터가 성서에 관심이 있다는 것을 듣고 청소와 세탁 일을 그만두게 하고 전체 성서 암기를 맡기도록 배려해주기도 했습니다.[12] 루터 스스로 그를 만나지 못했다면 지옥에 떨어졌을 것이라고 말할 정도로 수도원의 루터에게는 큰 버팀목이 되어주었던 따뜻한 스승이었던 것입니다.

---

12 톰린, 『마르틴 루터』, 26쪽.

힘들어하던 루터에게 1510년 11월, 로마로 여행할 기회가 찾아옵니다. 교단의 쟁점을 조정하기 위한 일종의 출장이었습니다. 앞장 에라스무스 편에서 언급했듯이 당시 많은 지식인이나 사제들은 성지 로마를 본다는 것을 영예로 생각했고, 그것을 꿈꾸었습니다. 루터도 매우 설레었을 것입니다.

그러나 에라스무스가 경험했듯이, 당시 로마의 세속성과 타락상은 소박하고 경건한 신앙을 가진 시골뜨기 북부 사제에게 충격을 주기 충분했습니다. 로마의 사제들은 돈을 위해 영혼 없이 기계적으로 미사를 집전하고 있었고, 타락한 사제들의 품행에 대한 믿을 수 없을 만큼 수많은 이야기가 들려왔습니다. 로마에 도착했을 때 교황청 앞의 성스러운 계단을 주기도문을 외우며 무릎으로 올라가는 고행을 한 그였지만, 그는 도대체 이런 고행이 무슨 소용이 있는 것인지 의문이 들기 시작했습니다.

로마에서 돌아온 후, 이러한 의심은 루터를 본격적인 신학 공부로 이끌었습니다. 루터의 진지함과 학자적 자질을 알고 있던 슈타우피츠는, 루터를 새로 만들어진 비텐베르크 대학으로 파견해 학생들에게 신학을 가르치게 했습니다. 나아가 그는 루터에게 교회와 대학에서 본격적으로 신학을 강의할 자격을 얻을 수 있도록, 박사과정을 밟을 것을 권했습니다. 성경을 연구하고 학생들을 가르치는 일이 루터의 고민 해결에 도움이 될 수 있을 것이라고 보았던 것입니다.

수년간 강의와 학업을 병행하며 노력한 끝에, 루터는 1512년 성서신학 박사 학위를 취득합니다. 슈타우피츠가 루터에게 자신이 가르치던 성서학 강의를 물려주었기 때문에 루터는 스승의 뒤를 이어 성서학 교수로 정식 임용될 수 있었습니다. 루터를 설명할 때 항상 따라다니는 그 타이틀, 비텐베르크 대학의 신학교수가 되었던 것입니다. 우리가 다 알고 있다시피, 그 신임 교수는 5년 뒤 그 대학의 문 앞에 세상을 뒤흔들 문서를 하나 써 붙일 것이었습니다.

3. 깨달음

비텐베르크는 당시 인구가 2000명에서 2500명밖에 안 되는 작은 도시였습니다. 하지만 이곳에는 작센의 선제후 프리드리히(Frederich III von Sachsen, 1463~1525)가 세운 대학이 있었습니다. '현명공(the Wise)'이라는 별명을 가지고 있던 프리드리히는 자신이 세운 이 새 대학이, 사촌 게오르크(Georg von Sachsen) 공작의 영지에 있던 라이프치히 대학에 도전할만한 훌륭한 대학으로 성장하기를 바라며 많은 애착을 가지고 있었습니다.[13]

1511년 비텐베르크로 온 이후, 루터는 그곳에 있는 아우구스티누스 수도원에서 살면서 열심히 강의를 했습니다. 슈타우비츠의 생각대로, 성서 연구와 강의는 루터를 새로운 길로 이끌었습니다. 이로 인해 비텐베르크에서 루터는 소위 '탑의 체험'이라고 불리는 또 한 번의 결정적 전환을 경험하게 되기 때문입니다.[14]

비텐베르크에서도 루터는 여전히 스스로에게 던지는 질문에 시달리고 있었습니다. 앞에서 말했듯이 그 질문은 신이 기뻐할 만큼, 즉 자신을 구원할 만큼, 최선을 다하고 있는 것인가 하는 것이었습니다. 그가 수도원에서 그토록 많은 고행과 금식을 하였던 이유, 수많은 죄 거리를 가지고 고해신부를 괴롭히며 고해를 해대던 이유, 그러면서도 구원의 확신이 생기지 않는 자신으로 인해 괴로워했던 이유는 바로 이러한 의문 때문이었습니다.

이런 의문은 필연적으로 그 다음 의문으로 그를 이끌었습니다. 신은 어떤 사람은 구원하고 어떤 사람은 구원하지 않는다. 나는 구원받았다는 확신이 생기지 않는다. 그런데 대체 그 기준은 무엇인가? 신은 어떤 사람을 구원한다는 것인가?

---

[13] 작센은 당시 프리드리히 선제후가 다스리는 선제후령과 별개로 게오르크 공작이 다스리는 공작령으로 나누어져 있었습니다.
[14] 그가 이런 경험을 정확히 언제 한 것인지는 불분명합니다. 대체로 학자들은 1514년 혹은 1515년 어떤 시점일 것으로 추측합니다.

여러분도 공부를 하다보면 선생님이 어떤 기준에서 A학점을 주고 어떤 기준에서 C학점을 주는 것인지 궁금할 때가 있지 않으십니까? 루터는 최선을 다해서 A를 받고자 노력하는 학생이었지만, 선생님이 A를 줄 것이라는 확신이 들지 않았던 것입니다. 그에게는 바로 그 기준과 확신이 필요했던 것입니다.

그런데 그토록 자신을 괴롭히던 그 문제에 대한 답을, 루터는 교수가 되어 비텐베르크 아우구스티누스 수도원의 꼭대기에서 얻게 됩니다. 수도원의 꼭대기에 있던 그의 방에서 그는 성경을 보다가 이 문제에 대한 해답을 찾아내게 되었던 것입니다. 소위 '탑의 체험'이라고 불리는 이 일은 1505년의 '천둥번개사건'만큼이나 그에게는 엄청난 전환점이었습니다. 그는 자신의 깨달음을 다음과 같이 묘사하였습니다.

"나는 흠잡을 데 없는 수도사로 살았지만 하나님 앞에서는 극도로 불안한 심정을 가진 죄인이라고 느꼈다. 하나님이 나의 속죄에 만족하실 것이라고 믿을 수가 없었다. 나는 죄인을 벌하시는 의로우신 하나님을 사랑하지 않았다. 아니 증오했다. 그리고 … 하나님을 모독하지는 않았어도 은밀히 하나님께 화를 냈다. … 이렇게 나는 사납게 날뛰며 고통스러워하는 양심으로 인해 분노했던 것이다. 그럼에도 불구하고 나는 바울이 원했던 것이 무엇인지 알고 싶은 간절한 마음에, 바울의 이 말(로마서, 1장 17절)을 끈질기게 파고 들었다. … 밤낮으로 묵상하던 어느 날 나는 "복음에는 '하나님의 의'가 나타나 믿음으로 믿음에 이르게 하나니 오직 의인은 믿음으로 말미암아 살리라"라는 말의 의미에 주목하고 … 그 의미를 깨닫기 시작했다. 여기서 '하나님의 의'란 … 자비하신 하나님이 우리의 믿음을 보시고 우리를 의롭다고 하신다는 수동적인 의미의 '의'였던 것이다. 이 순간 나는 완전히 다시 태어나 새로 열린 문을 통해 천국으로 들어간 기분이었다. … 이제 나는 그토록 미워했던 '하나님의 의'라는 단어를 그 증오의 크기만큼이나 사랑으로 찬미하게 되었다."[15]

---

15 이 구절은 루터를 다루는 거의 모든 책에서 인용되는데, 여기서는 니콜스의 번역을 참

기독교 교리에 대한 지식이 없는 분이시라면 여기까지 읽으시고 도대체 무슨 말인지 이해하기 어려우실 겁니다. 간단히 설명하자면 이렇습니다.

　하나님이 어떤 기독교인에게 '의롭다', '죄가 없다'라는 평가를 할 때, 그 '의'라는 것은 로마교회가 가르치듯 인간의 선행과 행위에 의해서 주어지는 능동적인 것이 아니라, 오직 예수님을 믿는 자에게 하나님의 은혜로 주어지는 수동적인 것이라는 이야기입니다. 다시 말해 하나님이 의롭다고 칭하는 기준, 그러니까 구원을 받을 수 있는 기준은 인간의 행위가 아니라 믿음이라는 것이지요. 즉 하나님 앞에서 의롭게 되려는 인간의 노력은 다 쓸데없는 것이고, 오직 믿기만 하면 의롭다고 칭해질 수 있으며, 그 믿음조차 인간이 아니라 하나님이 주는 선물이라는 것입니다. 이것이 소위 개신교의 기본교리, '이신칭의(以信稱義)'라는 것입니다.

　이 깨달음을 얻은 후 루터는 그동안 자신을 괴롭힌 모든 의문과 괴로움에서 벗어날 수 있었습니다. '하나님의 의'라는 것은 우리를 죄인으로 심판하는 기준이 아니라 오히려 우리에게 거저 주어진 선물이다. 그 선물은 노력으로 얻을 수 있는 것이 아니다. 구원은 인간의 행위로 얻어지는 것이 아니라 하나님이 인간에게 그냥 주신 선물, 믿음으로 얻어진다. 이렇게 이해하고 나니 이제 그에게 하나님은 사람을 정죄하고 벌을 내리는 무서운 심판자가 아니라 인간을 사랑하시는 관대하고 자비로운 구원의 하나님으로 보이기 시작했던 것입니다.

　루터의 해석에 따르면 인간에게는 하나님과 다른 사람, 그리고 스스로를 '선'으로 감동시키기를 원하는 천성이 있지만, 그것은 가치 없는 것이었습니다. 인간이 이런 욕망을 포함한 세속의 모든 성공과 명예를 내던지고, 오로지 자신이 아무것도 아닌 존재임을 깨달음으로써 하나님에게 전적으로 의지하는 믿음을 가질 때, 비로소 의로워지는 것이다. 이것이 루터의 해석이었던 것입

　고해 정리해보았습니다. 스티븐 니콜스(Stephen J. Nichols), 이용중 역, 『세상을 바꾼 종교개혁 이야기』(부흥과 개혁사, 2009), 50쪽.

니다.

4. 저항

여기까지 여러분은 16세기 초반을 살아가고 있던 한 독일 청년의 인생경로와 고민, 새로운 깨달음의 과정을 들여다보셨습니다. 이제 이 청년의 인생과 생각은 당시의 시대적 상황과 맞물리면서 거대한 역사드라마를 만들어내게 됩니다. 본격적인 이야기에 앞서 당시 루터가 처한 정치적 상황을 좀 설명할 필요가 있을 것 같습니다.

신성로마제국

우리는 흔히 루터를 '독일 사람'이라고 부릅니다. 하지만 우리가 '독일'이라

5-2 신성로마제국 지도
기쿠치 요시오, 이경덕 역,
『신성로마제국』(다른 세상, 2010), 186쪽

고 부르는 나라는 19세기 후반에야 세워지기 때문에, 정확히 하자면 '신성로마제국(Holy Roman Empire)' 사람이었다고 해야 할 것입니다.

'신성로마제국'이란 뜻은 로마제국으로부터 이어온 보편제국이며 신으로부터 축복을 받은 곳이라는 의미로, 본래 옛 동프랑크 왕국 지역을 가리키는 것이었습니다. 이 제국은 오늘날의 독일, 오스트리아, 체코, 네덜란드, 스위스는 물론 프랑스 동부지역과 벨기에의 대부분 그리고 북부 이탈리아까지 포함한 매우 광대한 영역에 해당되는 국가였습니다.

하지만 이 나라는 그 광대한 면적과 이름에 걸맞지 않은 국가였습니다. 왜냐하면 15세기경 이 나라는 조각보처럼 300개가 넘는 공국과 영지, 도시국가로 분열되어 있었기 때문입니다. 그래서 후일 프랑스 계몽사상가 볼테르(Voltaire)는 "신성하지도 않고 로마스럽지도 않으며 제국은 더더욱 아니다"라고 조롱하기도 했습니다.

앞에서 언급한 것처럼, 이 시기 이탈리아를 제외한 유럽 여러 나라들에서는, 봉건적 분권성이 약화되고 국왕을 중심으로 중앙집권화가 진행되고 있었습니다. 백년 전쟁 이후 프랑스는 지속적 왕권강화의 길을 걷고 있었고, 이베리아 반도에서는 카스티야(Castille)와 아라곤(Aragon) 간의 결혼동맹이 체결되면서 스페인이라는 강력한 통합 국가가 등장하였습니다. 섬나라 영국에서도 귀족들 간의 권력투쟁인 장미전쟁이 종결되고, 튜더 왕조(Tudor)가 수립되었습니다. 유럽에서 왕을 중심으로 하는 '왕권국가'라는 개념이 본격적으로 등장하고 있었던 것입니다.

이런 경향과는 달리, 신성로마제국에서는 '제국'이라는 칭호가 무색하게 중앙집권적인 절대 권력이 성장하지 못하고 있었습니다. 황제는 제국에 속한 여러 영방과 도시들 전체의 대표성을 띠는 존재이긴 하였지만, 지방과 지역의 자율성을 억누를 만큼 막강한 힘을 가진 존재는 아니었습니다. 심지어 이 나라에서는 제국의 황제를 여전히 선거로 선출하고 있었습니다.

황제를 선출하다니 무슨 말일까 의아하시지요? 이것을 이해하기 위해서는 이 지역의 봉건화과정과 역사에 대한 이해가 필요합니다.

9세기 샤를마뉴(Charlemagnue, 742~814) 이후 분열된 동프랑크왕국에서는 한때 '오토 대제(Otto I, the Great, 912~973)' 같은 강력한 군주가 나오기도 하였지만, 봉건화가 진행되면서 중앙권력은 약화되고 지방 귀족들의 권한이 강해지기 시작합니다. 13세기에는 심지어 황제가 없는 '대공위 시대(Interregnum)'를 겪기까지 하면서, 이 지역에서 왕권은 극도로 쇠약해졌습니다. 결국 13세기 말 이 지역에서는 강력한 성, 속 제후들이 모여 황제를 선거로 결정한다는 방침이 정해졌고, 14세기 중엽에는 황제가 죽으면 7명의 선거인단이 프랑크푸르트에 모여 다수결 원칙으로 새 황제를 뽑는다는 원칙이 확정되었던 것입니다. 이 선거인단이 소위 '7선제후'로 불리는 사람들로, 이들은 쾰른(Colobne), 마인츠(Mainz), 트리어(Trier) 3곳의 대주교, 그리고 보헤미아(Bohemia), 팔츠(Pfalz), 작센(Sachsen), 브란덴부르크(Brandenburg)의 제후들이었습니다.[16]

이런 막강한 제후들에 의해 선출된 황제는 마음대로 권력을 휘두르기 어려웠습니다. 그래서 이 지역에서 중대사를 결정할 때 황제는 선제후들을 비롯한 여타 제후, 백작, 기사들 그리고 각 도시 대표들까지 모두 참여하는 '제국의회(Reichtag)'를 열어 논의하는 것이 관례였던 것입니다. 결국 각 지방의 강력한 제후들은 자신의 통치지역에서 전권을 행사하였기 때문에, 황제의 통치를 받는 존재라기보다는 황제의 통치에 참여하는, 일종의 협력자이자 잠재적 라이벌이었던 셈입니다.

요컨대, 다른 지역들에서 발생하고 있었던 국왕 일인에게로 힘이 집중되는 중앙집권화 현상은 신성로마제국에서는 나타나지 않았다는 것, 그리고 선출된 황제는 이 제국의 대표자이자 큰 힘을 가진 인물이기는 했지만 여러 지역의 제후들과 권력을 나누어 갖고 있었다는 것을 기억하실 필요가 있겠습니다.

1438년부터 신성로마제국의 황제 자리는 오스트리아의 합스부르크(Habsbug)가문에게 가 있었습니다. 하지만 합스부르크가문은 황제 피선출권을

---

16 신성로마제국과 그 역사에 대해서는 기쿠치 요시오, 이경덕 역, 『결코 사라지지 않는 로마, 신성로마제국』(다른 세상, 2013).

유지하기 위해 황제의 권력을 축소하는 안을 받아들였기 때문에 15세기에 황제의 권위는 더욱 추락하였습니다.[17]

물론 이 나라 황제들이라고 다른 나라의 국왕들처럼 절대적 권한을 가지고 싶지 않았던 것은 아니었겠지만, 이 지역의 권력 구조에서 강력한 제후들이 황제권의 강화를 순순히 받아들이지 않을 것은 분명했습니다. 당연히 제후들은 황제에게 복속되기보다는 옛날부터 그래왔듯이, 황제의 강력한 조언자로서의 자신들의 자율적 권한과 입지를 계속 유지하고자 하였습니다. 황제와 제후들 간의 이런 권력적 긴장관계는 사실 루터의 종교개혁이 성공하는데 꽤나 중요한 역할을 하게 됩니다.

또 하나의 문제는 이 시기 신성로마제국에서는 민족주의적 정서와 더불어 반로마적 정서가 강해지고 있었다는 것입니다. 사실 이 지역은 이런 정치적 분열성 때문에 로마교황청의 간섭과 경제적 착취가 심했던 곳이었습니다. 로마의 입장에서 보면 왕권이 강력한 국가에서 세금을 거둬가는 것보다는 중앙집권화가 미약한 이 지역에서 세금을 가져가는 것이 용이했을 것입니다. 신성로마제국에 '교황청의 젖소'라는 별명이 붙여진 것은 그 때문이었습니다. 1456년에 제후들이 「독일 민족의 불만」이라는 글을 통해 로마교황청의 경제적, 정치적 압력에 시정을 요구하였던 것을 보면, 이미 15세기부터 지배계급들도 이 지역에서 자행되는 가톨릭교회의 부당한 행위를 점점 더 못마땅하게 여기고 있었던 것입니다.

가톨릭교회의 부패와 면죄부

이런 상황에서 당시 가톨릭교회는 극도로 부패해 있었습니다. 앞장에서 살펴본 것처럼, 교회의 수장인 교황들이 처첩을 거느리고 자식을 두었으며, 심지어 전쟁까지 감행하고 있었습니다. 교황이 이러한데 다른 성직자들은 말해

---

[17] 브랜든 심스(Brendan Simms), 곽영완 역, 『유럽: 패권투쟁의 역사, 1453년부터 현재까지』(애플미디어, 2014), 22쪽.

무엇 하겠습니까? 성직자들이 성적 쾌락을 탐하거나 수도사들이 알코올에 빠져 있다는 이야기는 놀랄만한 일이 전혀 아니었습니다. 고위성직자이든 아니든, 상당수의 사제들이 내연관계를 유지했고, 많은 사람들이 금전을 지불하고 수도원장이나 주교 자리 같은 성직을 샀습니다. 그리고 구입한 후에는 그 지위가 주는 경제적 대가를 챙기기에 여념이 없었지요.

잘못된 신앙은 성직자들에 국한되지 않았습니다. 사실 당시 유럽 사람들은 지금으로 보면 미신이라고 해야 할 것들을 매우 많이 믿고 있었습니다. 많은 사람들이 성자들의 유골을 수집하고 그 유골을 경배했습니다. 사람들은 아기 예수가 누웠던 구유의 지푸라기, 예수의 손과 발을 십자가에 달 때 박았던 못, 사도 요한의 머리털을 자른 가위나 베드로에게 던진 돌, 유다가 예수를 팔고 받은 은전 등이 실제로 남아서 전해진다고 믿었고 그러한 성유물이 특별한 권능을 가지고 있다고 생각했습니다. 그래서 돈이나 힘이 있는 사람들은 이런 성유물을 수집하려 애썼습니다. 그런 성유물을 가지면 연옥에서 당할 고통의 시간이 탕감된다는 생각이 만연했기 때문입니다.[18]

교회는 그런 잘못된 신앙을 바로잡기는커녕 부추겼습니다. 그래서 돈이 없는 가난한 평민들은 성유물을 직접 참배라도 하려고 애를 썼습니다. 1512년 독일 트리어(Trier)에서는 예수가 죽을 때 입었다고 전해지는 '성의'를 보기 위해 하루 동안 8만 명의 사람이 모이기도 했다고 합니다. 당연히 기적이 일어났다는 이야기나 마녀에 대한 망상은 상식적인 것으로 받아들여졌습니다. 종말이 가까워오고 있다는 믿음도 만연했습니다.

그러나 가톨릭교회의 부정과 부패가 만연한 가운데 일부 선각자들은 차츰 가톨릭교회의 교황제도와 미신적 가르침에 의문을 품기 시작하였습니다. 그리고 용기 있는 사람들은 그런 의문을 넘어 가톨릭교회의 잘못을 비판하기 시작합니다. 1400년경 영국 옥스퍼드 대학의 교수였던 위클리프(John Wycliff,

---

[18] 예를 들어 1509년 집계된 프리드리히 선제후가 수집한 성유물들의 경우, 그는 1443년이나 연옥생활을 면제받을 수 있었습니다.

1320~1384)는 교황이 성직매매와 면죄부 판매 등 적그리스도에 해당하는 범죄를 저지르고 있다고 대담하게 비판하다 이단으로 정죄 당했습니다. 또 1415년 보헤미아의 얀 후스(Jan Hus, 1372~1415) 역시 교황 제도는 인간이 만든 것이라고 주장하다 화형을 당해야 했습니다.

그리고 이미 앞에서 언급한 것처럼, 이 지역에서는 새로운 지적 풍조가 형성되고 있었습니다. 가톨릭교회의 부패와 타락을 비판하면서 본래 그리스도의 가르침으로 돌아가기를 촉구하는, 기독교 인문주의 정신이 알프스 이북의 주된 지적 흐름을 형성하였던 것입니다. 인문주의자들의 왕, 에라스무스가 『우신예찬』을 비롯한 그의 여러 책에서 비판하고 조롱했던 것은 성직자들의 타락상뿐 아니라 바로 유럽인들의 이런 잘못된 신앙이었습니다.

면죄부

한편 '탑의 체험'을 경험한 후 루터는 자신의 깨달음에 확신을 가지게 되었습니다. 이제 그는 이전까지 가르쳤던 신학이 옳지 않다고 거침없이 지적하면서, 새로운 깨달음을 학생들에게 가르치기 시작합니다. 루터의 새로운 강의내용은 동료교수들에게도 알려졌습니다. 에르푸르트와 비텐베르크의 기성신학자들은 이 젊은 교수의 주장에 반대하며 불쾌감을 표현하였지만, 차츰 루터의 주장에 동조자들이 생기면서 곧 비텐베르크는 뜨거운 학문적 토론장이 되었습니다.[19] 1517년 여름까지 비텐베르크 신학부는 루터의 새로운 신학으로 시끄러웠고, 이것이 알려지면서 비텐베르크대학은 유명세를 타고 있었던 것입니다.

이 시기 로마의 교황은 대 로렌초의 아들, 레오 10세(Leo X, 1475~1521)였는데 종교개혁의 발단이 된 것은 바로 이 교황 레오10세가 성 베드로 성당의 증축 비용을 마련하기 위해 판매한 '면죄부(indulgence)'였습니다.

'면죄부'란 본래 중세 교회의 참회제도 중 하나였습니다. 중세 가톨릭의 교

---

19 톰린, 『마르틴 루터』, 68쪽.

리에 따르면 그리스도인은 죄를 지으면 사제에게 가서 죄를 고백해야 했습니다. 그 고백을 들은 사제는 하나님의 용서를 선고하면서 그에게 그 죄값에 해당되는 어떤 징벌로서의 행위를 요구합니다. 우리가 흔히 면죄부, 혹은 면벌부라고 부르는 것은 그 징벌로서의 행위를 면제해주는 증서를 말합니다. 그리고 본래 이것은 교황이 특별한 공을 세운 사람들에게만 내리는 특별한 은사로, 지극히 제한된 것이었습니다. 즉 십자군에 참여하거나 성지를 방문하는 것 같은 지극히 영적인 일을 했을 때, 면죄부를 얻을 수 있었던 것입니다.

하지만 13세기에서 15세기까지 이 면죄부는 많은 신학적 합리화를 거치면서 이승의 형벌뿐 아니라 연옥에서의 형벌에도 적용되는 것으로 해석되기 시작했습니다. 그리고 앞선 성인(Saint)들이 자신의 구원에 필요한 것 이상으로 공덕을 쌓아놓았기 때문에, 교황은 그 공덕의 여분을 꺼내 다른 사람에게 베풀 수 있다는 논리가 덧붙여졌습니다. 이제 교황은 마음만 먹으면 언제라도 일반 신도들에게 면죄부를 수여할 수 있게 된 것입니다. 그리하여 사람들은

5-3 면죄부 판매

특별히 성스럽고 영적인 일을 하지 않았다 하더라도 교황으로부터 이 증서를 받기만 한다면 자신의 죄에 대한 벌을 면제받을 수 있다고 믿게 되었습니다. 나아가 면죄부가 남발되면서 면죄부는 간단하게 돈을 주고 살 수 있는 것이 되어갔습니다. 교회와 상인들은 이 면죄부를 팔기 위해 유럽 전역을 오가고 있었기 때문에, 당시 면죄부와 그 판매는 독일지역에만 국한되거나 특별히 새로운 현상은 아니었던 것입니다.

너무 흔해 새삼스러울 것도 없었던 이 면죄부를 큰 문제로 부각되게 만든 사람은, 당시 23세의 젊은 귀족 알브레히트(Albrecht of Brandenburg, 1490~1545)라는 인물이었습니다. 이미 브란덴부르크의 주교였던 알브레히트는 가히 '성직 겸임의 대가'라고 할 만한 사람입니다. 그는 젊은 나이에 어울리지 않게 마그데부르크의 대주교이자 할버슈타트(Halberstadt)의 주교구 책임자였으며 이제는 마인츠의 새로운 대주교 자리까지 노리고 있었습니다. 물론 이런 직책을 동시에 가지는 것은 비정상적인 일이었습니다. 문제는 성 베드로 성당 개축에 돈이 필요하던 교황 레오 10세가, 그에게 일정한 납부금을 받기로 하고 이 모든 직책의 겸임을 허용하기로 하였다는 것입니다. 교황에게 바칠 현금을 가지고 있지 못했던 알브레히트는 아우구스부르크의 금융업자 푸거(Fugger) 가문에게 그 돈을 빌려 로마에 총 2만 9000굴덴을 선불할 수 있었습니다.

자, 이 정도면 그 다음 이야기의 흐름이 예상되시지요? 빌린 돈을 갚기 위해서 알브레히트는 자신의 관할인 브란덴부르크, 마크데부르크, 마인츠 지역에서 로마 교황의 '면죄부' 판매를 대대적으로 시행하였습니다. 물론 판매는 상인인 푸거(Fugger) 가문이 맡았지만, 알브레히트는 이 사업의 성공을 위해 이 분야 전문가로 알려진 도미니크회 수도사 요한 테첼(Johann Tetzel)을 면죄부 판매 총 책임자로 임명합니다. 교회와 상인의 결탁이 이루어진 것입니다. 면죄부 판매수입의 절반은 푸거 가에 진 빚을 갚고 나머지 반은 로마로 보내질 예정이었습니다. 그리하여 이제 이 지역에서 로마교황청과 그 대리자들은 면죄부를 사면 자신의 영혼은 물론 죽은 가족들의 영혼도 천국으로 간다고 선전하면서 마치 '천국행 티켓'인양, 대대적인 면죄부 판매에 나서게 되었던 것입니다.

그들의 선전 문구를 보도록 합시다.

"자 들어 보세요 여러분, 하나님과 사도 베드로가 여러분을 부르고 계십니다. … 면죄부는 신이 주신 가장 귀중한 선물입니다. … 심지어 여러분이 머릿속으로 생각하는 죄까지도 사면해줍니다. … 당신이 기꺼이, 그리고 상당한 금액의 돈을 내기만 한다면, 모든 죄에서 벗어날 수 있습니다. … 면죄부는 살아있는 사람에게만 효력이 있는 것이 아니라 이미 죽은 사람에게서도 효력이 미칩니다. 따라서 고해도 필요 없습니다. 사랑하는 친척과 친구들이 죽어서 여러분에게 외치는 소리를 들어보십시오. 죽은 어머니가 딸에게, 죽은 아버지가 아들에게, 애원하는 소리를 들어보세요. 여러분은 그들을 구원할 수 있습니다. … 헌금함에 동전이 떨어지며 땡그랑하는 소리가 날 때, 지옥에 갇혀있던 영혼이 천국으로 올라가게 되기 때문입니다."[20]

면죄부는 사회를 무법천지로 만들어 놓았습니다. 왜냐하면 이런 논리대로라면, 어떤 나쁜 짓을 해도 면죄부만 사면 그 죄가 없어지고 천국에 갈 수 있었기 때문입니다. 설상가상으로 알브레히트의 사례에서 보았듯이, 성직 매매를 통해 돈이 있는 사람은 누구나 교회의 고위 직위에 오를 수 있었습니다. 개인이 불법적인 이권을 얻기 위해 권력자에게 뇌물을 바치고, 권력자는 그것을 비호해주며, 상인들까지 나서서 거기서 이익을 얻어내는 유착관계의 전형이 형성된 것입니다. 한마디로 중세 가톨릭교회의 부패는 극에 달해 있었던 것입니다.

「95개조 논제」

비텐베르크는 알브레히트의 영역 밖이었기 때문에 테첼은 비텐베르크로 들

---

[20] 롤런드 베인턴(Roland H. Bainton), 이종태 역, 『마르틴 루터, HERE I STAND』(생명의 말씀사, 2016), 105~106쪽.

어오지는 못했습니다. 하지만 면죄부 판매가 인기를 끌면서 일부 비텐베르크 시민들이 인근 지역까지 건너가 면죄부를 사가지고 돌아왔고, 루터도 이 소식을 듣게 됩니다. 특히 그는 면죄부에 따라온 설명서를 읽게 되었는데, 그것은 알브레히트가 쓴 「면죄부 설교자를 위한 교본(Instructio Summaria)」이라는 문서였습니다. 이 글을 보자 루터는 알브레히트와 면죄부 판매자들이 큰 오류를 범하고 있다고 판단합니다. 이미 자신의 새로운 신학을 펼치고 있던 루터는 이 문제에 대해 발언할 필요성을 느꼈을 것입니다.

1516년부터 '면죄'의 문제에 대해 몇 차례 강단에서 언급한 후,[21] 루터는 이 문제를 공개토론에 부쳐야겠다는 생각에 이릅니다. 그리하여 1517년 10월, 루터는 약간은 망설이고 걱정하면서도[22] 95개 조항으로 된 「면죄의 능력과 유효성에 관한 논쟁(Disputatis pro declaratione virtutis indulgentiarum)」이라는 논제를 작성하였습니다. 10월 마지막 날 그는 문제의 당사자인 알브레히트에게 편지와 함께 이 논제를 보냈습니다. 그리고 자신이 재직하던 비텐베르크 성당 정문에 이 글을 붙였습니다.

이 역사적 장면을 둘러싸고 학자들 간에는 이견이 존재합니다. 보통 우리는 단호한 결심을 한 루터가 나무망치를 들고 나가 결연하게 성문 앞에 문서를 붙이는 장면을 상상하지만, 실제로 루터가 이 문서를 직접 성문 앞에 붙이지 않았다는 주장이 나왔기 때문입니다. 사실 비텐베르크 대학의 규칙에 따르면, 학교관리인만이 공지를 떼고 붙일 수 있었기 때문에 루터가 직접 하지 않았는지도 모릅니다. 하지만 그가 직접 붙인 것이든, 아니면 다른 사람을 통해 한 것이든, 불변의 사실은 1517년 '만성절(All Saints Day: 크리스트교의 모든 성인을 기념하는 축일, 11월 1일)' 전야에는 비텐베르크 성문 앞에 루터박사의 논제가 붙여져 있었다는 것입니다.[23]

---

21 베인턴, 『마르틴 루터』, 98쪽.
22 톰린, 『마르틴 루터』, 75쪽.
23 이 문제에 대해서는 박흥식, 『미완의 개혁가, 마르틴 루터』(21세기북스, 2017), 29~45쪽을 참조하세요.

5-4 비텐베르크 성문

1. 우리들의 주이시며 선생이신 예수 그리스도께서 "회개하라…"고 말씀하셨는데, 이것은 신자들의 전 생애가 참회가 되어야 한다는 것을 의미한다. …
20. 그러므로 교황이 '모든 죄의 완전한 사면'을 말할 때, 그는 단순히 모든 죄의 용서를 뜻하는 것이 아니라, 다만 그에게 부여된 죄의 사면을 의미하는 것이다.
21. 그러므로 교황이 면죄함으로써 인간은 모든 형벌에서 해방되며 구원받을 수 있다고 선전하는 면죄부 설교자들은 모두 오류에 빠져 있다. …
24. 그렇기 때문에 대다수의 사람들은 형벌로부터 해방된다는 무제한적이고 엄청난 약속에 의해 사기를 당하고 있는 것이다.
42. 면죄부를 구입하는 것을 자선사업처럼 생각한다는 것은, 교황의 면죄부를 사는 것이 아니라 하나님의 분노를 사는 일이라는 점을 그리스도인들에게 가르쳐야 한다.
50. 만일 교황이 면죄부 설교자들의 행상 행위를 알고 있다면, 그는 자기 양의 가죽과 살과 뼈로서 성 베드로 성당을 세울 것이 아니라, 차라리 이것을 불태워 재로 만드는 것이 낫다는 것을 그리스도인들에게 가르쳐야 한다.

〈95조 중에서〉

"진리를 향한 사랑과 진리를 밝히고자 하는 열정으로 아래와 같은 논제를 가지고 토론할 것을 요청합니다"라고 시작되는 이 글에서 루터는 면죄부 판매의 부당성을 조목조목 지적했습니다. 그는 교황이 면죄권을 남용하고 있다고 비판하면서 면죄부를 산다고 죄와 형벌에서 구원되는 것이 아니며 구원은 진정한 회개로 이루어진다는 점을 강조했습니다. 면죄부 판매자들의 주장 때문에 사람들은 거짓된 안전을 보장받고 있다는 것이지요.

이 글은 독일어가 아니라 라틴어로 쓰여 있었습니다. 대중을 대상으로 쓴 글이 아니었던 것입니다. 1517년 면죄부를 내걸 때, 루터는 결코 종교개혁을 하겠다거나 로마 가톨릭과 단절하겠다거나 하는 생각을 하고 있지 않았습니다. 그는 스스로를 가톨릭교회의 일원이라고 생각했고, 그저 교회의 부패가 개선되기를 희망하였습니다. 또 이미 새로운 신학적 관점을 놓고 논쟁 중에 있었던 학자로서, 그는 면죄부 문제를 통해 기독교의 본 모습을 정립하기 위한 학문적 토론을 하고 싶었던 것입니다.[24]

하지만 이후의 상황은 루터의 소박한 바람을 훨씬 넘어 다른 방향으로 달리기 시작합니다. '95개 조항'은 곧 알려지기 시작했습니다. 사람들은 이 글을 베끼고 앞 다투어 독일어로 번역하였습니다. 작은 책자가 만들어졌고, 이 책자는 인쇄술의 보급에 힘입어 전 독일과 유럽 전역으로 전해지기 시작했습니다. 여기저기서 루터의 주장을 둘러싸고 크고 작은 많은 토론들이 이루어지기 시작했습니다. 순식간에 수많은 지지자가 생겨났고, 이제 개혁의 기운은 루터 개인의 양심선언 수준을 넘어 확대되기 시작했습니다. 루터를 지지하는 사람들이 늘어나면서 면죄부를 사는 사람들이 크게 줄어들었고, 판매 열기는 점점 식어갔습니다. 시간이 지날수록 더 많은 사제들, 수도사들, 학생들, 지성인들이 루터의 생각에 동의하게 되었고, 루터는 유명인사가 되어갔습니다. 곤란해진 알브레히트는 루터의 논제와 변화된 상황을 로마에 알려야 했습니다.

그 다음 해인 1518년 봄이 되자, 토론을 원하였던 루터 교수는 공개석상에

---

24 셸더하위스, 『루터 루터를 말하다』, 164~165쪽.

서 자기 입장을 설명할 수 있는 기회를 얻게 됩니다. 4월 26일 하이델베르크에서 열린 공개토론회에 참여했던 것입니다. 여기서 그는 '95개 논제'를 포함한 자신의 의견을 밝혔습니다. '행위'가 아니라 '믿음'으로 구원된다는 루터 신학의 중심 논리가 여기서 처음으로 제시되었습니다.

교황 측은 처음에 루터의 95개 조항과 그의 주장들을 그리 큰 문제로 보지 않았습니다. 알브레히트의 편지를 처음 받았을 때, 교황 레오 10세는 논쟁을 좋아하는 독일 수도사들이 벌인 사소한 분란 정도로 생각했던 것입니다. 그러나 점차 여기저기서 불만이 쏟아지자, 로마로 루터를 소환하기로 합니다. 바티칸은 면죄부 문제가 아니라 교황에 대한 루터의 공격을 문제 삼았고, 8월에는 루터에게 이단 심판을 위해 로마로 출두할 것을 명령하였습니다.

두려움을 느낀 루터는, 에르푸르트 대학에서 같이 공부했던 친구, 게오르크 슈팔라틴 (Georg Spalatin)을 통해 작센의 선제후 프리드리히에게 이 문제를 알렸습니다. 당시 슈팔라틴은 선제후의 비서였습니다. 다행히 선제후는 이 문제가 자신이 세운 비텐베르크 대학의 명예가 달린 일이라고 생각했기에 자신의 영지에 속한 신학자, 루터를 보호하려고 했습니다. 결국 선제후 프리드리히의 중재로, 루터는 로마로 가는 대신 아우구스부르크로 불려가, 교황의 대리인 카예탄(Thomas Kajetan, 1469~1534) 추기경의 심문을 받게 되었습니다.

1518년 10월 아우구스부르크에서 루터를 대면한 추기경은 루터의 소란에 간단한 사과만 받고 끝낼 작정이었습니다. 하지만 루터는 추기경에게 성서에 입각해 자신의 잘못이 무엇인지를 집요하게 물었습니다. 자신의 주장을 굽히지 않는 루터의 태도에 추기경은 매우 화가 났고, 루터에게 '철회한다(revoco)'는 말을 하기 전에는 나타나지 말라고 명합니다. 위험에 처했다고 판단한 루터는 체포를 피해 급히 비텐베르크로 도망쳐야 했습니다.

루터의 도주를 알게 된 추기경은 프리드리히 선제후에게 이단 수도사를 즉시 인계할 것을 요구했습니다. 그러나 프리드리히 선제후는 성서에 따라 무엇이 루터의 잘못인지를 추기경이 분명하게 제시하지 못했다고 답변하면서, 다시 그 요구를 거절합니다.

선제후 프리드리히

여기서 여러분은 아마 궁금하실 겁니다. 왜 프리드리히 선제후 같은 고위 귀족이 루터를 도와준 것일까요? 그리고 왜 교황청은 선제후에게 강력히 맞서지 않았던 것일까요? 만일 프리드리히가 당시 루터를 로마에 인계했다면, 아마도 종교개혁은 우리가 아는 그런 방식으로 성공하지는 못했을 겁니다. 이를 이해하기 위해서는 당시 신성로마제국과 프리드리히 선제후가 처한 국제정치 상황을 좀 더 살펴보는 것이 필요할 것 같습니다.

앞에서 언급했듯이 당시 신성로마제국은 300개가 넘는 영방국가 및 도시들의 집합체였고 다른 국가들과는 달리 황제 지위를 선출로 결정해왔습니다. 루터가 비텐베르크 성문에 95개 조항을 붙이며 문제를 제기하던 이 시기는 마침 황제 교체기였습니다. 황제였던 합스부르크 가문의 막시밀리안 1세(Maximillian I, 1459~1519)의 죽음이 임박해 있었기에 곧 선거가 열려야 했습니다.

사실 유럽의 군주들은 모두 이 자리에 관심이 있었습니다. 선제후들이 전통적으로 독일계를 선호하긴 하였지만, 유럽의 제후라면 누구나 신성로마제국의 황제 후보로 나설 자격이 있었기 때문입니다. 또 신성로마제국의 분열성에도 불구하고 이 황제의 자리는 명목상 샤를마뉴에 기원을 두고 있었고, 로마 황제의 계승자라는 보편적 권위를 가지고 있었기에, 유럽 지배의 야심을 가지고 있는 인물들에게는 매우 강력한 법통을 제공하는 자리였습니다.

먼저 거론되고 있던 가장 유력한 후보는 당시 약관 19세의 소년으로 막시밀리안 1세의 손자인 브루고뉴(Bourgogne) 공작 카를(Karl)이었습니다. 오랫

5-5 청년기의 카를 5세
(Charles V, 1500~1558,
신성로마제국 재위: 1519~1556)

동안 신성로마제국의 황제자리를 이어온 유서 깊은 합스부르크 가문 출신인 그는, 할아버지를 이어 황제자리를 지켜냄으로써 가문의 영광을 유지하고자 했습니다. 게다가 그는 외갓집인 스페인으로부터 왕위를 물려받음으로써 이미 막대한 영토의 지배자가 되어 있었습니다.

한편 백년전쟁으로 영국을 밀어낸 프랑스는 이미 15세기 후반 샤를 8세(Charles VIII, 1470~1498) 때부터 신성로마제국의 황제 자리를 넘보고 있었습니다. 마키아벨리 편에서 지적했듯이, 15세기 말 이탈리아 침공까지 감행하면서 유럽의 패권을 노리고 있던 프랑스로서는, 스페인의 왕통을 물려받은 카를이 신성로마제국의 황위까지 가지게 된다는 것은 매우 우려스러운 일이었습니다. 그렇게 되면 프랑스는 동서 양쪽의 합스부르크에 샌드위치처럼 끼인 위치에 처하게 될 것이었습니다. 그리하여 프랑수아 1세(Francois I, 1494~1547)는 자신이야말로 샤를마뉴의 진정한 후계자임을 강조하며 1519년 신성로마제국 황제 선거에 뛰어들었던 것입니다.

심지어 영국 왕 헨리 8세(Henry VIII, 1491~1547)도 신성로마제국의 제위에 마음이 있었습니다. 신성로마제국의 황제가 된다면, 프랑스에게 빼앗긴 잉글랜드의 땅을 되찾아 대륙에서 영향력을 행사할 수 있을 것이기 때문입니다. 그는 프랑스와 합스부르크를 모두 싫어하는 독일 제후들의 환심을 산다면, 불가능한 일도 아니라고 생각하고 있었습니다.

어쨌든 이 선거전은 최종적으로 카를과 프랑수아 두 사람의 후보로 압축되어 갔습니다. 하지만 로마 교황청은, 내심 이 두 후보를 모두 마음에 들어 하고 있지 않았습니다. 특히 막시밀리안 황제의 손자인 카를은 스페인과 부르고뉴뿐 아니라 이탈리아에까지 넓은 영토를 소유하고 있었기에 교황은 그를 경계하고 있었습니다.

교황의 마음속에는 제3의 후보가 있었는데, 그가 바로 작센의 선제후 프리드리히였습니다. 작센의 프리드리히는 7명의 선제후 중 1인이었고, 황제 후보자이자 황제 선출권을 가진 강력한 힘의 소유자였으며, 유골숭배를 열심히 하던 신앙심 깊은 사람이었습니다. 교황청이 루터에 관한 프리드리히의 의견을

5-6 작센의 선제후 프리드리히 3세(Frederich III von Sachsen, 1463~1525)

묵살하지 못했던 것은 당시 프리드리히를 황제 후보로 생각했기 때문이었습니다.

그러나 선제후는 실익이 적고 부담스러운 황제 자리에 나설 뜻이 없었습니다. 오히려 선제후는 막시밀리안의 손자 카를을 지지한다는 뜻을 밝혀, 선거의 향방에 크게 영향을 주었기 때문에 교황의 바람은 이루어지지 못했습니다. 결국 카를과 프랑수아 두 명의 후보자로 압축된 가운데, 매수가 판을 쳤던 이 선거에서 엄청난 돈을 썼던 카를이 승리하여, 1519년 6월 신성로마제국의 황제, 카를 5세가 되는 것입니다.

여기서 중요한 점은 교황의 호의에도 불구하고, 정작 작센 선제후 프리드리히는 교황청의 처사에 불만을 가지고 있었다는 것입니다. 앞에서 언급했듯이 신성로마제국은 교황청의 간섭과 착취가 심한 곳이었습니다. 이 지역의 많은 돈과 물자가 로마로 흘러가 부패한 성직자들의 호주머니를 채우는 것에 귀족들은 분노하고 있었습니다. 당시 제국 내 대부분의 제후들처럼 프리드리히 역시 자신의 통치영역에서 교황이나 황제의 간섭을 배제하고 독자성을 유지하고 싶어 했고, 다른 귀족들처럼 로마의 각종 세금 징수에 진절머리를 내고 있었습니다. 당시 그는 로마교황청이 투르크 전쟁의 자금조달을 위해 부가세금을 징수하자, 이에 반대하는 운동에 나서고 있었습니다.[25]

또 그는 자신이 직접 세운 비텐베르크 대학에 애착을 가지고 있었고 그 대학의 명예를 지키고 싶어 했습니다. 그에게 루터는 비텐베르크 대학을 유명하게 만든, 없어서는 안 될 존재였습니다. 게다가 상당수의 비텐베르크 대학 교수들이 루터의 주장에 동조하고 있었고, 루터 지지자들이 독일 전역에서 급속도로 늘어나는 상황이었습니다. 그래서 이 '현명한' 선제후는 조심스럽고 사려 깊게, 루터라는 '뜨거운 감자'를 보호하기로 한 것입니다.

논쟁과 파문

1519년 여름 루터는 또 한 번의 토론에 참여하게 됩니다. 이것이 6월 27일부터 7월 15일까지 라이프치히에서 열린 '라이프치히 논쟁'이었습니다.[26] 이 논쟁은 잉골슈타트(Ingolstadt)의 신학자인 요하네스 에크(Johannes von Eck, 1486~1543)를 필두로 한 가톨릭 신학자들이 루터를 중심으로 한 비텐베르크 신학자들에게 토론을 요청함으로써 시작되었습니다.

이것은 분명히 공식적이며 학문적인 논쟁이었습니다. 이 논쟁에서 가톨릭 측은 역시 면죄부보다는 교황의 '수위권(primacy)'과 권위의 문제에 집중해 루터의 이단성을 강조하려 했습니다. 이에 맞서 루터는, 교황은 단지 인간적인 제도이며, 여타 교회들에 대한 교황의 수위권은 단지 400년 전에 이루어진 것이

---

25 셀더하위스, 『루터 루터를 말하다』, 178~179쪽.
26 라이프치히는 작센선제후 프리드리히의 영지가 아니라 선제후의 사촌인 게오르크공작이 다스리는 '공작령 작센'에 속한 곳이었는데 선제후 작위를 물려받지 못한 게오르크 공은 철저한 가톨릭신자로 후일 루터에 적대적인 태도를 취한 것으로 유명합니다.

라고 공공연하게 주장하였습니다. 또한 그는 그 근거로 성서에는 교황권에 특별한 신의 권위를 보증하는 내용이 없다는 점을 강조했습니다. 그러자 에크는 루터가 보헤미아의 얀 후스와 같은 주장을 하고 있다면서 노골적으로 루터를 이단으로 몰고 갔습니다. 아시다시피 후스는 교황권이 신으로부터 나온 권위가 아니라고 주장해, 1415년 콘스탄츠 공의회(Council of Konstanz)에서 이단선고를 받고 화형당한 인물이었습니다.

 에크와의 이 논쟁은 루터로 하여금 자신의 입장을 다시 되돌아보게 만들었습니다. 그는 그때까지 자신의 생각이 가톨릭의 교리와 근본적으로 다르다고는 생각하고 있지 않았습니다. 그러나 이 논쟁으로 그는 자신의 신학이 가톨릭과 극복할 수 없는 차이가 있다는 인식을 하게 되었던 것입니다. 그는 몹시 힘들었나 봅니다. 비텐베르크로 돌아와 그는 자신의 심경을 이렇게 쓰고 있습니다.

> "나는 지금 너무나 바쁩니다. 그리고 동시에 많은 시련들로 인해 완전히 질렸습니다. 내가 타고 있는 배는 매우 동요하고 있습니다. 때론 희망, 때론 절망이 나를 지배합니다."[27]

 그러나 루터는 멈추지 않았습니다. 오히려 그는 한 발 더 나아갑니다. 교황도 오류를 범할 수 있다는 주장을 넘어, 교황을 신적인 존재로 보는 교황제야말로 모든 교회타락의 근원이라는 생각에 이르게 되었던 것입니다. 가톨릭이 루터의 이 생각을 받아들일 수 없다는 것은 자명했습니다. 따라서 루터가 자신이 처한 위치에서 할 수 있는 일은 두 가지밖에 없었습니다. 자신의 주장을 철회하여 굴복하거나 아니면 끝까지 맞서서 저항하거나.

 한편 라이프치히 논쟁 이후에 가톨릭 측 신학자들의 루터에 대한 적대감은 더 강경해졌습니다. 루터가 속한 아우구스투스 수도회 내에서도 루터에 반대

---

[27] 톰린, 『마르틴 루터』, 98쪽.

하는 목소리가 들려오기 시작합니다. 루터를 파문해야 한다는 주장이 거세어지자, 교황청은 1520년 6월 마침내 루터를 이단으로 규정합니다. 이제 카를 5세가 황제로 선출되었기에 선제후 프리드리히의 눈치를 살펴야 할 정치적 이유도 없어진 상태였습니다.

교황의 파문 교서인 「엑수르게 도미네: Exsurge Domine: 주여 일어나소서」의 최종안은 1520년 6월 15일에 나와 7월 24일에 공표되었습니다. 이 교서에서 교황은 루터를 포도원을 망치고 있는 멧돼지에 비유하면서, 루터에게 교서를 받은 후 60일 이내에 의견을 철회할 것을 요구하였습니다. 만일 루터가 이 명령을 무시한다면 파문에 처할 것이며, 그 누구도 루터와 교제해서는 안 되고, 루터를 보면 범죄자로 체포해 로마로 보내야 한다는 것이었습니다.

이 문서는 9월 말에 교황 사절인 알레안더(Jerome Aleander) 추기경[28]에 의해 카를 5세에게 전달되었고, 동일한 압력이 프리드리히 선제후와 그 영지에도 내려졌습니다. 그리고 그 문서는 10월 3일 비텐베르크 대학 총장에게도 전달되었습니다.

상황이 이렇게 치닫자, 독일 내에서는 루터를 지지하는 사람들과 가톨릭을 지지하는 사람들 사이의 충돌이 일어나고 긴장감이 돌기 시작합니다. 교황 측의 움직임이 긴박하게 돌아가는 가운데 루터가 취한 대응책은 자신의 생각을 글로 쓰는 것이었습니다. 1520년 동안 그는 연이어 3권의 소책자를 출판했습니다. 보통 '루터 3부작'으로 알려진 그의 대표작 『독일 그리스도교인 귀족들에게 고함(An den Christlichen Adel deutscher Nation, von des Christlichen Standes Besserung)』, 『교회의 바빌론유수(De Captivitate Babylonica ecclesiae)』, 『그리스도인의 자유에 관하여(Von der Freiheit eines Christenmenschen)』가 그것입니다. 당시 그가 인지하고 있었는지는 모르지만, 이 글들은 수많은 성직자와 평신도들에게 영향을 주어 루터의 개혁운동에 기름을 부어줄 막강한 지지 세력을 만들어냈다는 점에서 매우 훌

---

28 이 알레안더라는 인물은 에라스무스가 베니스에서 알두스의 출판사에서 일할 때 같은 하숙집에 기거했던 사람이었습니다.

륭한 방어책이었습니다.

먼저 1520년 8월에 발표한 『독일 그리스도교인 귀족들에게 고함』에서, 루터는 교황을 적그리스도라고 공공연하게 칭하며 교황의 권위를 거부하였습니다. 그리고 그는 로마가 얼마나 독일 교회를 착취하고 있는지를 강조하면서 독일의 귀족들에게 로마와 결별하여 교회개혁에 앞장설 것을 요구하였습니다. 가톨릭교회가 스스로 개혁할 의지가 없고 성직자들이 자신들의 의무를 게을리하고 있으니 평신도이지만 고귀한 신분인 귀족들이 나서 달라는 것이었습니다.[29]

이 글에서 주목할 부분은, 루터가 일반 평신도 위에 '사제'라는 특별한 영적 신분이 존재한다는 가톨릭의 사상을 전면적으로 거부했다는 것입니다. 그는 "모두가 사제요, 주교요, 교황이다"라면서 세례 받은 모든 성도는 영적 신분에 속하며, 직무상의 차이 외에는 성직자와 평신도 사이에 차이가 존재하지 않는다고 주장했습니다. 소위 루터 사상의 핵심인 '만인사제주의(萬人司祭主義)'가 이렇게 나왔던 것입니다. 가톨릭에서 성직자를 인간과 신의 매개자로서 평신도들과 구별되는 특별한 존재로 본 것과는 달리, 루터는 성직자도 평신도와 같은 인간으로 특별한 존재가 아니라는 것, 어느 누구나 신과 직접 교통할 수 있다는 점에서 모두가 사제와 같다는 주장을 펼친 것입니다. 이런 평등주의적 사고는 결국 성직자의 기존 지위를 크게 낮추어놓았고, 특히 사제들의 수장인 교황의 존재 자체를 부정하는 의미를 가지고 있었습니다. 평등주의와 민족주의적 정서를 자극한 이 글은 8월 중순에 출간되자마자 초판 4천 부가 며칠 만에 다 팔릴 정도로 인기를 끌었습니다.

이 호응에 힘입어 루터는 2개월 후에 다시 『교회의 바빌론 유수』를 발표했습니다. 이 글에서 그는 가톨릭교회의 전통인 '성사(聖事: Sacraments)' 제도의 경직성과 그 문제점을 건드립니다. '성사'란 교회가 정하여 지키게 하는 일종의

---

29 이 글은 이제 막 새로운 황제로 등극해 신성로마제국으로 오고 있던 카를을 염두에 두고 썼던 것으로 보입니다.

성스러운 의식들로서, 그런 의식들에 참여하는 것은 중세 가톨릭 신앙의 핵심이었습니다. 하지만 루터는 옛 유대인들이 70년간 바빌론의 포로생활을 한 것처럼, 당시 기독교인들의 삶은 진정으로 우러난 마음에서 드리는 의식이 아니라, 가톨릭교회가 강요한 7성사에 묶여, 의미 없는 의식들의 포로가 되어 있다고 비판하였습니다. 그래서 루터는 당시 가톨릭교회가 사람들에게 강요하고 있던 7성사는 성경에 모두 명시되어 있는 것을 제외하고는 지키지 않아도 된다고 주장하였습니다. 요컨대, 이 글을 통해 루터는 모든 옳고 그름의 준거를 성경에서 찾음으로써, 성경에 나와 있지 않은 가톨릭교회의 오랜 전승과 의식, 관습들을 거부하였던 것입니다. 이후 개신교의 성사 개혁은 이 주장대로 행해질 것이었습니다.

마지막 책인 『그리스도인의 자유에 관하여』는 1520년 루터가 쓴 3부작 중 어쩌면 가장 본질적인 것이라 할 수 있습니다. 루터교와 개신교 사상의 핵심인 소위 '이신칭의(以信稱義)', '믿음에 의한 구원'이라는 원리가 가장 분명하게 드러나 있기 때문입니다. 앞에서 언급했듯이 그가 가톨릭 교리와 생각이 확실히 달랐던 점은 구원의 방법에 대한 것이었습니다. 그는 이 책에서 그리스도인이란, 믿음으로 참된 자유를 얻으며, 사랑으로 스스로 종이 되어 타인을 섬기는 존재라고 정의하였습니다. 결국 그는 믿음과 사랑이야말로, 기독교의 핵심이라고 주장하였던 것입니다. 루터는 행위가 인간을 의롭게 만들 수 없고, 인간은 선을 행하기 전에 먼저 믿음으로 의로워져야 한다고 역설했습니다. 오직 인간의 내적 믿음만이 구원의 방법이라는 것, 루터 사상의 핵심이 이 책의 주제였던 것입니다.

95개 조항을 내걸 때 그는 분명 가톨릭교회와의 결별을 염두에 두고 있지 않았습니다. 하지만 여러 차례의 가톨릭 측과의 토론과 논쟁을 거치면서 루터는 자신의 생각이 가톨릭의 교리와는 다르다는 것을 차츰 깨달으며 자신만의 신학 체계를 정립해나갔던 것입니다. 1520년 나온 이 책들은 바로 그러한 루터 사상의 핵심을 담고 있었습니다.

결국, 최종적 결별은 그해 12월에 이루어졌습니다. 교황의 교서를 받은 지

정확히 60일 째인 1520년 12월 10일 아침에, 루터는 많은 교수와 학생들이 지켜보는 가운데 교황의 파문교서를 태워버리는 화형식을 거행합니다. 정면승부를 선택하였던 것입니다.

1521년 보름스

루터가 교황의 칙서를 불태워버렸다는 사실은 독일뿐 아니라 유럽 전역에 큰 파장을 가져왔습니다. 교황은 1521년 1월 3일 루터에 대한 공식 파문을 선언하였습니다. 이제 남은 수순은 세속권력인 신성로마제국 황제가 교황의 파문장에 서명하고 루터의 법적 보호를 박탈하는 것이었습니다.

앞에서 언급했듯이 이제 막 제위에 오른 제국의 새 황제, 카를 5세는 당시 21세의 젊은 청년이었습니다. 황제의 자리에 오른 후, 그는 신성로마제국 내의 모든 영지에서 대표를 파견하는 첫 번째 제국의회를 보름스(Worms)에서 열기로 합니다. 처음에 루터 문제는 의제도 아니었고 황제의 주요 관심사도 아니었지만, 12월의 교황교서 소각 사건이 워낙 문제가 되자 황제는 이 문제를 다룰 수밖에 없었습니다.

사실 황제에게 루터 문제는 그리 복잡한 일로 보이지 않았습니다. 당시 교회의 파문은 자동으로 제국에서의 추방을 의미했기에, 독실한 가톨릭 신자였던 황제의 입장에서는 교황의 파문장에 따르기만 하면 될 일이었습니다. 하지만 부르고뉴에서 태어나 스페인 왕위를 물려받고 또 이제 막 황제자리에 오른 그의 입장에서, 신성로마제국의 상황은 그리 녹록하지 않았습니다. 제국 내에는 쟁쟁한 제후들이 버티고 있었고, 특히 이 지역의 명망 있는 선제후 작센 공 프리드리히가 루터에게 의견을 말할 기회를 줄 것을 강력히 요청하고 있었기 때문입니다. 무엇보다 선거에서 프리드리히의 도움을 받았던 터라, 황제로서는 그의 청을 거절하기 어려웠습니다. 그리고 아직은 낯선 곳의 귀족들에게 신임 황제가 처음에 조금 양보하는 태도를 보이는 것도 나쁘지 않을 것이라 판단했기 때문인지, 황제는 교황 측 특사의 강력한 반대에도 불구하고 결국 루터를 부르기로 결정합니다.

1521년 3월 6일에 황제의 소환령이 떨어졌고, 3월 29일 전령이 소환장을 들고 비텐베르크에 도착했습니다. 이단으로 지목된 사람이 황제를 만나러 간다는 것, 이것은 무엇을 의미했을까요? 후스의 사례가 있듯이 이는 어쩌면 다시 돌아오지 못할 길을 가는 것과 다름없는 일이었습니다. 친구들은 당연히 루터에게 가지 말 것을 권고했습니다. 루터 자신도 몹시 두려웠을 것입니다. 자신이 "파도에 실려 흔들리고 있다"면서 불안감을 내비치기도 했지만 루터는 결국 보름스에 가기로 결심합니다.[30]

4월 2일 비텐베르크에서 부활절 미사를 마친 후, 루터는 동료 몇 사람과 함께 시에서 마련해준 마차를 타고 보름스로 떠났습니다. 루터의 보름스 행은 독일 전역에서 뜨거운 관심사였기 때문에 루터가 가는 곳마다 사람들이 몰려나왔습니다. 어떤 곳에서는 이단이라는 비난을 받기도 했지만, 대부분의 지역에서 그는 자신을 환영하는 인파를 만났습니다.

하지만 여행 기간 내내 루터의 마음은 결코 편치 않았습니다. 그는 밀려드는 두려움과 싸우고 있었습니다. 자신의 스승 요한 폰 슈타우피츠가 자신에 대한 지지를 철회하고 교황청의 정책에 복종했다는 소식을 들었기에 몹시 낙담했고, 예민해진 신경 탓인지 도중에 심하게 앓기도 했습니다.

마침내 그가 보름스에 도착한 것은 1521년 4월 16일이었습니다. 길거리에는 수많은 사람들이 루터를 보기 위해 모였고, 그는 군중 속에서 큰 소리로 환영하는 목소리도 들을 수 있었습니다. 도착한 다음날인 4월 17일 청문회장에 출두하라는 명령을 받은 루터는, 오후 4시에 황제와 선제후, 공작들이 있는 회의장으로 들어갑니다. 여기서 루터는 자신의 보호자 프리드리히 선제후를 처음 대면하였습니다.

루터를 다룬 많은 영화에서처럼, 이제 루터는 자신의 인생 중 가장 클라이맥스에 해당되는 장면에 처합니다. 아우구스티누스 수도원의 수도복을 입고 정수리를 깍은 머리모양을 한 그가 회의장으로 들어갔을 때, 테이블 위에는 많

---

30 톰린, 『마르틴 루터』, 114쪽.

5-7 1521년 보름스 제국의회에 선 루터

은 책들이 쌓여 있었습니다. 이 자리에서 그는 두 가지 질문을 받습니다. 하나는 테이블 위에 놓인 책들이 자신의 저서인지를 묻는 질문이었고, 다른 하나는 그 책들에 쓴 내용을 모두 철회할 마음이 있는 지에 대한 질문이었습니다. 첫 번째 질문에 그는 독일어와 라틴어로 각기 "예, 제가 쓴 것이 맞습니다"고 매우 작은 소리로 대답했습니다. 당연히 많이 긴장했던 것이겠지요. 루터의 대담하고 명료한 태도를 기대했던 사람들에게는 실망스럽게도, 그는 불안해 보였습니다. 그리고 두 번째 질문이 떨어지자 그는 바로 답변하지 않고 자신에게 생각할 시간을 달라고 요청합니다. 이미 시간을 많이 주었다는 교황청 관리의 말이 있었지만 황제는 허락해주었고, 루터는 하루의 시간을 더 얻을 수 있었습니다.

자, 이 극적인 장면에서 여러분은 루터의 심경이 읽혀지시나요? 세상의 권세를 다 가진 높은 사람들, 자신의 목숨을 좌지우지할 수 있는 사람들 앞에서, 나는 어떤 말을 해야 하는가? 목숨을 잃을 것이 분명하니 여기서 철회한다는 말을 해야 하는 것일까? 이 장면에서 분명 루터는 자신의 생명이 걸린 일생일대의 결정을 해야 했던 것입니다. 그래서 시간을 달라고 했을 것입니다.

또 그렇게 얻은 시간 동안 루터의 머릿속에는 수많은 생각이 오갔겠지요. 그가 죽는다면 슬퍼할 부모님과 형제, 스승, 친구들의 얼굴이 떠올랐을 것입니다. 그러나 동시에 '그동안 내가 말하고 써온 그 모든 내용들, 그것이 어떻게 잘못된 것인가? 그것이 잘못된 것이라고 말하는 것은 양심을 거스르는 것이며 무엇보다 하나님의 뜻이 아니다', 이런 수많은 생각들로 고민했을 것입니다.

루터는 밤새도록 그리고 다음날 오전까지 많은 사람들의 격려 방문을 받았습니다. 그 격려에 힘입은 것인지 루터는 밤에 마음을 정했던 것 같습니다. 그날 밤에 쓴 한 짧은 편지에서 "그리스도의 도움으로, 저는 영원토록 단 한 부분도 철회하지 않을 것입니다"라고 결심을 드러냈던 것입니다.[31]

다음날인 4월 18일 목요일 오후, 다시 열린 청문회에서 루터의 태도는 변해 있었습니다. 그는 전날의 소극적 태도를 버리고 자신의 소신을 결코 굽히지 않을 것임을 분명히 합니다. 그는 입장 철회가 불가능하다는 것을, 처음에는 독일어로 그리고 다음에는 라틴어로, 이렇게 말했습니다.

"성경의 증거나 명백한 이성적 논증에 근거하여 설득력 있게 분명히 반박하지 않는 한, 저는 저의 잘못을 인정하지 않을 것입니다. 저는 교황도, 공의회도, 그 자체만을 믿지는 않습니다. 왜냐하면 그들은 종종 오류를 범했고 모순되는 결정을 내리곤 했기 때문입니다. 저는 제가 인용한 성서의 말씀에 따를 수밖에 없습니다. 저의 양심이 하나님의 말씀에 사로잡힌 한, 저는 아무것도 철회할 수 없으며 철회하지 않겠습니다. 왜냐하면 양심을 따르지 않는 것은 옳지도 안전하지도 않기 때문입니다. … 하나님, 저를 도와주소서! 아멘."[32]

루터의 철회 거부에 객석은 술렁였고, 카를 5세는 분노합니다. 사실 그날 이후에도 제후들의 간청으로 몇 차례의 철회 기회가 루터에게 더 주어졌지만,

---

31 톰린, 『마르틴 루터』, 116쪽.
32 셸더하위스, 『루터, 루터를 말하다』, 253; 헨드릭스, 『마르틴 루터』, 233; 톰린, 『마르틴 루터』, 117쪽.

루터는 끝까지 거부하였습니다. 결국 황제는 루터를 이단으로 규정합니다. 그러나 황제는 이미 오고 가는 길의 신변보장을 약속한 터라, 루터를 가두거나 위해를 가할 수 없었습니다. 후일 황제는 이때 루터를 죽이지 못한 것을 후회했지만, 사실 이제 막 제국의 정치무대에 데뷔한 젊은 황제 카를이, 선제후의 의사에 반해 청문회에 출석한 작센의 성직자를 죽이기는 쉽지 않은 상황이었습니다.

어쨌든 황제는 루터에게 곧 황제의 파문을 받을 것이라고 전하면서, 3주 안에 비텐베르크로 돌아갈 것과 어떤 경우에라도 설교하거나 선동하지 말라는 명령을 내립니다. 루터를 정죄하는 황제의 공식적 칙령은 한참 뒤인 5월 25일 공식 발표되었습니다. 이 '보름스 칙령(Edict of Worms)'으로 교황의 파문교서는 법률적 효력을 부여받았고, 루터는 이제 법의 보호를 받지 못하는 이단자로 선언되었습니다. 이 칙령에 따르면, 누구도 루터와 함께 먹고 마시거나 은신처를 제공해서는 안 되며, 루터를 보면 잡아 황제에게 넘겨야 했습니다. 이제 루터는 교회뿐 아니라 사회에서도 공식적으로 버림받은 자가 되었던 것입니다.

5. 개혁과 정치

은거

4월 26일, 루터는 황제의 명에 따라 보름스를 떠나 비텐베르크로 향합니다. 루터가 법외 추방자가 되자 프리드리히는 루터를 보호할 방책을 마련했습니다. 납치를 가장하여 위험에 처한 루터를 은밀한 곳에 숨기기로 했던 것입니다. 이 비밀계획은 성공적이었습니다. 루터가 막 작센 영지로 들어섰을 때 그는 갑자기 사라집니다. 그가 정체불명의 무리에게 끌려간 곳은 바르트부르크(Wartburg)라고 알려진 외딴 성이었습니다. 이곳에서 루터는 융커 외르크(Junker Jörg)라는 이름의 낯선 기사로 변장해 숨어 있게 되었던 것입니다.

5-8 바르트부르크 성

한편 루터를 숨긴 후에도 제국의회의 마무리를 위해 보름스에 머무르던 프리드리히 선제후는, 황제와 비밀 협상을 합니다. 앞으로 루터 일에 관여하지 않겠다고 약속하는 대신, 보름스 칙령은 자신의 영지인 작센지역에는 시행되지 않는다는 약속을 받아내었던 것입니다. 적어도 선제후령에서는 루터의 안전이 보장되었던 것입니다.

루터가 은거한 바르트부르크는 인적이 드문 곳으로, 아이제나흐 근처 튀링겐 지방의 구릉지꼭대기에 지은 성이었습니다. 처음 두 주 동안 루터는 머리와 수염을 자라도록 내버려두고 16년 만에 처음으로 수도복을 벗고 평복을 입었습니다.

세상과 그리고 무엇보다 자신과, 목숨을 건 대결을 치렀으니 그는 몹시 지쳤을 것입니다. 하지만 모처럼 쉴 시간을 얻었음에도, 바르트부르크에서 루터는 그다지 편안하지 않았습니다. 그의 표현대로 "절반은 기꺼이, 절반은 마지못해 이상한 죄수"로 보내는 시간이었습니다.[33] 이제 파문을 당했으니 성직

---

33 헨드릭스, 『마르틴 루터』, 243쪽.

자도 아니고, 제국의 범법자가 된 자신이 비텐베르크로 돌아갈 수 있을지, 교수직을 유지할 수 있을지도 불분명했습니다. 무엇보다 사람들을 만날 수 없는 고립된 상태는 그를 매우 우울하게 만들었습니다. 마음이 편치 않았던 탓인지 육체적 질병도 겹쳐 옵니다. 위와 장이 좋지 않아 고생하였고, 두통과 변비에 자주 시달렸습니다.

하지만 그는 곧 자신이 해야 할 일을 깨닫습니다. 성 밖의 세상은 여전히 올바르지 않은 신앙이 판을 치고 있었기 때문입니다. 루터는 곧 마음을 잡고 친구들에게 편지를 써대기 시작하였습니다. 수도원 서약을 비판하는 글을 쓰고, 설교자들이 대림절과 성탄절에 복음서를 해석하는 데 도움이 되는 지침서를 만들기도 했습니다.

1521년 12월 초에 비텐베르크의 상황이 궁금했던 루터는, 바르트부르크를 떠나지 말라는 선제후의 영을 어기고, 비밀리에 비텐베르크로 들어가 동료 교수들과 친구들을 만납니다. 그들의 격려를 받고 바르트부르크로 돌아온 루터는, 12월 중순부터 신약성경을 독일어로 번역하는 일에 착수합니다. 앞에서 언급한 대로 루터는 모든 신앙의 준거가 성서에 기초해야 한다고 생각했습니다. 아시다시피 당시 가톨릭교회의 규범적 성경은 '불가타(Vulgata) 성경'이었지만, 오류가 많았고, 라틴어로 되어 있어 대중은 읽을 수 없었습니다. 루터는 가톨릭 사제들이 성경을 독점하여 하나님의 뜻을 왜곡하고 있고, 그래서 대중은 '성경'보다 미사나 성사 같은 '행위'에 더 집중하게 된다고 보았습니다. 따라서 누구나 쉽게 신앙의 본질에 다가갈 수 있도록 대중이 읽기 쉬운 성경을 편찬하는 것이 시급하다고 생각한 것입니다.

눈길을 끄는 것은 이때 루터가 독일어로 번역한 성경의 원본이 1516년 프로벤의 인쇄소에서 찍어낸 에라스무스판 그리스어 신약성경이었다는 점입니다. 앞장에서 우리가 살펴본 대로 에라스무스와 루터는 견해 차이로 결국 갈라서게 됩니다. 그럼에도 불구하고 두 사람 모두 올바른 성경의 내용을 연구하고 그것에 기초한 신앙을 추구했다는 점에서는, 같은 길을 걸었던 것입니다. 후일 에라스무스에게 신랄한 비판을 퍼붓게 되지만, 루터의 개혁 작업은 에라스

5-9 루터가 성서를 독일어로 번역한 방

무스의 평생에 걸친 노력에 힘입은 바 컸던 것입니다.

 이 성경의 번역 작업은 1521년 12월에 시작되어 1522년 3월 1일 루터가 바르트부르크를 떠나기 전에 완성되었습니다. 루터는 그 번역문의 일부를 선제후의 비서이자 친구인 슈팔라틴에게 보냈고, 다시 그리스어에 정통한 동료교수 멜란히톤(Philipp Melanchton, 1497~1560)에게 전달해 검토를 받았습니다. 그리하여 마침내 1522년 9월 이 독일어 성경이 출판되었던 것입니다. 이 성경은 달의 이름을 따 '9월 성경'으로 불리어지게 되었습니다.

 오늘날 독일 지역을 여행하시면 여러분은 곳곳에서 루터의 동상을 발견하실 수 있습니다. 그 동상들에는 공통점이 있습니다. 대부분의 동상들이 한손에 성경을 들고 있다는 것입니다. 루터를 상징하는 가장 중요한 물건, 그것은 성경이었습니다. 그가 번역한 첫 성경이 바로 이때 나왔던 것입니다.

귀향: 개혁 속도를 늦추다

한편, 루터가 사라진 상황에서 비텐베르크에서는 그의 동료들이 개혁을 실행에 옮기기 시작하였습니다. 먼저 개혁의 바람이 분 것은 루터가 속했던 아우구스티누스 수도원이었습니다. 수도원 개혁에 앞장 선 이는 가브리엘 츠빌링(Gabriel Zwilling)이라는 수도사로, 그는 '제2의 루터'라 불릴 만큼 루터의 개혁에 적극적으로 동참했던 사람이었습니다. 루터의 수도원 서약 비판이 나온 후, 츠빌링은 미사제도와 수도원 제도

5-10 베를린 성 마리아교회 앞의 루터 동상

의 폐지를 강하게 주장하였습니다. 먼저 그는 수도사복을 입는 것을 거부하였고, 많은 수도사들에게 개혁에 따를 것을 촉구했습니다. 상당수의 수도사들이 이에 동조하면서 10월에는 수도원장의 허락도 없이 수도원 내의 미사가 중단되는 일이 일어났습니다. 많은 수도사들이 수도원을 떠나기 시작했고, 비텐베르크의 아우구스티누스 수도원은 일대 혼란에 빠지게 되었던 것입니다.

비텐베르크 개혁의 선봉에 선 또 한명의 개혁자는 루터의 동료교수, 안드레아스 카를슈타트(Andreas Bodenstein von Karlstadt, 1480?~1541)였습니다. 카를슈타트는 1504년 비텐베르크 대학에 부임한 교수로, 루터에게 박사학위를 수여하기도 한 인물이었습니다. 그는 루터의 생각에 적극적으로 동조했고, 라이프치히 논쟁에 같이 나서기도 했습니다.

루터가 사라진 후 카를슈타트는 설교와 글을 통해 그동안 가톨릭이 행해오던 미사방식, 성찬, 수도사 서약 등을 비판하면서 루터의 개혁을 철저히 실현

하고자 노력했습니다. 1521년 성탄절 축일 미사에서 카를슈타트는 최초의 새로운 형식의 미사를 집전함으로써 비텐베르크의 개혁을 이끕니다. 평상복을 입고 제단에 오른 그는 독일어와 라틴어를 섞어 쓰며 미사를 집전하였고, 평신도들에게 빵과 포도주를 모두 나누어주는 성만찬 의식을 진행하였습니다.

가톨릭 미사에서 사제는 사제복을 입어야 했고, 라틴어로 미사를 집전하는 것이 원칙이었습니다. 그리고 성만찬 의식을 행할 때 평신도들에게는 포도주를 주지 않고 빵만 지급하는 것이 관례였습니다. 예수의 피를 상징하는 포도주를 엎지르는 불경을 방지한다는 이유에서였습니다. 따라서 이러한 조치는 매우 파격적이고 놀라운 개혁이었습니다.

다음 해인 1522년에 카를슈타트는 모든 겉치레를 없애고자 비텐베르크 시내 성당에서 그림과 조각상들을 제거하려 하였는데, 이러한 움직임은 곧 성상과 제단을 파괴하는 폭력 행위로까지 발전하였습니다.

비텐베르크에서의 이러한 급진적이고 빠른 개혁은 동조자들을 불러 모으기도 했지만, 동시에 거부감을 가진 사람들을 만들어내기에 충분했습니다. 미사에 급격한 변화가 도입되자, 상당수의 시민들은 혼란스러워했고, 개혁을 지지했다가 급격한 개혁에 놀라 가톨릭으로 다시 돌아가는 사람들도 생겨났습니다.

무엇보다 프리드리히 선제후 역시 이런 식의 과격한 개혁을 못마땅해하고 있었습니다. 나아가 선제후의 사촌인 게오르크 공작 같은 인접 지역의 제후들까지 나서, 비텐베르크에서의 급진적 개혁을 강력히 비난하자, 결국 선제후는 1522년 2월 13일 그동안의 개혁을 중단시키고 이전으로 복귀한다는 명령을 내리기에 이르렀던 것입니다.

비텐베르크로부터 이러한 사태를 전해들은 루터는 과격행위가 가져올 위험성에 화들짝 놀랐습니다. 무엇보다 그는 프리드리히 같은 주요 지지자를 잃게 될 것을 두려워했습니다. 책임감을 느끼고 무엇인가 조치가 필요하다고 느낀 루터는 비텐베르크로의 귀환을 결심합니다. 결국 루터는 선제후의 만류에도, 1522년 3월 바르트부르크를 떠나 비텐베르크로 돌아옵니다.

개혁을 촉진하고 지나친 행위를 억제하려면 강력한 설교가 필요하다고 판단한 루터는, 1522년 3월 9일부터 개혁이 잘못된 길로 가고 있다는 내용의 설교를, 8일 동안이나 계속했습니다. 그는 설교에서 개혁과 변화는 필요하지만 무엇보다 먼저 자발적인 마음이 만들어져야 한다는 것을 강조하였습니다. 변화가 먼저 생기면 잘못된 마음을 만들어내고 사람들에게 행위를 강요하게 된다는 것입니다. 그래서 그는 신앙에 혼란을 주는 의식의 도입이나 변화를 비판하고 자제할 것을 요구했습니다. 개혁은 옳지만, 서두르다가 혼란을 자초하다면 그것은 하나님의 뜻에 어긋난다는 것이지요. 이런 관점에서 그는 성찬식도 다시 원상 복구시켜 평신도들은 빵만 받도록 하였습니다. 한마디로 비본질적인 형식이 중요한 것이 아니라, 믿음과 사랑이 본질임을 강조하면서, 카를슈타트의 성급한 개혁에 반대를 분명히 하였던 것입니다.

카를슈타트를 제외한 대부분의 개혁자들이 루터의 의견을 받아들이자, 혼란스럽던 비텐베르크는 다시 질서가 잡힙니다. 이제 비텐베르크 개혁의 주도권은 루터가 장악하게 되었던 것입니다.

비텐베르크에서의 소요는 개혁운동의 미래에 질문을 던졌습니다. 개혁의 내용은 무엇이며 어떤 방향으로 나가야하는가? 개혁은 점진적이어야 하는가 아니면 신속히 진행되어야 하는가? 누가 개혁을 이끌 것인가? 하는 근본적 문제들 말입니다.

그런데 여기서 반드시 기억해야 할 것이 있습니다. 종교개혁은 결코 루터 한 사람의 전유물은 아니었다는 것입니다. 사실 당시 유럽 내에서 가톨릭교회를 개혁해야 한다고 생각했던 사람들은 매우 많았습니다. 그리고 구체적 개혁의 내용이나 속도, 방식에 대한 생각 역시 매우 다양했습니다. 루터가 개혁의 빗장을 열자, 이런 다양한 개혁세력들이 요구와 행동이 물밀 듯이 터져 나오기 시작했던 것입니다.

이 상황에서 루터는 스스로 주도권을 잡아 개혁의 내용과 속도를 통제하려 했습니다. 사실 그가 선택한 것은 매우 온건한, 어쩌면 보수적이라 할 수 있는 평화적 개혁이었습니다. 기존 정치 체제 내에서 안전하고 질서 있는 방식의 개혁, 그것이 그가 원한 방향이었던 것입니다.

뒤에서 살펴보겠지만, 그는 자신과 생각이 다른 여러 갈래의 개혁가들을 급진주의자나 과격파로 규정해 배척하게 됩니다. 이것은 루터 본인이 가진 독선적 기질 때문이기도 하였지만, 어떤 면에서는 현실적인 판단 때문이었다고 할 수 있습니다. 무엇보다 루터는 선제후의 심기를 거슬러서는 안 되며, 개혁에는 그의 협조가 필수적이라는 것을 무시할 수 없었던 것입니다.

어쨌든 이 일로 루터는 동지였던 카를슈타트와 절연하게 됩니다. 나중에 살펴보시겠지만 이러한 절연은 그의 인생에서 단순한 일회성의 해프닝은 아니었습니다. 이 일은 루터가 가톨릭뿐 아니라 자신과 다른 방식을 추구하는 개혁 세력들과도 싸워야 한다는 것을 예고하고 있었습니다.

루터의 배신? 독일농민전쟁

루터의 이러한 온건하고 현실주의적인 개혁노선은, 1524~1525년 독일을 휩쓴 비극적 사건으로 인해 확실히 부각되게 됩니다.

아시다시피 이 시기는 중세를 지탱하던 사회구조가 곳곳에서 붕괴되고 있던 시기였습니다. 기사계급들은 점차 몰락해갔고, 하급귀족들은 농민들을 더욱 강력히 종속시켜 수탈을 강화하려 하고 있었습니다. 늘어가는 경제적 부담 속에서 교회와 영주 양편으로부터의 봉건적 과세에 시달리던 농민들의 불만은 한층 증가되었습니다. 이런 불만은 유럽 곳곳에서 농민 봉기로 이어졌습니다. 도시에서도 저임금과 물가상승에 고통 받던 도시빈민들의 폭동이 발생하고 있었습니다.

독일 전역으로 종교개혁의 흐름이 확산되던 이 시기에, 독일 남부지역에서는 이런 오래된 사회적 갈등이 심화되어 폭발합니다. 1524년 6월 라인 상류지역인 슈틸링엔(Stuhlingen)에서 봉건적 압박과 교회에 억눌려오던 농민들의 저항이 발생하였던 것입니다. 사실 이 봉기는 처음에는 작은 소요에 불과했습니다. 하지만 이곳저곳에서 산발적으로 일어나던 저항들과 합쳐지면서, 1525년 봄이 되면 독일 남서부와 중부지역에까지 급속도로 확산된 대규모 봉기로 발전하였습니다.

1525년 초 봉기의 중심지였던 남부의 메밍엔(Memmingen)지방에서, 농민 지도자들은 자신들의 요구를 적은 문서를 작성하였습니다. 이것이 소위「12개 조항(Zwolf Artikel)」이라는 문서로, 농민전쟁과정에서 널리 뿌려진 선언서였습니다. 여기서 중요한 것은 이 선언문이 여기저기에 성서를 인용하면서 농민들의 봉기가 신앙과 믿음에 근거한 것임을 강조하였다는 것입니다.

사실 농민들이 보기에, 루터가 보여준 당당한 주장과 저항은, 그들이 오랫동안 추구해온 사회 정의의 표상이었습니다. 그래서 루터가 원하건, 원하지 않건, 농민들은 루터를 자신들의 지도자로 생각하였습니다. 특히 그들에게 루터의 글 『독일 그리스도교인 귀족들에게 고함』은 복음으로 들렸습니다. 그 책에서 루터는 소작농들의 요구 사항 중 상당부분을 교회 개혁의 일부로 언급했기 때문입니다.

1525년 4월부터 5월 초까지 개혁을 위해 튀링겐 지역을 방문하고 있던 루터는, 농민들이 쓴 '12개조' 문서와 자신들을 지지해달라는 농민들의 요청을 접하게 됩니다. 그 요청에 대한 루터의 입장은 1525년 4월 20일에 「평화를 조장하기 위한 슈바벤 농부들의 12개 조항에 관하여(Ermahnung zum Freiden auf die zwolf Artikel der Bauenschaft in Schwaben)」라는 문서로 발표되었습니다.

이 글을 쓸 때까지만 해도 루터는 영주와 농민 간의 타협이 가능할 것으로 본 것 같습니다. 그는 이 문서에서 먼저 사치와 낭비를 위해 민중을 수탈하는 영주들의 행위를 질책하였습니다. 통치자는 억압적인 폭군이 되기를 멈추어야 한다는 것입니다. 하지만 그는 농민들에게도 비록 그들의 몇몇 요구들이 정당하고 올바른 것이라 해도 항거가 폭력적이어서는 안 된다고 무섭게 경고하였습니다. 복음을 위한 무력이나 유혈사태는 결코 정당화될 수 없으며, 칼로 일어난 자는 칼로 망한다고 주장했던 것입니다. 루터의 말을 들어봅시다.

"나는 농부들이 하나님의 말씀을 통해 교훈받기를 원한다는 사실에 그들을 높이 치하합니다. 그러나 이와 동시에 자신들의 요구를 폭력으로 추구하는 것을 경고합니다. … 왜냐하면 그들은 그럴 권리가 없기 때문입니다. 결국 그리스도인이란 우리의 군주가 되시는 그리스도께서 검을 사용하시지 않고 십자가를 지셨던 것처럼, 자신들을 위해 칼과 화승총으로 싸우는 자들이 아니라 십자가를 지고 고난과 함께 싸우는 사람들입니다."[34]

그러나 이 글을 발표했을 때, 이미 농민들은 최후의 대치를 하고 있는 상황이었고, 따라서 루터가 추구한 타협은 실현될 수 없었습니다. 특히 튀링겐 지역의 농민봉기는 토마스 뮌처(Thomas Muntzer, 1489~1525)라는 종교개혁가가 이끌고 있었습니다. 뮌처는 라이프치히와 비텐베르크에서 신학을 공부했던 사람으로, 한때 루터의 개혁에 감명을 받았던 사람들 중 하나였습니다. 여러 지역을 떠돌다가 1523년에는 알슈테트(Allstedt)라는 작센의 한 작은 마을의 목사가 된 그는, 루터와는 매우 다른 생각을 발전시키고 있었습니다.

무엇보다 주관적인 경험을 강조했던 뮌처는, 성서보다는 하나님의 직접적 계시를 매우 중요시했습니다. 그는 성서는 신앙에 대한 증거이지 신앙 그 자체가 아니며, 매일의 삶에서 성령과의 교통을 통해 하나님의 뜻을 이해해야 한다고 보았습니다. 특히 그는 곧 세상의 종말이 다가올 것이기 때문에 진정한 성도가 즉시 실천해야 할 일은, 선택받은 사람들을 불러 모아 지상에서 하나님의 나라를 건설하고, 그리스도의 정신을 타락시킨 사악한 세력들을 제거하는 것이라고 주장했습니다. 왕도 없고 통치자도 없으며, 성서에 근거해 직접 다스리는 자유로운 성도들의 왕국을 건설해야 한다는 것입니다.

특히 그는 당시 일어난 농민들의 봉기를 하나님의 역사로 보았고, 타락한 지배자들에 맞서 싸우는 것이 하나님의 뜻이라고 이해했습니다. 그리하여 그는 농민봉기를 이끄는 지도자가 되었습니다. 즉 그에게 종교개혁과 사회혁명은 하나였던 것입니다. 이런 관점에서 뮌처에게, 행위 없이 오직 믿음에 의한 의로움을 주장하며 사회 개혁을 추구하지 않는 루터의 신학은, 거짓 신앙이며 위선적인 신앙이었습니다. 그는 루터를 이렇게 비난했습니다.

---

34 셀더하위스, 『루터, 루터를 말하다』, 328~329쪽.

"이 기회주의자 박사님, 비텐베르크의 새 교황님 … 칼은 하나님께서 지배자에게 맡긴 것이므로 반란이란 있을 수 없다고 그는 말합니다. 그러나 칼의 힘은 전체 공동체의 것입니다. … 지배자들은 정의를 왜곡시키고 말았습니다. 그들을 자리에서 끌어내려야 합니다."[35]

이런 상황에서 루터는 폭력적 사태를 막기 위해 방문한 몇몇 도시들에서 농민들과의 대화를 시도하기도 했지만, 환영받지 못했습니다. 그들은 루터와의 대화를 받아들이지 않고 오히려 예배시간에 야유를 보냈습니다. 농민반란은 계속 확대되어, 성과 수도원이 파괴되고 도시 곳곳에서 약탈이 성행했습니다. 시간이 지나면서 폭력적 양상이 강화되자, 그리고 특히 4월 16일 아이슬레벤에서 약탈로 황폐해진 현장을 직접 목격하자, 루터는 농민봉기에 대한 자신의 반대를 분명히 드러낼 필요를 느꼈습니다. 그리하여 5월에 비텐베르크로 돌아오자마자 쓴 글이 「폭동을 일으키는 소작농을 반대하며(Wider die sturmende Bauem)」라는 소책자이었습니다.[36]

여기서 루터는 뮌처를 사탄의 도구로 규정하고, 농민전쟁에 대한 반대를 분명히 합니다. 이 글에서 루터는 폭력을 행사하는 자들은 반드시 무력으로 다스려야 할 범죄자라고 보았습니다. 그리하여 그는 "누구든 할 수 있거든, 이런 자들을 때리고, 교살하고, 은밀하게든 공개적으로든 칼로 찔러야 하며, 이런 반역자들보다 더 유해하고 파괴적이며 마귀적인 자들이 없다는 것을 명심해야 한다"는 무시무시한 말로, 폭동을 진압할 것을 강력히 주장하였습니다.[37]

루터의 말은 실행에 옮겨졌습니다. 튀링겐에서는 뮌처의 지도하에 프랑켄하우젠(Frankenhause) 근처에서 대치하고 있던 약 5000명의 농민들이 죽임을 당

---

35 베인턴, 『마르틴 루터』, 385쪽.
36 이 책자의 일부는 「살인자들을 반대하며: 무리를 지어 약탈하는 소작농들(Wider die rauberischen und morderischen Rottender Bauern)」이라는 제목으로, 여러 차례 따로 출간될 정도로 유명해진 문서가 됩니다.
37 셀더하위스, 『루터, 루터를 말하다』, 329쪽.

했습니다. 뮌처는 붙잡혀 고문을 받고 목이 잘렸고, 농민들에 대한 끔찍하고 잔혹한 보복이 이루어졌습니다. 독일 전역에서 보면 이 전쟁으로 약 10만 명이라는 엄청난 수의 농민들이 목숨을 잃었습니다.

물론 영주들이 루터의 이 말 때문에 농민봉기를 잔혹하게 진압했다고 할 수는 없을 것입니다. 하지만 농민전쟁에 대한 루터의 태도는, 농민은 물론, 루터를 따르던 지지자들과 많은 지식인들에게 충격을 주었습니다. 사실 당시 계급구조에서 농민들은 분명 약자였습니다. 그들은 자신들의 요구를 전달할 통로가 없었고, 제후들과의 사이에 공정한 판단을 해줄 사람도 없었습니다. 농민들은 루터에게 이런 역할을 원했지만 그는 전혀 이런 일을 하지 않았습니다. 루터는 성직자였지 정치가나 혁명가가 아니었으니 그런 일을 할 이유가 없다고 할 수도 있을 것입니다. 하지만 루터가 제후들의 양보를 끌어내거나 양측의 타협을 위해 노력하는 일보다는, 농민들이 저지른 폭력에 반대하는 데 훨씬 더 열심이었다는 점은 부인하기 어렵습니다. 그는 농민들의 폭력성에 질려 또 다른 폭력을 요구했고, 그런 점에서 잔혹한 강경진압과 엄청난 희생에 책임이 없다고 보기 어려운 것입니다.

이 일은 루터의 한계를 그대로 드러내었습니다. 그는 중세적 신분질서를 개혁하거나 변화시킬 생각이 전혀 없었습니다. 그리하여 그는 자신을 지지했던 두 세력, 농민과 제후 중 자신이 어느 편에 서 있는지를 분명히 보여주었습니다. 살육과 무자비한 진압을 본 사람들은, 루터를 '제후의 아첨꾼'이라 비난하였고, 농민들은 루터를 배신자로 규정하였습니다.

이 지점에서 다시 우리는 문제에 봉착합니다. 그렇다면 도대체 왜 루터는 농민들을 도우려 하거나 아니면 적어도 중재자로서의 역할이라도 하려 하지 않았던 것일까요? 루터가 말년에 사소하다 할 수 있는 귀족 형제들 간의 갈등을 중재하기 위해, 아픈 몸을 이끌고 다녔다는 점을 생각해보면, 이 엄청난 폭력 사태에서 편파적으로 농민들에게만 자제를 요구하고 귀족들로부터 양보를 끌어내려는 노력은 거의 하지 않았다는 것은 이해하기 어렵습니다. 게다가 그는 왜 그토록 무시무시한 말로 엄청난 폭력을 가져올 강경한 진압까지 요구해야 했던 것일까요?

여기에 대한 해답은 농민전쟁이 있기 전, 1523년에 루터가 쓴 「세속권력에 대하여, 어디까지 복종해야 하는가(Von weltilicher, wei weit man ihr Geharsam schuldig sei)」라는 글에서 찾을 수 있을 것 같습니다. 이 글은 프리드리히 선제후의 사촌이었던 작센의 게오르크 공작이 자신의 영지에서 루터의 '9월 성경'의 판매를 금지했을 때 쓴 글로, 루터의 세속 정치에 대한 생각이 잘 드러나 있습니다.

이 글에서 루터는 신은 인간 세상을 두 개의 영역으로 통치한다고 주장합니다. 이것이 루터의 소위 '두 왕국 이론'입니다. 이 이론을 간단히 요약하면 이렇습니다.

이 세상에서 인간들은 두 개의 나라에 속해 있는데 영적 왕국과 세속의 왕국이 그것입니다. 영적 왕국, 교회는 성령과 말씀을 통해 사람들을 진실한 의인이 되도록 만듭니다. 진정한 그리스도인들은 여기에 속하는 것입니다. 그러나 세상에는 이에 속하지 않는 악한 사람들도 많이 존재합니다. 그래서 세속의 나라가 필요합니다. 세속의 정부는 법과 칼을 가지고 지상의 평화와 질서를 유지합니다. 그것이 세상의 권력자들을 세운 하나님의 이유입니다.

여기서 중요한 점은 루터가 이 두 개의 영역은 반드시 분리되어야 한다고 보았다는 점입니다. 어떤 세상 법이나 칼도 영적 정부에 명령을 내릴 수 없다는 것입니다. 교회의 일은 교회에서 정해야 하며, 세속정부의 권력은 결코 영적 정부의 영역에 개입해서는 안 된다는 것이지요. 결국 이 논리를 통해 루터는 게오르크공작이 루터의 성경을 팔지 못하게 한 것은 세속정부의 권한을 넘어선, 잘못된 것임을 강조하였던 것입니다.

사실 생각하면 루터로서는 '제후의 아첨꾼'이라는 별명은 좀 억울할 것도 같습니다. 그는 세속권력에 그렇게 저자세를 보인 인물은 아니었기 때문입니다. 그는 교황에게는 물론이고, 심지어 자신을 보호해주던 제후들에게도 뻣뻣한 자세를 보인 적이 많았습니다. 루터는 제후들의 비도덕성과 권력남용을 잘 알고 있었습니다. 그가 제후들에 대해 "어떤 도적이나 악당보다 더 나쁘게 행동할 수 있다"고 말한 것은 그 때문이었습니다. 심지어 그는 권력자들이 잘못을 저지를 때에는 그들을 꾸짖는 것이 그리스도인의 자세라고도 주장했습니다.

하지만 이 글에서 또 하나 주목할 사항은, 그가 세속 정부의 권한을, 인간이 아니라 하나님이 부여한 것으로 본다는 점입니다. 그래서 루터는 비록 권력자들이 폭군이라 해도 신하들은 평화로운 방법 외에 다른 것으로 저항해서는 안 된다고 생각했습니다. 그는 "모든 사람은 정부에 복종하라. 왜냐하면 하나님으로부터 오지 않은 정부는 없기 때문이다"라는 로마서 13장에 집착했습니다. 적어도 속세에서 오만하고 보기 싫은 인물이라 해도, 제후는 필요하며 제후들은 신이 악한 세상에 질서를 잡고 외적 평화를 이루기 위해 하나님이 고용한 도구라는 것을 인정해야 한다는 것입니다.

이런 논리에 따르면 농민이나 민중이 칼을 사용하는 것은 권한 없는 자들의 힘의 행사로, 같은 행위를 하더라도 세상의 질서를 해치는 것이었습니다. 끔찍한 진압 후 그는 이렇게 말했습니다.

> "나는 모든 군주들이 죽임을 당하는 것보다 모든 소작농들이 죽임을 당하는 것이 더 낫다고 생각합니다. 왜냐하면 소작농은 하나님께서 주신 권한 없이 검을 사용했기 때문입니다. 이는 사탄으로부터 온 것이며, 따라서 하나님의 왕국과 이 세상에 마귀적인 파멸만 불러올 뿐입니다. 통치자들 역시 죄를 짓지만 하나님의 권위에 의해 주어진 검을 갖고 있으며, 이것이 또한 두 왕국이 존재하는 방식입니다. … 소작농들은 권면을 받았을 때 멈추지 않았고 … 사탄의 격노를 통해 전쟁을 계속했으며 모든 것을 혼란으로 몰고 갔습니다."[38]

'칼을 쓸 권한이 있는 자'와 '권한이 없는 자', 그는 이 프레임을 가지고 농민전쟁을 바라보았고, 농민들에 대한 잔인한 진압을 요구하며 영주 편에 섰던 것입니다.

요컨대, 그는 기존의 정치적 질서를 파괴하는 것은 사탄의 행위라고 생각했

---

[38] 셀더하위스, 『루터, 루터를 말하다』, 331쪽.

고, 따라서 신분질서를 변화시킨다는 생각은 전혀 할 수 없었습니다. 사실 그는 다른 식의 정부 형태가 가능하다는 생각은 전혀 하지 못했던, 정치적으로는 지극히 중세적인 인물이었던 것입니다.

에라스무스

농민전쟁이 끝난 시점에, 루터는 또 다른 중요한 대결을 치러야 했습니다. 로테르담의 에라스무스가 그의 상대였습니다. 1525년 겨울, 루터는 1년 전에 나온 에라스무스의 「자유의지론(De libero arbitrio)」을 신랄하게 반박하는 「노예의지론(De servo arbitrio)」을 발표해 다시 한 번 에라스무스와 논쟁을 벌이게 됩니다.

앞에서 살펴보았듯이 에라스무스는 당대 가톨릭교회의 위선과 모순을 신랄하게 비판하여, 개혁에 찬성하던 많은 사람들에게는 우상 같은 존재였습니다. 그야말로 누구보다 열심히 성경에 매달리며, 기독교의 근본정신으로 돌아가기를 촉구했던 인물이었습니다. 원전으로 돌아가길 원했고, 성경의 권위를 강조했으며, 교회 내의 오류들을 거리낌 없이 비판했다는 점에서 루터와 에라스무스는 큰 차이가 없었습니다.

하지만 루터의 입장에서 보면, 자신과 에라스무스 사이에는 좁힐 수 없는 거리가 있었습니다. 그리고 그는 그 사실을 매우 일찍부터 알고 있었던 것 같습니다. 아직 에라스무스와 관계가 틀어지기 훨씬 전인 1518년 1월, 친구 슈팔라틴에게 보낸 한 편지에서, 루터는 에라스무스에 대해 존경을 표하면서도, 그리스도에 대해 상당히 올바르지 않은 지식을 가진 것 같다는 지적을 하고 있기 때문입니다.[39]

아시다시피 1519년 루터는 직접 에라스무스에게 편지를 보내어, 지지를 호소하였습니다. 하지만, 개혁운동과 거리를 두려는 에라스무스의 태도가 분명해지자, 루터는 에라스무스를 비판하게 되고, 결국 두 사람은 돌아올 수 없는

39　셀더하위스, 『루터, 루터를 말하다』, 332쪽.

다리를 건너게 되는 것입니다.

앞장에서 살펴보았듯이 이 두 사람의 근본적 차이는 인간을 어떻게 보는가 하는 문제에 있었습니다. 에라스무스는 인간을 신이 만든 피조물이지만 그 피조물 중에서 가장 신에 가깝게 창조된, 능력 있는 존재로 파악했습니다. 그는 인간이 비록 죄인이지만, 하나님의 은혜를 추구할 능력을 가지고 있다고 보았습니다. 하나님은 선과 악을 판단하고 선택할 '자유로운 의지'를 인간에게 부여하였고, 구원은 인간의 의지에 하나님의 은혜가 더해져서 이루어지는 것으로 보았던 것입니다.

그러나 루터는 에라스무스의 이런 주장을 잘못된 것이라고 반박하였습니다. 죄는 인간의 의지에 자유의 여지를 주지 않고 속박하기 때문에, 하나님의 은혜가 없다면 인간은 구원받을 수 없다는 것이지요. 요컨대 루터에게 인간은, 타락한 존재이며 신의 은총이 아니고서는 구원받을 수 없는 무력한 존재였습니다. 그것이 그가 하나님만이 구원이며, 진정 자유로운 의지는 하나님에게만 있다고 생각한 이유였던 것입니다.

이런 면에서 기독교 인문주의자들과 종교개혁가들 사이에는 극복할 수 없는 차이가 있었다고 하겠습니다. 루터가 보기에 에라스무스는 인간의 죄성에 대한 인식이 부족했고, 에라스무스는 인간에게 너무 많은 것을 기대하고 있던 인물이었습니다. 그는 이렇게 썼습니다.

"나는 매일 에라스무스에게 흥미를 잃어버립니다. 에라스무스에게는 하나님보다 인류가 더 중요한 것 같습니다. 인간의 능력에 대해 더 많은 기대를 할 때마다 당신의 은혜를 사모하기를 원할 때와는 전혀 다르게 판단하고 행동하게 됩니다."[40]

특히 루터는 1524년 에라스무스가 쓴 「자유의지론」을 읽었을 때, 에라스무스에 대한 혐오감을 감출 수 없었습니다. 1525년 11월 슈팔라틴에게 보낸 편지에서 그는 겨우 몇 페이지를 읽었을 뿐인데 자신이 에라스무스를 얼마나 싫

어하는지 설명하기 어려울 정도라고 써 보냈습니다.[41]

시간이 갈수록 에라스무스에 대한 루터의 독설은 강도가 세어져 갔습니다. 그는 에라스무스를 "말을 매끈하게 잘하는 사람, 그리스도를 모범으로 제시하는 도덕주의자이지만 그리스도를 구주로 믿지는 않는 자"라고 간주하였고, 심지어 뱀장어처럼 교활하며 잘 빠져나가는 인물로 폄하하기까지 했습니다.[42] 1533년에 두 사람 사이의 논쟁이 다시 이루어졌을 때 루터는 에라스무스에 대한 독설을 쏟아냅니다.

"만일 에라스무스의 심장을 절개해 본다면, 삼위일체와 성례전에 대한 조롱 이외에는 아무것도 발견하지 못할 것이다. 그 사람한테는 모든 것이 조롱거리일 뿐이다."[43]

루터가 보기에 에라스무스는, 로마에 호의적인 인사들에게 수입의 대부분을 의지하고 있었기에, 평화를 원하고 안정을 추구하는 인물이었습니다. 에라스무스가 죽은 후, 루터는 에라스무스를 이렇게 평가했습니다.

"로테르담의 에라스무스는 다수의 비범한 책들을 저술했습니다. 그에게는 그럴만한 지적 능력과 시간적 여유가 있었습니다. 아무것도 그를 방해하지 않았습니다. 그에게는 공식적인 어떤 의무도 없었고, 설교하지도 않았으며, 강의의 부담도 없었고 사업에 분주하지도 않았습니다. 에라스무스는 하나님 없는 삶의 방식을 추구했고 … 전적으로 자기 보증을 믿고 살았으며, 그것을 믿고 죽었습니다."[44]

---

40 셸더하위스, 『루터, 루터를 말하다』, 332쪽.
41 셸더하위스, 『루터, 루터를 말하다』, 335쪽.
42 셸더하위스, 『루터, 루터를 말하다』, 336~337쪽.
43 헨드릭스, 『마르틴 루터』, 354쪽.
44 셸더하위스, 『루터, 루터를 말하다』, 337쪽.

6. 루터교의 확립

개혁 작업

1525년 루터의 보호자, '현명공' 프리드리히가 사망합니다. 작센 선제후의 작위를 계승한 사람은 그의 동생 요한(Johann von Sachsen, 1468~1532)이었습니다. 요한 선제후의 별명은 독일어로 '베슈텐디게(Bestandige)'였는데, '변함없는 자' 혹은 '확고한 자'로 번역될 수 있습니다. 별명처럼, 그는 형 프리드리히 때 추진된 종교개혁을 변함없이 확고히 지원하였습니다. 게다가 요한은 형이 모은 성유물을 내다버릴 정도로 행동파였기 때문에, 루터에게는 큰 힘이 되었습니다. 요한 선제후의 든든한 지원 속에서 작센 지역에서 종교개혁운동은 큰 추진력을 얻게 됩니다. 이제 본격적인 예배 및 교회개혁이 시작되었던 것입니다.

루터의 개혁운동은 우선 선제후령 작센에서 독자적인 교회를 확립하는 방향으로 구체화되기 시작하였습니다. 먼저 가톨릭의 계서제 조직이 아닌 완전히 새로운 교회조직이 세워져야 했습니다. 이미 그의 글 『독일 크리스트교 귀족들에게 고함』에서 제후들에게 세속권력을 이용해 교회를 감독하고 재정을 지원하는 역할을 하라고 요구하였던 루터는, 세속 제후들에게 '비상주교(Notbischof)'라는 지위를 부여하였습니다. 작센 지역 내에서 선제후는 형식상 개혁 교회의 최고 주교의 위치에 있게 된 것입니다.

그러나 '2개의 왕국론'에서 이미 말했듯이, 루터는 세속정치와 교회의 권한을 확실히 분리시켰습니다. 루터교에서 지역의 지배자는 명목상 교회에서 최고 지위에 있었지만, 교회 내부의 문제를 실제로 결정할 권리는 없었습니다. 교회의 직접적 공무는 제후의 위임을 받아 교회 총회가 집행하고, 교회순시위원회가 교구를 감독하는 방식이 채택되었습니다.

나아가 새로운 교회는 새 교리를 확립하고 이를 신자들에게 알리며, 그에 기초한 새로운 예배방식과 일상생활 방식들을 가르쳐야했습니다. 제일 먼저 예배 형식이 변화해야 했지만, 확실한 전범이 없었기 때문에 새로운 예배형식이

5-11 요한 선제후(Johann von Sachsen, 1468~1532)

확립될 때까지는 시행착오와 시간이 필요했습니다.

사실 이미 1525년 가을부터 비텐베르크 시교회에서는 가톨릭과 다른 새로운 독일식 미사가 시행되고 있었습니다. 그러나 카를슈타트의 급진적 개혁이 가져온 혼란을 의식해, 루터는 처음부터 매우 신중한 자세를 보였습니다. 처음에 그는 '미사'라는 용어를 그대로 썼고 가톨릭의 예배형식을 크게 바꾸지 않으려고 노력했습니다.

그러나 시간이 좀 지나면서 그는 성유물이나 행렬, 개인 미사, 죽은 자를 위한 미사 같은 가톨릭 의식들을 폐지하였습니다. 1525년에는 성찬식에서 평신도에게 빵만 지급하던 가톨릭적 관행을 폐지하고 빵과 포도주를 모두 지급하는 성찬으로 바꾸었습니다. 또 루터는 좀 더 쉽게 개혁이 이루어지도록 예배의 방식이나 교리에 관해 개혁교회가 취해야 할 몇 가지 지침서들을 작성해 구체적 개혁의 방향을 제시하기도 했습니다.

1527년부터 2년 동안 루터와 개혁자들은 작센 영내의 교회 순시를 시작합니다. 새로운 개혁이 실제로 얼마나 제대로 확산되고 있는지 평가하고 독려하기 위해서였습니다. 그러나 실망스럽게도 루터의 기대와는 달리 일반 대중은 여전히 가톨릭 의식과 틀에 매여 있었습니다. 교리를 이해하지 못하는 대중들에게는 수십 년 동안 길들여진 전통과 전례를 새로 바꾼다는 것이 쉽지 않은 일이었던 것입니다. 지침서만으로는 부족함을 느끼자, 루터는 새로운 책을 저술해야 할 필요성을 느꼈습니다. 1529년에 출판된 교리문답서들은 바로 그런 필요에 대한 대응이었습니다.

1520년대 후반에 가면 작센 선제후령에서 개혁교회의 윤곽은 이전보다 뚜렷한 모습으로 드러나게 됩니다. 이 시기쯤 되면, 이전에 가톨릭이 채택한 많은 전례와 축제 같은 외적 형식들은 사라지게 되었습니다. 예배의 언어도 대부분 독일어로 바뀌어 누구나 설교와 기도를 이해할 수 있게 되었습니다. 무엇보다 가장 중요한 것은 예배에서 '설교'가 가장 중요한 부분이 되었다는 점입니다. 이는 예배의 성격이 바뀌어졌음을 뜻했습니다. 즉 하나님께 올리는 제사적 성격이 아니라 신도들에게 진정한 믿음을 교육하는 시간으로서의 의미가 더 강화되었던 것입니다.

설교와 더불어 루터가 특히 개신교 예배에서 중요성을 부여한 것은 '찬송'이었습니다. 루터는 성가대만 부르던 찬송 대신 모든 회중이 함께 하는 찬송을 예배에 도입하였습니다. 예배에 모인 사람들이 다 같이 찬송을 부른다면 루터파 교회인 줄 알 정도로, 찬송은 루터교의 핵심적 요소가 되었습니다.

이로써 사제 중심의 제사적 의미가 강했던 예배가 아니라, 설교와 찬송이 중심이 되는 '평신도 중심의 예배'가 새로운 예배의 기본으로 자리를 잡게 되었습니다. 그리고 참된 신앙과 올바른 교리를 교육하기 위해 자녀들을 교회학교에 보낼 것이 권고되었습니다. 이러한 과정을 통해 이제 로마 가톨릭과 다른 루터파 교회가 확고히 성립되어 갔던 것입니다.

루터파의 형성

가시적이고 구체적 변화들이 자리를 잡으면서 종교개혁은 작센 선제후의 영내에만 머물지 않고 제국 내 다른 지역들로 퍼져나가기 시작했습니다. 특히 1526년에는 필리프(Philipp I von Hessen, 1504~1567) 백작이 다스리던 헤센(Hessen) 지역이 공식적으로 종교개혁을 지지하며 루터파로 돌아섰고, 1524~1526년 사이에 남부, 북부의 여러 자유도시에서도 시민계급들이 루터파 개혁을 받아들이기 시작하였습니다.

사실 루터교는 로마의 영향력과 황제의 압력으로부터 벗어나 자기 지역의 독립성을 유지하는 데 큰 도움을 주었기 때문에 몇몇 영방 제후들은 의식적으로 루터교를 채택하였습니다.

아시다시피 이러한 변화들은 엄밀히 말하면 1521년 보름스 제국회의에서 내려진 '보름스칙령'의 위반이었습니다. 하지만 황제는 이를 엄격히 다스릴 수 없었습니다. 왜냐하면 프랑스와의 갈등뿐 아니라 오스만 제국과의 전쟁까지 맞이한 상황에서 루터파 제후들을 적대시하여 신성로마제국의 통일성을 깨는 것은 결코 자신에게 도움이 되지 않는다는 것을 잘 알고 있었기 때문입니다.

1526년 '1차 슈파이어 제국의회(Diet of Speyer)'에서 작센과 헤센의 수행원들이 같은 복장으로 통일하고 나타나 루터파를 따를 것임을 분명히 하였음에도, 황제가 이들을 처벌하지 않은 것은 바로 이런 정치적 상황 때문이었습니다. 게다가 이 회의에서는 오히려 루터파에 대한 처벌을 각 제후들에게 맡긴다는 결정이 이루어짐으로써 사실상 보름스칙령은 철회되기까지 하였습니다.

하지만 이런 황제의 후퇴는 필요에 따른, 어디까지나 일시적인 것이었습니다. 카를 5세는 1차 슈파이어 제국의회 이후 이탈리아에서 베네치아, 피렌체, 교황령이 연합한 소위 '코냑동맹(League of Cognac)'과의 전쟁에서 승리합니다. 이 전쟁으로 자신감을 회복하자 황제는 개혁세력에 대한 입장을 바꾸기 시작합니다. 그는 3년 뒤, 1529년 2차 슈파이어 제국의회에서는 1차 슈파이어 의회에서의 결정을 취소하고 보름스 칙령의 실천과 가톨릭교회의 원상복구를 명하였던 것입니다.

황제의 오락가락하는 정책은 루터파를 분노하게 만들었습니다. 이 때 루터파 제후들은 이 결정에 항거하여 '공식 항의서(Protestatio)'를 제출했는데, 작센의 선제후 요한과 헤센의 백작 필리프를 포함한 5명의 제후[45]와 뉘른베르크(Nurenburg)를 비롯한 14개 도시들이 그 문서에 서명했습니다. 흔히 개신교 전체를 가리킬 때 쓰는 '프로테스탄트(Protestant)'라는 단어는, 이때 항의한 루터파들을 가리키는 말에서 유래된 것입니다. 이제 신성로마제국 내에서 작지만 무시할 수 없는 정치적 당파가 형성되었던 것입니다.

결혼

농민전쟁으로 한참 어지러웠던 시기에 루터는 자신의 인생에 있어 또 하나의 매우 중요한 결정을 내리고 실행에 옮겼습니다. 결혼을 했던 것입니다.

아시다시피 원칙적으로 가톨릭교회에서 성직자의 결혼은 있을 수 없는 것이었습니다. 성적행위는 비록 결혼 관계 내에서 이루어진다하더라도 나쁘고 타락한 것이며, 따라서 거룩한 성직자는 육체의 정욕을 극복해야만 하는 것으로 가르쳐 왔던 것입니다. 하지만 루터는 이러한 중세적 교리와는 달리, 독신보다 결혼을 더 좋은 것으로 보았습니다. 그는 이렇게 말했습니다.

"남자가 홀로 있는 것이 좋지 못하다고 말씀하신 성경을 읽었습니다. 하나님께서 아무 이유 없이 사람을 남자와 여자로 만든 것이 아닙니다."[46]

루터는 독신을 강요하는 수도원 생활과 성직자 결혼 금지는 사람이 만든 것이며, 하나님의 뜻이 아니라고 주장했습니다. 오히려 그런 금지 때문에 성직자들이 불법적인 성적 타락에 빠지게 된다는 것입니다. 따라서 아주 예외적인 경우를 제외하고는, 남자든 여자든 결혼해 하나님의 창조목적을 이루어야 한다는 것이 루터의 생각이었습니다. 심지어 그는 가정생활의 의무를 숭고하고

---

45 다른 3명의 제후는 브란덴부르크-안스바흐 변경백작 게오르크(Markgraf von Brandenburg-Ansbach Georg), 안할트-쾨텐의 볼프강(Frust von Anhalt-Kothen Wolfgang), 브라운슈바이크-뤼네부르크 공작 에른스트(Herzog zu Braunschweig-Luneburg Ernst I)입니다.
46 셀더하위스, 『루터, 루터를 말하다』, 308쪽.

경건한 사명으로 여기기까지 했습니다. 이런 루터의 생각을 따라, 1520년대 초반부터 동료 수도사들이나 친구들 상당수가 결혼을 했고, 루터는 그 결혼을 축하하고 격려하였습니다. 이제 결혼을 하고 가정을 이루는 것이 개신교 목회자들의 특징이 되었던 것입니다.

하지만 정작 루터 자신은, 별로 결혼을 할 의사가 없었습니다. 수도사였던 시기는 물론이고 1524년 겨울에 쓴 한 편지에서, 루터는 결혼하지 않을 것임을 강조했습니다. 심지어 결혼하기 불과 2개월 전인 1525년 4월에도 그는 그 생각에 변함이 없다는 것을 밝혔습니다.[47] 아마도 언제 죽을 지도 모르는 이단자로서의 자신의 처지를 고려하면, 누군가와 결혼하는 것은 무리라고 생각했던 것 같습니다.

그러나 41세의 루터는 농민전쟁으로 한참 시끄러울 시기인 1525년 6월, 환속한 수녀이자 16살이 어린 카타리나 폰 보라(Katharina von Bora, 1499~1552)와 갑자기 결혼해 주변을 놀라게 합니다. 그는 왜 갑자기 결혼을 하게 된 것이었을까요? 분명한 것은 사랑에 빠졌거나 갑작스럽게 여성에게 끌려서 한 결혼은 아니었다는 것입니다.

루터와 결혼한 카타리나는, 1523년 수녀원을 도망쳐 비텐베르크로 들어온 9명의 수녀들 중 한 사람이었습니다. 루터는 이 수녀들의 환속을 돕고 그들을 위해 남편감을 찾아주었는데, 카타리나는 그들 중 마지막까지 짝을 찾지 못하고 남아 있던 여성이었습니다.

사실 루터에게 그녀의 첫인상은 그다지 좋지는 않았던 것 같습니다. 루터가 그녀를 "자부심이 가득하고 오만한" 여인이라면서, "어떤 무모한 사람이 그녀를 원할지 모르겠다"라고까지 표현했던 것을 보면, 본인도 그녀와 결혼하게 될 줄은 몰랐던 것 같습니다. 결혼식 직전에도 그는 "나는 내 아내를 사랑하지는 않지만 항상 그녀에게 감사하고 있습니다"라고 쓰고 있으니, 사랑에 눈이

---

[47] 뤼시앵 페브르(Lucien Febvre), 김중현 역, 『마르틴 루터 한 인간의 운명』(이른비, 2016), 267쪽.

5-12 루터의 아내, 카타리나 폰 보라
(Katharina von Bora, 1499~1552)

멀어 한 결혼은 분명 아니었던 것입니다.[48]

루터의 갑작스러운 결혼의 이유에 대해서는 여러 가지 추측이 가능합니다. 무엇보다 농민 폭동의 한가운데서 느껴야 했던 책임감과 정신적 동요가 그를 괴롭히고 있었을 것이고, 이 속에서 죽음의 공포와 인생의 덧없음을 인식했을 지도 모릅니다. 게다가 4월 말 만스펠트 부모님 댁에 들렀을 때 손주를 보고 싶다는 부모의 소망을 들은 것도 역시 그의 결정에 큰 영향을 주었을 것으로 추측됩니다.

그러나 루터의 성향을 고려할 때 이 결정은 무엇보다 기성 가톨릭의 도덕을 조롱하고 저항하고자 하는 마음이 크게 작용했던 것으로 보입니다. 무엇보다 그에게 '결혼'은 자신이 그동안 설교해온 내용의 실천이었습니다. 1526년 1월 그는 자신의 결혼 이유를 이렇게 밝혔습니다.

"나는 결혼을 안 할 수도 있었을 것입니다. 게다가 결혼을 결심할 특별한 이유도 없었습니다. 나는 사탄과 그의 떨거지들, 잘난체하는 자들, 제후와 주교들을 비웃어주려고 결혼했습니다. … 더욱 하나님의 마음에 들 수 있고 그들을 정신 못 차리게 할 수 있는 다른 방법을 알고 있었다면, 나는 기꺼이 그것을 사용해 그들

---

[48] 셸더하위스, 『루터, 루터를 말하다』, 312~313, 316쪽.

을 더 분노케 했을 것입니다."⁴⁹

그러나 보호자이던 프리드리히 선제후가 죽어가고 있었고, 농민들이 통제 불능 상태인 가운데 이루어진 루터의 이 결혼은, 가톨릭 측은 물론이고 친구들에게서도 그리 환영받지 못했습니다. 몇몇 친구들은 루터가 육체의 욕구에 굴복했다고 생각했고, 절친 멜란히톤까지도 농민전쟁 속에서 이런 종류의 결혼은 전적으로 부적절하다고 생각했습니다. 농민들이 죽어가고 있는 동안 자신의 행복만 추구하고 있다는 인상을 주기에 충분했던 것입니다. 루터는 이런 비판과 비난을 전혀 신경 쓰지 않았습니다. 그는 이 결혼으로 성직자의 결혼이라는 일종의 전례를 만들기를 원했던 것입니다.

"나 스스로 평범한 가정의 남자로 살고 있습니다. … 믿음이 연약한 자들을 위해 아내를 택한 것이기에, 나는 이 결혼생활이라는 전례를 통해 내가 죽은 후에도 억압당하게 될 이 가르침을 지금 더욱 굳건히 하고자 합니다."⁵⁰

가정생활

열정적인 사랑으로 한 결혼은 아니었지만, 루터의 결혼 생활은 행복했습니다. 이전의 아우구스티누스 수도원은 루터부부의 신혼집이 되었습니다. 프리드리히 선제후는 병중에, 수도사들이 나가 텅 빈 아우구스티누스 수도원을 루터에게 하사하였고, 뒤를 이은 요한 선제후 역시 이것을 결혼 선물로 추인해주었습니다. 오늘날 '루터하우스(Luther House)'로 보존되고 있는 곳이 바로 이곳입니다.⁵¹

신혼부부는 1526년 7월에 첫 아이 요하네스(Johannes)를 낳았습니다. 사실 수녀와 수도사가 결혼해 낳은 아이는 괴물이 될 것이라는 미신이 팽배해있던 터

---

49 페브르, 『마르틴 루터, 한 인간의 운명』, 269쪽.
50 셀더하위스, 『루터, 루터를 말하다』, 319~320쪽.
51 셀더하위스, 『루터, 루터를 말하다』, 321쪽.

5-13 루터하우스

라, 아이가 건강하자 부부는 매우 기뻐했습니다. 이후 8년 동안 엘리자베스(Elizabeth), 막달레나(Magdalena), 마틴(Martin), 파울(Paul), 마르가레테(Margarete)가 차례로 태어나, 루터 부부는 총 6명의 자녀들을 두었습니다.

아버지가 된 루터는 아이들을 매우 사랑했고, 아버지가 된 것을 매우 행복해했습니다. 다른 곳을 여행하는 중에도 딸의 초상화를 식탁위에 걸어놓고 식사 시간마다 보았고, 멀리서도 음식의 영양까지 신경 쓸 정도로, 아이들의 양육에 관여했다고 합니다. 그러나 아이들을 통해 그는 세상에서 가장 가슴 아픈 비극도 맛보아야 했습니다. 둘째딸 엘리자베스는 8개월 만에 사망했고, 1542년에는 막달레나가 13살의 나이로 세상을 떠났기 때문입니다. 1528년 딸을 잃은 후, 그는 "큰 슬픔에 압도되어 아무 일도 할 수 없다"고 말하기도 했습니다.[52]

---

52 셀더하위스, 『루터, 루터를 말하다』, 358쪽.

무엇보다 결혼 생활에는 경제적 책임이 따랐습니다. 전직 수도사와 수녀에게 재산이 있을 리 없었기에, 루터는 대학에서 주는 적은 급료로 가정을 책임져야 했습니다. 선제후는 루터에게 교수 월급을 올려주고, 고기나 의복, 포도주 등을 자주 보내주었지만, 그것으로 가계를 꾸리기는 어려웠습니다. 루터부부는 자신들의 자녀 외에도 고아가 된 친척아이들을 여러 명 길렀고, 루터 하우스에는 친척들과 많은 친구들, 그리고 피난민들이 자주 드나들고 거주하였기 때문입니다.

어려운 경제 상황을 상당 부분 해결한 것은, 루터의 아내 카타리나였습니다. 카타리나는 매우 성실하고 실용적인 여성이었습니다. 그녀는 살림살이를 꾸려가기 위해 기숙학생들을 들여 하숙을 쳤습니다. 루터는 학생들에게 숙식비를 받는 것을 불편해하였지만, 그녀는 남편의 주장을 무시할 만큼 현실적이었습니다. 면죄부 문제의 당사자인 알브레히트가 결혼 축의금을 보내왔을 때 루터는 불쾌해하였지만, 남편 몰래 그것을 받아 가계에 보탠 사람도 그녀였습니다.

수십 명의 사람이 사는 루터하우스를 유지하기 위해 카타리나는 많은 일을 해야 했습니다. 그녀는 아이들을 돌보면서 밭과 과수원을 사서 직접 농사를 지었습니다. 낡은 수도원을 좀 더 안락한 곳으로 만들기 위해 계속 수리해야 했으며, 또 독일인들의 필수 음료인 맥주도 직접 제조하였고, 가축을 기르며 도살까지 직접 했습니다. 그녀가 많은 먹거리들을 재배하고 또 그것을 팔아 여분의 돈을 마련하지 않았다면 루터의 가계는 유지될 수 없었을 것입니다. 게다가 결혼 후 남편이 자주 아프자, 카타리나는 필요한 약재를 만들어 민간요법으로 루터의 건강을 세심히 돌보기까지 했습니다.[53]

새벽 4시에 일어나 일한 부지런한 카타리나에게는 '비텐베르크의 새벽별'이라는 별명이 붙여졌습니다. 이런 아내로 인해 루터는 매우 행복해 했습니다. 그는 자신의 아내를 "나의 카타리나… 나의 사슬… 나의 갈비뼈… 나의 이브"

---

53 셀더하위스, 『루터, 루터를 말하다』, 324쪽.

라고 부르고 "나의 여주인, 양조자이자 정원사이자 못하는 것이 없는 나의 여인"이라고 묘사하였습니다.[54]

  자주 결혼의 행복감을 표현했던 그였지만 당연히 항상 행복한 것은 아니었나 봅니다. 가끔 루터는 결혼생활이 주는 힘듦도 토로했습니다. 어떤 때에는 아내를 베네치아와도 바꾸지 않겠다고 했지만, "내가 또 결혼해야 한다면 돌로 순종적인 여인을 조각할 것"이라고 푸념하기도 했습니다. 또 "좋은 결혼보다 더 온화하고 친절하며 매혹적인 관계, 공동체, 교제는 없다"라고 결혼의 장점을 강조하면서도,[55] 동시에 결혼생활은 인격을 닦는 학교라고 묘사했습니다.[56] 가정은 분명 행복을 주는 곳이었지만 일상적인 가정생활을 유지하는 것이 쉬운 일은 아니었습니다. 가장은 죽을 때까지 먹을 빵을 걱정해야하며, 자녀를 기르는 것은 부모 모두에게 시련이라는 것을, 그는 경험으로 알게 되었던 것입니다. 그의 다음 발언 속에서 우리는 개혁자로서뿐 아니라 남편으로서, 아버지로서의 루터의 고뇌를 엿볼 수 있습니다. 가톨릭 수사로서는 알 수 없는 고뇌이지요.

  "내 일생은 인내다. 교황, 이단자들, 내 아이들, 그리고 케티를 모두 참지 않으며 안 되는 나다."[57]

  루터하우스의 식탁에는 항상 많은 사람들이 모였습니다. 루터의 가족과 하숙생들, 비텐베르크의 동료들, 그리고 타지에서 온 손님들이 식탁에 둘러 앉아, 함께 식사하며 즐겁게 교제하는 모습은 루터하우스에서는 일상이었습니다.

---

[54] 디터리히, 『누구나 아는 루터, 아무도 모르는 루터』, 140쪽; 셀더하위스, 『루터, 루터를 말하다』, 322, 323쪽.
[55] 디터리히, 『누구나 아는 루터, 아무도 모르는 루터』, 138쪽.
[56] 베인턴, 『마르틴 루터』, 415쪽.
[57] 베인턴, 『마르틴 루터』, 417쪽.

1526년 루터의 집에서 정기적으로 공동식사에 참여한 대학생들은, 이 식사에서 이루어진 대화내용들을 받아쓰기 시작했습니다. 이 내용이 루터 사후에 하나의 책으로 편집되었습니다. 이 글은 '식탁담화(Table Talk)'로 불리는데, 루터와 그 주변의 일상생활을 알 수 있는 중요한 사료가 되었습니다.

루터는 일하고 먹고 마시고 교제하는 일상적인 삶을 즐기는 사람이었고, 또 그럴 것을 사람들에게 권고했습니다. 인간은 아무것도 할 수 없고 오로지 하나님에 의지해야한다고 가르친 그였지만, 가톨릭이 권고했던 엄격한 경건성은 루터와는 거리가 먼 것이었습니다. 그는 루터하우스의 식탁에 대해 이렇게 말했습니다.

"손님이 즐거워지도록 훌륭한 음료를 제공해야 합니다. 왜냐하면 성서에 '빵은 인간의 심장을 강하게 하고, 술은 인간을 즐겁게 한다'고 적혀 있기 때문입니다."[58]

루터는 먹는 것을 좋아했고, 술도 많이 마셨던 것으로 알려져 있습니다. 종교개혁을 부르짖은 성직자가 술을 마신다는 것이 이상하게 보일지는 모르겠습니다만, 그는 소박한 인간적 삶의 즐거움을 하나님의 축복으로 보았습니다.

또 '식탁담화'에 나오는 루터의 말들은 매우 솔직한 것들이 많습니다. 그 말들 중에는 교회에서 행하는 설교와는 달리, 상스럽기도 하고 저속한 표현들도 꽤 있었기 때문에, 루터는 흔히 입이 걸다는 평가를 받기도 하였습니다. 루터는 자신에 대해 이렇게 썼습니다.

"나는 누군가 나를 온전하다고, 혹은 성스럽다고 생각해주는 것을 결코 바라지 않습니다, 대신 모두가 복음을 알기를 바랄 뿐입니다."[59]

---

[58] 디터리히, 『누구나 아는 루터, 아무도 모르는 루터』, 145쪽.
[59] 디터리히, 『누구나 아는 루터, 아무도 모르는 루터』, 149쪽.

7. 분열

여러 번 지적했듯이, 루터가 개혁의 기치를 들고 나설 무렵에 루터와 비슷한 생각을 하고 있던 사람들이 이미 각 지역에서 많이 나타나고 있었습니다. 루터의 저항 이후 이런 개혁세력들은 유럽 여러 곳에서 다양한 방식의 새로운 예배들을 시도하면서 크게 성장해 나갔습니다. 특히 스위스 지역에서는 츠빙글리(Ulrich Zwingli, 1484~1531)를 중심으로 하는 개혁세력이 세를 얻고 있었고, 스트라스부르(Strasburg)에서는 마틴 부처(Martin Bucer, 1491~1551)가 개혁을 이끌고 있었습니다.

그러나 기존 로마가톨릭교회에 반대하고 개혁의 필요성에 동조한다 해도, 각 지역에서 나타난 개혁자들의 생각이 모두 일치하는 것은 아니었습니다. 세부적인 교리나 정치적 입장에 있어 이견이 있었던 것입니다.

성만찬 논쟁

개혁파의 분열에 기여한 중요한 교리 하나는, '성만찬(Eucharist)'을 둘러싼 논쟁이었습니다. '성만찬'이란 교회의식 중의 하나로 조그만 떡(이나 빵)조각과 작은 잔에 담긴 포도주를 먹고 마시는 것을 말합니다. 가톨릭에서는 이것을 '영성체'라고도 부릅니다. 이 의식은 예수가 생전에 제자들과 식사를 하면서, 떡을 떼어 자신의 몸이라 칭하고 포도주를 들어 자신의 피라고 한데서 유래한 것으로, 중세 가톨릭교회에서 해오던 소위 '7성사' 중 하나였습니다.

성경에 없는 성사를 배격해 대부분의 성사를 폐지하였지만, 루터는 가톨릭의 성사 중에서 성경에 있는 두 가지 성사, '세례'와 '성만찬'은 인정했습니다. 그래서 개신교에서도 '성만찬'은 중요한 의식으로 남게 됩니다. 문제는 이 의식의 의미를 어떻게 해석하는가에 있었습니다.

가톨릭교회는 이 만찬을 행할 때, 떡과 포도주는 물리적으로 그리스도의 살과 피로 변한다고 가르쳤는데, 이것이 소위 '화체설(化體說: transubstantiation)'입니다. 사제가 제단 위에 놓인 떡과 포도주에 대해 축성할 때, 그 떡과 포도주는 실질적인 그리스도의 살과 피로 변화가 일어난다는 것입니다. 따라서 이 의식을 통해 축성된 떡과 포도주를 먹게 되면, 그리스도가 우리 몸속에 들어와 임재한다는 것이지요. 이 '화체설'은 1215년 제4차 라테란 공의회(Lateran Council)에서 공식 인정된 이후, 가톨릭의 정설로 받아들였습니다.

화체설을 가장 강력히 반대하였던 사람들은 스위스의 개혁자들이었습니다. 스위스 개혁파를 이끌던 츠빙글리는 성만찬에서 떡과 포도주는 그리스도의 몸과 피를 '상징'할 뿐, 이를 통해 실재로 그리스도가 신체적으로 들어와 존재한다고 주장하는 것은 잘못이라고 보았습니다. 즉 떡을 가리켜 '이것은 내 몸이다'라는 예수의 말씀은, 단지 비유일 뿐이며, 성만찬 행위는 그리스도의 희생을 기념하는 의식일 뿐이라는 것이지요. 요컨대, 그리스도는 떡과 포도주 같은 물질을 통해 사람들에게 들어와 존재하는 것이 아니라, 오직 영적으로만 사람들에게 존재한다고 주장했던 것입니다.

문제는 루터의 입장입니다. 그는 가톨릭의 화체설은 틀린 것이지만, 스위스 사람들의 생각도 맞지 않다고 보았습니다. 루터는, 츠빙글리의 성찬론에 대해, 그리스도를 너무 '신령화(spiritualization)'하여 그리스도의 실재성을 축소하는 오류를 범했다고 주장했습니다. 그리스도가 실재로 '인간'으로 존재했고, 존재할 수 있다는 사실을 무시한다는 것입니다. 즉 루터는 영과 육은 합쳐질 수 있으며, 성만찬 시 떡과 포도주는 여전히 떡과 포도주이지만, 우리가 보지 못한다 해도, 성만찬을 통해 그리스도의 몸과 피가 성찬의 떡과 포도주에 '함께' 존재한다고 보았던 것입니다. 이것이 루터의 소위 '공재설(coexistentialism)'입니다. 요컨대, 떡과 포도주라는 '물질'이 변화한다는 가톨릭의 설명은 잘못된 것이지만, 그리스도는 물리적으로는 존재하지 않는다는 스위스 측의 주장 역시 틀린 것이다. 우리 눈에 보이지 않는다 해도 그리스도는 성만찬의식을 통해 물리적으로 존재한다. 성경에 쓰여 있는 대로 문자 그대로 성서에 나온 예수의 말씀을 그대로 받아들여야 한다. 이것이 루터의 생각이었던 것입니다. 그는 고집스럽게 이 견해를 고수하려 했습니다. 그는 이렇게 말합니다.

"성만찬에서 우리는 진실로 그리고 실재로 그리스도의 몸을 먹고 그분을 받아들인다. 그러나 이 일이 어떻게 발생하고 그리스도가 어떻게 빵 안에 있는지 우리는 모르며, 알게 되어 있지 않다."[60]

어떤 주장이 맞는 것이건, 이렇게 특정 교리를 둘러싼 분열과 갈등이 계속되는 것은, 소수파인 개신교 전체의 연대에 매우 부정적인 영향을 줄 것이 분명했습니다. 그래서 헤센의 백작 필리프는 자신의 성으로 개혁세력들을 초청하여 토론을 주선하였습니다. 1529년 루터와 스위스 개혁파 양측은 마르부르크(Marburg)에서 만 이틀 동안 이 문제에 대한 치열한 토론을 진행하였습니다. 하지만 양측은 합의에 이를 수 없었습니다.

여러분은 이 이상한 논쟁이 이해되시나요? 종교란 참 쓸데없는 것을 갖고 논쟁한다는 생각을 하실 지도 모르겠습니다. 그런데 가톨릭의 외형적인 가르침에 그토록 반대하던 루터는 왜 이 부분에서는 고집스럽게 이 의식의 의미를 문자 그대로 해석하려했던 것일까요?

결국 루터는 여전히 하나님은 인간의 이성보다 위대하며, 인간은 신의 섭리를 알 수 없다는 입장에서 한 발 짝도 물러서 있지 않으려 했던 것입니다. 이성적으로는 츠빙글리의 말이 분명 옳지만, 하나님이 우리의 이성으로, 인간적 사고로, 혹은 말로 이해된다면, 그것은 하나님이 아니라는 것이 루터의 입장이었습니다.

어쨌든 이 대목은 개혁파의 분열을 우려하며 일치를 원하던 사람들에게는 두고두고 아쉬움을 남겼습니다. 후일 루터는 스위스 개혁파들에 대해 "다른 영혼을 가진 자들"이라고 비난했고, 스위스 사람들은 루터를 비롯한 독일인들에 대해 "인육을 먹는 사람들이며 빵의 하나님을 경배하는 자들"이라고 비난하였습니다.[61] 이 논쟁으로 프로테스탄트 진영의 분열은 더 가속화되었습니

---

60 톰린, 『마르틴 루터』, 156쪽.
61 톰린, 『마르틴 루터』, 162쪽.

다.

물 건너간 화해: 1530년 아우구스부르크

보름스 제국의회 이후 수년간 황제 카를 5세는 루터교의 확산에 신경 쓸 여유가 별로 없었습니다. 무엇보다 프랑수와 1세와의 대결에 집중해야 했기 때문입니다. 그리고 제국 내에서 개혁파세력이 성장하고 있다 해도, 그것은 아직 눈에 띄는 정치적 분열상을 낳고 있지는 않았기 때문에 황제는 굳이 분란을 일으킬 필요성을 느끼지 못했습니다. 1526년 1차 슈파이어 제국의회에서 개혁파들이 같은 옷을 입고 위세를 과시하였지만, 탄압하지 않았던 것도 그 때문이었습니다.

그러나 시간이 갈수록 신교와 구교의 분열이 강화되고 신교가 스위스, 북유럽까지 전파되어가자, 황제는 개혁세력에 대한 압박을 강화하기로 합니다. 그리하여 1529년 2차 슈파이어 제국의회에서는 1차 의회에서의 결정을 번복하고, 루터를 이단으로 규정한 보름스칙령의 강력한 시행을 다시 천명하였던 것입니다.

하지만 그는 지역 세력이 강한 신성로마제국의 황제로서 여전히 정치적 고려에서 완전히 자유로울 수 없었습니다. 특히 투르크의 위협이 계속되면서 제국 내 통일성이 필요해지자 황제의 신교파에 대한 태도는 또 한 번 바뀝니다. 1530년이 되어서 황제는 신교 측에 다시 한 번 유화적 제스처를 취했습니다. 루터 문제와 교회개혁 논쟁을 마무리하기 위해 새로운 제국의회를 아우구스부르크에서 열기로 선언하였던 것입니다. 한 번 더 프로테스탄트들에게 그들의 입장을 말할 기회를 준 것입니다.

황제가 초청장을 보내자, 비텐베르크 신학자들은 그들의 신학적 입장을 밝힐 성명서 준비에 착수하였습니다. 하지만 보름스 제국의회 이후, 루터는 공식적으로 도망자 신분이었기에 작센을 벗어나 이 회의에 참석할 수는 없었습니다. 결국 본 회의에는 루터의 측근인 멜란히톤과 요나스(Justus Jonas, 1493~1555)가 대표로 참석하게 되었고, 루터는 아우구스부르크에서 200킬로 이상 떨어진 코부르크(Coburg) 성에 머물며 회의의 결과를 지켜보기로 하였습니다.

　1530년 4월 코부르크에 도착하자, 루터는 「아우구스부르크에 모인 모든 성직자들에게 주는 권고」를 쓰기 시작해서 5월 5일 완성하였습니다. 이 글은 여전히 루터 특유의 비판과 독설을 담고 있었긴 하지만, 기본적으로는 가톨릭 측에게 타협을 제의하고 있었습니다. 이 글에서 루터는 지난 15년간 자신이 한 개혁들을 언급하면서, 농민 반란으로부터 교황과 재산을 지켰다고 주장하였습니다. 그리고 그는 교황 쪽에서 자신들을 내버려둔다면, 루터파 측도 그들에게 상관하지 않겠다는 뜻을 전합니다. 즉 가톨릭 주교들이 새로운 신앙에 대한 박해를 그만두고 복음을 자유로이 전파할 수 있게 허용한다면, 루터 자신도 기꺼이 주교 관할지역에서 주교들의 다스림을 인정하고 직무를 수행하도록 할 것임을 밝혔던 것입니다.

　한편 아우구스부르크에서 루터파 진영의 대표자로 발언한 멜란히톤은, 준비해갔던 사항들을 28개조 성명서로 종합해 설명하였습니다. 이 문서가 소위 「아우구스부르크 신앙고백(Confessio Augustana)」으로, 이는 오늘날까지 루터파 신앙의 결정적 성명서로 인정받고 있는 문서입니다. 이 「아우구스부르크 신앙고백」은 작센 선제후 요한, 헤센의 백작 필리프 그리고 다른 7인의 프로테스탄트 영주들의 서명을 받아, 1530년 6월 25일 황제 앞에서 독일어로 낭독되었습니다. 이 문서는 루터파의 교리나 의식에는 성경과 보편적 기독교의 정신에 위반되는 것은 어떠한 것도 없다는 점을 강조하면서, 루터파와 가톨릭교회가 크게 다르지 않다는 점을 부각시키고 있었습니다. 가톨릭과의 화해를 위한 루터파 측의 시도였던 셈입니다.

　그러나 1530년 아우구스부르크에서 화해는 이루어지지 못했습니다. 수 주간의 토의에도 불구하고 루터파와 가톨릭 측은 이견을 좁히지 못했습니다. 각기 다른 신앙고백서를 들고 나왔긴 했지만 스위스와 스트라스부르의 개혁파들도 마찬가지였기에, 회의의 목적이었던 신, 구교 간의 종교적 화해는 결렬되었습니다. 결국 모든 협의가 중단되었고 황제는 예전 입장을 고수했습니다.

황제는 교회 공의회를 소집하는 한편, 프로테스탄트들에게는 6개월의 시한을 주면서 교황의 교회에 따르라고 요구하였던 것입니다. 신구교간의 화해 노력은 물거품이 되었습니다. 이제 유럽의 크리스트교는 공식적으로 분열되었고, 다양한 교회들이 제 길을 가게 되었던 것입니다. 그리고 아시다시피 이 협상 결렬과 화해의 실패는, 이후 100년 넘게 유럽에 참혹한 피바람을 불러일으킬 것이었습니다.

선제후 요한과 그 일행은 아우구스부르크를 떠나 돌아가는 길에 루터를 데리고 작센으로 돌아왔습니다. 이제 루터파에게 가장 중요한 관심사는 황제의 다음 행동이었습니다. 황제가 언제 무력을 동원해 종교개혁을 뒤집을지 모를 일이었습니다. 아우구스부르크 회의 다음해인 1531년 루터파 제후들은 슈말칼덴(Schmalkalden)에 모여 황제와 가톨릭에 맞서 자신들을 방어할 군사동맹을 결성합니다. 루터는 1531년 「친애하는 독일인에게 고하는 마르틴 루터의 경고」라는 글에서 복음을 보전하기 위한 전쟁은 정당한 것임을 천명하여 이를 지지하였습니다. 무장저항을 금지했던 기존의 입장과는 매우 달라진 태도였습니다.

병마와 싸우며

루터를 다룬 많은 책들에서, 1530년 아우구스부르크 이후 루터의 삶은, 그의 앞선 인생에 비해 그다지 상세히 다루어지지 않습니다. 루터의 인생에서 일어났던 극적인 변화들이 더 이상 보이지 않기 때문인지도 모르겠습니다. 하지만 1530년부터 그가 사망하는 1546년까지 루터는 새로운 개혁 교회의 지도자이자 신학교수로서, 자신이 해야 할 일을 하느라고 그 이전만큼이나 매우 분주한 삶을 살고 있었습니다. 그는 1년에 40회 이상의 설교를 했고, 학생들에게 성경을 계속 강의하고 있었으며, 수많은 글을 쓰고, 찾아오는 많은 이들을 만나고, 많은 편지들을 해댔습니다.

지나치게 많은 일은 그의 건강을 해쳤습니다. 나이가 들수록 그는 여러 가지 신체적 질병으로 고통 받았습니다. 두통, 치통, 불면증은 물론 신장결석, 우울

5-14 요한 프리드리히 선제후(Johann Friedrich I von Sachen, 1503~1554)

증, 이명, 어지럼증이 번갈아 나타났습니다. 1530년 겨울 코부르크에서 집으로 돌아온 이후, 그는 심각한 신체적 질병에 시달렸습니다. 12월에는 어지럼증이 심해 강의를 중단하기도 하였고, 심지어 하던 설교마저 끝마치지 못하고 강단을 내려오는 일도 있었던 것입니다.

하지만 고통이 줄어들거나 병세가 조금 호전되기만 하면, 그는 언제나처럼 다시 자신이 해야 할 일에 매달렸습니다. 1534년에는 최초의 완전한 독일어 성경을 출간하였고, 1535년에는 비텐베르크 대학 신학부의 학장이 되어 음악교육의 필요성을 역설하였습니다. 또 장학금이 필요한 학생들을 위해 추천서를 쓰고, 신학자들을 키울 기금을 마련하기 위해 제후들을 찾아다녔습니다.

1530년대 중반까지 '슈말칼덴 동맹(League of Schmalkalden)'은 견고하게 유지되고 있었습니다. 개혁파들이 걱정했던, 황제로부터의 군사적 위협은 아직 없었고, 투르크의 위협도 주춤하고 있었습니다. 1532년 8월 요한 선제후의 사망으로 그의 아들 요한 프리드리히(Johann Friedrich I von Sachen, 1503~1554)가 작센의 새 선제후가 되었지만, 그는 그의 큰 아버지와 아버지만큼이나 개혁파들의 든든한 후원자가 되었습니다. 1536년에는 몇몇 새로운 도시들과 공국들이 동맹에 합류하였고, 루터를 맹비난했던 영국 왕 헨리 8세까지 자신의 이혼문제로 가톨릭과 절연하면서, 슈말칼덴 동맹에 관심을 보이고 있었습니다.

하지만 50대에 접어든 루터는 30년대 내내 계속 어지럼증과 귓속에서 나는 웅웅거리는 소음에 시달리며 종종 앓아누웠고, 심장통증도 자주 경험해야 했습니다. 1536년에는 선제후의 아들 결혼식에서 어지럼증으로 예식을 끝까지 집례하지 못하였고, 1537년 2월 슈말칼덴 동맹대회에 참석했을 때에는, 심한 통증을 동반한 비뇨기 질환과 설사 증상으로 도중에 집으로 돌아가야 했습니다. 얼마나 아팠는지 그는 이때 유언장까지 작성하였습니다.

타협과 불관용

1539년 루터를 비롯한 프로테스탄트 종교지도자들은 그들의 도덕성에 타격을 받을 한 가지 난제를 만납니다. 그것은 헤센의 제후 필리프백작의 '이중 혼인(bigamy)' 문제였습니다.

앞에서 언급했듯이 필리프는 종교개혁의 강력한 지원자 중 한 사람으로, 개혁파들에게는 작센의 선제후만큼이나 중요한 인물이었습니다. 문제는 그가 당시 많은 귀족들처럼 빈번한 혼외정사를 행하고 있었다는 것입니다. 루터를 비롯한 개혁 지도자들에게 백작의 혼외정사가 문제가 된 것은, 1539년 그가 17살의 한 여성에 빠져 그녀와 결혼하기를 원하면서 부터였습니다. 당시 이혼은 금지되어 있었고, 그 여성의 어머니는 딸이 첩이 되는 것보다는, 중혼이라 하더라도 결혼하기를 요구하였기 때문에, 필리프는 개신교 지도자들에게 해결책을 찾고자 하였던 것입니다.

루터를 비롯한 개신교 종교지도자들에게 이 문제는 그야말로 '뜨거운 감자'였습니다. 당시 세속 법률로 중혼에 대한 형벌은 사형이었습니다. 사형당하지 않는다 해도, 중혼을 하면 성적 쾌락의 대가로 매독에 걸릴 것이라는 생각이 만연할 만큼, 이것은 당시 상식으로도, 법률적으로도 중죄에 해당했습니다.

하지만 루터를 비롯한 개혁진영은 필리프에게 죄를 물을 수 없었습니다. 백작은 개혁세력에게는 없어서는 안 될 인물이었고, 심지어 그는 자신의 중혼이 합법화될 길이 없다면 황제에게 가겠다고까지 했기 때문입니다. 이것은 개혁진영의 강력한 지원자가 가톨릭 측에 합류한다는 것을 의미하는, 일종의 협박에 가까운 말이었습니다.

결국 1539년 12월 마르틴 부처와 루터, 멜란히톤은 필리프에게 '고백적 권고'를 제공하기로 합니다. 더이상 다른 여자들을 만나서는 안 되며, 이 사실에 대해 다른 곳에 말하지 않는다는 조건으로, 두 번째 결혼을 허용하였던 것입니다. 필리프를 프로테스탄트 진영에 붙잡아 두기 위해 고육지책을 쓴 것이지요.

1540년 3월 4일 그 결혼은 이루어졌고, 필리프는 자신이 매우 행복하고 자신의 양심이 크게 안도하고 있다고 루터에게 편지를 씁니다. 그러나 이 중혼은 곧 널리 알려졌고 필리프의 여성편력도 계속되었기 때문에, 루터는 매우 곤란한 상황에 빠집니다. 가톨릭 측뿐 아니라 개신교도들조차도 루터가 어떻게 이런 일을 허용했는지, 그리고 그것이 어떻게 성경적으로 온당한 것인지 질문을 던졌고, 이로 인해 개신교의 도덕성은 큰 타격을 입었던 것입니다.

여기서 우리가 반드시 지적해야 할 것은 정치 지배자들에 대한 루터의 이런 타협적 입장과 비교해볼 때, 루터는 자신의 생각과 다른 개혁자들이나 오랜 시간을 함께해온 동지들에게는, 이런 식의 관용적 태도를 결코 취하지 않았다는 점입니다. 이미 카를슈타트의 사례에서 보았듯이, 그는 자신이 개혁을 주도하고자 했고, 자신과 다른 개혁을 인정하지 않으려 했습니다.

나이가 들어가면서 루터의 이런 독선과 불관용적 입장은 더해 갔습니다. 성만찬에 대한 입장이 달랐던 츠빙글리가 가톨릭 군대와의 전투에서 죽었을 때, 루터는 그 죽음을 잘못된 신앙에 대한 하나님의 심판이라고 생각했습니다.

루터는 1537년 멜란히톤과 논쟁을 벌이던 아그리콜라(John Agricola, 1494~1566)에게도 지나치게 무정한 태도를 취했습니다. 아그리콜라는 비텐베르크에서 공부한 루터의 제자로, 율법의 준수가 아니라 복음과 믿음이야말로 구원으로 가는 길이라는 루터의 가르침에 매료되었던 사람이었습니다. 그는 또 1519년 라이프치히 논쟁에 루터가 서기로 데리고 갔던 인물이며, 주요 제국의회 때마다 작센 대표단의 일원이었던, 루터의 측근 중 측근이었습니다.

루터 신학의 핵심이 반율법주의에 있다고 판단했던 그는, 스승의 주장에 기초해 교회에서 율법을 설교하거나 가르쳐서는 안 된다고 생각했습니다. 예수님은 율법을 폐기했으며, 진정한 신자의 삶은 십계명을 비롯한 여타 율법이 아니라, 복음에 기초한 사도들의 가르침에서 그 지침을 찾아야 한다고 보았던 것입니다.

하지만 멜란히톤은, 율법의 중요성을 축소해서는 안 된다고 보았습니다. 그는 교회가 율법을 무시하면 신자들이 죄악된 길로 나갈 수 있다고 생각했습니다. 그리하여 두 사람 사이에 논쟁이 벌어졌던 것입니다. 1537년과 1538년까지 세 차례의 논쟁을 통해서도 갈등은 해결되지 않았습니다.

문제는 이 논쟁에서 루터가 멜란히톤의 편을 들며, 아그리콜라의 반율법주의를 맹렬히 비판하였다는 것입니다. 루터는 그리스도는 율법을 폐기한 것이 아니라 완성하였으며, 율법도 하나님의 말씀이라고 강조하면서, 오랫동안 우정을 나누고 사랑했던 아그리콜라에게 위선자이자 마귀의 추종자라고까지 심하게 비판했던 것입니다. 결국 아그리콜라는 비텐베르크를 떠났고 이전의 카를슈타트와 그랬던 것처럼 아그리콜라와 루터의 인간적 관계는 깨어지고 말았습니다.

설사 아그리콜라가 잘못된 신앙을 가지고 있었다 해도 같은 길을 걷던 제자에게 이해하기 어려울 만큼 냉정한 태도를 보인 루터에 대해 여러분은 어떤 생각이 드십니까? 그의 전기를 쓴 한 학자는 이렇게 쓰고 있습니다. 루터는 오직 성경의 원리를 가지고 "다른 이들의 뺨을 때리는 일에 열심이었다. 만일 루터가 이 원리를 자기 자신에게 적용했었더라면 상황은 달라졌을 것이다."[62]

---

[62] 셀더하위스, 『루터, 루터를 말하다』, 468쪽.

8. 노년, 그리고 죽음

1539년 여름부터 루터는 여러 동역자들과 함께, 앞서 발간된 독일어 성경의 개정작업에 착수했습니다. 이 작업은 1541년 9월에 마무리되어 루터는 마침내 전체 성경의 개정판을 출판할 수 있었습니다.

그러나 60대를 향하고 있던 루터는 점점 더 쇠약해지고 있었습니다. 이미 오랜 기간 여러 가지 질병을 앓아왔지만, 1541년 1월에는 목에 종기가 생겼고, 2월에는 심장에 문제가 생겨 만성피로에 시달렸으며, 3월부터는 코와 귀가 감염되어 심한 고생을 했습니다.

말년에 이른 루터의 모습은 상당히 이중적입니다. 때로는 생이 얼마 남지 않았음을 예견했던 것인지 몹시 지치고 체념한 모습을 자주 보였습니다. 특히 나이가 들수록 그는 자신이 이룬 개혁의 성과에 부정적이 되어 갔습니다. 자신이 하고자 했던 개혁이 제대로 진척되지 않고 있다는 느낌을 자주 내비치었고, 세상에는 더 소망이 없다는 생각을 강하게 표현하였습니다. 그는 점차 토론하려는 의욕도 잃어갔으며, 화 잘 내는 노인이 되어가고 있었습니다.

하지만 동시에, 노년의 루터는 의기소침해지고 기진맥진한 상태에서도 여전히 적들에 대한 공격을 멈추지 않았습니다. 아니 공격의 말투는 전보다 더 신랄해지고 있었습니다. 1541년 한 가톨릭 공작이 작센 선제후 요한 프리드리히를 모욕하자, 루터는 목에 소시지를 걸고 다녀 유명했던 어릿광대에 비유하는 조롱의 글을 써 그 공작에게 공격을 퍼부었습니다.[63]

또 1543년에 루터는 「유대인과 그들의 거짓말에 관하여(Von den Juden und ihren Lugen)」라는 글에서 저주에 가까운 말로 유대인들을 공격하기도 했습니다.[64] 이 글에서 루터는 유대인들이 전 세계를 방랑한 것은 예수가 메시아임을

---

63 헨드릭스, 『마르틴 루터』, 536~537쪽.
64 사실 루터는 초기에는 유대인들을 포교와 개종의 대상으로 보았기에 그리 적대적인 태도를 보이지는 않았습니다. 그러나 유대인들이 그들의 믿음을 버릴 가능성이 없다고 판단한 이후부터 매우 강경한 입장으로 돌아섰습니다. 루터의 유대인들에 대한 지

거부한 형벌이라고 못 박았습니다. 그리고 유대인의 회당과 가옥과 및 책들을 불태우고, 그들을 농노신분으로 몰락시키며, 그들을 추방해 분리된 지역에 살게 해야 한다고 주장했던 것입니다.

한편, 주춤하던 이슬람 세력이 다시 중부 유럽을 위협합니다. 1541년 오스만 제국의 슐레이만 황제(Suleiman I, 1494~1566, 재위: 1520~1566)가 카를 황제의 동생 페르디난트 대공[후일 신성로마제국의 페르디난트 1세(Ferdinand I, 1503~1564, 재위: 1558~1564)]의 군대를 괴멸시키고 헝가리 대부분을 정복하였던 것입니다. 루터는 오스만 제국의 발흥과 신성로마제국을 향한 위협적 공격을, 하나님의 심판이 다가온 징조라고 보았습니다. 선제후 요한 프리드리히가 목회자들에게 투르크를 물리쳐주실 것을 기도해달라고 요청하자 루터는, 투르크족은 가톨릭의 신성모독과 하나님의 말씀을 무시한 독일인들의 사악한 행실로 인해 하늘로부터 온 채찍이라면서 어느 때보다 강한 어조로 회개를 촉구했습니다.

한마디로 노년의 루터에게는 교황제를 고집하는 가톨릭도, 유대인도, 투르크도 모두 악마의 소산물이었고 세상은 점점 더 악해지고 있었던 것입니다.

1540년대에 신, 구교 간의 분열과 갈등은 더욱 가속화되었습니다. 이런 분위기 속에서도, 그리고 루터의 대결적 입장과는 달리, 일각에서는 여전히 신 구교 간 화해의 희망을 버리지 않은 사람들이 있었습니다. 1540년 이후에도 신, 구교의 일부 지도자들은 여전히 대화를 계속 이어가고 있었던 것입니다. 특히 멜란히톤은 희망을 버리지 않고 화해의 가능성을 위해 노력한 대표적 인물이었습니다.

하지만 로마에 대해 비관적이었던 루터는, 이런 종류의 대화에 별로 매력을 느끼지 못하였습니다. 그는 멜란히톤이 너무 평화주의적이며 온순하고 순응적이라고 생각했습니다. 루터는 로마 교회와의 연합은 불가능하다고 보았던

나친 불관용적 공격은 후일 히틀러의 유대인 학살에 정당성을 부여하는 것으로 해석되어 많은 비난을 받게 됩니다.

5-15 필리프 멜란히톤(Philipp Melanchton, 1497~1560)

것입니다.[65]

루터는 생애 후반부에 그리스도의 재림이 임박하다고 믿었습니다. 특히 말년으로 갈수록 그 강도는 강해져서 이렇게 말하기까지 했습니다.

"나는 이 세상이 조만간 놀라운 시간들을 통과할 것이기 때문에, 나 자신과 내 아이들이 모두 그 전에 죽었으면 좋겠습니다. 살아있는 사람들은 그것이 점점 더 악해지는 것을 보게 될 것입니다. …"[66]

1542년에 루터는 죽음이 다가왔다는 생각에 다시 유언장을 작성했습니다. 이 해에 딸 막달레나가 죽었는데, 이 일은 이제 육십이 다 된 루터에게 다시 한 번 세상사의 덧없음을 각인시켰습니다. 그는 자신의 심경을 이렇게 묘사했습니다.

"나는 너무나 힘이 없고 우울합니다. 말하자면 나는 늙고 쓸모없는 사람입니다. 이제 달려갈 길을 다 갔습니다."[67]

1543년부터 1544년까지 루터는 심각한 두통과 신장결석에 자주 시달렸습니다. 통증이 오면 얼마간 아무런 일도 하지 못하고 누워 있다가, 고통이 멈추면 설교와 강의를 재개하기를 반복했습니다. 1545년 6월에 신장결석의 고통을 다시 겪은 후, 병세가 다소 호전되자 62세의 루터는 7월에 비텐베르크를 떠납

---

65 셀더하위스, 『루터, 루터를 말하다』, 476쪽.
66 셀더하위스, 『루터, 루터를 말하다』, 479쪽.
67 셀더하위스, 『루터, 루터를 말하다』, 485쪽.

니다. 라이프치히와 몇몇 도시들을 방문하기 위해서였습니다. 당시 그는 자신의 노력에도 불구하고 비텐베르크 사람들이 하나님의 뜻과 상관없이 방탕하고 부도덕한 생활을 하고 있다고 매우 개탄하고 있었습니다. 자유분방한 젊은 이들의 생활태도를 견딜 수 없었던 그는, 심지어 여행 중에 집을 팔고 이사를 갈 생각까지 하였습니다. 그러나 선제후가 친구들을 사절로 보내자 마음을 돌려 돌아옵니다.[68]

생애의 마지막 순간까지도 루터는 교황제를 비난했습니다. 교황이 황제에게 편지를 보내어 루터를 응징할 것을 요구하자, 루터는 1545년 「악마가 세운 로마교황제도에 대항하여(Wider das papsttum zu Rom, vom Teufel gestiftet)」라는 글로 교황에게 격렬한 비난을 퍼부었습니다. 그의 마지막 저술이 될 이 글에서 그는 이렇게 썼습니다.

"하나님께서 말씀하시는 것을 듣고 싶은 사람은 성서를 읽으시오. 악마가 말하는 것을 듣고 싶은 사람은 교황의 명령서와 칙서를 읽으시오."[69]

마지막

1545년 10월부터 12월 사이, 루터는 고향 만스펠트의 백작인 가브하르트(Gabhard)와 알브레히트(Albrecht) 형제 사이의 상속권 분쟁을 중재하면서 아이슬레벤을 여러 번 오갔습니다. 그가 이 일을 '허드레'일이라고 불렀음에도 자신의 마지막 몇 개월을 바친 것은, 고향에 대한 애착도 있었지만 무엇보다 가족들의 사업이 이 백작 형제들과 얽혀 있었기 때문이었습니다.[70]

어쨌든 이 일을 마무리하기 위해 루터는 1546년 1월 말에 다시 아이슬레벤으로 가야했습니다. 이 1월의 아이슬레벤 행에는 오랜 측근이자 동료교수였던

---

[68] 헨드릭스, 『마르틴 루터』, 564~565쪽; 셀더하위스, 『루터, 루터를 말하다』, 489~490쪽.
[69] 디터리히, 『누구나 아는 루터, 아무도 모르는 루터』, 208쪽.
[70] 헨드릭스, 『마르틴 루터』, 46~47쪽.

유스투스 요나스와 루터의 두 아들들이 만스펠트의 가족을 방문할 겸 동행했습니다. 혹독한 겨울 날씨에 노년의 루터에게 이 여행은 무리였습니다. 도중에 그는 정신을 잃고 심장발작을 일으키기까지 했습니다. 1월 28일 아이슬레벤에 도착하자 루터의 아들들은 만스펠트에 있는 삼촌, 즉 루터의 동생 야코프(Jacob Luther)를 보러 갔고, 루터 자신은 분쟁 당사자들의 화해를 위해 노력했습니다.

그리고 1월 31일부터 2월 14일까지 루터는 아이슬레벤의 성 안드레아스(St. Andreas) 교회당에서 4차례의 설교를 수행하였습니다. 이 시기쯤 그는 자신에게 시간이 남아있지 않음을 느꼈던 것 같습니다. 그는 "내가 비텐베르크로 돌아갈 때쯤이면 아마도 무덤에 누워있을 것이며, 상당히 뚱뚱한 루터박사를 구더기에게 먹이로 주게 될 것"이라고 예견했습니다.[71]

그러는 동안 루터일행은 마침내 백작 형제간의 극적인 합의 도출에 성공할 수 있었습니다. 몸이 안 좋았던 루터는 2월 17일의 마지막 협의에는 관여하지 않았는데, 2월 18일 밤 새벽 1시경에 심각한 가슴통증으로 잠을 깹니다. 그는 오한을 호소하며 장작불을 더 때 줄 것을 부탁했습니다. 두 백작 내외와 루터의 아들들, 그리고 요나스 등 루터의 병상을 지켜보던 사람들은 루터가 땀을 흘리기 시작하자, 이것을 회복 증상이라고 생각했습니다. 하지만 루터는 회복되지 못합니다. 루터가 움직이지 않자, 요나스는 예수 그리스도를 믿는 믿음 안에서 죽고, 그리스도의 이름으로 고백했던 모든 교리를 여전히 믿느냐고 묻습니다. 그는 그렇다고 말했고 그 후 잠시 잠이 듭니다. 그리고 새벽 2시 45분경, 루터는 깊은 숨을 한 번 들이마시고는 사망하였습니다.[72]

그곳은 그가 태어난 집에서 불과 수백 야드 떨어진 곳이었습니다. 루터의 사망 후 그가 앉았던 탁자 위에서 사람들은 작은 종잇조각 하나를 발견했습니다. 그 종이에다 그는 몇 문장을 적어놓았는데, 그가 맨 마지막으로 쓴 것은

---

71 디터리히, 『누구나 아는 루터, 아무도 모르는 루터』, 212쪽.
72 셀더하위스, 『루터, 루터를 말하다』, 498쪽.

5-16 임종시 루터의 모습

"우리는 가난한 거지들입니다. 그것은 진실입니다"라는 문구였습니다.

2월 18일 아침에 요나스가 선제후 요한 프리드리히에게 전갈을 보냈고, 멜란히톤과 부겐하겐(Johannes Bugenhagen, 1485~1558) 등 루터의 친구들에게도 이 소식이 전해집니다. 아이슬레벤 사람들은 루터를 그곳에서 장사지내고 싶어 했지만, 선제후는 비텐베르크로 데려올 것을 명합니다.

2월 20일 45명의 기수로 이루어진 장례행렬이 루터를 싣고 비텐베르크로 향했습니다. 이 비텐베르크로의 운구는 수천의 사람들이 길가에 늘어서 지켜보았기 때문에, 마치 예전 루터가 죽음을 각오하고 보름스로 가던 그 길을 연상시켰습니다. 장례행렬이 지나가는 마을마다 종이 울렸고 수많은 사람들이 눈물을 흘렸다고 전해집니다. 2월 22일 아침 장례행렬이 비텐베르크에 도착했을 때, 교수들과 학생, 행정관들과 시민들, 그리고 카타리나와 딸 마르가레타가 루터를 기다리고 있었습니다. 장례행렬은 루터하우스를 지나 비텐베르크 성 교회로 향했고, 부겐하겐과 멜란히톤이 장례예배를 집전했습니다.

사후

루터는 죽기 전 아이슬레벤에서 자신의 마지막이 다가옴을 느끼면서 카타리나에게 편지를 보냈습니다. 그 편지에서 그는 한 명의 루터가 죽는다 해도 하나님이 10명의 루터를 가족들에게 주실 것이라는 말로 아내를 위로했습니다.[73]

하지만 불행히도 루터의 사망 후 상황은 전혀 다르게 전개되었습니다. 선제후와 귀족들이 루터 가족을 돌보아주었지만, 그가 죽고 얼마 안 되어 전쟁이 벌어지면서 루터 가족은 큰 곤란을 겪게 됩니다. 카를 황제가 슈말칼덴 동맹을 공격하였던 것입니다.

1547년 이 슈말칼덴 전쟁에서 작센의 요한 프리드리히와 헤센의 필리프는 황제과의 군대에 패배합니다. 비텐베르크는 순식간에 포위당했고, 루터가족은 황제 군을 피해 북부의 루터과 지역으로 급히 피난을 가야 했습니다. 선제후는 황제에게 영지의 많은 부분을 뺏기고 포로로 잡혔으며, 선제후 자리까지 내주어야 했습니다.

1547년 5월 23일 비텐베르크에 입성한 카를 황제는 루터의 무덤 앞에 섰습니다. 황제는 이 모든 분란의 원인인 루터의 무덤을 파헤치자는 주변의 권고를 받았습니다. 하지만 황제는 그의 무덤에 손을 대지 않았습니다. 어쩌면 26년 전 자신 앞에서 당당히 발언하였던 한 수사에 대한 약간의 경의의 표시였는지도 모릅니다.

전쟁이 끝나고 루터가족이 비텐베르크로 돌아왔을 때, 농토는 폐허가 되어 있었습니다. 카타리나는 수도원을 숙박시설로 바꾸고, 멜란히톤의 도움을 받아 간신히 생계를 이어갔습니다. 엎친 데 덮친 격으로 1552년에는 흑사병까지 돌면서 대학과 하숙생들이 떠나자, 가족은 두 번째로 비텐베르크를 떠나야했습니다. 이 여행에서 카타리나는 마차에서 떨어지는 사고를 당하였고, 사고 3개월만인 1552년 12월 20일 사망하였습니다.

1547년 황제는 프로테스탄트 제후들을 굴복시킴으로써 많은 지역에 가톨릭

---

[73] 셀더하위스, 『루터, 루터를 말하다』, 503쪽.

식 미사를 재도입하는 데 성공하였지만, 제국 전체를 가톨릭에 복속시킬 수는 없었습니다. 1552년에 황제는 다시 프로테스탄트 제후들의 격렬한 저항에 부딪혔던 것입니다. 결국 황제는 가톨릭지역과 프로테스탄트지역이 각자의 종교를 그대로 유지한다는 타협을 받아들였고, 이는 1555년 아우구스부르크에서 정리되었습니다. 카를 황제의 동생 페르디난트 대공이 주재한 이 회의에서 이제 "영토가 종교를 결정한다"는 원칙이 확립되었던 것입니다. 루터파 이외의 신교는 인정되지 않았고, 가톨릭과 루터파 중 무엇을 선택할지는 각 제후들에게 맡겨졌습니다. 중세 이래 가톨릭의 보편적 지배는 이제 공식적으로 무너졌습니다. 로마 가톨릭이 아닌 새로운 종파가 처음으로 유럽에서 인정되었던 것입니다.

9. 루터라는 사람

1519년 라이프치히 논쟁이 있었을 때, 사회를 본 모젤라누스(Petrus Mosellanus)라는 사람은 30대 중반의 루터를 이렇게 묘사했습니다.

> "마르틴의 키는 중간 정도이고… 걱정과 학문연구 때문에 뼈를 거의 셀 수 있을 만큼 마르고 지쳐있으며… 분명하고 강력한 목소리를 소유한 남자다운 젊은 사람입니다. … 그는 모든 것을 기억해 인용할 만큼, 충분한 학문적 소양과 성경 지식을 갖추었습니다. 마르틴은 헬라어와 히브리어를 잘 알았고… 상당한 어휘력을 지녔으며… 사람들 속에서 재미있고 명랑하며 항상 좋은 분위기를 유지합니다. … 하지만 그에게는 모든 사람들이 충고하는 약점이 하나 있습니다. 그것은 바로 새로운 신학을 신봉하는 신학자로서는 적합하지 않게, 그가 때때로 너무 무례하고 날카롭다는 것입니다."[74]

---

[74] 셀더하위스, 『루터, 루터를 말하다』, 202쪽.

지금까지 여러분은 마르틴 루터의 일생을 따라가 보셨습니다. 그는 어떤 사람이었을까요?

위의 묘사를 통해 유추할 수 있는 루터는 육체적으로는 깡마른 남자로, 상당한 지적 능력을 가졌으며, 명랑하지만 가끔은 날카롭고 무례하게 공격을 해대는 사람입니다. 나이 들면서 그의 마른 체형은 살이 붙어 뚱뚱해지게 되지만, 확실히 그는 온화한 미소와 친절한 말투로 사람들의 마음을 위로하는, 그런 종류의 성직자는 아니었습니다. 타고난 기질이 둥글둥글하거나 부드러운 것과는 거리가 멀었고, 우리가 살펴보았듯이 살아온 인생도 그런 성품을 발전시킬 여유를 주지 않았습니다. 그래서 그에 대한 일반적 이미지는 고집 세고, 거칠고, 투쟁적이고, 격정적이며, 관용이 없는 인물입니다.

하지만 이런 이미지가 루터의 모든 것은 결코 아니었습니다. 그의 인생을 따라가다 보면, 우리는 이런 거친 모습과는 달리 그가 매우 부드럽고 속정 깊으며, 따뜻하고, 사랑이 많은 사람이라는 것을 발견하게 되기 때문입니다. 부인 카타리나나 여러 친구들에게 보낸 많은 편지들 속에서, 우리는 그의 유머 감각과 자상함을 쉽게 발견할 수 있습니다. 코부르크에 머물 때 4살짜리 아들 한스에게 보낸 다음과 같은 편지는 여러 글에서 격렬한 말투로 교황제를 비판하던 그의 모습과는 너무도 다른, 그지없이 다정다감한 아버지의 면모를 보여주고 있습니다.

"나는 어떤 작고 예쁘고 재미있는 정원을 알고 있단다. 거기에는 금빛 코트를 입은 아이들이 많지. 아이들은 나무 아래에서 예쁜 사과, 배, 체리, 노랗고 파란 자두를 줍기도 해. 아이들은 노래하며 깡충깡충 뛰고 즐거워하지. … 나는 그 정원 주인에게 이 아이들은 누구인지 물어봤어. 그가 대답했어. '이 아이들은 기도하고 공부하는 것을 좋아하고 신앙심이 깊은 아이들이랍니다.' 그래서 나는 '선생님, 저도 아들이 하나 있는데… 그 아이도 이 아이들과 함께 놀 수 있을까요?'라고 물었단다."[75]

---

[75] 헨드릭스, 『마르틴 루터』, 442~443쪽; 베인턴, 『마르틴 루터』, 419쪽.

사실 루터는 고립된, 은둔형의 사람은 아니었습니다. 오히려 그는 사람들과의 교제를 매우 좋아하는 사교적인 사람이었고, 대화하는 것을 즐겼던, 말이 많은 사람이었습니다. 어린 시절부터 루터는 붙임성이 있어 동급생 사이에서 인기가 많았습니다. 바르트부르크를 거쳐 비텐베르크로 돌아온 후에도 그는 항상 친구들이나 자녀들에 둘러싸여 있었고, 그들과 함께 기도하고 친교를 나누었습니다. 비록 몇몇 친구들과 갈라서기도 했지만, 그에게는 평생을 끝까지 함께했던 멜란히톤이나 부겐하겐, 요나스 같은 동지들이 있었습니다.[76]

그러나 무엇보다 우리가 루터에 대해 말할 때 인정할 수밖에 없는 한 가지는, 그가 참 용감한 사람이었다는 사실입니다. 그는 틀린 것을 틀렸다고 말할 줄 아는 용기를 가진 인물이었습니다. 이 일은 그리 쉬운 일이 아닙니다. 사람들은 싫어도, 그리고 틀린 줄 알면서도, 여러 가지 이유도 누군가의 잘못을 묻어버리거나 말하지 않는 경우가 많으니까요. 특히 나보다 힘이 있는 사람들 앞에서는 더욱 그러하지요. 하지만 루터는 세상에서 가장 막강한 권력자들 앞에서도 그들의 오류와 잘못을 지적하였고, 수많은 압박과 회유에도 물러서지 않았습니다. 그래서 루터에게 종교개혁은 단순히 로마 가톨릭으로부터 프로테스탄트 교회가 떨어져 나오는 종파적 분열은 아니었습니다. 그것은 잘못된 신앙을 버리고 참된 기독교와 참된 교회를 지키려한 노력이었던 것입니다.

그는 무엇보다 자신이 발견한 진리, 즉 하나님을 믿는다는 것은 고행이나 고통이 아니라 기쁨이요 즐거움이라는 것을 사람들에게 알려주고 싶어 했습니다. 그래서 엄청난 경건과 고행으로 무장한 중세 가톨릭의 암울함에서 기독교인들을 밝고 환한 희열의 세상으로 이끌고자 했던 것입니다. 이것을 위해 그

---

[76] 필립 멜란히톤은 그리스어를 가르칠 신임 교수로 1518년 비텐베르크로 온 이후 평생 루터와 함께 종교개혁에 헌신한 인물로 14살이나 되는 나이차와 성격적 차이에도 불구하고 루터에게 가장 중요한 동료로 남았습니다. 요하네스 부겐하겐은 1521년 비텐베르크로 와서 신학을 공부하면서 루터를 만나게 된 후, 비텐베르크 시교회의 목사와 비텐베르크대학 교수로 사역하면서 평생을 루터 옆을 지킨 동역자였습니다. 유스투스 요나스는 비텐베르크 대학 법학도였던 시절에 루터를 만나 친구가 된 인물로, 개혁 초창기부터 루터를 지지했던 최측근이자 루터의 마지막 임종을 지켜본 인물이었습니다.

는 인생 내내 수많은 고통 속에서도 목숨을 걸고 투쟁했고, 많은 이들과 싸워야 했습니다.

하지만 동시에 루터는 상당히 자기중심적인 인물이었습니다. 앞에서 살펴본 것처럼 그는 기독교를 정화하여 회복한다는 그의 사명에 협력하지 않는 사람은 누구나 적대자로 생각하는 경향이 강했습니다. 그는 적들은 물론이고, 자신과 생각이 다른 사람들에 대해, 필요 이상으로 지나치게 거칠고 무절제한 폭언을 퍼부었습니다. 이미 우리가 살펴본 것처럼 이런 루터의 자기중심적 격렬함과 거친 언사, 뾰족하고 신경질적인 반응은 주변 사람들을 힘들게 만들었고, 몇몇 친구들과의 절연과 개혁세력의 분열에 기여했습니다. 절친 멜란히톤조차 루터가 세상을 떠난 지 2년 후에 루터에 대해 이렇게 말했습니다.

"루터가 자신의 존경받는 지위와 공공의 이익에 조금 더 주의를 기울이지 않고 호전적인 성미에 따라 움직이고 교만한 자기 의를 나타냈기 때문에, 나는… 불명예스러운 속박을 참아내야 했습니다."[77]

또 루터는 자신이 살던 시대적 편견과 한계에 갇혀있던 인물이기도 했습니다. 코페르니쿠스(Nicolaus Copernicus, 1473~1543)의 학설이 루터하우스의 식탁에서 논제가 되었을 때, 루터는 태양이 움직인다고 성경에 명백히 진술되어 있기 때문에 이를 터무니없는 소리라고 생각했습니다. 그리고 가톨릭의 미신을 배격했지만, 동시대 많은 사람들처럼, 악마와 마녀의 존재를 믿었습니다. 악마가 언제 어디서나 존재한다고 믿었기 때문에, 일생을 악마와 싸우고 있다는 생각에 시달렸고, 누구든 악마의 대리자로 생각되면 가혹하게 비난했습니다. 사실 그가 지나치게 과격하고 거친 주장을 하고, 폭력을 쓸 것을 주장하거나 폭력에 찬성한 것은, 바로 자신이 적이라고 생각한 사람들을 악마의 대리인으로 간주했기 때문입니다.

---

[77] 셀더하위스, 『루터, 루터를 말하다』, 506쪽.

인간이 다 그렇겠지만, 그는 상당히 불안정하고 모순적인 인물이었습니다. 드라마틱한 생애 내내 행복감과 낙담, 담대함과 나약함 사이를 왔다갔다했습니다. 하지만 육체적 고통과 영혼의 괴로움 속에서도 루터는 삶을 즐길 줄 알았던 사람이었습니다. 생의 마지막까지 먹고 마시는 즐거움을 잃지 않았고, 수많은 적과 대치하면서도 설교와 강의, 저술을 죽기 직전까지 멈추지 않았습니다.

그러나 무엇보다도 그의 일생을 지배한 것 하나를 꼽으라면, 그것은 하나님에 대한 믿음이었습니다. 그가 보름스에서 그토록 당당하게 철회를 거부한 것도, 이후 범법자의 신분으로 평생을 투쟁한 것도, 모두 그 하나 때문이었고 그것 때문에 가능한 일이었습니다. 노년에 그는 자신에 대해 이렇게 썼습니다.

"저처럼 세상으로부터 적대를 당한 사람은 수천 년 동안 한 사람도 없을 것이라는 생각이 듭니다. 저 역시 세상에 적대적이었으며, 평생 제가 무슨 낙이 있었는지 모르겠습니다. 저는 피곤하게 살 수밖에 없었습니다. 우리 주 하나님께서 곧 오실 것이고, 저를 곧바로 그곳으로 데려가실 것입니다. … 그분이 최후의 심판을 천둥과 함께 내려 보내시고 제가 바닥에 누워 있을 그날을 저는 목을 빼고 기다릴 것입니다."[78]

루터 사후, 그에 대한 평가는 극단적으로 갈렸습니다. 개신교측은 루터를 절대적 권위를 가진 오류 없는 스승으로 기억했지만, 가톨릭 측에게 루터는 도망친 하찮은 수도사이자 방탕한 삶을 산 이단자, 악마의 아들에 불과했습니다. 심지어 17세기 예수회 교단은 그를 독일의 치욕이자 지구에서 가장 불행한 괴물이라고 규정하기까지 했습니다.

굳이 이런 극단적인 종교적 평가는 아니더라도 루터를 하나로 평가하기는 어렵습니다. 그는 확실히 남들이 하지 못하는 위대한 일을 해낸 불굴의 용기와 비범함을 가지고 있었지만, 누구보다 인간적 약점도 많은 인물이었습니다.

---

[78] 디터리히, 『누구나 아는 루터, 아무도 모르는 루터』, 202쪽.

어쩌면 루터의 하관식에서 멜란히톤이 에라스무스를 인용해 한 말처럼, 그는 "병이 너무 지독하여, 하나님께서 우리 시대에 보내신 아주 거친 의사"이었는지도 모릅니다. 하인리히 하이네(Heinrich Heine)는 19세기에 쓴 『독일 종교 및 철학의 역사(Zur Geschichte der Religion und Philosophie in Deutschland)』라는 책에서 루터에 대해 이렇게 썼습니다.

"루터를 찬양하라! 우리의 가장 고귀한 선을 구해준 그를… 그의 견해가 편협하다고 비판하는 것은 어울리지 않는다. … 때로 마르틴 형제의 지독한 야만성은 우리를 그렇게 멀리 가게 만들었다. 에라스무스의 고상함과 멜란히톤의 부드러움은 절대 그렇게 하지 못했을 것이다."[79]

---

[79] 디터리히, 『누구나 아는 루터, 아무도 모르는 루터』, 210쪽.

참고문헌

〈국내문헌〉

강정인·김용민·황태연 편, 『서양근대정치사상사: 마키아벨리에서 니체까지』, 책세상, 2007.
곽준혁, 『마키아벨리 다시 읽기: 비지배를 꿈꾸는 현실주의자』, 민음사 2014.
곽차섭, 「마키아벨리의 꿈」, 『인문학연구』 46집, 계명대학교 인문과학연구소, 2012, 7~32쪽.
김명수, 『에라스무스와 루터의 생애와 사상』, 그리심, 2016.
김상근, 『천재들의 도시, 피렌체』, 21세기 북스, 2010.
김상근, 『세상에서 가장 위험한 현자, 마키아벨리』, 21세기북스, 2012.
김영국, 『마키아벨리와 군주론』, 서울대학교 출판부, 1995.
김영기 편저, 『역사 속으로 떠나는 배낭여행』, 북코리아, 2013.
김영한·임지현 편, 『서양의 지적 운동』, 지식산업사, 1994.
김 인, 「한 인문주의자의 초상; 에라스무스」. 『도덕교육연구』 26권 3호(2014.12), 171~189쪽.
김주한, 『마르틴 루터의 삶과 신학이야기』, 대한기독교서회, 2015.
김평중, 「튜더 초기의 정치상황과 토마스 모어」, 『전주사학』 6집(1998), 145~163쪽. 김평중, 「토마스 모어의 루터 종교개혁에 대한 이해와 가톨릭 옹호」, 『전북사학』 21 & 22집 합본, 523~543쪽.
노성두, 『창조의 수수께끼를 푼 레오나르도 다빈치』, 아이세움, 2002.
박원순, 『내 목은 매우 짧으니 조심해서 자르게』, 한겨레출판, 1999.
박지향, 『클래식 영국사』, 김영사, 2012.
박홍규, 『마키아벨리, 시민정치의 오래된 미래』. 필맥, 2014.
박홍규, 『왜 다시 마키아벨리인가』, 을유문화사, 2017.
박흥식, 『미완의 개혁가 마르틴 루터: 500년전 루터는 무엇을 이루고 무엇을 남겼는가』, 21세기북스, 2017.
성제환, 『피렌체의 빛나는 순간-르네상스를 만든 상인들』, 문학동네, 2013.
양인영, 『서양미술사를 보다』 1-이미지와 스토리텔링의 미술여행, 리베르스쿨, 2013.
우병훈, 『처음 만나는 루터; 개혁과 건설에 온 삶을 건 십자가의 신학자, Ivp, 2017.
이강혁, 『스페인 역사: 다이제스트 100』, 가람기획, 2012.

이영림·주경철·최갑수 저, 『근대유럽의 형성』, 까치, 2011.
이주은, 『스캔들 세계사』, 1,2,3 파피에, 2013.
이주헌, 『역사의 미술관』, 문학동네, 2011.
이화용, 「토마스 모어의 세계: 시대를 넘어선 16세기 사상가」, 『인문학연구』, 225~249쪽.
정병식, 『종교개혁자 마르틴 루터의 발자취를 찾아서』, 대한기독교서회, 2017.
정현진, 『마틴 루터의 시간을 거닐기: 거위에서 나온 백조 한 마리』, 바이북스, 2017.
조병하, 『마르틴 루터와 개혁사상의 발전』, 한들출판사, 2003.
조한욱, 『마키아벨리를 위한 변명』, 아이세움, 2015.
주경철, 『유토피아, 농담과 역설의 이상사회』, 사계절, 2015.
최주훈, 『처음 만나는 루터』, 복있는 사람, 2017.
허구생, 『근대 초기의 영국: 헨리 8세와 엘리자베드 1세의 국가 만들기』, 한울, 2015.

〈번역문헌〉
가일, 안톤 J.(Gail, Anton J.), 정초일 역, 『에라스무스』, 한길사, 1998.
곰브리치, E. H.(Gombrich, E. H.), 백승길·이종승 역, 『서양미술사』(16차 개정증보판), 예경, 2012.
궈팡(郭方主編), 정유희 역, 『역사가 기억하는 유럽의 변화』, 꾸벅, 2012.
기쿠치 요시오, 이경덕 역, 『신성로마제국』, 다른 세상, 2010.
나우어트 찰스(Nauert, Charles Garfield), 진원숙 역, 『휴머니즘과 르네상스 유럽문화』, 혜안, 2003.
니콜, 찰스(Nicholl, Charles), 안기순 역, 『레오나르도 다빈치 평전』, 고즈윈, 2010.
니콜스, 스티븐(Nichols, Stephen J.), 이용중 역, 『세상을 바꾼 종교개혁 이야기』, 부흥과 개혁사, 2009.
디터리히, 파이트-야코부스(Dietreich, Viet-Jakobus), 이미선 역, 『누구나 아는 루터 아무도 모르는 루터』, 홍성사, 2012.
레스턴, 제임스(Reston, Jr., James), 서미석 역, 『루터의 밧모섬: 바르트부르크 성에서 보낸 침묵과 격동의 1년』, 이른비, 2016.
랜드러스, 매튜(Landrus, Matthew), 정신아 역, 『다빈치의 세계』, 청아출판사, 2006.
리돌피, 로베르토(Ridolfi, Roberto), 곽차섭 옮김, 『마키아벨리평전』, 아카넷, 2000.
리스너, 이바르(Lissner, Ivar), 김동수 역, 『서양, 위대한 창조자들의 역사』, 살림, 2005.
리히터, 장 폴(Richter, Jean Paul) 편, 『레오나르도 다빈치 노트북』, 루비박스, 2006.

마키아벨리, 니콜로(Machiavelli, Niccolo), 강정인·문지영 역, 『군주론』, 까치, 2003.

마키아벨리, 니콜로(Machiavelli, Niccolo), 강정인·안선재 역, 『로마사논고』, 한길사, 2003.

마이어, G. J.(Meyer, G. J.), 채은진 역, 『튜더스: 세계사를 바꾼 튜더 왕조의 흥망사』, 말글빛냄, 2011.

모어, 토마스(More, Thomas), 나종일 역, 『유토피아: 어디에도 없는 그러나 누구나 꿈꾸는 나라』, 서해문집, 2005.

모어, 토마스(More, Thomas), 정순미 역, 『유토피아』, 풀빛, 2006.

몬티, 제임스(Monti, James), 『성 토마스 모어』, 가톨릭출판사, 2005.

바사리, 지오르지오(Vasari, Georgio), 이근배 역, 『르네상스의 미술가 평전』, 한명, 2000.

바전, 자크(Barzun, Jacques), 이희재 역 『새벽에서 황혼까지 1500~2000』1권, 민음사, 2000.

베인턴, 롤란드(Bainton, Roland H.), 박종숙 역, 『에라스무스의 생애』, 크리스쳔 다이제스트, 2001.

베인턴, 롤란드(Bainton, Roland H.), 이종태 역, 『마르틴 루터』, 생명의 말씀사, 2016.

베초시, 알레산드로(Vezzosi, Alessandro), 김교신 역, 『레오나르도 다빈치: 조화와 비례의 미학』, 시공사, 2004.

브람리, 세르주(Bramly, Serge), 염명순 역, 『레오나르도 다빈치』, 1, 2, 한길아트, 1998.

브로노프스키(Bronowski, J.) & 매즐리시(Mazlish, B.), 『서양의 지적전통: 다빈치에서 헤겔까지』, 학연사, 2009.

브루니, 레오나르도(Bruni, Leonardo), 임병철 역, 『피렌체 찬가』, 책세상, 2002.

셀더하위스, 헤르만(Seldehuis, Herman J.), 신호섭 역, 『루터 루터를 말하다』, 세움북스, 2016.

슈바르츠, 라인하르트(Schwarz, Reinhard), 정병식 역, 『마틴 루터』, 한국신학연구소, 2007.

스핑카, 매튜(Spinka, Mattew), 편저, 백충현·김봉수 역, 『개혁의 주창자들: 위클리프에서 에라스무스까지』, 두란노 아카데미, 2011.

심스, 브랜든(Simms, Brendan), 곽영완 역, 『유럽: 1453년부터 현재까지 패권투쟁의 역사』, 애플미디어, 2014.

에라스무스(Erasmus Roterodamus,), 김남우 역, 『우신예찬』, 열린 책들, 2003.

에라스무스(Erasmus Roterodamus), 김남우 역, 『에라스무스 격언집』, 아모르문디, 2009.

에스텝, 윌리엄 R.(Estep, William R.), 라은성 역, 『르네상스와 종교개혁』, 그리심, 2002.

쵤너, 프랑크(Zollner, Frank), 최재혁 역, 『레오나르도 다빈치』, 마로니에 북스, 2006.

츠바이크, 슈테판(Zweig, Stefan), 정민영 역, 『에라스무스 평전; 종교의 광기에 맞서 싸운 인문주의자』, 아롬미디어, 2006.

카프라, 프리초프(Capra, Fritjof), 강주헌 역, 『다빈치처럼 과학하라』, 김영사, 2013.

크리스텡, 올리비에(Christin, Oliver), 채계병 역, 『종교개혁: 루터와 칼뱅, 프로테스탄트의 탄생』, 시공사, 1998.

톰린, 그레이엄(Tomlin, Graham), 이은재 역, 『마르틴 루터: 정신의 자유와 평등을 주장한 종교개혁의 투사』, 예경, 2006.

톰슨 D.(Thompson D.) 편, 김종술 역, 『서양근대정치사상』, 서광사, 1990.

톰슨, W. D. J. 카질(Thompson, W. D. J. Cargill), 김주한 역, 『마르틴 루터의 정치사상』, 민들레책방, 2003.

트로이, 마르틴(Treu, Martin), 한정애 역, 『비텐베르크의 마르틴 루터: 생애의 여행, 컨콜키아사, 2017.

페브르, 루시앵(Febvre, Lucien), 김중현 역, 『마르틴 루터 한 인간의 운명』, 이른비, 2016.

프로이트, 지그문트(Freud, Sigmund), 이광일 역, 『레오나르도 다빈치: 예술에 대한 정신분석학적 비평』, 여름언덕, 2012.

피이퍼, 디터마르(Pieper, Dietmar) & 슈누어, 에바-마리(Schnurr, Eva-Maria) 엮음, 박지희 역, 『1517 종교개혁』, 21세기북스, 2017.

하위징아, 요한(Huizinga, Johan), 이종인 역, 『에라스무스: 광기에 맞선 인문주의자』, 연암서가, 2013.

헤베시, 앙드레(Hevesy, Andre), 정찬국 역, 『레오나르도 다빈치의 방랑』, 글항아리, 2008.

헨드릭스, 스콧(Hendrix, Scott H.), 손성현 역, 『마르틴 루터: 새 시대를 펼친 비전의 개혁자, Ivp, 2017.

화이트, 마이클(White, Michael), 김우열 역, 『평전 마키아벨리』, 이룸, 2006.

〈외국 문헌〉

Augustijn, Conelius, *Erasmus, His Life, Works, and Influence*, trans., by J. C. Grayson, Toronto: University of Toronto Press, 1991.

Bentley-Taylor, David, *My Dear Erasmus: The Forgotten Reformer*, London: Christian Focus, 2002.

Berglar, Peter, *Thomas More: A Lonely Voice Against the Power of the State*, English translation by Hector de Cavilla, NY: Scepter, 1999, kindle edition.

Capey, Ernest F. H., *Erasmus*, London: Atherna Press, 2014.

Celenza, Christopher S., *Machiavelli, A Portrait*, MA: Harvard University Press, 2015.

Chambers, Raymond Wilson, *Thomas More*, Endeavour Media Ltd, 2017, kindle edition.

Guy, John, *Thomas More: A very brief history*, London: Society for Promoting Christian Knowledge, 2017.

Halkin, Leon-E., *Erasmus: A Critical Biography*, translated by John Tonkin, Oxford: Blackwell, 1993.

Hendrix, Scott H., *Martin Luther: A Very Short Introduction*, Oxford: Oxford University Press, 2010.

Ince, Elizabeth M., *St. Thomas More of London*, San Francisco: Ignatius Press, 2003.

Isaacson, Walter, *Leonardo da Vinci*, NY: Simon & Schuster, 2017.

Lindsay, Thomas Martin. *Martin Luther, A short biography*, London; Encyclopedia Britanica, 1911, kindle version.

Marius, Richard, *Thomas More: A biography*, NY: A Knopf Book, 1984, kindle edition.

Nichols, Stephen J., *Martin Luther: A Guided Tour of His Life and Thought*, NJ: Publishing, 2002.

Nuland, Sherwin B., *Leonardo da Vinci*, NY: Penguin Books, 2000.

Roper, Lyndal, *Martin Luther: Renegade and Prophet*, NY: Random House, 2016.

Roper, William, *The Life of Sir Thomas More*, Chios, 2015. kindle edition.

Skinner, Quentin, *Machiavelli: A Very Short Introduction*, Oxford University Press, 2000.

Unger, Miles J., *Machiavelli, A Biography*, NY: Simon & Schuster, 2011.

Wallace, Susan H. & Jablonski, Patricia E., *Saint Thomas More: Courage, Conscience, and the King*, Boston: Pauline Books & Media, 2014.

Wegemer, Gerald B., *Thomas More: A Portait of Courage*, NY: Scepter, 2017.

Wootton, David (ed. & trans.), *Utopia with Erasmus's The sileni of Alcibiades*, Indianapolis: Hackett Publishing Company, 1999.